设备设施 完整性管理

王建丰 刘怀增 梁 丰 ◎ 主编

石油工业出版社

内 容 提 要

本书系统建立并阐述了具有普适性的设备设施完整性管理方法体系，给出了普遍适用的设备设施完整性管理定义、管理模式、管理内涵、管理内容及实施流程等，并就完整性管理方法体系中管理完整性、技术完整性、经济完整性和全生命周期管理四部分核心内容进行了系统阐述。

本书适合于重资产、密集资产型企业、政府机构、行业部门及相关组织中，从事设备设施全生命周期管理的专业人员和技术人员阅读使用，也可供相关专业大专院校师生参考。

图书在版编目（CIP）数据

设备设施完整性管理 / 王建丰，刘怀增，梁丰主编．

—北京：石油工业出版社，2020.12

ISBN 978-7-5183-4382-9

Ⅰ．①设… Ⅱ．①王… ②刘… ③梁… Ⅲ．①设备管理-完整性-研究 Ⅳ．①F273.4

中国版本图书馆 CIP 数据核字（2020）第 232254 号

出版发行：石油工业出版社
（北京安定门外安华里 2 区 1 号　100011）
网　　址：www.petropub.com
编辑部：(010)64523548　图书营销中心：(010)64523633
经　　销：全国新华书店
印　　刷：北京晨旭印刷厂

2020 年 12 月第 1 版　2020 年 12 月第 1 次印刷
787×1092 毫米　开本：1/16　印张：16.5
字数：380 千字

定价：90.00 元
（如出现印装质量问题，我社图书营销中心负责调换）
版权所有，翻印必究

《设备设施完整性管理》编委会

主　　编：王建丰　刘怀增　梁　丰

编　　委：胡　军　乔贵民　丁东华

　　　　　李　强　石　帅　宋书贵

　　　　　夏向阳　武丹峰　赵东红

　　　　　陈婉茹　周剑涛　杨　珺

　　　　　张继旭

序 PREFACE

设备设施管理的核心是如何提高其可靠性，确保其运行安全，提升企业生产效率。随着企业发展的需要和政府监管的加强，设备设施管理得到了持续发展，经历了事后维修、计划维护、主动维护、基于风险管理和完整性管理等几个阶段。由于各行业和企业所处的阶段和管理需求不同，所采用的管理理念也有所区别。

中国海洋石油集团有限公司（以下简称"中国海油"）近八千亿元的设备设施资产是我们赖以生存和发展的重要物质基础，是保障安全生产和实现节能减排的基本载体；也是中国海油实现"1534"总体发展思路的重要保障。如何科学有效、经济合理地管理这些设备设施意义非常重大。2013年初中国海油启动了设备设施完整性管理工作，也是国内第一家全面推行设备设施完整性管理的大型中央管理企业。设备设施完整性管理采用基于风险的全生命周期管理理念，从综合管理、技术和经济三个维度，建立、健全和完善完整性管理体系。本书是对中国海油设备设施完整性管理这些年工作的系统总结。

我曾与本书作者进行多次沟通交流，希望将完整性管理理念更好地融入中国海油的设备设施管理工作中，保障安全环保生产，同时实现安全生产和经济效益的最佳平衡与公司利益的最大化。希望本书的出版对更多设备设施管理决策者、管理人员和咨询从业人员有所裨益。随着设备设施数字化转型和智能油气田的建设加速，也期望中国海油设备设施完整性管理更上一层楼。

陈璧

2020 年 9 月 1 日

前言 FOREWORD

在众多行业中，设备设施资产是企业从事生产经营的重要工具和手段，是为企业创造价值、保证安全的重要载体和物质基础，在企业生产经营与发展过程中发挥着至关重要的作用。在国外，资产管理在政府监管部门与企业等一直都很受重视，人们会持续关注组织在资产管理方面的成本、风险和绩效之间的平衡。近年来，资产（完整性）管理的理念与方法在国内得到了广泛应用和发展，尤其是针对设备设施资产的管理，形成和发展了诸多设备设施管理方法和技术，如管道完整性管理、储罐完整性管理等，并取得了良好的实践效果，部分成果已经转化为国家标准。但目前国内设备设施完整性管理工作还主要以行业协会、企业单位及技术服务机构的实践为主，主要集中于从具体设备设施开展的技术性研究与应用工作，系统全面建立设备设施完整性管理方法体系的研究与应用工作还不多。

本书系统建立并阐述了具有普适性的设备设施完整性管理方法体系，给出了普遍适用的设备设施完整性管理的定义、管理模式、管理内涵、管理内容及实施流程等，并对完整性管理方法体系中的管理完整性、技术完整性、经济完整性和全生命周期管理四部分核心内容进行了系统阐述。需要说明的，本书重点在于提出和建立开展设备设施完整性管理工作的顶层架构和管理体系，但没有对具体的技术方法做过多的阐述，具体的技术方法和工具有待在后续技术性专著或其他研究成果中进一步呈现。

中国海洋石油集团有限公司作为一家大型中央企业，设备设施资产规模巨大，目前已开始在全公司范围内推行设备设施完整性管理，开展了大量研究与实践应用工作。本书所述的设备设施完整性管理方法体系也是基于该项工作所形成，在此基础上进行提炼总结并上升为设备设施完整性管理理论体系，以期为众多不同行业的设备设施资产密集型企业的管理提供指导与参考。

当前，设备设施完整性管理理念得到了广泛发展和应用，同时将设备设施管理与"大数据""物联网""云计算""区块链"等技术结合也不断加强并呈现出诸多变化，因此建议广大读者和业内人员在借鉴、使用本书所提出的方法体系过程中要充分考虑不同行业、不同组织设备设施的具体特点并加以修正与完善，以便更加符合具体企业管理的需求。

为便于阅读使用，本书附有缩略语表，供读者阅读时对照参考。

鉴于编者所处行业的局限性和水平限制，书中难免有疏漏之处，敬请广大读者批评指正。编者也将在今后的设备设施完整性管理深入应用实践中不断总结与提升，并适时再版。

2020 年 11 月

目录 CONTENTS

- 1 概述 ··· 1
  - 1.1 设备设施资产的重要性 ··· 1
  - 1.2 设备管理基本理论与发展 ·· 3
  - 1.3 设备设施完整性管理理念 ·· 7
  - 1.4 传统设备管理与完整性管理的区别与联系 ························ 8
  - 1.5 开展设备设施完整性管理的作用与意义 ························· 10

- 2 国内外设备设施完整性管理的发展历程 ······················· 17
  - 2.1 国内外资产管理的发展历程 ··· 17
  - 2.2 石油化工行业设备设施完整性管理的发展历程 ··············· 19
  - 2.3 设备设施完整性管理实践 ·· 34
  - 2.4 设备设施完整性管理发展趋势 ····································· 45

- 3 设备设施完整性管理方法论 ·· 47
  - 3.1 设备设施完整性管理概述 ·· 47
  - 3.2 设备设施完整性管理模式 ·· 49
  - 3.3 设备设施完整性管理内涵 ·· 51

3.4 设备设施完整性管理内容 ……………………………………… 52

3.5 设备设施完整性管理实施流程 ………………………………… 58

3.6 不同"完整性"概念之间的关系 ……………………………… 59

4 设备设施管理完整性 ……………………………………… 61

4.1 组织机构和管理职能 …………………………………………… 61

4.2 管理队伍和人员能力 …………………………………………… 64

4.3 完整性管理体系 ………………………………………………… 65

4.4 完整性管理信息系统 …………………………………………… 74

4.5 完整性管理审核 ………………………………………………… 99

4.6 完整性管理标准 ………………………………………………… 105

4.7 完整性管理文化 ………………………………………………… 109

5 设备设施技术完整性 ……………………………………… 113

5.1 技术完整性方法体系 …………………………………………… 113

5.2 静设备完整性技术 ……………………………………………… 118

5.3 动设备完整性技术 ……………………………………………… 131

5.4 电气设备完整性技术 …………………………………………… 145

5.5 仪表设备完整性技术 …………………………………………… 149

5.6 管道完整性技术 ………………………………………………… 153

5.7 装置系统完整性技术 …………………………………………… 173

6 设备设施经济完整性 ……………………………………… 177

6.1 经济完整性模型建立 …………………………………………… 177

6.2 设备设施资产状态管理 ………………………………………… 179

6.3 全生命周期成本（LCC）核算与应用 ………………………… 185

6.4 经济完整性指标体系建立 ……………………………… 189

6.5 设备设施维修费用管理 ………………………………… 191

7 设备设施全生命周期管理 ……………………………… 195

7.1 规划投资阶段 …………………………………………… 196

7.2 设计建造阶段 …………………………………………… 198

7.3 运营维护阶段 …………………………………………… 211

7.4 废弃处置阶段 …………………………………………… 214

8 中国海洋石油集团有限公司设备设施完整性管理研究与实践 ……………………………………………… 215

8.1 中国海洋石油集团有限公司概况 ……………………… 215

8.2 中国海洋石油集团有限公司设备设施管理现状 ……… 216

8.3 中国海洋石油集团有限公司设备设施完整性管理顶层设计 ……………………………………………… 219

8.4 中海油能源发展股份有限公司设备设施完整性管理实践 …………………………………………………… 226

9 设备设施完整性管理发展展望 ………………………… 244

缩略语表 ……………………………………………………… 248

参考文献 ……………………………………………………… 250

1 概述

1.1 设备设施资产的重要性

设备是指可供企业在生产中长期使用，并在反复使用中基本保持原有实物形态和功能的劳动资料和物质资料的总称。设施是指为某种需要而建立的机构、组织或建筑等。设备设施资产是企业固定资产的重要组成部分。

（1）设备设施是企业生产力的重要组成部分和基本要素之一。

在众多行业中，设备设施资产是企业从事生产经营的重要工具和手段，是为企业创造价值、保证安全的重要载体，在企业生产经营与发展过程中发挥着至关重要的作用。生产设备设施无论从企业资产的占有率上，还是从管理工作的内容上，以及企业市场竞争能力的体现上，都占有非常大的比重和十分重要的位置。管好、用好生产设备设施，提高设备设施管理水平对提高企业效率、促进企业进步与发展具有十分重要的意义。我国大型中央管理企业（以下简称"央企"）中设备设施资产密集型企业占60%以上，领域涵盖石油化工、航空航天、电力、汽车、钢铁、煤炭及铁路等，这些企业设备设施资产具有规模大、投入高、风险高及技术先进等特点，设备设施资产地位极其重要；此外在这些领域，国内还有大量民营企业，设备设施资产规模也非常庞大，对企业的发展也非常重要。没有设备设施资产，企业生产就是无源之水、无本之木。

（2）设备设施管理是企业内部管理的重点内容。

在企业的生产经营活动中，设备设施管理是企业内部管理的重点内容，主要任务是为企业提供安全、可靠、经济的技术装备，使企业的生产经营活动建立在最佳的物质技术基础之上，保障企业生产经营活动的顺利进行，以提高产品质量、提高生产效率、降低生产成本、保障安全生产，从而使企业获得最佳经济效益。

当企业根据市场需求和市场预测，决定进行产品的生产经营活动时，在产品的设计、试制、加工、销售和售后服务等全过程的生产经营活动中，无不体现出设备设施管理的重要性。要赢得和占领市场，降低生产成本，节约资源，生产出满足用户需求、具有最大经济效益的高质量的产品，设备设施管理是保证。

也就是说，开发生产先进产品，必须建立在企业具备先进设备设施及良好的管理水平之上。若企业对设备设施疏于管理，用先进的设备设施生产一般产品，会使生产成本增加，失去市场竞争能力，造成极大的浪费；或者让先进的设备设施带病运转，不能发挥设备的全部效能，就会降低设备的利用率。而设备设施管理好的企业，即使没有先进装备，若管理水平高，设备运转状态良好、效率高，一样能生产出高质量的产品，从而增强企业的市场竞争能力和效益。

综上所述，设备设施管理水平是企业的管理水平、生产发展水平和市场竞争能力的重要标志之一。

（3）设备设施管理是企业安全生产的保证。

安全生产是企业做好生产经营的前提，没有安全生产，一切工作都是无用之功；安全生产是强制性的，必须无条件服从，企业的任何生产经营活动都必须建立在安全生产的基础之上。根据有关安全事故的统计，80%以上的安全事故是由于设备设施的不安全因素造成的，特别是一些压力容器、动力转动设备、电器设备等管理不善，极易导致事故发生。要确保安全生产，必须有运转良好的设备，而良好的设备设施管理，也就消除了大多数事故隐患，杜绝了大多数安全事故的发生。

（4）设备设施管理是企业产量、质量和交货期的保证。

在市场经济条件下，企业需要按合同组织生产，合同一经签订，即受到法律保护，无特殊情况不能变更，违约将面临严厉的处罚。如果没有高水平的设备设施管理和良好的设备运转状态做保证，就会面临很高的合同履行风险。一旦违约，给企业带来的就不仅仅是经济上的损失，还往往会失去市场，给企业的发展带来严重的影响。

（5）设备设施管理是企业提高效益的基础。

企业的一切经营管理活动是紧紧围绕获得最大的经济效益这个中心进行的。加强设备设施管理是提高质量、增产增收的重要手段。企业要应用现代技术，开展技术创新，确保设备具有良好的运转状态。对于新设备要充分发挥其先进性能，保持高的利用率，预防和发现设备故障隐患，创造更大的经济效益；对于老设备要通过技术改造和更新，增强设备性能，延长设备使用寿命，从而达到提高效益的目的。

提高劳动生产率的关键是要提高设备的生产效率，企业内部的大多数人是围绕设备设施工作的，要提高他们的工作效率，前提是要提高设备设施的生产效率、减少设备设施故障、提高设备设施利用率。

此外，减少原材料与能源消耗、降低生产成本也是设备设施管理的一项重要内容。首先，原材料的消耗大部分是在设备上实现的，设备状态不好会增大原材料消耗，若出现废品，会导致原材料浪费。其次，在企业的能源消耗中，设备所占的比重很大，若管理不善，就会导致能源浪费。第三，为维护设备设施正常运转，本身也需要一定的物资消耗。设备一般都有常备的零部件、易损件，设备管理不好，零部件消耗大，设备维修费用支出就高，尤其是进口设备，零部件的费用更高。设备设施运转一定的周期后还要进行大修，大修费用在设备管理中也是一项重要的支出，设备管理抓得好，设备大修周期就可以延长，大修费用在整个设备生命周期内对生产成本的影响、所占的比重就可以下降，从而为降低生产成本打下基础。

总之，加强设备管理，提高设备运转效率，降低设备能耗是降本增效的重要手段，也是企业管理的永恒主题。

随着社会、经济与技术的不断进步，资产密集型、技术密集型及流程化企业越来越多，企业的设备设施不断地朝大型化、集中化、机电一体化、连续化、高速化、精密化、综合化、信息化和智能化等方向发展。设备设施的社会化程度越来越高，对操作工人的技能要求越来越低，但随之而来的设备设施维护维修成本及停机损失也越来越高，资产密集型企业如何更好地管理设备设施已越来越成为管理工作的重点之一。

工欲善其事，必先利其器；君若利其器，首当顺其治。党的十九大报告提出："要完善各类国有资产管理体制，改革国有资本授权经营体制，加快国有经济布局优化、结构调整、战略性重组，促进国有资产保值增值，推动国有资本做强做优做大，有效防止国有资产流失"。设备设施资产作为国有资产的重要组成部分，对企业安全生产、经营与可持续发展至关重要，科学有效、经济合理地管好用好设备设施，提高设备设施管理水平，对促进企业进步与发展有着十分重要的意义。

1.2 设备管理基本理论与发展

设备管理是一门科学，国内外在不同时期形成了多种设备设施管理方法体系。这些方法体系在不同历史阶段，为提高设备设施可靠性，保证设备设施运行安全，提升企业生产效率发挥了重要作用。

1.2.1 国外设备管理理论的起源与发展

1.2.1.1 后勤工程学

在国外，美国于20世纪60年代形成了后勤工程学，其起源于军事工程，它是研究武器装备存储、运输、供给、修理与维护的一门科学，是在后勤学基础上吸收了设备可靠性、维修工程和寿命周期费用等设备管理理论而形成的。美国后勤工程师学会对其定义是："对于保障目标、计划、设计和实施的各项要求，以及资源的供应与维持等有关的管理、工程与技术业务的艺术与科学"。后勤工程学是为满足某种特定的需要而设计、开发、供应和维修各种装备、设施或系统的全部管理过程，并研究系统或装备的功能需要与有效度、可靠性、寿命周期费用之间最佳平衡的学科，被认为是体现设备周期管理最为彻底的学科，其目标是追求设备寿命周期费用最经济。后勤工程学从供应链视角出发，全面分析设备，并对设备进行管理。在采购阶段，不仅要考虑设备的最初投资费用，还要考虑其使用期限和维修费用等；在使用阶段，要确保有足够人员对设备进行预防性检修和日常维护等工作，以使设备利用最大化；在维修阶段，根据设备自身运行特点，对其试行不同的维修方式。按照后勤工程学的基本思想，在设计制造设备（或系统）之时，应同时考虑向设备的用户提供如下支持：提供操作、使用、管理方面的指导性文件；提供设备维修保养措施；提供适时、方便的备品备件；为用户培训操作、维修、管理方面的人员；提供设备可靠性、维修性和服务年限的科学实验数据。

1.2.1.2 设备综合工程学

1970年，在美国洛杉矶召开的国际设备工程年会上，英国维修保养技术杂志社主编丹尼斯·巴克斯发表了题为《设备综合工程学——设备工程的改革》的著名论文，第一次提出了"设备综合工程学"这个概念，其原意是"最具有实用价值或工业用途的科学技术"。设备综合工程学的主要内容包括：

（1）把设备的最经济寿命周期费用作为其研究目的，有些设备的购置费较高，但维持费却较低；而另一些设备，购置费虽然较低，但维持费却较高。因此，应对设备一生购置费和维持费做综合的研究权衡，以寿命周期最经济为目标进行管理。

（2）重点关注设备可靠性和维修性两大特性，把设备可靠性和维修性问题贯穿到设备设计、制造和使用的全过程，即在设计、制造阶段就争取赋予设备较高的可靠性和可维修性，使设备在后天使用中长期可靠地发挥其功能，力求不出故障或少出故障，即使出了故障也要便于维修。

设备综合工程学把可靠性和可维修性设计，作为设备一生管理的重点环节，它把设备先天素质的提高放在首位，把设备管理工作立足于最根本的预防，在设备的整个寿命周期内自始至终使设备既在先天上具备较高性能，预防设备发生故障，又在后天上具有易维修性。

（3）统筹与设备有关的工程技术领域、财务经济领域与组织管理领域的管理工作进行综合性管理，实现降低寿命周期费用和提高设备综合利用效率两大目标。

首先，设备是科学技术的产物，涉及科学技术的各个领域，要管好用好这些设备，需要多种科学技术知识的综合运用。

其次，近年来不断涌现和发展起来的管理科学，如系统论、运筹学、信息论、行为科学及作为管理工具的计算机系统，日益成为设备综合管理的手段。设备从研制开发到报废处理的全过程都应运用科学的管理手段，也只有科学管理才能搞好设备综合管理。

再次，企业的经营目标是提高经济效益，设备管理也应为这个目标服务。设备综合工程就是以最经济的设备寿命周期费用，创造最好的经济效益。

（4）研究提高设备的可靠性、维修性设计，提高设计的质量和效率。设备一生是由规划、设计、制造、安装、使用、维修、改造、报废等各个环节组成，它们互相关联，互相影响，互相作用。运用系统工程的原理和方法，把设备一生作为研究和管理的对象，从整体优化的角度来把握各个环节，充分改善和发挥各个环节在全过程中的机能作用，才能取得最佳的技术经济效果。

（5）强调设备的设计、使用和费用的信息反馈，在设计阶段，设备制造商可以采集设备使用商的需求；在使用阶段，设备使用商可以将设备使用过程中出现的问题反馈给设备制造商，实现信息上游与下游的交流。另外，设备使用单位内部职能部门之间、基层车间之间也要有相应的信息反馈，以便做好设备综合管理与决策。

1.2.1.3 全员生产维护（TPM）

1971年，日本设备管理协会提出了全员生产维护（简称TPM，Total Productive Maintenance），它是以提高设备综合效率为目标，以全系统的预防维修为过程，全体人员参与为基础的设备保养和维修管理体系，突出特点是全效率、全系统和全员参加，即实现最高的设备综合效率，确立以设备一生（全生命周期或全过程）为目标的全系统的预防维修。设备的计划、使用、维修等所有部门都要参加，从企业的最高管理层到第一线员工全体参加。TPM的目标可以概括为停机为零、废品为零、事故为零、产量损失为零，即计划外的设备停机时间为零，由设备原因造成的废品为零，设备运行过程中事故为零，设备速度降低造成的产量损失为零。推行TPM要从提高工作技能、改进精神面貌、改善操作环境三个要素推进，即不管是操作工还是设备工程师，都要努力提高工作技能，没有好的工作技能，全员参与将是一句空话；好的精神面貌才能形成好的团队，共同促进、共同提高；建立良好的操作环境，一方面可以提高工作兴趣及效率，另一方面可以避免一些不必要设备事故。

同时，TPM实行机动管理，即通过开展小组自主活动来推进生产维修，小组自主活动纳入组织系统框架中。其主要活动内容及目标是四"无"，即无废品、无故障、无事故、无工作差错；主要特征就是全员参与，把以前由少数人做的事情变成全体人员的自觉行动。

TPM建立了整个设备寿命周期的生产维修系统，实现了企业内部所有与设备相关部门的扩展，而不仅仅局限于生产部门。最终目标是通过提高设备的性能和全体员工的素质来最大限度地提高设备的综合效率，从而进一步提升企业的综合素质，用最少的设备寿命周期成本来创造最佳的产出效果，实现企业的最优经济效益。

后勤工程学研究的任务领域比英国的设备综合工程学、日本的TPM更广。后勤工程学主要是从系统（或设备）的设计制造出发考虑设计制造及其后的运行使用等各方面（即所谓的后勤支援）；设备综合工程学虽然仅针对设备本身，但其管理涉及从设计制造到设备使用维修的全过程；TPM则主动积极地进行设备的维修，从而提高生产效率。后勤工程学与设备综合工程学侧重管理理论的研究，注重整体的设备管理效益，TPM主要是一种管理制度与方法，侧重以企业生产维修为主体的微观管理。但是，这三者的目标是一致的，都是追求系统（或设备）的寿命周期费用最经济。此外，国外还发展了以可靠性为中心的维修、状态维修、基于风险的维修等设备维修与管理模式。

1.2.2 我国设备设施管理理论的发展

在国内，1987年国务院颁布了《全民所有制工业交通企业设备管理条例》（《中华人民共和国国务院公报》1987年第20期），提出企业设备管理的主要任务是对设备进行综合管理，保持设备完好，不断改善和提高企业技术装备素质，充分发挥设备的效能，取得良好的投资效益。企业的设备管理应当依靠技术进步、促进生产发展和预防为主，坚持设计、制造与使用相结合，维护与计划检修相结合，修理、改造与更新相结合，专业管理与群众管理相结合,技术管理与经济管理相结合的原则。企业应当积极采用先进的设备管理方法和维修技术,采用以设备状态监测为基础的设备维修方法,不断提高设备管理和维修技术现代化水平。各级企业管理部门应当按照分级管理的原则,负责对企业设备管理工作进行业务指导和监督检查。该条例主要从设备调试、使用维护、设备检修、设备更新、基础工作、教育培训及奖励惩罚等提出了具体管理要求。

1996年,中华人民共和国国家经济贸易委员会印发《"九五"全国设备管理工作纲要》(国经贸资[1996]75号),提出的主要目标是大中型企业的主要设备完好率稳定在90%以上,力争杜绝特大设备事故发生,重大设备事故比"八五"期间有明显降低;企业主要生产设备利用率(装置开动率)、主要生产设备故障停机率和单位产品(产值)设备维修费用等指标达到行业规定标准,企业生产设备闲置率降低到1%;基础工业和支柱产业主要生产设备的技术水平比"八五"有较大提高,重点行业的风机、水泵节能改造取得明显成效;在全国开展培育规范化的设备要素市场工作。基本任务是适应经济体制从计划经济体制向社会主义市场经济体制的转变和经济增长方式从粗放型向集约型的转变,积极探索并建立设备管理新机制和新模式,培育规范化设备要素市场,促进设备资源的有效利用和优化配置。在继续贯彻《全民所有制工业交通企业设备管理条例》(《中华人民共和国国务院公报》1987年第20期)的基础上,深化设备管理改革,开拓创新,把全国设备管理工作提高到一个新水平,为保证国民经济到2010年实现可持续发展打下坚实的基础。同时提出要加强法制建设,进一步建立和完善各级设备管理的法规制度。依靠技术进步,加大设备更新改造力度,支持和鼓励企业依靠科学技术进步,采用高新技术和实用技术,利用各种资金更新改造老旧设备,提高行业和企业技术装备整体素质。加速设备管理各项技术标准制定工作,使企业设备管理工作逐步标准化。完善企业设备管理机制,推进设备管理现代化,广泛采用先进的设备管理方法和维修技术,建立价值形态与实务形态相结合的设备管理信息系统,在采用设备状态监测、故障诊断等技术的基础上,使设备维修方式逐步转向以状态维修为主的维修方式。积极培育和规范设备维修市场、设备调剂市场、设备备品备件市场、设备租赁市场和设备技术信息市场等设备要素市场。加强设备管理人才培养与技术交流,加强设备管理工作的指导与监督。

自20世纪80年代开始,我国在学习国外先进设备管理理念的过程中,结合中国企业的实际情况,提出了全员规范化生产维护(TnPM)体系,以促进企业设备管理水平的提高。TnPM是规范化的TPM,是全员参与、步步深入的,通过制定规范、执行规范、评估效果、不断改善来推进的TPM。TnPM是以设备综合效率和完全有效生产率为目标,以全系统的预防维修为载体,以员工的行为规范为过程,以全体人员参与为基础的生产和设备保养维修体制。TnPM的成功推行,需要八个方面要素的相互配合和协力支持,即:

(1)以最高的设备综合效率(OEE)和完全有效生产率(TEEP)为目标。

(2)以全系统的预防维修体系为载体。

(3)全公司所有部门都参与其中。

(4)从最高领导到每个员工全体参加。

(5)小组自主管理和团队合作。

（6）合理化建议与现场持续改善相结合。

（7）变革与规范交替进行，变革之后，马上规范化。

（8）建立检查、评估体系和激励机制。

TnPM 提出了五个"6"架构，即"6S（6 项活动）""6Z（6 个零活动）""6T（6 大工具）""6H（6 个源头）""6I（6 级改善）"。

在 TnPM 体系里，除了生产现场操作员工参与的规范化活动之外，精心设计的预防维修体系（SOON 模式）也具有重要的实践意义，它是一套比较严密的设备防护体系设计：首先，根据不同设备类型及设备的不同役龄，选择不同的维修策略；然后通过现场的信息收集，包括依赖人类五感的点巡检、依靠仪器仪表的状态检测及依赖诊断工具箱的逻辑推理，以此对设备状况和故障倾向进行管理。其次是维修活动的组织，包括维修组织结构设计、维修资源的配置等。最后是维修行为的规范和维修质量的评价。

2005 年，中国设备管理协会 TnPM 五阶六维评价委员会发布《全面规范化生产维护管理体系　要求》，系统阐述了 TnPM 管理模式的主要内容和具体做法。

2017 年，中国设备管理协会发布 T/CAPE 10001—2017《设备管理体系　要求》，这是中国设备管理领域的首部协会标准，是在我国多年设备管理与技术发展的基础上形成的。标准从设备管理的方针、策划、支持、实施和运行、检查和绩效评估，以及持续改进等方面明确了管理要求，以不断完善设备管理要求，加强应用实践。

1.3　设备设施完整性管理理念

新的设备设施管理理念与方法的提出有一定的周期性，与不同阶段社会经济发展水平、技术水平、信息化水平及认知程度密切相关。随着社会与技术的发展，设备设施发展呈现出大型化、复杂化、精细化、信息化、智能化等特点，在线监测与故障诊断、基于风险的检验等各种新技术不断涌现和成熟，"大数据、物联网、云计算"等信息化技术也不断融入设备设施管理中，传统的设备设施管理理念和方法已经无法完全满足资产所有者对于设备设施安全性、可靠性、经济性日益严格的要求。尤其是如今石油石化行业在低油价常态化的大背景下，资产所有者更是在积极寻求设备设施运维"降本、提质、增值"的新办法。因此对设备设施进行以管理流程优化为基础、以技术水平提升为保障、以"信息化+数字化"为支撑的全员、全要素、全生命周期的管理，实现设备设施安全性、可靠性、经济性三者的最优平衡已成为设备设施管理发展的必然趋势。设备设施完整性管理是近年来出现并迅速发展的一套设备设施模式与方法，是设备设施管理和技术发展到一定阶段的产物，是充分发挥设备设施效能，有效管控风险，实现设备设施资产的保值增值及最大经济回报，促进企业降本增效的有效工具和手段，得到了国内外众多企业的应用与认可。

在设备设施管理领域，"完整性"的理念最早是由美国职业安全与健康管理局（OHSA）在 1992 年颁布的《高度危险化学品工艺安全管理》（29CFR1910.119）明确提出。该文件提出了工艺安全管理的 14 个核心要素，其中"机械完整性"是其中一个核心要素，要求装有危险物质的系统在使用期间要确保其完整性。20 世纪 90 年代，西方发达国家的大量油气长输管道逐渐进入老龄期，发生的事故造成了巨大的经济损失和人员伤亡，因此开始借鉴经济和其他工业领域中的风险评价和完整性管理技术来评价油气管道的风险和完整性，形成了管道完整性管理模式，在长输油气管道管理领域得到广泛应用。经过多年的发展，管道完整性管理形成了系统的管理方法与技术体系，为保障油气管道安全运行做出了重要贡献。同时，英国的健康安全环境部门最初提出了"资产完整性管理"的理念，并联合石油天然气行业、电力行业等资产密集型企业及第三方技术支持机构开展资产完整性管理理论研究和实践，取得了良好的效果。

在我国完整性管理最早也是从油气管道领域开始研究，以中国石油天然气集团有限公司、中国石油化工集团有限公司为代表的企业及高等院校、技术服务机构在管道完整性管理领域开展了大量的研究与应用实践，取得了巨大的技术进步和良好的实践效果。我国第一部完整性管理国家标准 GB 32167—2015《油气输送管道完整性管理规范》于 2015 年正式发布，这是我国国家层面第一部完整性管理强制性标准规范，对推动完整性管理实施起到了极大作用。近几年国内又陆续发布了储罐完整性管理、危险化学品企业完整性管理等方面的标准规范，也充分展示出完整性管理已成为设备设施管理发展的重要方向。中国海洋石油集团有限公司是我国海洋石油领域勘探开发与生产的大型中央管理企业，自 2014 年开始在总部层面进行"设备设施完整性管理顶层设计"，形成了系统的规划方案与实施部署，并从总部层面开始推动，现阶段已在全公司范围内全面应用推广，是国内第一家全面推行设备设施完整性管理的大型央企。目前"完整性"管理理念与方法在不同国家、不同行业及企业得到了不同程度的应用，对设备设施完整性管理定义与内涵也都是通过基于自身管理实践总结而成。在对设备设施完整性管理国内外实践总结提炼基础上，提出了广泛适用的定义如下：

设备设施完整性管理是对设备设施进行系统的、动态的、基于风险的全生命周期管理，通过管理优化和技术提升，确保设备设施运行经济可靠，实现管理目标和可持续发展。

1.4 传统设备管理与完整性管理的区别与联系

设备管理是以设备为研究对象，追求设备综合效率，它应用一系列理论、方法，通过一系列技术、经济、组织措施，对设备的物质运动和价值运动进行全过程（从规划、设计、选型、购置、安装、验收、使用、保养、维修、改造、更新直至报废）的科学型管理，是包括选择设备、正确使用设备、维护修理设备及更新改造设备全过程的管理工作。设备管理工作可以从物资和资本两个基本面来厘清：设备的物资运动形态是从设备的物质形态的基本面来看，指设备从研究、设计、制造或从选购、进厂、验收、投入生产领域开始，经使用、维护、修理、更新、改造直至报废退出生产领域的全过程，这个层面过程的管理称为设备的技术管理；设备的资本运动形态是从设备资本价值形态来看，包括设备的最初投资、运行费用、维护费用、折旧、收益及更新改造的措施和运行费用等，这个层面过程的管理称为设备的经济管理。设备管理既包括设备的技术管理，又包括设备的经济管理，是两方面管理的综合和统一。

但在传统的设备管理过程中，往往会认为企业经济效益的源泉只是产品生产，因此其设备管理存在以下弊端：

（1）设备管理仍然局限于维持设备基础台账、维护保养、事后维修、资料档案等基础性管理工作，设备管理组织机构弱化，设备管理重视程度逐渐淡化，设备管理意识淡薄，仅依靠少数设备管理人员开展，缺乏自主管理意识和全员设备管理理念，只要设备能够正常运转，不发生故障就万事大吉。

（2）设备维修管理缺乏长期规划，维修过剩和不足的情况经常出现，带有一定的随意性和盲目性。

（3）同时设备管理工作主要围绕其实物形态进行，侧重于保证设备的正常运转，忽略了其价值形态，将设备管理看作技术服务保障工作，而不是一项直接影响企业经济效益的管理工作，造成维修、保养难度增大，使用成本提高，管理的理念与方法已不能满足设备精细化、复杂化、信息化、智能化的发展趋势，也无法为企业的安全生产运行提供有效保障。

例如在建筑行业随着项目法施工方式的推行，"重经营轻管理、重使用轻维修"的思想普遍存在，有的企业撤销了设备管理的专职部门，或把设备管理归入工程综合管理部门进行管理，缺乏专业化管理；有的企业对设备更新的投入减少，租赁设备使用较多，机械设备的装备率停留在原有较低水平，设备管理问题明显增多，包括管理制度、设备档案缺失、管理人员流失、设备陈旧、带病运转、维修保养差、老化加快，设备故障隐患增加、各类事故频发等。同时由于企业不重视设备管理，设备管理相关人员的职业晋升通道缺失，缺乏相应的激励措施，导致员工工作积极性差，技术水平低，不主动学习，能应付则应付，能少干就少干等问题。

企业进行生产经营的目的，就是获取最大的经济效益，设备管理是提高经济效益的基础。企业设备管理应当以效益为中心，坚持依靠技术进步，对主要生产设备进行综合管理，坚持设计、制造与使用相结合，维护与计划检修相结合，修理、改造与更新相结合，专业管理与群众管理相结合，技术管理与经济管理相结合的原则，做到综合规划、合理选购、及时安装、正确使用、精心维护、科学检修、安全生产、适时改造和更新，不断改善和提高企业技术装备的性能，为企业的生产发展、技术进步、提高经济效益服务。

正是基于现有设备管理存在的问题，随着技术发展，才不断出现新的设备设施管理的方法和技术，以适应企业设备现代化管理的需要。设备设施完整性管理不是抛弃原有设备设施管理理念而建立全新的管理体系，而是对现有设备设施管理理念与方法的发展与提升，是在现有设备设施管理基础上，将新的管理理念、技术方法融入设备设施管理中去。设备设施完整性管理既需要传统设备设施的基础管理支撑，也需要不同维护维修理念的应用，核心是对设备设施实现基于大数据的以风险管理为核心的科学管理，最大程度地发挥事故后维修、预防性维修、预测性维修及主动性维修等维修方式的优点，实现设备设施运行经济可靠。

设备设施完整性管理模式和方法更加关注和提升的重点主要包括以下五个方面：

（1）设备设施完整性管理更加注重全要素、全生命周期、动态化、体系化管理，提出以国际资产管理和风险管理相关标准规范为参考，结合设备设施管理特点构建要素全覆盖的管理体系。其管理要求贯穿设备管理的全生命周期，关注设备设施前期投资决策的合理性、设计建造安装的可靠性与可用性、运行维护检修策略的合理性与前瞻性、报废处置的风险可控与残余价值最大化等，实施动态化、体系化管理，并基于设备设施风险变化情况，不断优化管理策略。

（2）设备设施完整性管理强调基于风险的理念方法的落实，通过对设备设施开展系统的风险评估，根据风险评估结果优化维护、检测及维修的策略，将企业有限的资源有针对性地应用到高风险的设备设施管理中，做到"高风险、多投入，低风险、少投入"，在确保设备设施安全可靠的同时，提高管理的经济性。

（3）设备设施完整性管理强化不同类型设备设施应用针对性的完整性技术方法。以往的设备管理手段如日常巡检、日常维护保养、计划性维修、事后维修等，常常基于以往的经验进行定性判断分析；但随着设备设施不断复杂化、精细化、信息化及智能化，需要进一步通过定量评估、实时监测、大数据分析等技术和手段开展设备设施管理。设备设施完整性管理方法的重要方面之一就是在管理体系要求中嵌套应用各类完整性技术；不同行业的设备设施类型复杂多样，不同类型设备设施风险特点各异、管理重点不同，需要应用相应的完整性技术。

（4）设备设施完整性管理充分兼顾安全可靠性与经济性的平衡。设备设施安全可靠是保障企业安全运行的前提，而设备设施维护、检测与维修会增加相应的费用成本。但两者并不矛盾，可以通过系统的管理方法和先进的技术应用，寻找安全可靠性与经济性的最优平衡点，进而实现设备设施运行经济可靠。此外，从全生命周期管理的角度，不能仅关注运行维护阶段的费用，而应该更加注重全生命周期的费用成本最优。例如在设备设施选型购置阶段，以成本最低为采购因素，虽然购置的费用降低了，但在运行维护过程中检维修频次增加、设备零部件更换频繁、设备使用周期短、经常发生非计划停机等都会大大增加费用成本，可能导致全生命周期的成本反而更高。

（5）设备设施完整性管理进一步加强信息化在设备设施管理中的应用。在设备设施管理过程中会产生大量的运行、检测、维修、评估等各方面的数据及设备设施本身的静态信息，通过信息化手段进行大数据分析能够更有效利用数据，发挥数据价值，为管理决策提供指导。

设备设施完整性管理与传统设备管理的相同点是管理对象和管理本质是相同的，都是针对设备设施，两者都强调管理、技术和经济手段的结合。不同点在于设备设施完整性管理是设备管理发展到一定阶段的产物，是在结合最新理论发展和技术应用的基础上发展形成的一套先进的设备设施管理理念和方法，它更进一步突出和加强基于风险的管理、全生命周期管理和经济性管理，更加注重和强调管理队伍、技术队伍与操作队伍的配合。

1.5 开展设备设施完整性管理的作用与意义

随着社会的不断进步与技术的快速发展，设备设施的复杂性、精细化程度、信息化水平越来越高，企业对设备设施管理的要求和期望不断增加，对设备设施管理人员和技术人员的能力要求不断提升，对设备设施管理横向的全面性和纵向的深入程度不断提高，必须创新设备设施管理方法，运用更加先进、系统的管理方法和技术提升设备设施管理水平。设备设施完整性管理是现阶段国内外积极广泛推广应用的管理模式，在保障企业安全生产、强化设备设施风险管理、增强设备设施效能、降低费用成本、提高经济效益、为企业发展贡献价值方面发挥着重要作用。

根据国际权威调查机构 Gartner Group 的调查，已经实施过企业资产管理（或称为资产完整性管理）的公司，在提高设备使用效率、延长设备使用周期、降低运行维护成本等方面取得了良好效果，更好地保障了企业安全、高效生产运行。同时，非正常停机次数的减少，故障及事故发生率的降低实际上还大大增加了企业的风险收益（即最大程度避免一旦发生事故所带来的停工停产、社会赔偿、环保处罚及声誉影响等损失），见表1.1。

表1.1 国际权威调查机构调查企业资产管理的实施效果

序号	内容	实施效果
1	设备停机时间	减少10%～20%
2	关键设备连续运行时间	提高3%～5%
3	关键设备无故障运行时间	提高3%～5%
4	设备使用效率	增加20%～30%
5	设备维护成本	年降低5%～8%
6	设备生命周期	延长超过10%
7	有效工作时间	提高10%～20%
8	库存成本	降低10%～25%
9	备件库存准确率	超过95%；备件管理系统投入运行二年内，可降低库存占用资金25%左右，年降低备件采购费用10%左右，采购业务费用可同时降低

国外某化学公司连续统计了多年设备设施可靠度和运行维护费用的数据，如图1.1所示，从图中曲线的变化趋势可以看出，该公司设备设施可靠性长期保持在98%以上，维持在较高水平，说明该公司实施设备设施完整性管理有效保障了设备设施安全可靠，进而确保公司生产长期平稳运行；同时可以发现运行维护费用在前四年出现一定幅度波动增加之后，长时间内呈现出明显连续下降趋势，这是因为在实施设备设施完整性管理初期，需要额外投入部分费用开展差距分析，优化管理流程，补齐以前遗留的短板，因此导致费用较之前有所增加；当设备设施完整性管理工作进入常态化后，在保持高水平管理的同时，运行维护费用逐渐下降。从该公司的管理实践表明，设备设施完整性管理是一项系统性、长周期工程，在短时间内，公司的投入会有一定的增加，但长远来看，实施效果非常显著。

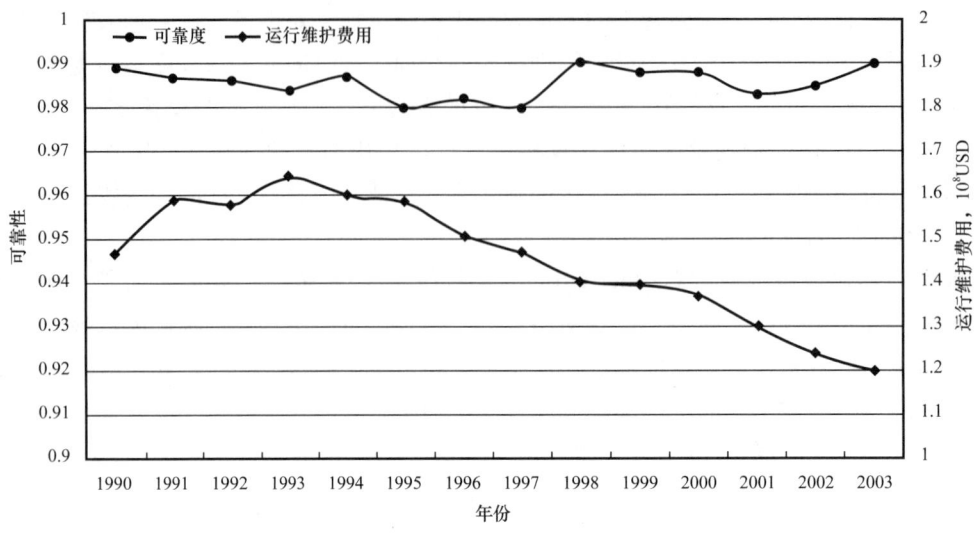

图1.1 某化学公司设备设施完整性管理实施效果

国内某大型海洋石油勘探开发生产公司由于设备设施事故时有发生并对生产运营造成较为严重影响，自2011年开始推行设备设施完整性管理模式，通过构建设备设施完整性管理体系，针对关键设备设施建立专项解决方案，运用基于风险管理的方法理念加强对关键设备的技术应用，持续开展完整性审核查找管理薄弱环节，以提升设备设施本质安全水平，设备设施故障产量影响率、单个设施平均抢维修费用呈明显下降趋势，有效保障了公司的安全生产运营，贡献了设备设施资产价值，如图1.2所示。

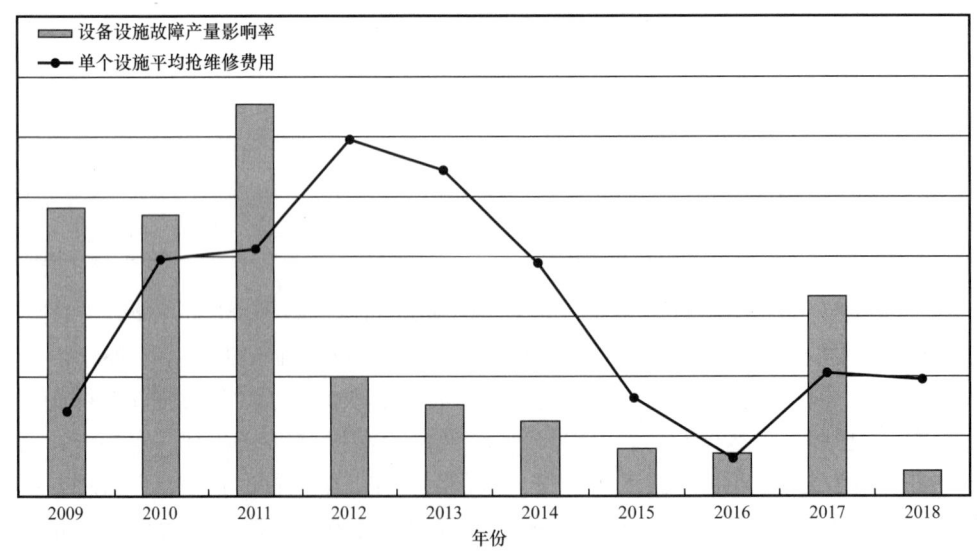

图1.2 某大型海洋石油勘探开发生产公司设备设施完整性管理实施效果

管道完整性管理目前在国内外已非常成熟，它通过数据采集与分析、高后果区识别、风险评估、完整性评价、风险消减与维护、效能评价等过程实现闭环管理。国外某管道公司实施管道完整性管理后，在开展风险识别、评估与检测时，有效节约了数据查找与审核的时间，减少了数据丢失或错误，维护维修过程风险减小、费用降低，大大提高了工作效率，降低了管理成本（表1.2）。国内某油气田企业实施应用管道完整性管理过程中，通过完善完整性管理组织机构，建立完整性管理体系和相应的考核机制，按照管道规格、运行压力、介质类型等实施"分类分级"完整性管理模式，每年定期识别管道高后果区；针对每一高风险管段制订具体的风险缓解措施，针对裂纹、内外腐蚀、制造缺陷、机械损伤等管道缺陷类型，建立含缺陷管道的剩余强度三级评价方法；建立了针对漏磁检测结果的缺陷评估技术，每年开展完整性效能评价工作，评估完整性管理工作的执行情况和实施效果，查找短板和改进方向，实现持续改进的闭环管理。管理模式由"事后被动维修"转变为"基于检测评价的主动维护"，并逐步向"基于风险的完整性管理"发展，管道失效率持续下降，管道本质安全水平持续上升，如图1.3所示。

表 1.2　国外某管道公司完整性管理实施效果

序号	内容	实施效果
1	识别风险、排序评估	节约数据审核与评估时间30%； 节约数据查找时间达80%； 节约完整性规划制订时间70%
2	获取更多检测与评估数据	数据丢失或错误减少达10%； 公共原因事故减少达20%
3	分析与维护规划	挖掘和维修工作减少达15%； 决策速度提高达30%； 降低事故风险率达10%； 节约开挖计划制订时间达95%； 降低维护规划费用达10%
4	维护/补救	降低风险达40%； 降低资本支出达10%； 降低固定维护成本达20%； 项目管理费用降低达35%； 计划外工作减少达70%； 未来维修费用降低达5%； 开挖活动或返工减少达10%
5	监测	抢修响应时间缩短达20%

通过以上国内外案例可以看出，企业通过实施设备设施完整性管理并经过一定运行周期后取得了良好的效果。总体上来说，开展设备设施完整性管理有利于提升企业设备设施闭环管理，实现设备设施全生命周期、全要素系统管理，全面、有效、动态管理设备设施资产；有利于推动设备设施技术应用与发展，充分发挥设备设施效能，实现设备设施本质安全；有利于优化设备设施全生命周期费用，提高效率，降低成本，实现降本增效；有利于形成浓厚的设备设施完整性管理文化氛围，提升公司整体生产水平，增强公司竞争力，

提高公司在社会上的知名度；有利于降低资源消耗、减少环境污染，实现企业生产与环境保护的协调发展。具体包括以下方面：

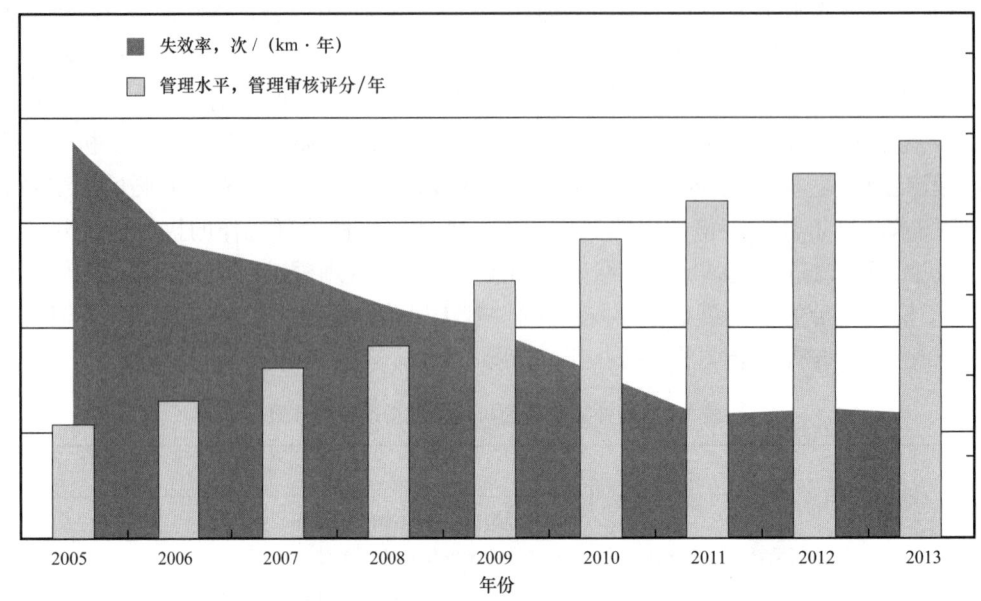

图1.3　国内某油气田企业管道完整性管理实施效果

（1）有效增强设备设施运营能力，提升公司整体安全生产水平。

安全生产是企业做好生产经营的前提，没有安全生产，一切工作都是无用之功。从中央到地方各级政府和部门，无不强调安全生产，紧抓常抓安全生产。安全生产是强制性的，是必须无条件服从的，企业的任何生产经营活动都必须建立在安全生产的基础之上。设备设施管理是企业安全生产的保证，根据有关安全事故的统计，除去个别人为因素，80%以上的安全事故是设备不安全因素造成的，特别是一些压力容器、动力运转设备、电器设备等管理不好会产生严重的隐患，甚至造成严重的事故后果。要确保安全生产，必须有运转良好的设备设施，而良好的设备设施管理也就消除了大多数事故隐患，杜绝了大多数安全事故的发生。设备设施管理水平的提高能够进一步增强设备设施安全可靠运行，减少非计划停机次数，避免事故发生，并保障设备设施长周期运行，增强设备设施运营能力。

通过设备设施完整性管理建设，建立先进的设备设施管理模式，全面优化设备设施管理流程，可以弥补薄弱环节，提高管理效率；同时，有效提升设备设施的技术状态水平，提高设备设施的运营能力，可使设备设施更加安全、高效、持续地为生产提供服务，提升公司整体生产水平，提高经济效益。

（2）全面掌握设备设施资产状态，提升资产管理能力。

对于众多资产密集型行业，相关设备设施及资产的资本投入非常高，如何提升这些高价值资产的利用率、降低使用成本，为企业创造最大价值，一直是企业重点关注的问题。在ISO 55000国际资产管理系列标准中，对资产的定义是对组织有潜在价值或实际价值的物品、事物或实体，并提出资产管理使组织能够在实现目标的同时实现资产价值。在实施资产管理过程中，企业的最高管理层、员工和利益相关方应该实施策划、控制监管等活动，以发现可能的改进机会，并将资产风险降低至企业可以接受的水平，通过对比预期资产绩效来平衡成本、机会和风险等因素，从而实现企业目标。

企业资产管理以提高资产可利用率、降低企业运行维护成本为目标，以优化企业维修资源为核心，通过信息化手段，合理安排维修计划及相关资源与活动。它通过提高设备可利用率得以增加收益，通过优化安排维修资源得以降低成本，从而提高企业的经济效益和市场竞争力。

通过实施设备设施完整性管理，可以进行实物资产综合信息的动态管理，实时监控设备设施资产状态。这些准确的设备设施资产信息，不仅用于资产管理，使企业的各个管理系统可以进行资源共享，而且可以帮助企业在必要时将完整性管理体系与相关技术、法律法规及标准进行关联，并及时对管理策略进行针对性的优化调整，实现设备设施保值增值，获取最大经济回报。

（3）系统优化设备设施全生命周期管理流程，提升管理绩效。

设备设施管理是企业生产成本最小化、利润最大化的重要保证。设备设施管理不仅仅是对设备设施进行简单的收、发、存、放管理，而应该是设备设施从"出生"或将要"出生"到设备设施运行完结至报废剩余价值回收的全过程管理，而且是人、物紧密结合的过程管理。设备设施资产管理、操作管理、维护管理、检维修管理、大修管理、备件采购管理及库存管理等基础管理工作效率直接决定着设备设施运维成本的高低和企业正常生产秩序的良好、高效运行。如果设备设施管理制度不健全，管理流程不能有效衔接、相互协调配合及高效运行，管理人员职责不清晰，存在管理盲区等，会严重影响设备设施效能，进而影响企业的生产效率。因此对设备设施全生命周期管理流程进行全面系统梳理和优化，规范设备设施前期管理、使用期管理制度流程及标准，完善设备设施全生命周期管理制度与标准体系，细化全员职责，能够有效提升设备设施管理水平。

通过建立系统、完善、持续改进的设备设施完整性管理体系，优化设备设施全生命周期管理流程，实现管理规范化、标准化、程序化、精细化，提高管理水平和工作效率，节约人力、财力资源，提升设备设施管理绩效，打造完整性管理文化。设备设施管理水平的提高，有利于提升企业在行业内的知名度和认可度，打开国际市场，提高经济效益，如提高在国际设备设施租赁市场的定价能力，提高设备设施投保时的保费议价能力等。

（4）加强设备设施技术应用，实现设备设施本质安全及长寿命周期运行。

随着技术的不断发展和企业生产的需要，设备设施不断向复杂化、精细化、信息化及智能化的方向发展，对设备设施安全可靠性的要求也越来越高，设备设施安全可靠性的监控需要技术手段来落实。对于企业的关键设备设施，一旦发生故障导致非计划停机，可能会对企业生产造成严重的影响，对于这些设备设施需要通过相应的技术方法加强过程管理与监控，通过风险分析与动态监控，及时掌握设备状态，提前做好风险预防，制订针对性管理策略和技术措施。如近年来应用比较广泛的基于风险的检验（RBI）技术，主要针对静设备开展风险评估，可以根据设备的风险程度，提出相对应的检验策略（包括检验位置、检验周期、检验方法、检验有效性等），以检修时间为节点，优化检验周期，降低检维修费用。针对动设备应用比较广泛的是以可靠性为中心的维修（RCM）技术，它按照以最少的资源消耗保持装备固有可靠性和安全性的原则，应用逻辑决断的方法确定设备预防性维修的要求、过程或方法。与传统的检维修相比，利用以可靠性为中心的维修技术可以有效地提高设备设施运行的可靠性并降低维修成本，在保证生产安全性和设备设施可靠性的条件下，降低日常维修工作量，提高设备设施资产的使用率。

通过应用设备设施完整性管理技术，可以提高设备设施的安全性及可靠性，实现设备设施本质安全及长寿命周期运行，提升预知性维修的能力，降低维修成本，实现设备设施基于风险的管理。通过优化设备设施风险与费用支出之间的关系，利用有限的资源有效管理风险，以技术发展带动经济效益的提升。

（5）优化设备设施全生命周期成本（LCC），实现降本增效。

全生命周期成本（LCC）是设备设施在有效使用期内所发生的与其相关的所有成本，包括设计成本、制造成本、采购成本、使用成本、维护保养成本、废弃处置成本等。设备设施设计和采购成本不能完全反映设备设施总费用的高低，企业管理者不能把设备设施购置成本和运行维护成本完全分开来考虑，而是需要结合起来，作为生命周期成本总体考虑。随着设备设施维护成本在LCC中所占比例的不断增加，在设备设施招标评标中，评估LCC必将成为企业的一项基本要求，即企业在购置设备设施时，不仅考虑购置费用，而且要综合考虑全生命周期中预期的使用费、维修费及处置费，在招标、签约文件中将出现对LCC指标的要求，并可能作为今后追究经济责任的依据。

通过实施设备设施完整性管理，在全生命周期范围内统筹管理设备设施成本，可以优化设计、建造与运营维护阶段的费用投入，完善资源配置决策机制，降低设备设施LCC，提高投资效益，实现降本增效。

（6）助力企业履行社会责任，提升企业影响力。

设备设施资产的运行安全一直是政府、社会和企业关注的焦点。实施设备设施完整性管理，将有利于全面提高设备设施管理水平，确保设备设施运行的安全性及可靠性，助力公司安全生产，为公司履行企业社会责任提供有力保障，并对国民经济发展和社会稳定产生深远影响和积极贡献。同时，企业通过实施设备设施完整性管理，可以贯彻先进的设备设施管理理念，形成完善的设备设施管理流程，建立统一的完整性管理信息平台，营造浓厚的完整性管理氛围，从管理、技术及经济三个维度形成具有特色的完整性管理文化，引领行业设备设施管理的发展，提升企业影响力。

企业执行环境标准和拥有的环保能力已成为提高市场竞争力的重要保证。实施设备设施完整性管理，有利于促使公司逐步推广各种先进工艺技术装备，有效助推清洁生产和循环经济。同时，完整性管理理念和管理文化，有利于规范企业的环境管理行为，提高环境管理水平，实现企业生产与环境保护的协调发展。

2 国内外设备设施完整性管理的发展历程

2.1 国内外资产管理的发展历程

2.1.1 国外资产管理的发展历程

在国外，资产管理发展较早，通常是综合考虑资产清单、服务水平、关键资产评估、LCC 及长期资金战略等因素，以组织的利益为出发点决定活动的最佳组合，使组织能以最优的、可持续的方式管理其资产和资产系统，及其生命周期中相关的绩效、风险和支出，以最终达成组织战略计划。

20 世纪 80 年代，澳大利亚开始了资产管理的实践，随后传到新西兰，主要应用于铁路、公路及电力等行业。截至 2019 年，澳大利亚的资产管理在公路、水务、电力等行业为企业贡献了巨大价值。

1995 年，英国把资产管理成果进行总结提炼，并成立资产管理协会（IAM），开始用于公共设施的管理，后来资产管理方法被广泛应用于北海油田，开始应用于石油天然气行业。2004 年 4 月，以资产管理协会（IAM）和英国标准协会（BSI）为主导，率先推出资产管理系列标准 PAS 55，它主要由两部分组成：PAS 55-1：2004《资产管理规范》和 PAS 55-2：2004《资产管理应用指南》。该标准针对有形资产强调通过系统的和协调性的活动和方法，以最优的方式来管理其资产和资产生命周期内的相关性能、风险和支出，以实现其组织战略计划，目前已修订升级至 2008 版。PAS 55 从发布至今已得到超过 50 个政府及监管机构，10 个国家及 15 个区域的石油、电力、煤气、港口、铁路等行业的众多公司的应用，并得到了广泛认可（图 2.1）。

2009 年 7 月，英国标准协会（BSI）向国际标准化组织（ISO）提出建议建立一个"项目委员会"来负责资产管理国际标准的开发，该标准将基于 PAS 55 并在广泛征求其他行业以及世界各国相关社团的意见的基础上完成。"新工作项目建议"预计其工作时限大约为 3 年，主要工作包括三个阶段，即：工作草案、国际标准草案和最终国际标准草案。在 2010 年 6 月在伦敦成功召开了半天预备会议之后，大家一致同意在 ISO 55000 系列标准的开发中采用 ISO JTCG 格式，包括标准的正文和普通术语。2011 年至 2013 年，ISO 先后 5 次召开资产管理会议讨论该标准，2014 年 1 月 15 日 ISO 完成对该标准投票并批准发布，2014年2月5日ISO 55000系列标准发布会在伦敦举行，来自世界各地的200多名专家出席了发布会。该系列标准包括三个标准：ISO 55000：2014《资产管理 综述、原则和术语》，ISO 55001：2014《资产管理 管理体系 要求》，ISO 55002：2018《资产管理 管理体系 应用指南》❶。ISO 55000系列标准发布以来，在各行业得到了广泛应用。

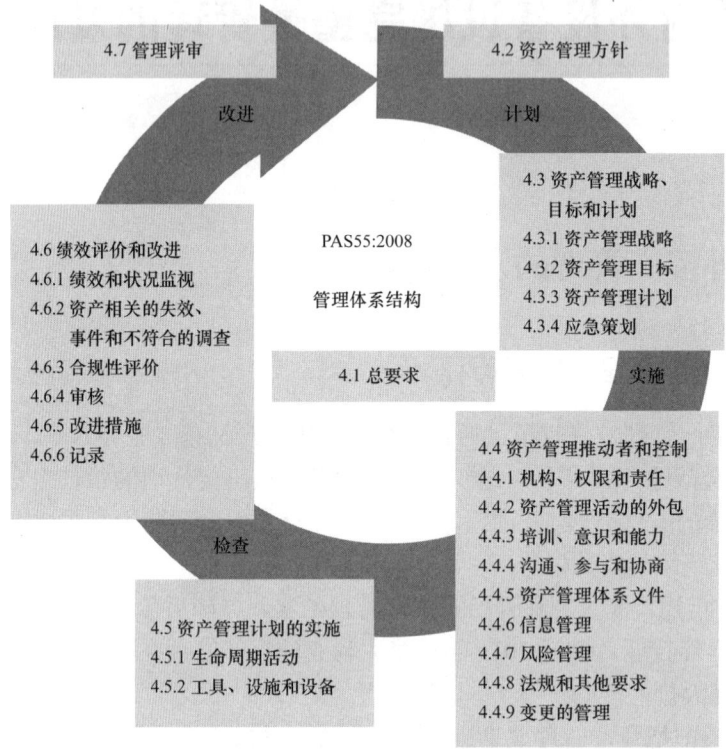

图2.1　PAS55：2008管理体系结构示意图

资产管理体系用于指导、协调和控制资产管理活动，以提供改进的风险控制并保证在一致的基础上实现资产管理目标。通过开展资产管理可以实现以下目的：

（1）减少其资产的总运营成本。

（2）降低其投资于资产的资本成本。

（3）提升其资产的运营绩效。

（4）减轻运营资产可能产生的潜在健康影响。

（5）降低运营资产的安全风险。

（6）最小化运营资产产生的环境影响。

（7）维护且提高组织声誉。

（8）提高组织的监管绩效。

（9）减少与运营资产相关的法律风险。

---

❶ 本标准最初为2014年版，2018年11月发布2018年版，2020年6月修正。

2.1.2 国内资产管理的发展历程

在国内，较早系统开展资产管理工作的是电力行业，电网经营企业具有资金密集型、高投入的特点，设备资产在电网企业总资产中可占到 80% 的比重，资产投资及运营的管理在电网企业整个经营管理、经济效益的提升方面发挥着举足轻重的作用。电网经营企业结合业务中实际存在的目标不统一、工作不协调、流程不健全、风险管理能力弱、信息系统支撑力度不足等问题。因此，电网经营企业借鉴国际通用的资产全寿命周期管理理念，以 PAS 55/ISO 55000 为基础设计并建设资产全寿命周期管理体系，并将主要建设内容分解为目标策略、计划、过程管控、监测评价、改进、组织、能力、法律法规、标准制度、风险和应急、协同、信息等管理要求，促进体系建设的实施和运行，形成了资产全寿命周期管理的关键技术，包括设备级全寿命周期成本建模和成本分解，系统级全寿命周期成本建模和成本分解，设备的状态与可靠性评估技术，设备的寿命评估，设备的风险评估，系统运行风险评估及资产的改造原则等。目前，电力行业资产全寿命周期管理初步形成了完善的理论方法和技术体系。2018 年 6 月，国家能源局发布了 DL/T 1868—2018《电力资产全寿命周期管理体系规范》，规定了企业建立、实施、保持和改进资产管理和资产管理体系的基本要求，适用于电力企业实物资产管理的管理体系，指导电力企业应用资产管理标准，旨在提高企业资产运营的效率和效益。

2016 年，等同采用 ISO 55000 资产管理系列标准的 GB/T 33172《资产管理 综述、原则和术语》、GB/T 33173《资产管理 管理体系 要求》及 GB/T 33174《资产管理 管理体系 GB/T 33173 应用指南》标准由中华人民共和国国家质量监督检验检疫总局和中国国家标准化管理委员会联合正式发布，标志着在国家层面有了开展资产管理的标准；同年，来自中国标准化研究院、内蒙古蒙牛乳业（集团）股份有限公司、英国标准协会（BSI）、中国质量认证中心（CQC）、中国船级社质量认证公司和加拿大 AM Industry Solution Inc. 等单位从事资产管理工作的专家编写了《资产管理体系应用指南：基于 ISO55000 系列标准》，介绍了资产管理、资产管理体系建立和案例介绍，以及资产成熟度评价体系和资产管理体系审核技巧等相关内容，将 ISO 55000 系列标准结合实际应用案例进行了分析。

ISO 55000 系列标准覆盖了资产全寿命周期范围内的良好的做法，提供了"费用—风险"最优化策略，可广泛应用于各种用户，应用于所有行业各类型资产管理，如石油、电力、煤气、水务、港口、铁路等众多企业。近年来，ISO 55000 资产管理系列标准在国内得到了广泛应用，目前已有华为、国家电网、蒙牛乳业、香港地铁、香港中华电力、中国重汽集团等企业或其子公司取得了 ISO 55001 资产管理体系认证。资产管理系列标准是石油石化行业开展完整性管理工作的重要依据之一（图 2.2）。

2.2 石油化工行业设备设施完整性管理的发展历程

石油化工行业为重资产行业，设备设施在总资产中占比较大。石油石化设备设施有其行业特点，生产过程具有高度的连续性，生产条件苛刻，介质易燃易爆，而且随着装置日趋大型化、自动化，一旦重要设备失效将引起严重的安全事故，导致重大的人员伤亡、财产损失和环境污染，对社会产生严重的负面影响。完整性管理是国际先进石油化工企业积极推崇的资产管理模式，完整性管理借鉴 ISO 55000 资产管理与机械完整性管理理念，将两者结合起来，既包括各种具体技术和分析方法，又涵盖了系统的管理方法，环环相扣、缺一不可，形成一个完善的技术管理系统。

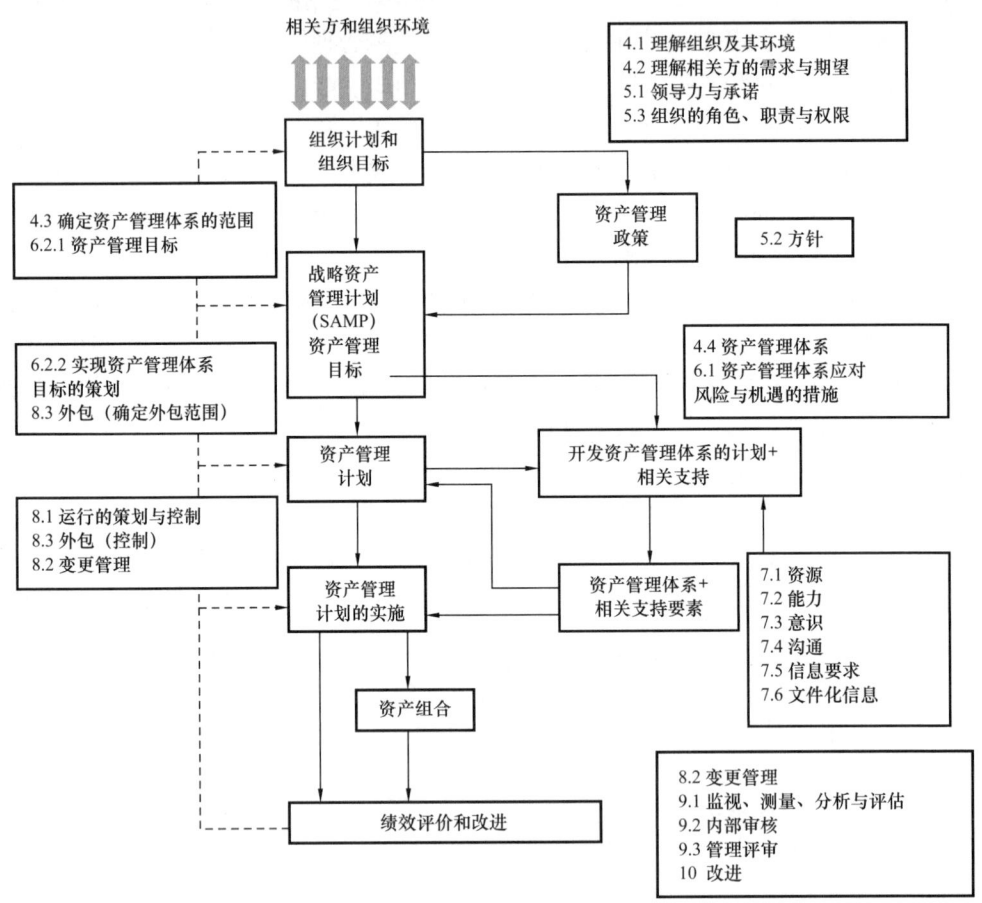

图 2.2　GB/T 33173 系列标准结构

2.2.1　国外石油化工行业设备设施完整性管理现状

2.2.1.1　国外完整性管理概述

1992 年，美国职业安全与健康管理局（OHSA）颁布了工艺安全管理法规（PSM）OSHA 29CFR1910.119，首次提出"机械完整性"的理念，要求装有危险物质的系统在使用期间要确保其完整性。其应用领域包括压力容器和储罐、管道系统、释放及排放系统、紧急停车系统、控制系统等，其目的是建立科学的管理体系，使得设备设施管理标准化、科学化、规范化，达到降低设备设施风险长期安全运行的目的。机械完整性一般是基于设备风险监测和损坏机制影响，及时识别设备运行过程中产生的误差并及时予以纠正。之后国际上各大行业组织纷纷制定发布了一系列设备风险评估和设备完整性管理方面标准，这些技术和方法在油气生产、炼油化工及核电等行业得到了广泛认同。完整性管理经过二十多年的发展与推广，已被世界各大石油、石化企业和危险化学品生产企业应用，并得到一致认可。

2006年，美国化工过程安全中心（CCPS）编制了专著《机械完整性管理体系指南》，属于过程安全和风险管理体系中的一部分，是石油化工行业、电力系统及其他存在高风险的生产行业进行机械设备、资产有效管理的重要指南。该专著从机械完整性定义开始，详述了相关概念，明确了领导层在机械完整性管理或者设备管理中的职责，制订了比较详细的实现机械完整性管理的操作指南，内容涵盖相关管理职责、机械完整性管理培训、机械完整性管理对象目标与任务、机械完整性项目的实施程序及执行、针对整个机械设备生命周期的质量保证体系、缺陷管理、风险管理、检验测试及预防性维修、绩效评估、机械完整性评审及持续改进的一系列系统化的内容。

2016年美国化工过程安全中心（CCPS）编制了《资产完整性管理指南》，是机械完整性管理体系指南的更新和扩展，涉及过程工业中固定设施的资产完整性。本书首先介绍了资产完整性管理的基础，包括资产完整性管理的定义和目标、管理人员和公司其他人员的角色和职责、资产全寿命周期中完整性管理的活动、资产损伤和退化的评估、检测和管理，以及选择纳入资产完整性管理的设施应该考虑的因素。其次，该书介绍了开展资产完整性管理时需要实施的系列活动，包括检验、检测和预防性维修、相关人员培训、资产完整性管理程序建立、质量管理、设备缺陷处理措施、资产完整性管理方案审核。再次，介绍了不同类型设备进行资产完整性管理的具体方法。最后，介绍了实施资产完整性管理所需的资源和数据管理系统、管理体系的绩效指标和持续改进，以及有助于制订资产完整性管理相关决策的风险分析技术。

在完整性管理发展过程中，各国船级社、行业协会和技术服务公司等开展大量的完整性管理技术研究与应用工作，发布了完整性管理相关技术标准规范，形成了较为成熟的完整性管理技术方法。目前，针对不同类型设备设施具有特定适用的完整性技术方法，主要包括应用于静设备的基于风险的检验（RBI）技术，应用于动设备的以可靠性为中心的维护（RCM）技术，应用于仪表设备的安全完整性等级（SIL）技术等。美国石油协会（API）发布了基于风险的检验（RBI）推荐标准 API RP 580《基于风险的检验》和 API RP 581《基于风险的检测技术》，RBI 技术是采用系统论的原理和方法，对系统中固有的或潜在的危险及其程度进行定量分析和评估，找出薄弱环节，并提供优化的设备设施检验策略。美国汽车工程师协会（SAE）发布了以可靠性为中心的维修（RCM）标准 SAE JA1011 *Evaluation Criteria for Reliability-Centered Maintenance*（*RCM*）*Processes*，RCM 技术是建立在风险和可靠性方法的基础上，按照以最少的资源消耗保持装备固有可靠性和安全性的原则，应用逻辑决断的方法来确定设备预防性维修需求的方法。国际电工委员会（IEC）发布了针对安全仪表系统的安全完整性等级（SIL）标准 IEC 61508《电气/电子/

可编程电子安全系统的功能安全》和 IEC 61511《过程工业安全仪表系统的功能安全》等，安全完整性等级 SIL 是以 IEC 61508《电气/电子/可编程电子安全系统的功能安全》及 IEC 61511《过程工业安全仪表系统的功能安全》要求的失效概率（PFD）为基准的，用以表征安全相关系统针对一个特定的功能需求所能达到的风险降低的程度。确定 SIL 等级就是通过规定安全仪表系统需要的最低反应失效的可能性，使设备能够在需要时成功执行设计所要求的安全功能。

目前，能源行业 Total 公司、荷兰 Gasunie 公司、美国 Marathon 石油公司等，都通过实施完整性管理取得了较好效果。Total 公司曾因重大停机事件造成了巨大损失，此后，将资产完整性纳入公司的战略规划，搭建并实施了完整性管理体系，其中包括以下八大管理要素：政策和战略、组织的责任和领导力、资源和能力、风险评价和管理、计划和风险控制、资产完整性合规性和监视、工艺工具和管理系统、绩效考核。形成了基于风险的完整性管理体系，建设了高效运行的管理平台，提高了效率，降低了风险。荷兰 Gasunie 公司针对管道开展了完整性管理，通过完整性管理的实施，在大数据的支持下，逐步形成基于风险管理的维修策略生成模式，从而大大提高了工作效率，降低风险 40%，降低固定维护成本 20%，减少计划外工作 70%。美国 Marathon 石油公司通过实施完整性管理，提高了产量和利润。从 2003 年到 2007 年，该公司炼油设备的完好率由 92.2% 提高到 95.2%，总炼油量由 $105 \times 10^4 \text{bbl/d}$ ❶ 提高到 $122 \times 10^4 \text{bbl/d}$，按照当时每桶油利润 8USD，每年的收入增加近 5×10^8 USD。

2.2.1.2 油气管道完整性管理

管道完整性管理技术起源于 20 世纪 70 年代，由于第二次世界大战后发达国家投建了大量的管道，到此时这些管道都进入了老龄化阶段，各类事故频发，造成了巨大的经济损失和人员伤亡，大大降低了各管道公司的盈利水平，同时也严重影响和制约了上游油气田的正常生产。管道完整性管理根据不断变化的管道因素，对油气管道运营中面临的风险因素进行识别和技术评价，制订相应的风险控制对策，不断改善识别到的不利影响因素，从而将管道运营的风险水平控制在合理的、可接受的范围内。它通过监测、检测、检验等各种方式，获取与专业管理相结合的管道完整性的信息，对可能使管道失效的主要威胁因素进行检测、检验，据此对管道的适应性进行评估，最终达到持续改进、减少和预防管道事故发生、经济合理地保证管道安全运行的目的。经过几十年的发展和应用，目前许多国家已经逐步建立了管道安全评价与完整性管理体系和各种有效的评价方法。

（1）美国的油气管道完整性管理。

根据美国 OPS（Office of Pipeline Safety）的统计结果，1975 年至 1985 年，美国天然气管道事故发生数超过 5800 起，平均每年 400 余起。美国借鉴经济学和其他工业领域中的风险分析技术来评价油气管道的风险性，以期最大限度地减少油气管道的事故发生率和尽可能地延长重要干线管道的使用寿命，合理地分配有限的管道维护费用。

---

❶ 为符合实际使用习惯，本书部分地方使用了非法定计量单位，请读者注意。

美国 Amoco 管道公司（APL）从 1987 年开始采用专家评分法风险评价技术管理所属的油气管道和储罐，到 1994 年为止，已使年泄漏量由原来的工业平均数的 2.5 倍降到 1.5 倍，同时使公司每次发生泄漏的支出费用降低了 50%。美国科洛尼尔（Colonial）管道公司将管理的重点放在管道的安全和可靠性上，利用在线检测装置和弹性波检测器，实施以风险为基础的管理方法，并每年进行一次阴极保护系统的调查和利用飞机实施沿线巡逻。该管道公司采用风险指标评价模型（即专家打分法）对其所运营管理的成品油管道系统进行风险分析，有效提高了系统的完整性。

20 世纪 90 年代，美国油气管道企业已开始广泛应用风险管理技术和完整性管理技术来指导管道的维护工作。为了鼓励完整性管理的发展，美国政府和议会根据各石油公司、科研机构的建议制定出台了一系列法律法规。2001 年，美国联邦 OPS 通过了《高危流体管道在高后果区（High Consequence Areas，HCAs）完整性管理实施办法》的规定。2002 年，OPS 通过了《天然气管道在高后果区完整性管理实施办法》的规定。为了增进管理的安全性，美国国会于 2002 年 11 月通过了专门的 H.R.3609 号《管道安全促进法》，其中第 14 章中要求管道运营公司在高后果区（HCAs）实施管道完整性管理，制定并发布了气体管道和液体管道完整性管理规程（CFR49 Part 192 和 CFR49 Part 195）。这些法律法规不仅仅是完整性管理的实施的指导性文件，更是完整性管理发展的最有力保障。

美国的管道运营公司大多在 2000 年后根据政府部门的要求成立了完整性管理部门，其完整性管理模式各不相同，但总体都有明确的管理目标，同时有一名副总裁专项负责完整性管理业务，并有专门的完整性管理机构和充足的、高层次的人力资源保障。完整性管理在全公司的业务管理方面发挥着重要的作用，在日常工作和政府沟通中扮演着重要角色，对公司管道维修计划的制度、内检测、风险评估等业务行使管理职能，同时为管道应急等提供基础信息和决策咨询。随着完整性管理所发挥作用的日益显现，各管道公司已经从被动成立完整性管理部门以满足法规的要求，转变成主动发展完整性管理业务，完整性管理部门的人力资源得到不断补充和发展，成为各管道公司的重要部门。

（2）加拿大的油气管道完整性管理。

加拿大各省的陆上管道规程主要由加拿大国家能源局（NEB）制定，规程中明确要求"每个公司应制订管道完整性程序"。加拿大努发（NOVA）公司是北美地区最大的管道公司之一，他们十分看重设备的安全与完整性，并成功设计出第一代针对管道的风险评价软件 iw-nova。其核心是将其所属管线分成 810 多段，对各段管道的材质、尺寸、所处环境、油气的理化性质、运行的历史资料等参数进行评估，对超出该公司风险基线的管线进行整改，将风险降至可承受的范围，使整个管道系统安全、平稳运行。

加拿大恩桥（Enbridge）公司从 20 世纪 80 年代末就对管道完整性管理进行了研究。他们制订了"确保管道安全、增强安全意识、努力达到零事故"的完整性管理目标。为了从技术上支持这一目标，Enbridge 率先建立了管道系统数据库，为风险评价和动态管理提供依据。在实施完整性管理中，这个公司建立了技术体系，主要包括开展完整性管理的条件、完整性管理支持技术、完整性管理实施方式。同时，公司还配备了管理及检测设备，明确了管理职责与分工，完善了管理文件体系和标准规范。

加拿大标准协会（CSA）制定发布了管道标准 Z662：2003《石油天然气管道系统的设计、建造、操作及维护》，标准中也明确规定：运营公司应该制订及执行一个管道完整性管理程序，包括用于管理管道完整性的有效的规程，以使管理完整性数据保持完整。

（3）欧洲的油气管道完整性管理。

欧洲管道工业发达国家和管道公司从 20 世纪 80 年代开始制定和完善管道风险评价的标准，建立了油气管道风险评价的信息数据库，深入研究各种故障因素的全概率模型，研制开发实用的评价软件程序，使管道的风险评价技术向着定量化、精确化和智能化的方向发展。英国油气管网公司 20 世纪 90 年代初就对油气管道进行了完整性管理，制订了一整套的管理办法和工程框架文件，使管道维护人员了解风险的属性，及时处理突发事件。意大利国家天然气公司（SNAM）是国有天然气基础设施建设和运营管理公司，拥有意大利 94% 的输气管网，长 3.25×10^4 km，已有 75 年的运行历史。SNAM 基于 CEN/TS 15173《供气系统 有关管道完整性管理系统（PIM）的参照系》对管道完整性的通用要求，以及国际和意大利的法规文件、国际技术标准、公司技术标准、公司程序文件和体系文件等内容实施管道完整性管理。其完整性管理涉及整个设计、施工和运行的全生命周期的实施过程，目标是维持管道的完整性，确保天然气输送安全和可靠。SNAM 公司管线大部分处于含有杂散电流的环境下，运行压力高于 2.3MPa，维修成本很高。在实施管道完整性管理后，SNAM 节约了大概 1/3 的维修管理费用，管道的可靠性得到了很大的提升。SNAM 公司的完整性管理流程融入了持续改进和不断完善的理念，在管道管理过程中发挥了积极的作用。同时，SNAM 公司开发了标准和文件管理的 IT 系统（e-Doc NGI），每名公司员工都可以通过 IT 系统查询到完整性管理体系文件和标准。在完整性管理体系文件和标准起草和升版过程中，所有的技术部门和操作维修部门都可以向技术标准规范管理部提出申请，个人可以通过对技术标准发生影响的其他渠道提出新编和升版的需求。

（4）管道完整性管理的技术规范。

随着世界各国管道完整性管理技术的发展，配套的管道完整性管理技术标准规范也相应颁布，包括 ASME B31.8S《输气管道完整性管理》、API Std 1160《有害液体管道完整性管理》、ASME B31 G《腐蚀管道剩余强度手册》，以及之后推出的管道腐蚀直接评价系列标准，包括 NACE RP 0502《外腐蚀直接评估（EDCA）》、NACE RP 0204《应力腐蚀开裂直接评估（SCCDA）》、NACE SP 0206《干气管道内腐蚀直接评估（DG-ICDA）》、NACE SP 0208《液体石油产品管道内腐蚀直接评估（LP-ICDA）》、NACE SP 0110《湿气管道内腐蚀直接评估（WG-ICDA）》等。挪威船级社针对海底管道建立了完整性管理系列标准，包括 DNV-RP-F116《海底管道系统完整性管理》、DNV-RP-F206《立管完整性管理》、DNV-RP-F101《腐蚀管道》等，推进了海底管道完整性管理。2019 年，国际标准化组织（ISO）发布了 ISO 19345：2019《石油和天然气工业 管道输运系统 管道完整性管理规定》，包括陆上管道全生命周期完整性管理和海上管道全生命周期完整性管理两部分内容。

2.2.1.3 站场完整性管理

油气站场通常是指为了保障油气的正常安全输送而对其进行工艺操作的场所，包括油田联合站场、输油泵站、压气站、原油/成品油储存库、地下储气库以及 LNG 接收站等。由于油气站场的工艺操作复杂连续，油气介质均为易燃易爆介质，而且辅助生产系统烦琐庞大，油气生产设备很容易失效造成油气泄漏进而引发安全事故。

场站完整性管理的目的主要是确保系统一直在可控制的范围内，面对不同的问题，管理人员都可以及时采取相应的措施。当前，管道完整性管理模式被世界各国管道公司广泛采用，在管道线路完整性管理上取得巨大成功，与之配套的管道风险评估与完整性管理技术也日趋完善。但近年来，输油气站场事故逐渐增加，国外管道公司开始逐步重视并推行站场的完整性管理工作，国际管道会议（International Pipeline Conference，IPC）也开辟了输油气站场完整性管理的研究领域。

尽管国外石油行业在管道完整性管理方面已经建立起了比较系统的理论和技术支持体系，并且已经实现了工业应用，然而对于管道沿线所属站场和油气田联合站的完整性管理，国外至今尚未形成系统、成熟的评价体系和标准。API Std 1160《有害液体管道完整性管理》与 ASME B31.8《输气和配气管道系统》提出管道的完整性管理理念同样适合于管道的站场和终端，即管理的思路和基本原则应该是一致的，只是在具体的措施和实施方案上存在差异。API Std 1160《有害液体管道完整性管理》认为管道泵站和终端的风险管理模式应与干线管道的风险管理模式相似，任何适合管道的风险评估方法都适用于泵站和终端，但该标准未给出站场实施完整性管理的具体方法和步骤。另外，由于站内设备较多、工艺复杂，使站场的数据采集、风险评价、检测技术和风险缓解措施具有各自的特点，从而导致站场的风险管理面临较多的挑战。ASME B31.8S《输气和配气管道系统》提出了对天然气管道实施完整性管理的方法和步骤，但未提及天然气站场的完整性管理。API Publ 353 给出了输油站场的储罐和管道泄漏风险评估方法，但是其他设施的风险管理并未提及。由于设备模型中的数据和管道模型中的数据不同，设备的复杂性使站场完整性管理面临众多的挑战。

国外在站场完整性管理的应用研究领域也做了一些积极的探索和有益的尝试，并在欧洲和北美取得了一些较为成功的应用。近些年，基于风险的输油气站场完整性管理模式逐步被各大管道公司所采用，其主要的支撑技术为基于风险的检验（Risk-Based Inspection，RBI）、以可靠性为中心的维护（Reliability Centered Maintenance，RCM）、安全完整性等级（Safety Integrity Level，SIL）、定量风险评估（Quantitative Risk Analysis，QRA）等。国外许多油气管道公司采用以上技术有效地降低了站场的风险水平，取得了良好的经济效益。英国最大的天然气输送公司 UK Gas 从 1995 年起采用 RCM 方法制订维护计划，不仅使设备故障率大大下降，而且还节约了大量的维护开支。北美 NOVA 天然气输送公司也采用了 RCM 方法，并且取得了良好的效果。Advantica 公司致力于站场完整性管理技术研究，并在对站场日常运行进行定量风险评估、量化设施风险的基础上，开发了 QRA 系统。挪威船级社（DNV）多年来也致力于站场完整性管理系统的开发和研究，制订开发了石油石化行业需求的 RBI、RCM、SIL、QRA、RAM、RBM 等技术。

可见，国外发达国家已经开展了油气站场完整性管理技术的应用和实践研究，并取得了一定的成功，这种管理模式已经成为政府和管道公司最为信赖的管理模式。但是国外尚未提出系统的站场完整性管理技术支持体系，站场完整性管理技术标准还不统一，各种完整性管理技术在油气站场的应用研究还未完全开展。

2.2.1.4　海上石油设备设施完整性管理

海洋平台设备设施与管道、站场设备等存在较大区别，主要表现为平台设备设施数量多、结构复杂、技术指标高、故障模式多样和维修难度高等特点。国外一些著名公司对海上平台设备都采用完整性管理技术，其中海上平台压力容器和压力管道完整性管理及海上油气开采固定设施结构完整性管理的技术应用已经较为成熟。

早期国外采用的是定量风险评估的方法对海上设备进行风险检验。大约在20世纪70年代中期，英国健康安全总署面对越来越多的海上压力容器和压力管道的安全事故，开始要求设备管理者对所有压力容器和压力管道采用风险评估，这是海上平台压力容器和压力管道的风险管理的第一个阶段。20世纪80年代，挪威有关部门颁布了海上平台压力容器和压力管道的风险管理的评估规范，要求对压力容器和压力管道进行定量风险评估。在经过大量的实际应用和研究后，参考国际标准，再次更新了海上平台的压力容器与压力管道的风险评估规范。20世纪90年代初，美国的一些海上石油公司开始对海上平台的压力容器和压力管道的损坏有了一定的重视。为了减少生产成本，提高经济效益，它们要求美国石油协会（API）协同挪威船级社（DNV）将 RBI 技术应用到美国的海上石油平台上。由于 RBI 技术的核心概念和风险评价的过程得到了美国石油公司的认可，因此该技术在美国海上石油行业得到迅速发展和广泛应用。进入21世纪以来，美国石油协会在总结设备检验实践经验的基础之上先后公布了 API RP 580 和 API RP 581，将该技术从西方发达国家推广到全世界各国。应用该技术可准确地对海洋平台上的压力容器和压力管道进行检验和维修，使设备的风险水平和管理成本都大幅度下降。Nexen 公司规定了实施 RBI 的时机、流程、方法，并建立了标准和数据库。它采用了先进无损检验技术，包括：脉冲涡流和数码成像（Pulsed Eddy-Current & Digital Radiography）、电磁超声检测（EMAT）、相控阵（Phased Array）、超声波衍射时差法（TOFD）、射线直接数字阵列（Radiography Direct digital array）、ROV 与无人机等。ConocoPhillips 公司在海上平台、FPSO、原油运输管道上从建造开始就采用的 RBI 风险检验策略，在取得了巨大的经济效益的同时也完成了安全管理的生产目标。

海上油气开采固定设施长期工作在恶劣、复杂的海洋环境中，受到波浪、腐蚀、冲刷、疲劳及其他不利因素的影响，其结构承载能力将逐步降低，往往会造成人员安全、环境污染的隐患。美国为了降低固定设施发生事故风险，制定了一些管理要求。美国墨西哥湾的海上油气开发起步较早，到目前为止，墨西哥湾共有约4000座固定平台。美国海洋油气开发的安全监管职能由美国矿业管理局（U. S. Minerals Management Service，MMS）行使。MMS 于 2003 年 8 月 15 日发布 NTL No.2003-G16 *Assessment of Existing*

OCS Platforms，要求在墨西哥湾服役时间超过 5 年的固定平台应按照 API RP 2A-WSD：2000《海上固定平台规划、设计和建造的推荐做法 工作应力设计法（第 21 版）》第 17 章的要求进行评估，并给出了为期 3 年的"四步走"的时间表，其中涉及评估的平台达到 3500 多座。为了让业界更好地理解和实施 MMS NTL No.2003-G16，特别是 API RP 2A-WSD：2000《海上固定平台规划、设计和建造的推荐做法 工作应力设计法（第 21 版）》第 17 章的要求，MMS 于 2003 年 9 月 23 日至 24 日组织了在役平台评估的讨论会。通过讨论，美国业界越来越认识到结构评估不是孤立的，而是结构完整性管理的一个环节，与平台的检验、修理、改造、维护等密不可分。此次会议上提出了研发一套专门针对在役平台的结构完整性管理的推荐做法 API RP 2SIM *Structural Integrity Management of Fixed Offshore Structures* 的建议，将 API RP 2A-WSD：2000《海上固定平台规划、设计和建造的推荐做法 工作应力设计法（第 21 版）》第 14 章（Surveys）和第 17 章的要求纳入其中，而新的 API RP 2A-WSD❶ 将仅针对新建平台，API RP 2SIM *Structural Integrity Management of Fixed Offshore Structures* 中对结构完整性管理概念定义为保证海上设施从安装到退役全生命周期过程的适用性评价系统。美国矿业管理局颁布的联邦法案 NTL-2003-G16 通过安全评估准确了解平台结构的现状和安全水平，对保证海洋石油平台超期服役的安全起到了较好的效果。

随着科学技术的发展，使得海洋平台动设备自动化、集成化和精细化程度越来越高，从而导致其对维修管理的要求也越来越高，并呈现出多样化的格局。目前，在国外，众多公司结合计算机和网络技术，以及先进维修方法和管理模式，相继研发出了应用于设备维修及资产管理的软件，例如，英国 Engica 公司的 Q4w 系统，Raymark 公司的 Smart Xpert 系统、加拿大 RGM 软件公司的 PMIS 系统、德国的 SAP 系统、美国 MRO 公司开发的 MAXIMO 系统、Datastream 公司的 D7i 系统和 DNV 的 Oribit++ 系统等。上述软件产品已成功应用于石油化工、电力、航空和汽车等重要行业，并开始逐步推广至海洋平台设备设施的维修管理中。同时，国外学者对于海洋平台设备的维修管理理论及方法也开展了一系列研究工作，其中，Holland 和 Shaw 研究了英国 BP 公司的基于 MAXMIMO 系统的资产完整性管理方法和特点；Gran 和 Bye 等提出了一种风险评价模型，评价出了每个风险影响因素的重要度，并给出了一些相应的风险减缓措施，并对模型进行了验证；Vinnem 和 Bye 等结合海上平台设备运行障碍和风险影响因素，在通用风险模型基础上提出了一种全贝叶斯置信网络模型来分析海洋石油设施上主要过程装备维修工作的风险。总体上看，国外企业已经拥有先进的设备维修方法和管理系统，也逐渐在海洋平台设备设施中推广应用。

2.2.1.5 炼油化工装置完整性管理

自 20 世纪 60 年代以来，由于石油化学工业的快速发展，炼油化工装置加工规模不断提高。随着石化工业向大型化、连续化、自动化方向发展，炼油化工装置的工作条件也越

---

❶ API RP 2A-WSP 的最新版本为 API RP 2A-WSD：2014《海上固定平台规划、设计和建造的推荐做法 工作应力设计法（第 22 版）》。

来越恶劣，工作环境越来越复杂。随之引起的灾害性爆炸事故、火灾事故、大范围人员伤害事故不断出现。石化装置设备风险评价技术正是在此背景下，从20世纪70年代起在欧美国家开始了理论研究和实践。1985年，化工工艺安全中心（CCPS）在印度博帕尔事故的推动下，由美国化学工程师协会成立，美国职业安全卫生总署（OSHA）以法令的形式规定了高度危险性化工过程应遵守安全管理要求（PSM）。机械完整性管理（Mechanical Integrity Management）作为PSM的一个重要因素，首先出现于OSHA的高度危险性化工过程安全管理办法的第8条款，主要是面向压力容器、高能动设备、安全仪表系统、关键性管道及其附件等全部设备，以使设备设施管理实现长期安全运行的终极目标。机械完整性管理通常依据设备运行监测和风险管理，及时查找设备运行过程中出现的故障并提出整改措施。20世纪90年代初，美国石油协会（API）与挪威船级社（DNV）合作，将RBI技术移植到石化装置检测中，对工艺管道、储罐等静设备进行完整性评价，其基本原理为基于设备的失效可能性和失效后果计算，并以此对设备的风险值进行排序，然后根据风险排序情况确定需要重点关注的设备和部位。通过失效可能性和失效后果分析，可确定优先检验次序及合理有效的检测方法，制订合理可靠的检验维修计划，能够实现20%～30%高风险设备有效检测及80%～90%风险预控，从而优化设备风险和维修管理成本。美国石油协会在2000年与2002年先后颁布了标准API RP 581：2000《基于风险的检测技术（第1版）》和API RP 580：2002《基于风险的检验（第1版）》。英国、法国也编制了自己的RBI技术指导文件。在亚洲，韩国和日本也采用了与其相同的一些措施。所有这些工作都给石化企业增加了可观的经济利益。在API RP 580《基于风险的检验》和API RP 581《基于风险的检测技术》的基础上，APTECH公司研究并开发出成熟的设备风险管理的RDMI软件，该软件可以对设备进行RBI分析，并在许多石化企业进行了应用，受到用户的一致好评。

　　国外知名炼油及化工企业几十年来其纷纷推行设备完整性管理，采取技术改进和规范管理相结合的方式来保证设备功能状态的完好，实现设备安全、可靠、经济的运行。其设备管理呈现两大特点：

　　（1）经历事后维修到预测维修等方式的转变，目前已经进入基于风险的设备设施完整性管理的现代设备管理阶段。在炼化企业的设备完整性管理应用中，国外石油公司管理的方式各有不同，对于风险的分析技术也不尽相同。例如荷兰皇家壳牌集团（Shell）的设备完整性管理已经形成了自己独有的设备完整性管理体系和适用于本企业的风险分析技术。Shell的设备完整性从炼化装置的检维修和装置的运行方面进行管理，分为四个方面：炼化设备的可靠性、设备缺陷的管理、生产效率的优化和设备任务的最优化。这是一种对设备的全寿命周期进行的一种管理，注重整体性，并不是只是关注单一设备的运行情况。在对风险分析技术的应用中，Shell也形成了独特的设备风险分析技术，主要包括针对安全仪表系统的IPF技术、针对动设备的S-RCM技术、针对静设备、管线、阀口的S-RBI技术，并且形成了特有的风险可靠性管理系统RRM（Risk and Reliability Management）。Shell在设备检测技术上应用了很多先进设备配合RBI、RCM等风险分析技术的开展，这些先进的检测设备包括：

——脉冲涡流检测仪：可在不对设备的保护层进行拆除并且在设备运行状态下，进行设备测厚。

——Shell 无损检测仪：能够指导制订在线的无损检测方案，并提供相应的历史案例和无损检测方案的信息，该仪器还配备了一个无损检测信息的数据库。

——炉管检测仪：能够对乙烯加热炉管的剩余寿命进行预测，同时还可对炉管的焊缝开裂等问题进行检测。

（2）设备管理集成化、全员化、计算机化、网络化及智能化。例如，英国 BP 公司在挪威的炼油工厂为了提高运维安全性，实施了以全生命周期管理思想为核心的虚拟三维数字工厂的运维管理解决方案。在这个基于三维虚拟工厂的管理系统中，可以看到工厂整个全生命周期的历史信息，通过该系统可以查询到设备的维修历史记录、设备说明书、设备维修安全许可、实时生产数据等。这种管理模式减少了工厂的意外事故，提高了运维管理效率。

2.2.2 国内石油化工行业设备设施完整性管理现状

我国的完整性管理开始于 1998 年，重点针对油气管道完整性管理开展了大量的研究与应用工作，在油气管道完整性管理方面取得了一定的研究成果，初步建立了长输管道完整性管理系统。同时，国内相关高校及科研机构通过引进、消化吸收及自主研发相关完整性管理技术，在石油石化行业开展了一系列基于 RBI、RCM 及 SIL 等技术的设备设施风险评估研究工作，逐渐应用于长输油气管道、站场、LNG 接收站、大型储罐、海洋石油设备设施等。

2.2.2.1 国家及行业层面的设备设施完整性管理要求

国家及行业层面对设备设施完整性管理十分重视，积极推动相关管理要求、技术标准规范的研究与出台。2006 年，国家质量监督检验检疫总局发布了《关于开展基于风险的检验（RBI）技术试点应用的通知》（国质检特〔2006〕198 号），要求在特种设备检验检测领域试点应用 RBI 检验技术。2009 年，国家质检总局发布的新版 TSG R0004—2009《固定式压力容器安全技术监察规程》[1]中将 RBI 技术纳入其中，明确规定通过开展 RBI 评估，可以适当调整检验周期。2014 年，国家质量监督检验检疫总局发布《关于进一步规范承压设备基于风险检验（RBI）工作的通知》（质检特函〔2014〕52 号），进一步规范和推进大型成套装置中的压力容器和压力管道基于风险的检验（RBI）技术的应用。2008 年国家发展和改革委员会发布了修改采用 API Publ 581: 2000 *Risk Based Inspection Base Resource Document*（*First Edition*）的 SY/T 6714—2008《基于风险检验的基础方法》。目前国内完整性管理标准体系比较成熟的是长输油气管道，2005 年国家发展和改革委员会发布了修改采用 ASME B31.8S : 2001《输气管道完整性管理》的 SY/T 6621—2005《输

---

[1] 本规程已被 TSG 21—2016《固定式压力容器安全技术监察规程》替代。

气管道系统完整性管理》❶；2006年国家发展和改革委员会发布了修改采用API Std 1160：2001《有害液体管道完整性管理（第1版）》的SY/T 6648—2016《危险液体管道的完整性管理》❷；2009年，中国石油天然气集团公司发布了系列企业标准Q/SY 05180《管道完整性管理规范》，成为我国第一套自主研发的管道完整性管理标准；2014年，国家能源局发布了SY/T 6975—2014《管道系统完整性管理实施指南》❸。2015年，我国管道完整性管理又诞生了一个标志性事件，GB 32167—2015《油气输送管道完整性管理规范》正式发布，这是我国国家层面第一部完整性管理强制性标准，对推动完整性管理实施起到了极大作用。2017年，国家能源局发布SY/T 7380—2017《输气管道高后果区完整性管理规范》，对管道高后果区完整性管理工作进一步提出了明确、细化的要求。此外，国家、行业及企业还制定了很多与管道完整性管理相关的技术标准，包括监测、检测、维修等方面。除管道之外，其他类型设备设施也在逐渐应用完整性管理理念和方法，以提高设备设施管理水平。2019年，国家标准化管理委员会发布GB/T 37327—2019《常压储罐完整性管理》标准，为开展储罐完整性管理工作提供了条件。2019年，中国化学品安全协会发布团体标准T/CCSAS 004—2019《危险化学品企业设备完整性管理导则》，用于指导危险化学品企业开展设备完整性管理工作。该标准提出，设备完整性管理体系由方针和目标，组织机构、资源、培训和文件控制，设备选择和分级管理，风险管理，过程质量保证，检查、测试和预防性维修，缺陷管理，变更管理，检查和审核，持续改进等10项一级要素组成。要素之间相互关联、相互渗透，以确保体系的系统性、统一性和规范性。体系运行遵循PDCA循环，如图2.3所示。企业在建立、实施、保持和持续改进设备完整性管理体系过程中，遵循统一、规范、实效、继承和创新的体系构建原则，通过策划、实施和执行、检查和审核、持续改进地运行控制和闭环管理，确保各要素的有效实施并持续改进，不断提高设备完整性管理水平。

2.2.2.2 国内石油公司的设备设施完整性管理

1. 中国石油天然气集团有限公司的设备设施完整性管理

在陆地油气长输管道完整性管理方面，中国石油天然气集团有限公司做了大量工作，有力推动了管道完整性管理在我国的实施。1998年，西南石油大学开始针对川渝地区输气管道的风险评价与完整性管理技术开展研究工作，先后负责完成了"在役输气管道风险评价技术研究""在役输气管道风险评价技术应用与规范研究"等科研课题，开发了以半定量风险模型为基础的在役矿场输气管道和长距离输气管道风险评价软件，并在中国石油西南油气田分公司的输气管道上得到了全面应用。2001年起，陕京管道开始实施完整性管理，按照管道本体、防腐有效性、关东地质灾害和周边环境、站场及实施、储气库井场及实施5个部分逐步推行，取得了显著成效。2004年，中国石油管道科技研究中心

---

❶ 本标准已被SY/T 6621—2016《输气管道系统完整性管理规范》替代。

❷ 本标准已被SY/T 6648—2016《输油管道系统完整性管理规范》替代。

❸ 本标准已废止。

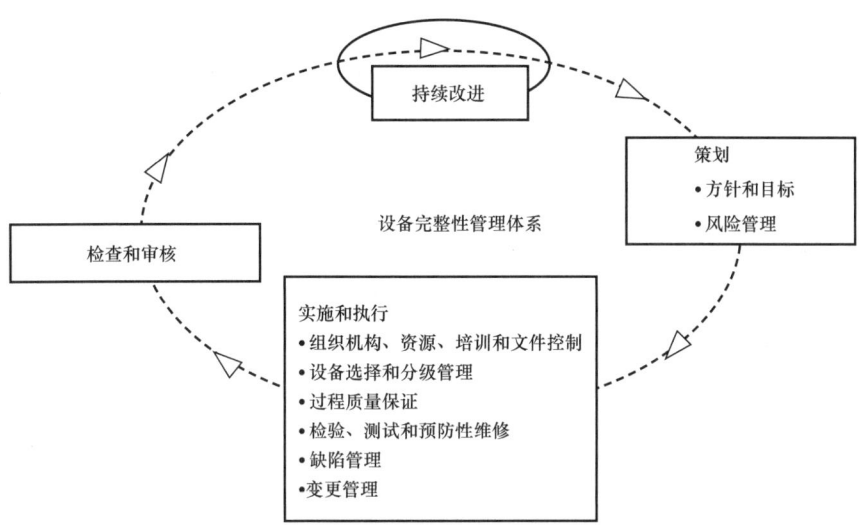

图 2.3　危险化学品企业设备完整性管理导则体系架构

成立了管道完整性研究所，专门从事管道完整性管理研究工作。2006 年，中国石油天然气集团公司联合西南石油大学正式启动了"西气东输管道完整性管理体系建设"的研究项目，在分析研究西气东输管道沿线经过的灾害环境及地质条件对输气管道的致灾机理、危害形式、诱发因素等的基础上，编制了用于现场灾害源识别和灾害风险评估的操作技术指南，开发了西气东输管道环境地质灾害风险因素数据软件和风险评估软件。2007 年起，中国石油天然气集团公司聘请 DNV 利用 3 年的时间实施了管道完整性体系咨询项目，该项目综合国际上各大石油公司实施完整性管理经验，采用最佳的基于风险的完整性管理技术和方法，并结合公司的实际情况，建立起一套系统的、完善的、科学的基于风险的完整性管理体系。同时，该项目开展了三次完整性管理外部审核，提出了持续改进意见。2009 年，委托埃森哲公司完成"国际先进水平管道公司标准研究"。2009 年，中国石油天然气集团公司发布了系列企业标准 Q/SY 05180《管道完整性管理规范》，成为我国第一套自主研发的管道完整性管理标准。该标准包括总则、管道高后果区识别规程、管道风险评价导则、管道完整性评价导则、建设期管道完整性管理导则、管道完整性数据库表结构、建设期管道完整性数据收集导则及效能评价导则共八部分。2011 年，由中国石油管道科技研究中心研发的管道完整性管理系统（PIS）正式上线，并在各下属地区管道公司全面推广应用，使管道完整性管理水平得到全面提高。通过多年的努力，中国石油天然气集团有限公司已基本建立起长输管道和站场方面完整性管理体系和技术标准体系，为完整性管理提供了技术和管理保障，并成立了较为完善的完整性管理组织机构。目前中国石油天然气集团有限公司所有管道公司都通过此系统进行线路完整性管理工作。此外，中国石油管道科技中心开展站场完整性管理体系研究、城市燃气管网完整性管理体系研究，北京天然气管道公司与中国石油集团管材研究所（现中国石油集团石油管工程技术研究院）共同开展储气库完整性管理技术研究，中国石油西南油气田公司开展油气田集输管道完整性管理技术研究，完整性管理工作在中国石油管道业务中全面展开。由中国石油管道公司牵头制定的

ISO 19345-1：2019《管道完整性管理规范——陆上管道全生命周期完整性管理》和 ISO 19345-2：2019《管道完整性管理规范——海洋管道全生命周期完整性管理》国际标准分别于 2015 年 5 月 10 日和 16 日正式发布。两项标准分别针对陆上管道和海洋管道提出了完整性管理的具体要求和推荐建议，涵盖管道设计、施工、投产、运行、维护和废弃等全生命周期的各个阶段。2016 年以来，中国石油天然气股份有限公司启动油气田管道和站场完整性管理工作，持续开展试点工程，并配套开展了科研攻关，取得了良好的效果。为保证中国石油天然气股份有限公司油气田管道和站场完整性管理的顺利实施，指导完整性管理工作实践，"中国石油天然气股份有限公司油气田管道和站场完整性管理体系文件"于 2018 年实施，体系文件包括"一个规定""三个手册"和"三个导则"。

2. 中国石油化工集团有限公司的设备设施完整性管理

在管道完整性管理工作方面，中国石油化工集团公司下属的管道储运分公司于 2006 年与沈阳工业大学联合开展长输管道内检测技术研究项目。2008 年初，为鲁宁原油管道"量身定制"的直径 720mm 的漏磁内检测器在局部管段进行了工业试验，并获得相关数据；2010 年，又对鲁宁管道进行全面内检测。2012 年，中国石油化工集团公司成立了中国石化长输油气管道检测有限公司，作为中国石化从事管道内检测业务的专业技术公司。2010 年 8 月，川气东送管道工程投入商业运行，中国石油化工集团公司建立了基于完整性管理的川气东送数字化管道系统，主要开展了 14 个方向的研究工作，包括管道基线风险评价、管道地理信息系统结构设计与建设、管道生产运行仿真系统开发、管道气体管理系统开发、管道本体完整性检测方案与检测技术筛选、管道事故应急救援机制研究与应急抢险指挥系统建设、管道环境与地质灾害风险评估技术、管道第三方破坏风险评估技术、管道本体缺陷风险评估技术、管道站场风险评估技术、管道完整性评价技术、管道 GPS 巡检系统研究与建设、管道办公自动化（OA）系统研究与建设、管道完整性管理决策支持系统等。2013 年，中国石油化工集团公司在"11.22 管道事故"发生后，成立了管道完整性管理中心、管道检测中心及管道阴极保护检测中心，全面引用完整性管理理念进行管道资产管理。2014 年，中国石油化工集团公司启动智能管线建设项目试点工作，在管道储运公司、天然气分公司、燕山石化公司等 7 家单位试点建设"标准统一、数据一致、互联互通"的智能管线管理系统，将云计算、物联网等新技术应用在管线上，给管线安上"云大脑"。这是继"智能油田"和"智能工厂"建设之后，中国石油化工集团公司在管线上应用的又一智能化管理系统。中国石油化工集团公司智能管线实现了"油气流、信息流"的一体化融合，即以油气管道为基础，利用地理信息系统、电子标签、云计算、物联网等技术，通过采集、获取、动态分析管线的各类空间、属性和生产数据，为管理决策、风险监控和现场操作提供支持，实现"油气流、信息流"一体化融合的现代化管线。该系统于 2015 年在中国石油化工集团有限公司范围内全面推广应用。

除长输管道业务之外，中国石油化工集团有限公司在炼化企业也积极推行设备设施完整性管理工作。2012 年，借鉴国外完整性管理理念，开始了设备完整性管理的研究实践。2013 年 11 月，成立"设备完整性管理技术合作委员会"，组织专家审查"设备完整性管理体系规范"及其"实施指南"，决策在武汉石化公司、济南炼化开展设备完整性管理试点。2014年，镇海炼化公司邀请挪威船级社（DNV GL）运用国际安全评级系统ISRS及资产完整性评估系统AIMAS进行了资产完整性管理评估。2018年，在总结武汉石化、济南炼化设备完整性管理体系成功试点经验的基础上，中国石油化工集团有限公司发布"炼化企业设备完整性管理体系文件（V1.0）"，以KPI（关键绩效指标）为引领，依托信息技术，梳理标准化业务流程，从而增强企业风险管控能力。体系文件依靠技术和规范消除企业间的信息孤岛，确定了风险管理、缺陷管理、定时性工作、预防性维修、标准化流程等内容。依照体系文件，企业在炼油事业部与化工事业部，以及技术支撑单位中国石化青岛安全工程研究院、中国特种设备检测研究院的指导下，结合自身情况，可以设置自选动作，进一步细化管理规则。燕山石化公司、天津石化公司、齐鲁石化公司、镇海炼化公司、九江石化公司、上海石化公司、沧州炼化公司、广州石化公司、茂名石化公司等第一批9家企业的设备完整性管理体系推广工作于2018年7月启动。在一年多的试点推广中，中国石油化工集团有限公司设备完整性管理体系持续完善，设备信息化水平持续提升，体系运转效率提高。炼化企业预防性工作思路逐渐落地生根，标准化、共享理念得到认可，设备故障率、装置非计划停工率明显下降，提升了"四性"（安全合规性、环保合法性、工艺平稳性、设备完整性）。2020年，中国石油化工集团有限公司将启动第二批13家企业的设备设施完整性管理体系推广工作，并完善形成设备设施完整性管理体系2.0版。同时启动相关技术支持手段的认证工作，为管理体系建设工作提供更多支撑。

3. 中国海洋石油集团有限公司的设备设施完整性管理

中国海洋石油集团有限公司在设备设施完整性管理方面已经开展了一些探索、研究和应用工作，并在公司经营管理中初步体现出完整性管理的价值。2007年，海油发展采油服务公司以FPSO为对象开展了资产完整性管理研究工作，并初步应用了一些完整性管理技术，如RBI、RCM和SIL等。2011年，公司开始实施设备设施完整性管理，组建了完整性管理队伍，建立了完整性管理体系，搭建了完整性管理信息系统，应用了完整性管理技术与工具，开展了完整性审核，并取得了良好的实践效果。公司设备设施完好率稳步提升，设备设施故障引起的产量损失和事故数量大幅下降。2012年，中海石油气电集团有限公司启动了资产完整性管理工作，成立了专门的办公室，引进专业第三方机构进行管理现状调查和对标分析，并开展了管道完整性管理试点研究工作。

中国海洋石油集团有限公司是国内第一家全面推行设备设施完整性管理大型央企，2014年，中国海洋石油集团有限公司从总部层面开展设备设施完整性管理课题研究，课题研究邀请了主要设备单位参与，包括中海油田服务股份有限公司、海洋石油工程股份有限公司、中海油能源发展股份有限公司、中海石油气电集团有限公司、中海石油炼化有限责任公司、中海石油化学股份有限公司、中海油气开发利用公司，以中海油安全技术服务有限公司作为技术支持单位，形成设备设施完整性管理顶层设计方案。结合国内外完整性管理最佳实践和管理需求，中国海油设备设施完整性管理建设内容包括管理完整性、技术完整性、经济完整性和全生命周期管理。基于全生命周期，综合从管理、技术、经济三个维度考虑，建立先进的设备设施管理模式，科学、有效地管理设备设施资产。2016年，中国海洋石油集团有限公司开始在全公司范围内推动设备设施完整性管理建设工作，明确了设备设施完整性建设的总体要求。通过近几年的探索与实践，中国海洋石油集团有限公司形成了成熟的设备设施完整性管理方法体系，取得了良好的实践效果，在保障设备设施安全、优化检维修成本、提质增效及促进公司生产经营健康发展等方面的效果逐渐显现。该部分内容将在本书第 8 章进行进一步详细阐述。

2.3 设备设施完整性管理实践

随着完整性管理理念和方法的提出和发展，国内外众多企业结合自身设备设施管理特点和需求，开展了资产（或设备设施）完整性管理研究与应用实践，丰富了资产（或设备设施）完整性管理理念和方法，推动了完整性管理模式的发展。

2.3.1 道达尔（Total）公司资产完整性管理

Total 是一家大型跨国能源企业，是全世界第四大石油及天然气公司，业务遍及全球 130 多个国家，总资产超过 850×10^8 EUR。其业务涵盖整个石油天然气产业链，从石油天然气的勘探与生产到下游（包括发电）产业，包括运输、炼油、油品销售、原油及成品油的国际贸易，同时也是全球主要的化学品制造商。

Total 曾经因为设备设施"不完整"导致重大停机事件的发生，造成了巨大损失。2004 年，Total 召开了资产管理工作组会议，从总部开始推进资产完整性管理的实施。Total 对资产完整性管理的定义是通过管理资产完整性来保障在资产寿命范围内人员、系统、工艺或资源的安全作业和满足预定功能的一种管理方法。

Total 制定的资产完整性管理目标是：

（1）确保设备设施的完整性和关键活动的安全（HSE 风险）。

（2）通过优化的实践来实现最佳的生产绩效。（商业风险）。

Total 资产完整性管理的应用范围包括井筒、处理装置、管线和立管、存储装置、结构、浮体、水下生产系统、起重装置、电力系统、生活设施、工业 IT 系统及安全逃生系统等生产设备设施，基础设施、办公 IT 系统、生活 IT 系统及生活管理系统等不在管理范围之内。其核心是围绕设施、人员、流程、绩效四个方面展开（图 2.4）。

Total 将资产完整性管理定义为通过管理资产完整性来保障在资产全生命周期范围内人员、系统、工艺和资源的安全作业并满足预定功能的一种管理方法。从定义中可知，资产完整性管理不仅与资产的物理条件有关同时也与人员、作业和经济相关。通过制定战略目标、风险和危险的识别与评价、风险管控、生产和维护、合规性保证、风险监测、审核反馈和改进的 PDCA 循环来开展完整性管理工作。

Total 通过将资产完整性管理融入公司的生产运营管理体系中，搭建了涵盖 8 个关键要素的完整性管理体系框架，包括政策和战略、组织的责任和领导力、资源和能力、风险评价和管理、计划和风险控制、资产完整性合规性和监视、工艺工具和管理系统、绩效考核，并通过建设高效运行的完整性管理平台解决过多数据库引起相互冲突的问题（表 2.1）。

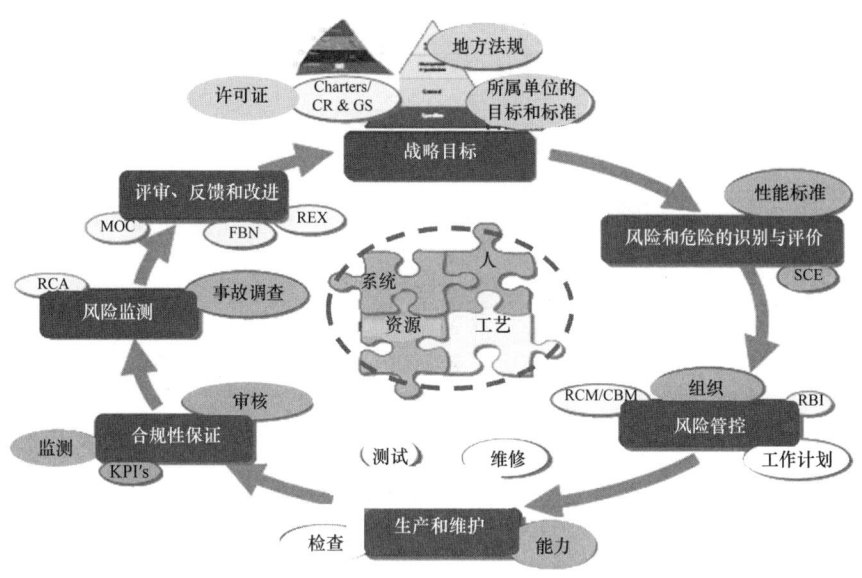

图 2.4 Total 资产完整性管理

表 2.1 Total 资产完整性管理体系框架

序号	要素	内容
1	政策和战略	资产完整性相关文件 所属单位战略目标
2	组织的责任和领导力	在所属单位和总公司 资产完整性责任制 工作界面 管理评审会议
3	资源和能力	职责描述 培训和意识 资格鉴定与认证
4	风险评价和管理	MRT、HSEIA、COMAH CE 的识别和分级 确定关键活动 填写 CE 注册表 完整性的风险识别 完整性的风险评估 完整性的风险注册表 事故报告和纠正措施
5	计划和风险控制	检验和检测计划 维护计划 RBI、RCM、SIL 等 战略规划和运营计划统一性

续表

序号	要素	内容
6	资产完整性合规性和监视	设计和建造的完整性 操作完整性 技术的完整性 变更管理 不合规的后续跟踪
7	工艺工具和管理系统	AIMS UNISUP、FAME+、synergi stream 等
8	绩效考核	AIMB（资产完整性管理委员会）、 AIRT（资产完整性审核团队） 绩效监测和 KPI 审核

Total 在总部设资产完整性管理技术顾问，职责是更新完整性管理与技术文件，指导/辅助分（子）公司开展完整性工作，协助完整性资源配置，横向协调各部门完整性管理，建立审核机制并定期考核，制订完整性管理战略，向管理层提出建议、综合绩效情况及重大隐患。分公司设完整性管理团队，其职责是监测完整性状态和报告完整性管理绩效，提出建议/发出警告，反馈完整性信息，制订重大维修、更换计划和检测计划。

通过 Total 的资产完整性管理实践，以下几点值得学习和推广：

（1）明确的管理目标：Total 要成为完整性管理领域的领导者。

（2）核心督导小组：成立了核心督导小组，保障完整性管理工作。

（3）完整的数据管理：制定了统一的数据管理标准，涵盖设备设施全生命周期，包括原始设计数据、制造和安装、在役检验的结果、工程评价情况、结构评估情况、修改、加固、修理及作业事故等。

（4）常用信息平台：建立了用于设备设施完整性管理的信息平台，包括文件管理、数据管理、评估及检验策略制订。

（5）适用的完整性管理工具：自主开发或者从第三方购买高标准的完整性管理工具，并对工具进行检验测试及推广应用。

（6）有效的完整性管理绩效评估体系：在开展完整性管理基础评估工作的同时，还需独立进行完整性管理绩效评估，以分析完整性管理效果，并持续改进。

2.3.2 荷兰皇家壳牌集团（Shell）资产完整性管理实践

Shell 是国际上主要的石油、天然气和石油化工的生产商，同时也是汽车燃油和润滑油零售商。业务遍及全球 140 个国家，有五大核心业务，分别是勘探和生产、油品、天然气和电力、化工、可再生能源。

Shell 资产完整性管理和健康安全环境（HSSE）管理体系中的卓越运营（OE：Operational Excellence）管理共分为 28 个程序，从设施、流程、人员和生产等四个方面展开，资产完整性管理部分具体分为三个维度，分别是设计完整性、技术完整性和操作完整性（图 2.5）。

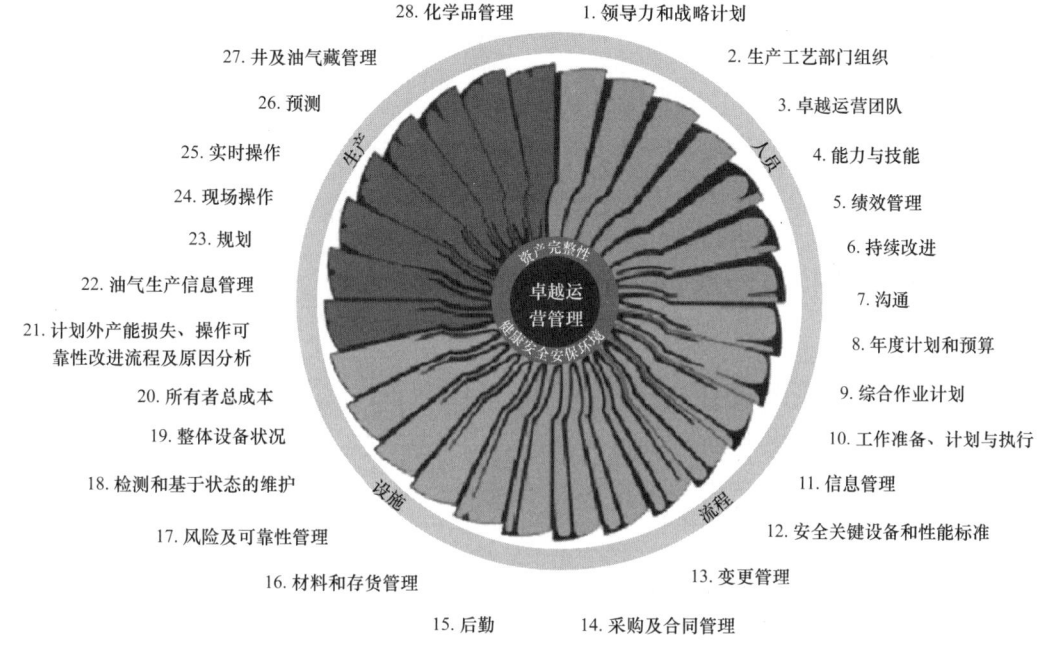

图 2.5　Shell 资产完整性管理

（1）设计完整性主要是从设计上识别重大风险并考虑如何将资产风险控制在最低合理可行的程度，设计完整性的概念为"设计的设备设施从理论状态来看是可以安全运行的"，即设计的设备设施所存在的风险都是公司可以接受的，处于最低合理可行（ALARP）范围内。在设计阶段，除必须要遵循设计的相关标准之外，还必须要做设计阶段的风险管理，应考虑设施（资产）、流程和人员的风险，风险管理必须遵循 ALARP 的原则，风险分析使用的方法包括 HAZID、HAZOP、QRA、FEA、SGIA、EERA、ESSA 等。采取蝴蝶结（BOWTIE）分析得出设施（资产）安全的关键要素（SCE），通过风险矩阵对风险进行排序；基于法律法规、相关标准规范及公司的管理制度，建立公司的性能标准（PS），并通过保障措施和验证。最终，实现相关的目标：

① 完整的资产清单。
② 辨识和了解资产退化和失效机理。
③ 确定和使用适当的维护方法。
④ 确定和使用合适的检验检测和测试制度。
⑤ 执行健全的暂缓和偏离计划程序。
⑥ 监测完整性的合规性。
⑦ 评估降级使用性能并采取措施来减缓或者恢复原有条件。
⑧ 提供和坚持变更管理程序。
⑨ 计划和完成适合的审核。

⑩临时设备的管理。

设计完整性并不是指设计过程的完整，而是指在设计过程中充分进行了系统的风险分析，并定义出来了安全关键单元（SCE），并针对其制定出了性能标准（PS）。设计完整性也是一个PDCA的循环过程，后期运营维护阶段要按照制定的PS进行操作并进行验证，同时监控设备设施状态，根据最新情况更新性能标准（PS）。

（2）技术完整性是运用技术工具，如RBI、RCM、SIL和库存优化（ST）等，制订基于风险的检修策略和规划，通过维修工作执行、绩效分析等不断优化检验策略。此外，在充分考虑公司的资产合规运营的基础上，满足法律法规、标准规范和公司相关管理制度，确保资产的相关文件（PID图、流程图、设备图纸、厂家手册、国内外相关标准及公司管理手册等）和数据（涉及的设备设施的全生命周期相关资料）的完整性管理。通过技术完整性的管理，提高完整性技术能力和基础数据的收集汇总分析能力。

（3）操作完整性是充分考虑设备设施操作的保护屏障，包括组织架构相关的完整、人员因素的完整、后勤供应相关的完整、流程方面相关的完整、质量方面相关的完整及资产本身相关的完整。如组织架构的完整需考虑领导力、人员配置、工作职责权限、管理流程等；人员因素考虑工作管理和授权、工作流程、人员胜任和技能、良好作业实践及安全文化等。通过操作的完整性管理，在设施设备运营维护阶段利用一种严谨的方法来建立多个保护屏障避免事故并改进效率，从而获得更大的利益。总体操作完整性要考虑的要素包括领导力、安全操作因素、风险评估与管理、应急准备、可靠性管理、人员能力胜任、事故管理、环境管理、变更管理、信息平台、合规性、承包商管理、绩效监测与持续改进。

在Shell实施完整性管理的过程中，通过有效的机构设置，人员配置，合理的审批流程及信息化的手段，打破信息孤岛，有效衔接各阶段工作，形成PDCA循环，实现完整性管理的要求。例如：设计阶段充分考虑SCE（风险关键元素）的影响，生产准备组与工程项目组形成一个团队，深度介入设计审核阶段，并赋予一定权限，提前把关，保障质量。操作阶段设置好资产管理的政策方针、目标、计划，建立公司资产的各种性能标准，建立公司的资产管理信息系统，并严格执行检验检测、维修维护计划，保证资产管理的领导力和人员能力胜任，形成一种严谨的资产管理的企业文化。此外，Shell公司设立了TA（technical authority）对资产管理的技术进行把控，用专业技术人员进行技术管理，并打通技术人员的上升途径。

Shell通过完整性管理实践取得了良好的效果，以下几点值得学习和推广：

（1）领导力：全球副总裁为管理者代表，地区公司最高领导担任资产经理。

（2）完整性文化：培育出良好的完整性管理企业文化，并贯穿全生命周期。

（3）企业标准与队伍：建立了全球范围内的企业标准，有完整性管理队伍、技术队伍和操作队伍。

（4）风险评估：开发了完善的风险评估工具和程序，可实现量化的风险管理。

（5）设计阶段：全面识别风险，识别可能导致重大事故的安全关键单元（SCE），有针对性地制定性能标准（PS）；生产人员与工程人员融合成一个团队，并赋予生产人员积极反馈运营阶段良好作业实践的权利和义务。

（6）工程建设阶段：充分利用完整性技术工具 RBI、RCM、SIL 和库存优化（ST）制订后期的检验维护策略。

（7）运营维护阶段：基于工程阶段制订的检验维护策略，修订检修计划，不断优化预防性维护计划（PM）和库存管理。

（8）数据管理：建立了系统的全生命周期的数据管理流程，有相对单一的全球范围内的数据管理系统。

（9）承包商管理：不仅仅考虑价格，还综合考虑可控性、创新和服务能力等方面，鼓励承包商与企业共同成长。

（10）能力与考核：有完善的培训和考核体系，考核指标涵盖公司、分/子公司和油田现场。

（11）绩效审核：审核系统绩效，促进系统持续改进。

2.3.3 国家电网资产全寿命周期管理实践

国家电网有限公司是根据《中华人民共和国公司法》规定设立的中央直接管理的国有独资公司，是关系国民经济命脉和国家能源安全的特大型国有重点骨干企业。公司以投资建设运营电网为核心业务。其资产总额从 2011 年的 22166 亿元增加至 2018 年的 39325.2 亿元。

国家电网有限公司以资产全寿命周期管理为核心理念开展资产管理（或称为资产完整性管理）工作，是安全管理、效能管理和全寿命周期成本管理（LCC）的有机结合，其资产完整性管理立足我国基本国情，深入分析电网企业的技术特征和市场特征，总结电网资产管理实践，适应新的发展要求所提出的新理念和新方法。

国家电网资产全寿命周期管理以电网实物资产为主要对象，进一步健全管理体系，明确工作职责，完善管理流程，强化业务协同，提升风险管理水平，建立横向协调、纵向贯通、目标统一、运转流畅的工作体系。资产全寿命周期体系建设标准工作程序模型以目标—计划—执行—检查—改进闭环管理模型为基础，定义开展工作的通用方法，所有工作均按照方向、目标、策略、计划、实施、监控、评价、改进的工作步骤及定义的工作内容开展（图 2.6）。

国家电网资产全寿命周期体系规范框架包含 12 项管理要求和 25 项子要求，分为三个层级（图 2.7、表 2.2）：

（1）决策层：资产管理手册。

（2）管理层：程序文件。

（3）执行层：规章制度、管理标准、技术标准、岗位说明书。

国家电网有限公司在实施资产全生命周期管理过程中形成了通用技术模型（图 2.8），主要由基础理论模型和决策支撑模型组成，是指导资产管理策略制订及实施，实现资产全寿命周期内安全、效能、成本综合最优的基础理论和技术方法框架。

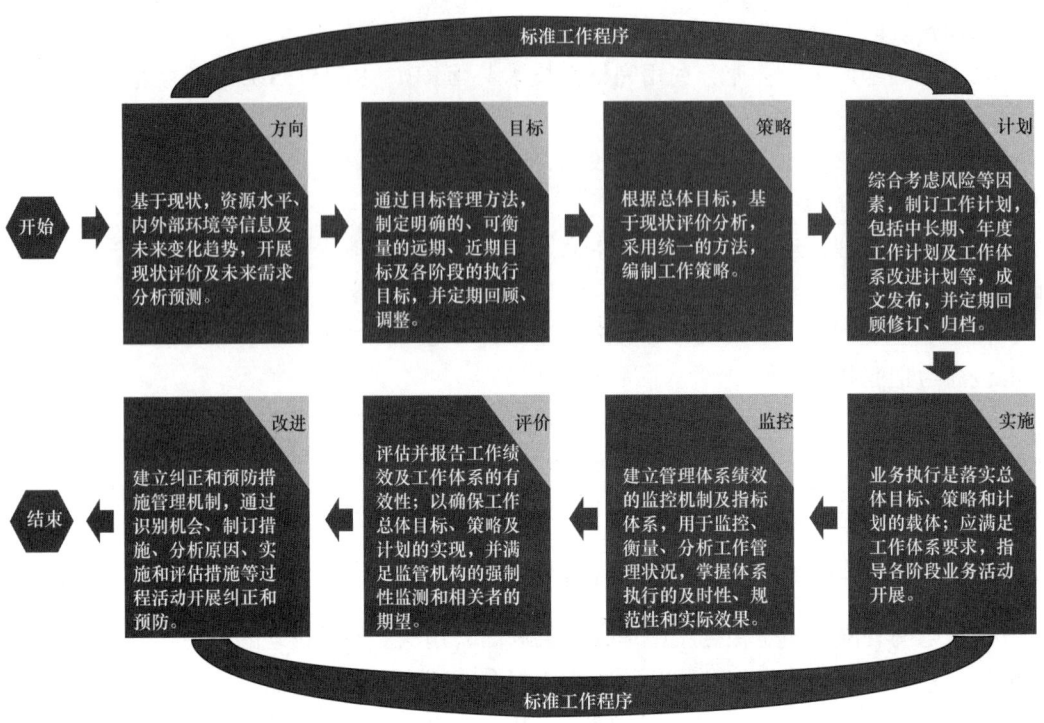

图 2.6 国家电网有限公司资产全寿命周期管理体系建设标准工作程序模型

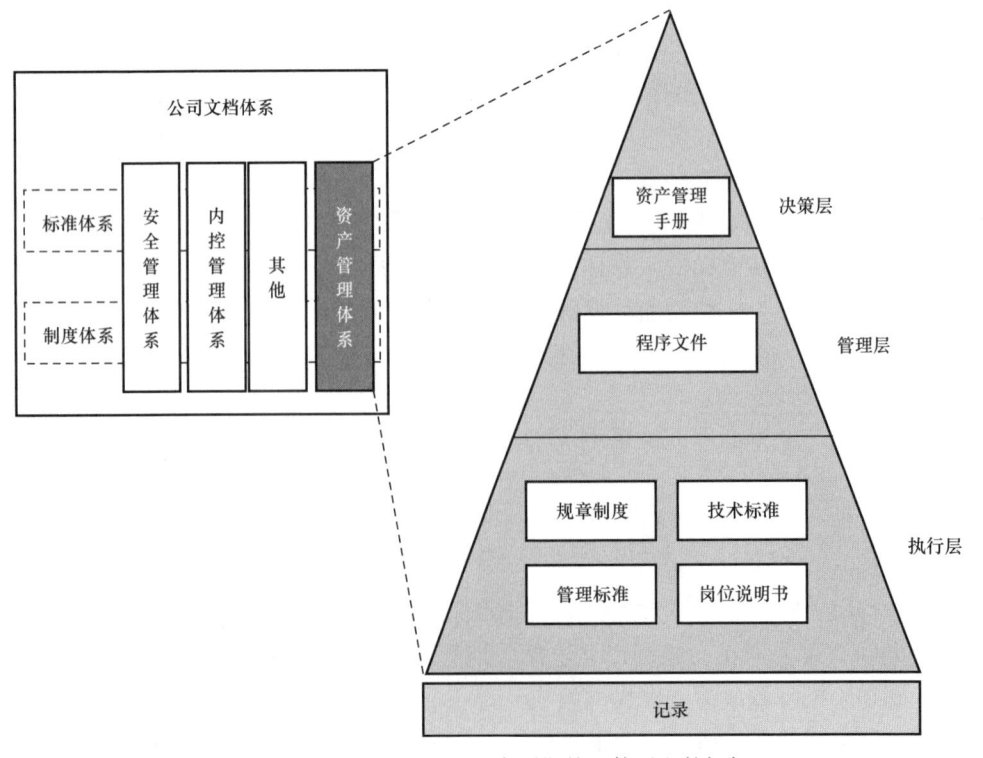

图 2.7 国家电网资产全寿命周期管理体系文件框架

表 2.2　国家电网资产全寿命周期管理体系文件表

序号	管理要求		程序文件
1	目标策略	现状评价	资产管理现状评价控制程序文件
		目标	资产管理目标控制程序文件
		策略	资产管理策略控制程序文件
2	计划		资产管理计划控制程序文件
3	过程管控		资产管理过程管控—控制程序文件
			资产管理过程管控—规划计划控制程序文件
			资产管理过程管控—采购建设控制程序文件
			资产管理过程管控—运维检修控制程序文件
			资产管理过程管控—退役处置控制程序文件
			资产管理过程管控—变更控制程序文件
			资产管理体系工具设施和装备控制程序文件
4	监测评价	状态监测	资产管理状态监测程序文件
		绩效监测	资产管理绩效监测程序文件
		事件管理	资产管理事件调查控制程序文件
		审核	资产管理审核控制程序文件
		合规性评价	资产管理合规性评价控制程序文件
5	改进	纠正和预防	资产管理纠正和预防控制程序文件
		持续改进	资产管理持续改进控制程序文件
		管理评审	资产管理评审控制程序文件
6	组织		
7	能力	培训	资产管理培训和人员能力控制程序文件
		能力	
8	法律法规		资产管理法律法规及其他要求控制程序文件
9	标准制度		
10	风险与应急	风险	资产管理风险控制程序文件
		应急	资产管理应急控制程序文件
11	协同	协同	资产管理协同控制程序文件
		沟通	资产管理沟通控制程序文件

续表

序号	管理要求		程序文件
12	信息	体系文档	资产管理体系文档控制程序文件
		记录	资产管理记录控制程序文件
		信息系统	资产管理信息控制程序文件

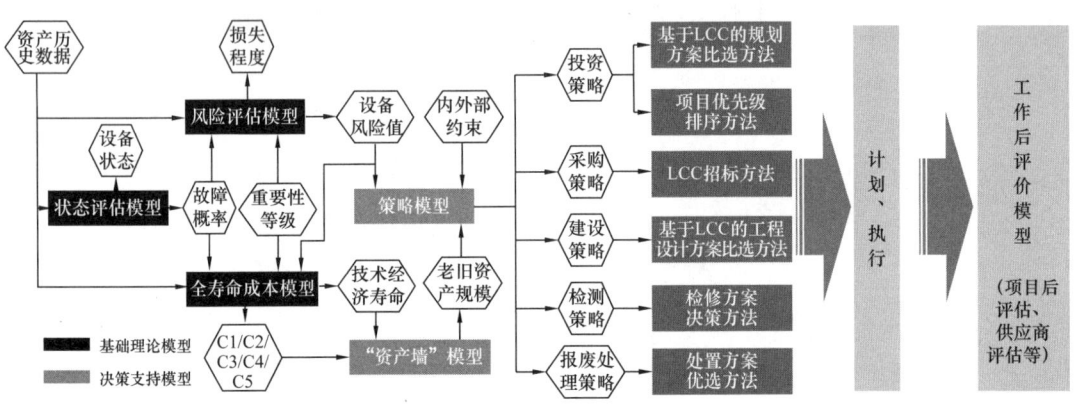

图 2.8　国家电网资产全寿命周期管理通用技术模型

国家电网通过实施全生命周期资产管理，极大提高了资产运行的可靠性，其城市供电可靠性达到了 99.955%，农村供电可靠性达到 99.795%，既实现了良好的经济效益，更承担了卓越的社会责任。

2.3.4　中国石油管道完整性管理实践

油气管道被称为能源大动脉，对于国家能源安全具有重要意义。目前中国石油天然气集团有限公司在国内油气管道里程中的占比最大。截至 2017 年末，中国石油天然气集团有限公司在国内运营的油气管道总长度约 8.24×10^4 km，占国内油气总管道的 68%。

中国石油天然气集团有限公司经过十几年的不懈努力，完成了"上下衔接"的管道完整性管理体系的建设，形成了覆盖专业公司、地区公司、分公司和基层站队的管道完整性管理体系。2001 年以来，中国石油天然气集团有限公司开始研究、引进管道完整性管理方法，中间陆续直接转化国外管道完整性管理标准，如 SY/T 6648《输油管道系统完整性管理规范》和 SY/T 6621《输气管道系统完整性管理规范》（采标 API Std 1160《有害液体管道完整性管理》和 ASME B31.8S《输气管道系统完整性管理》）。2009 年，中国石油天然气集团公司颁布了国内首套自主编写的管道完整性管理系列企业标准 Q/SY 05180《管道完整性管理规范》，并分别于 2013 年、2014 年对其进行修订完善，应用效果显著。2015 年，中国石油天然气集团有限公司在 Q/SY 05180 企业标准的基础上，结合政府相关部门的监管需求，总结近年来管道运营企业的完整性管理实践经验，作为牵头单位编制了国内首个管道完整性管理国家标准 GB 32167—2015《油气管道完整性管理规范》，规范和提升了我国管道管理水平。2019 年，以该国家标准为基础制定的国际标准 ISO 19345：2019 *Pipeline Integrity Management Specification* 正式发布，该系列标准是中国油气管道行业首次主导起草的 ISO 标准，该标准的发布提升了中国油气管道企业的标准话语权，使我国完整性管理在国际舞台上占有了一席地位。另一方面，为保障管道完整性管理体系的全面推行，2011 年，中国石油天然气集团有限公司自主研究建成了国内首套管道完整性管理系统（PIS），实现了管道管理业务的全面日常化、标准化、程序化、信息化，保障完整性管理按照预期的目标、要求和质量实施。目前该平台已经成为中国石油天然气集团有限公司管道业务管理的重要支撑平台，为管道企业实现转型升级、提质增效等目标提供了重要支撑。

中国石油天然气集团有限公司将管道完整性管理体系文件纳入 QHSE 体系中进行管理，分为程序文件、作业文件和记录表单，为促进管道完整性管理方法的推广应用，确保中国石油天然气集团有限公司管道地区公司完整性管理工作按照"统一方法、统一标准、统一程序"的原则实施，2008 年发布了"管道完整性管理手册（线路部分）"，初步完成体系建立，明确了完整性管理工作内容，各单位已将其中规定的管理要素和工作标准纳入了各自的 HSE 体系文件。2009—2013 年，油气管道完整性管理全面推广应用，同时不断收集、改进和完善完整性管理体系在各地区分公司运行过程中出现的问题，持续跟踪国外管道公司先进的完整性管理经验和技术进展，并于 2014 年结合各地区公司管理现状和国内外先进做法对体系文件进行修改完善，形成新版管道线路完整性管理手册。目前手册共包含程序文件 7 项，作业文件 14 项，共计 21 项。

中国石油天然气集团有限公司管道完整性管理已经形成成熟完善的方法体系，它通过数据采集与整合、高后果区识别、风险评价、完整性评价、风险消减与维修维护、效能评价六步循环开展实施。

（1）数据采集与整合：管道完整性数据管理方面，中国石油天然气集团有限公司通过多年的研究与实践，目前已建立起了完备的数据管理企业标准与规范，并结合管道数据与管理现状，搭建和开发了一系列基于 APDM 数据模型的管道完整性数据库和数据管理软件产品，实现了对中国石油天然气集团有限公司长输管道的 70 类基础数据、106 类业务数据的统一化、规范化、工具化的综合管理，同时在此基础上于 2010 年搭建起了中国石油天然气集团有限公司首个企业级管道完整性管理平台，管理管道管线长度六万余千米，数据总量 25TB，为目前国内用户数量最多、数据总量与类别最多、涵盖业务最全面的专业化信息平台。

（2）高后果区识别：根据开展管道完整性管理的需求，保证管道高后果区分析的科学性和准确性，中国石油天然气集团有限公司于 2006 年编制了《油气长输管道高后果区分析准则（试用稿）》，于 2009 年形成中国石油天然气集团有限公司企业标准 Q/SY 05180.2《管道完整性管理规范 第 2 部分：管道高后果区识别规程》。该标准应用近 4 年后，为指导实际工作发挥较大作用，根据实际情况 2014 年又进行了修订。后来，在中国石油天然气集团有限公司近十年的应用经验的基础上，将高后果区识别准则相关内容纳入了 GB 32167《油气管道完整性管理规范》中。目前中国石油天然气集团有限公司依据相关标准，对新建管道在设计期间就开展高后果区识别，指导线路设计。管道投产后，每年对管道高后果区识别结果进行更新。

（3）风险评价：为了系统全面地分析管道运行面临的风险，深入地分析油气管道线路线性工程地理分布广、穿过地区周围环境多变化、埋设地下不可见等特点，细致梳理历年管道发生的泄漏事故，结合国外普遍采用的 Kent 管道风险评价法，研发形成了管道半定量风险评价技术，形成了 GB 32167《油气管道完整性管理规范》、SY/T 6891.1《油气管道风险评价方法 第 1 部分：半定量评价法》、Q/SY 05180.3《管道完整性管理规范 第 3 部分：管道风险评价》等相关技术标准。目前中国石油天然气集团有限公司每年依据相应标准和软件对所辖在役管道全面开展一次管道风险评价，多年累计应用十万余千米。评价结果将管道风险分为高、较高、中、低 4 个等级，然后有针对性地提出风险管控建议，指导管道风险管控。

（4）完整性评价：针对管道凹陷、螺旋焊缝缺陷、环焊缝缺陷、弯曲应变、补口失效等缺陷的检测评价等国内外技术难题，中国石油天然气集团有限公司立项开展了系统研究，提出了管道凹陷、螺旋焊缝缺陷、环焊缝缺陷、弯曲应变、补口失效等缺陷的识别、判定、分类、量化与评价方法，解决了管道缺陷的检测评价国内外相关技术难题，相关研究成果获得中国石油天然气集团有限公司科技进步一等奖、GE 国际合作奖、ASME 全球管道奖，并将研究成果及应用实践经验加以总结，通过企业标准、行业标准与国家标准在中国石油天然气集团有限公司及管道行业推广应用。相关标准包括 GB 32167《油气输送管道完整性管理规范》、GB/T 27699《钢质管道内检测技术规范》、SY/T 6889《管道内检测》、SY/T 6597《油气管道内检测技术规范》、SY/T 6825《管道内检测系统的鉴定》、SY/T 0087.1《钢制管道及储罐腐蚀评价标准 埋地钢质管道外腐蚀直接评价》、Q/SY 05180.4《管道完整性管理规范 第 4 部分：管道完整性评价》、Q/SY 1267《钢质管道内检测开挖验证规范》等，分别规范了管道内外检测及评价的实施过程。利用项目研究成果，参照相关标准，中国石油天然气集团有限公司制订了管道完整性评价五年滚动规划及年度实施计划，累计完成管道内检测与基于内检测的完整性评价（适用性评价）近 40000km，提出维修维护建议五万余条，为管道的安全改造及维修维护投资决策提供了依据，降低了管道本体风险。

（5）风险消减与维修维护：国家标准 GB 32167—2015《油气输送管道完整性管理规范》9.2 条、GB/T 51172—2016《在役油气管道工程检测技术规范》第 8 章和企业标准 Q/SY 1592《油气管道管体修复技术规范》规定了缺陷修复技术的选择、不同类型缺陷修复的原则、修复方法及修复作业流程。管道缺陷修复是控制管道风险的重要手段，其目的是恢复管道结构及管道应力分布的连续性，满足管道的安全运行要求。中国石油天然气集团有限公司基于内检测的完整性评价与直接评价结果，近 5 年按照计划累计完成三万余处的管道缺陷的验证与维修，有效恢复了管道结构的完整性，保证了管道的安全运行。

（6）效能评价：效能评价是管道完整性管理六步循环最后一个环节，是推动管道完整性管理持续改进的有力工具。国家标准 GB 32167《油气输送管道完整性管理规范》中对效能评价做出明确要求。中国石油天然气集团有限公司2010年立项"管道完整性管理效能评价技术及标准研究",课题明确了效能测试和效能评价方法评估完整性管理的效果和水平,并将两种方法写入标准发布执行,同时编制了评价软件,基于研究成果制定了中国石油天然气集团有限公司企业标准Q/SY 05180.8《管道完整性管理规范 第8部分:效能评价》。中国石油天然气集团有限公司基于关键指标开展了效能测试,并开展了管道完整性管理审核工作。

2.4 设备设施完整性管理发展趋势

随着社会进步与技术发展,设备设施呈现出数量多、投入高、风险高及技术先进等特点。从资产管理和企业生产的角度,通过先进的设备设施管理模式,实现设备设施资产保值增值和长周期稳定运行对企业发展具有重要作用;从安全管理的角度,设备设施一旦发生事故,将会造成非常严重的人员伤亡、经济损失及环境破坏,甚至对社会稳定造成极大影响。因此,从国家、行业到企业层面都对设备设施管理提出了更高的要求,需要设备设施管理理念和方法的创新去适用设备设施管理的需求。设备设施完整性管理是设备管理发展到一定阶段的产物,符合设备设施发展趋势。

党的十九大报告提出"要完善各类国有资产管理体制,改革国有资本授权经营体制,加快国有经济布局优化、结构调整、战略性重组,促进国有资产保值增值,推动国有资本做强做优做大,有效防止国有资产流失。"设备设施资产是国有资产的重要组成部分,并且从设备设施资产本身的规律来说,设备设施资产都是有使用寿命的,因此在设备设施全生命周期内需要先进的管理模式确保设备设施安全可靠,并尽可能延长使用寿命,以实现价值最大化。国际公认的资产管理有效方法以PAS 55/ISO 55000系列标准为依据,覆盖了资产全生命周期范围内好的做法,提供了"费用—风险"最优化策略,可广泛地应用于所有行业各类型设备设施的管理,至今已得到超过50个政府及监管机构,10个国家及15个区域的石油、电力、煤气、港口、铁路等行业的众多公司的应用,并得到了广泛认可。2016年10月,中国国家标准化委员会发布等同采用ISO 55000系列标准的GB/T 33172系列标准,为在国内开展设备设施完整性管理提供了指导方向。

从企业安全管理的角度,近年来设备设施管理面临的安全环保问题逐步显现,国内外设备设施事故时有发生。2010年7月,美国密歇根州的输油管道破裂,大量原油泄漏造成巨大环境污染,治理费用超过8×10^8USD。2013年11月22日,青岛输油管道爆炸事故,造成63人死亡,156人受伤,直接经济损失7.5×10^8CNY。针对上述安全管理需要,近年来,在国际、国内相继出台了设备设施完整性相关的法规、标准及要求,如2015年10月,国家强制性标准GB 32167—2015《油气输送管道完整性管理规范》发布。2016年11月,中华人民共和国国家发展和改革委员会等五部委联合发文《关于贯彻落实国务院安委会工作要求全面推行油气输送管道完整性管理的通知》(发改能源[2016]2197号),要求建立完善油气输送管道完整性管理体系。2019年4月,国家标准化管理委员会发布

GB/T 37327—2019《常压储罐完整性管理》，进一步推动储罐完整性管理工作的开展。

　　由此可见，设备设施完整性管理不仅是公司降本增效的手段，也是保障安全生产的重要措施。目前设备设施完整性管理已在国外各大油公司有比较成熟的经验，如BP、Shell、Total、康菲石油等，都将设备设施完整性管理纳入公司的发展规划并将其具体要求写入公司体系，同时采用了资产完整性管理技术。近几年，国内石油石化企业也积极开展了完整性管理技术的研究。未来随着国家、行业及企业对设备设施管理要求和期望的不断提高，设备设施完整性管理的模式将会在国内外更广泛的范围内得到认可与推广，并将成为众多设备设施资产密集型企业提升设备设施管理水平的有效方法和实现途径。

3 设备设施完整性管理方法论

3.1 设备设施完整性管理概述

自完整性管理的理念被提出、发展并逐渐广泛应用以来，国内外不同行业、企业及相关技术服务机构基于完整性管理的基本理念与要求，结合不同设备设施管理特点及管理期望形成多种完整性管理方法实践。总体上说主要分为两个层面：

（1）从企业整体管理层面建立组织机构，理顺管理流程，开展相关技术应用，以期提升企业整体设备设施管理水平。

（2）针对不同的关键设备设施类型，结合企业需求与期望，有针对性地在局部实施完整性管理技术应用，以期降低企业设备设施风险，优化检维修策略。

实施完整性管理的范围不同、思路不同、要求不同及期望不同等导致出现了很多不同的"完整性管理概念"，如机械完整性、设计完整性、技术完整性、操作完整性、管道完整性、安全完整性等，这些"完整性管理概念"从不同的层次、不同的角度在一定程度上总结了完整性管理开展的一些要求和内容，从企业层面及设备设施角度进行了应用实践，但目前在宏观上还没有形成统一的理论与方法。

3.1.1 机械完整性

在美国职业安全与健康管理局（OHSA）1992年颁布的《高度危险化学品工艺安全管理》中提出了"机械完整性"的概念，作为工艺安全管理14个核心要素之一，要求装有危险物质的系统在使用期间要确保其完整性。机械完整性指在设备首次安装起一直到其使用寿命终止的时间内，保持工艺设备处于可满足其特定服务的状态。机械完整性具有整体性、全过程、动态及持续改进的特点，注重运用预防性或预测性的维护策略，有助于预防机械设备过早的、非计划性的故障及确保紧急控制所要求的系统的可操作性。机械完整性贯穿设备设施从初始设计、安装、维护、维修直至废弃处置的全生命周期，着重于在整个设备设施生命期内保持机械设备、配套设施及相关技术资料齐全完整并持续改进，使设备设施始终满足生产安全、平稳的要求。机械完整性管理体系至少应包括设备选择，检查、测试和预防性维护，机械完整性培训，机械完整性作业规程，质量保证和缺陷管理等要素。

3.1.2　Shell 的资产完整性管理

Shell 把资产完整性管理作为企业卓越经营的关键，并建立了良好的完整性管理企业文化。Shell 把完整性管理划分为设计完整性、技术完整性和操作完整性三个维度。

（1）设计完整性指设计的设备设施存在的风险是可接受的，处于最低合理可行（ALARP）范围内。设计完整性主要是从设计上识别重大风险并考虑如何将资产风险控制在最低合理可行的程度，在设计过程中充分进行系统的风险分析，定义出安全关键单元，针对其制定出性能标准，后期运营维护阶段要按照制定的性能标准进行操作与验证，同时监控设备设施状态，根据最新情况更新性能标准。设计完整性是为了确保设备设施"出生时"的本质安全，在工程阶段消除危害，避免将隐患转移到生产期。

（2）技术完整性是在充分考虑公司资产合规运营的基础上，满足法律法规、标准规范和公司相关管理制度，确保资产的相关文件和数据等信息完整性；同时，技术完整性通过引入基于风险的技术，运用完整性技术工具，制订基于风险的检修策略和规划，通过维修工作执行、绩效分析等不断优化检验策略。通过技术完整性的管理，提高完整性技术能力和基础数据的收集汇总分析能力，从而为资产完整性奠定管理基础。

（3）操作完整性主要是在设施设备运营维护阶段利用严谨的方法来建立多个保护屏障以避免事故并改进效率，从而获得更大的利益。设备设施操作保护屏障的完整性包括组织架构相关的完整、人员因素的完整、后勤供应相关的完整、流程方面相关的完整、质量方面相关的完整及资产本身相关的完整。总体上操作完整性要考虑的要素包括领导力、安全操作因素、风险评估与管理、应急准备、可靠性管理、人员能力胜任、事故管理、环境管理、变更管理、信息平台、合规性、承包商管理、绩效监测与持续改进。

3.1.3　管道完整性管理

在针对特定的设备设施类型应用完整性管理理念与方法上，管道完整性管理是目前应用非常广泛的一个案例。目前国内外从政府监管角度、企业管理层面及技术服务领域都已经在全面推行管道完整性管理，发布了相关标准以规范管道完整性管理的方法、内容与要求，如国外的 ASME B31.8S《输气管道系统完整性管理》、API Std 1160《有害液体管道完整性管理》、DNV-RP-F116《海底管道系统完整性管理》，以及国内的 GB 32167《油气输送管道完整性管理规范》等。管道完整性管理是对管道面临的风险因素不断进行识别和评价，持续消除识别到的不利影响因素，采取各种风险消减措施，将风险控制在合理、可接受的范围内，最终实现安全、可靠、经济地运行管道的目的。完整性管理贯穿管道全生命周期，是一个持续循环的过程，包括数据采集与分析、高后果区识别、风险评价、完整性评价、风险消减与维修维护、效能评价六个环节，同时为保证六个环节的正常实施，还需要系统的支持技术、管理体系、标准规范、管道完整性管理数据库及基于数据库搭建的系统平台等。

此外，在针对安全仪表系统方面，还提出安全完整性的概念，即在规定条件下、规定时间内安全相关系统实现所要求的安全功能的概率，安全相关系统的安全完整性等级越高，安全相关系统不能实现所要求的安全功能的概率就越低；安全完整性着重于安全相关系统执行安全功能的可靠性。对安全仪表系统功能安全评估主要从两个方面来进行，一方面是评估为确保满足功能安全目的所必需的管理活动是否有效；另一方面评估安全仪表系统或安全仪表是否达到了要求的安全完整性等级。安全完整性等级一般分为 4 级，是对安全仪表系统运行水平的一种衡量。

本书在借鉴国内外已经提出的完整性管理方法理念的基础上，结合国内大型中央管理企业在全面推行设备设施完整性管理过程中的良好实践，提出了具有普适性、适用不同行业领域的设备设施完整性管理方法体系，阐明了设备设施完整性管理定义、管理模式、管理内涵、管理内容及实施流程等，系统论述了设备设施完整性管理方法体系中管理完整性、技术完整性、经济完整性和全生命周期管理等核心内容要求，以期为企业推广应用设备设施完整性管理提供参考。

3.2 设备设施完整性管理模式

设备设施完整性管理是对设备设施进行系统的、动态的、基于风险的全生命周期管理，通过持续的管理优化和技术提升，确保设备设施运行经济可靠，实现管理目标和可持续发展。从上述定义中可以看出，设备设施完整性管理是一项综合性与专业性很强的系统工程，管理既要有系统的管理方法，又要涵盖以风险为基础的完整性技术，两者相辅相成、环环相扣，形成一个完整的管理和技术系统，用整体优化的方式有效管理风险，确保设备设施安全可靠，同时降低成本，并实现设备设施管理的经济性，最终达到设备设施资产保值增值，为企业发展贡献价值。

本书提出的设备设施完整性管理模式示意图如图 3.1 所示，主要涵盖以下方面内容：

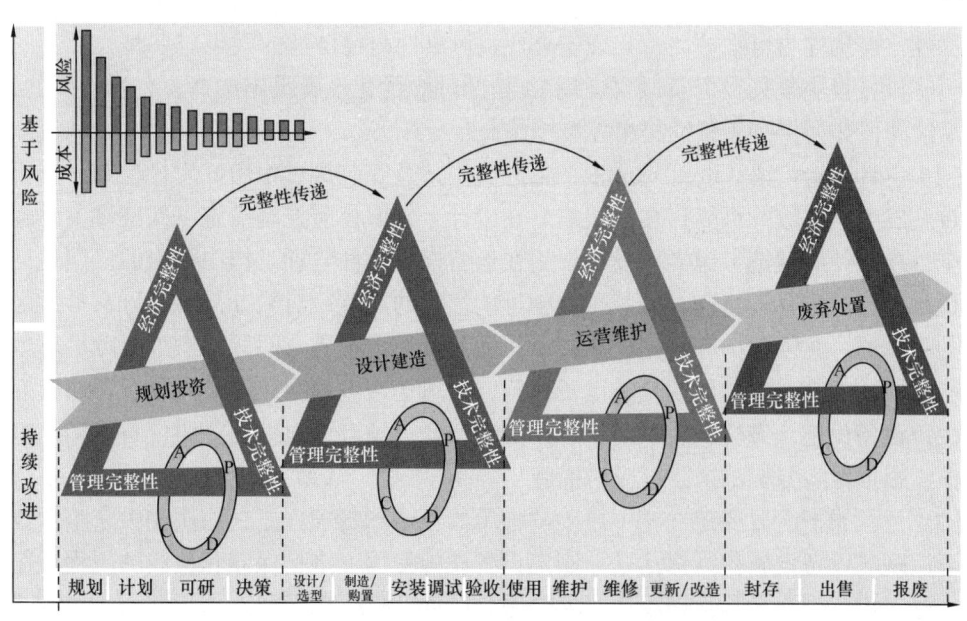

图 3.1 设备设施完整性管理模式示意图

（1）从内容的维度，设备设施完整性管理包括管理完整性、技术完整性和经济完整性三个方面。

（2）从时间的维度，设备设施完整性管理贯穿设备设施全生命周期各个阶段，包括规划投资、设计建造、运营维护及废弃处置四个阶段，各阶段之间实现有效传递与衔接。

（3）从风险的维度，设备设施完整性管理全面应用基于风险的管理理念和方法。

（4）从执行的维度，设备设施完整性管理遵循螺旋式持续上升的PDCA循环。

（5）从期望的维度，设备设施完整性管理目标是实现设备设施运行经济可靠。

3.2.1 设备设施完整性管理的三个方面

设备设施完整性管理模式是管理、技术和经济的有机结合，是通过应用技术改进措施和规范设备设施管理制度相结合的方式来保证设备设施运行状态的完好性，其核心是在保证安全的前提下，以综合的观点和角度处理设备设施的作业，保证每一项作业的落实与品质保证，并同时考虑设备设施费用成本与收益的关系，实现经济性最优与平衡。管理完整性、技术完整性与经济完整性三者相互影响、相互支撑，通过管理完整性明确管理要求，通过技术完整性实现安全可靠，通过经济完整性呈现管理效果并为管理者提供决策依据。在以往的设备设施管理过程中，总体上关注管理制度优化与技术方法应用比较多，在一定程度上忽视了设备设施的经济性管理。本书首次提出了设备设施经济完整性的概念，从管理、技术、经济三个维度进行综合考虑，建立先进的设备设施管理模式，为科学合理、经济有效地管理设备设施资产，实现价值最大化提供指导。

3.2.2 设备设施完整性管理贯穿设备设施全生命周期

设备设施完整性管理模式贯穿设备设施全生命周期，从全生命周期角度考虑设备设施的可靠性、可用性与可维护性，实现安全性、可靠性与经济性的优化与平衡。

（1）设备设施规划投资阶段要运用LCC的理念优化设备设施选择，分析实现的策略，并对后续阶段如何保持完整性提出控制措施。

（2）设计建造阶段，要针对选型、采办、制造及安装等过程做好质量控制，分析类似设备设施发生的事故及可能存在的缺陷，在设计上采取相应控制措施以保证设备设施的本质安全；要有针对性地考虑类似设备设施在运营期完整性管理工作中提出的反馈意见，并进行优化；针对采办、建造、安装过程中可能存在的风险，对采办策略、厂家参数与设计参数的一致性、腐蚀防护等提出控制要求；针对容易出现质量问题、发生故障后对生产影响大、维修成本高、建造周期长的设备设施，要对建造过程及关键节点进行有效监控；要识别关键设备设施，进行风险评估，并对关键设备设施有针对性地应用设备设施完整性技术方法，根据风险分析结果制订应对措施。

（3）运营维护阶段要建立基于风险的检维修策略和管理程序，应用相关完整性技术方法，开展现场设备设施检维修活动，制定设备设施使用、维护保养和检修的规程或作业指导书，落实设备设施日常管理活动要求，保持设备设施运行安全。

（4）在废弃处置阶段，废弃处置过程应合法合规，对设备设施进行技术性和经济性分析，通过风险评估对设备设施资产状况、处置后对生产运营影响，以及处置方式等进行分析论证。

3.2.3 设备设施完整性管理运用了基于风险的管理理念

设备设施完整性管理模式充分运用基于风险的理念与方法对设备设施制订针对性管理策略，并实施有效管理。通过对设备设施进行风险评估，确定设备设施风险等级，根据风险等级高低确定维护维修策略，以及与之相匹配的人力、物力及财力等资源投入，实现"高风险多投入、低风险少投入"，从而将有限的资源有针对性地应用到高风险的设备设施管理中。在有效消减设备设施风险、保障安全运行的同时，确保投入处于合理且可接受的水平。通过基于风险的理念与方法的应用，最大程度地发挥事故后维修、预防性维修、预测性维修以及主动性维修等维修方式的优点，做到最优组合与配置。

3.2.4 设备设施完整性管理的持续改进

企业的管理活动需要通过 PDCA 循环，不断发现薄弱环节并持续改进，才能有效提升管理水平。设备设施完整性管理模式同样遵循 PDCA 循环，并通过不断的循环实现螺旋式上升。设备设施完整性管理体系按照管理要素运行，不断进行管理总结和提出改进措施，通过一次循环解决一些运行过程中出现问题，未解决的问题进入下一个循环，形成持续螺旋式上升的管理模式。

3.2.5 设备设施完整性管理与经济性和可靠性的关系

确保设备设施安全可靠是保障企业正常生产运行的前提，而设备设施购置、更新、维护、检测与维修等都会产生相应的成本费用，看似两个对立的方面，但实际两者并不矛盾；可以把设备设施投入的费用视为一种有价值、有良好的收益的投资，进而充分发挥其价值；如果没有这个投入，就无法保持设备设施完整性，反而需要投入更多的费用成本去进行维护管理，甚至带来巨大的风险损失。因此，通过系统的管理方法和先进的技术应用，寻找安全可靠性与经济性的最优平衡点，进而实现设备设施运行经济可靠。

3.3 设备设施完整性管理内涵

在设备设施完整性管理模式中提出的管理完整性、技术完整性与经济完整性也是设备设施完整性管理建设工作的主要内涵。无论是运用基于风险的方法、还是从全生命周期角度开展设备设施管理工作，以及进行动态的管理与持续改进，均要从管理完整性、技术完整性及经济完整性三个方面做好各项工作，建立设备设施全生命周期基于风险的长效管理机制，进而形成先进的设备管理模式。管理完整性、技术完整性与经济完整性三者之间相互联系、影响与支撑，只有同时协调推进才能实现设备设施完整性管理的预期效果，如图3.2所示。

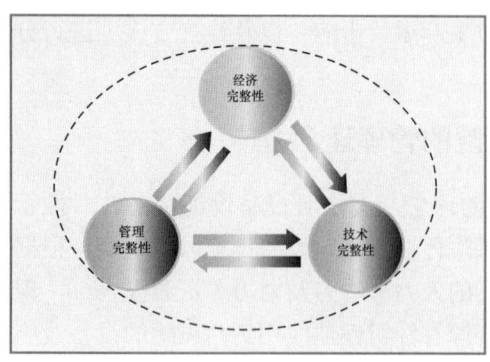

图 3.2　设备设施完整性管理内涵

（1）管理完整性是指通过开展全生命周期、持续改进的管理提升，以科学的组织机构、合理的人员能力、完善的管理体系、配套的管理标准、先进的管理工具及浓厚的管理文化，形成先进的设备设施管理模式，为技术完整性和经济完整性提供管理基础。

（2）技术完整性是指通过建立设备设施全生命周期的完整性技术体系，运用基于风险的完整性技术与方法，系统、动态地管理设备设施风险，实现设备设施安全可靠，并为管理完整性和经济完整性提供技术保障。

（3）经济完整性是指运用设备设施经济分析与评价方法，优化 LCC，提高设备设施运行维护效率，实现设备设施资产保值增值，确保其运行经济可靠，并运用统计分析指标，呈现设备设施经济完整性效果，为管理完整性和技术完整性提供支持。

3.4　设备设施完整性管理内容

设备设施完整性管理从内容和时间的维度来说包括管理完整性、技术完整性、经济完整性和全生命周期管理。管理完整性主要是明确完整性管理的职责，完善完整性管理的要求及理清完整性管理的流程等；技术完整性主要是建立技术完整性应用体系，针对不同类型设备应用完整性技术，建立基于风险的检维修策略；经济完整性主要是建立经济完整性模型，开展设备设施 LCC 核算，制订经济完整性评价指标体系，对运行维护费用实施精细化管理，优化备品备件库存与管理，最终呈现设备设施完整性管理经济效果；全生命周期管理是确保所有完整性管理工作要在设备设施全生命周期的相应阶段开展实施，避免设计建造阶段的固有缺陷、运营维护阶段的管理缺失等，确保设备设施始终处于完好状态。

3.4.1　管理完整性

管理完整性建设是设备设施完整性管理实施的基础，设备设施管理完整性建设内容主要包括七个方面，分别是组织机构和管理职能、管理队伍和人员能力、完整性管理体系、完整性管理信息系统、完整性管理审核、完整性管理标准、完整性管理文化，如图 3.3 所示。管理完整性的具体实施内容与要求将在第 4 章进行详细阐述。

3.4.1.1　组织机构和管理职能

设备设施完整性管理的推行与实施首先需要在企业层面建立完善的组织机构，明确相关部门的管理职能，并根据组织机构和职能要求配备管理队伍和人员。与传统的设备管理主要关注日常维护保养与维修相比，设备设施完整性管理是一项专业性与综合性很强的系统工程，涉及不同部门、不同层级，属于全员工程。一方面，设备设施全生命周期管理涉及规划投资、设计建造、运营维护和废弃处置四个阶段的各个职能部门；另一方面，运营维护期间设备管理涉及人员、工艺流程、资产硬件等不同层面，需要各个部门相互支持配合才能得到保障。完整性管理不只是设备管理部门的事情，需要相关职能部门共同参与，它涉及安全管理、工程管理、资产管理、信息管理、财务管理、计划投资管理等，需要各部门之间相互协作、信息互联互通，才能确保完整性管理工作真正有效。

3.4.1.2 完整性管理体系和信息系统

设备设施完整性管理体系和完整性管理信息系统是开展完整性管理工作的两个重要支点，管理体系是开展设备设施完整性管理工作的基础，信息系统则是支撑设备设施完整性管理工作系统高效开展的平台。

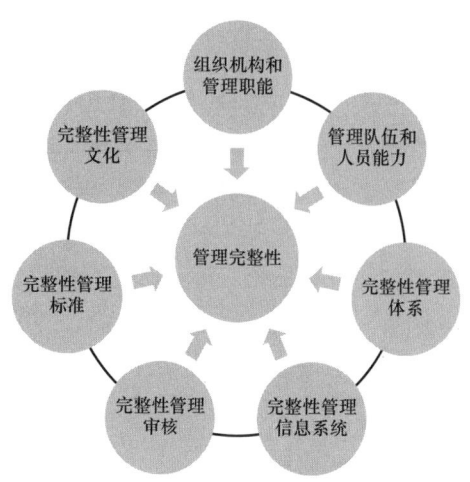

图 3.3　管理完整性建设内容

设备设施完整性管理体系应覆盖 ISO 55001《资产管理　管理体系　要求》等国际标准规范的核心管理要素，串联各管理部门的职能与职责，打通全生命周期各阶段的管理流程，管理内容包括法律法规识别与合规性评价管理、风险管理、目标和计划管理、资源与能力管理、全生命周期管理、分级管理、静设备管理、动设备管理、电气设备管理、仪表设备管理、特种设备管理、检维修管理、技术完整性管理、经济完整性管理、信息管理、变更管理、承包商管理、绩效监视与测量管理、内部审核管理、管理评审管理、事故管理、改进管理等。同时，通过设备设施完整性管理信息系统将数据信息、管理流程、技术工具等进行集成，实时掌握设备设施状态与风险情况，及时优化管理策略，提高企业管理效率。信息系统也将成为设备设施完整性管理成果展现的主要载体，为企业设备设施完整性管理工作的开展提供信息化保障。

3.4.1.3 完整性管理审核

设备设施完整性管理是一个不断更新完善和持续改进的管理过程，不仅需要持续管理与跟踪，还需要建立管理审核机制，评价组织的管理体系是否持续满足规定的要求且正在有效运行，验证管理体系的持续符合性和有效性。完整性管理审核流程包括审核目标的制定、审核的策划与准备、审核方案的实施、开具不符合记录、审核报告编制及后续改进活动的跟踪监督等。通过完整性管理审核可以发现设备设施完整性管理实施过程中存在的问题，分析管理的薄弱环节，为持续优化管理体系和执行流程提供决策依据。定期开展设备设施完整性管理审核是分析评价设备设施完整性管理效果，持续改进设备设施完整性管理水平的重要途径，是实现 PDCA 闭环管理的重要环节；同时，通过定期开展完整性管理审核能够确定企业设备设施完整性管理所处的阶段和水平，可与同类先进管理水平企业进行对标，促进完整性管理工作在最佳执行标准和最佳实践做法框架下运行，不断改进并达到国际先进管理水平。

3.4.1.4 完整性管理标准与文化

设备设施完整性管理工作经过长期的、持续循环的积累与改进，在提高企业管理水平的同时，更要反映到企业管理标准化和企业文化之中，这是企业长期可持续发展的重要保障。完整性管理实施过程积累形成的管理做法、技术应用、数据分析、信息化应用等均应形成管理和技术标准，使企业在设备设施完整性管理中实现"要求做法统一、规范准则统一、评价指标统一"。通过完整性管理文化建设，构建关键驱动要素，制定管理标准和操作指标，建立正确的设备设施完整性管理价值导向，并落实到企业的日常生产、经营、管理实践之中，通过完整性管理文化规范、约束、激励员工的工作行为，提升企业管理水平。

3.4.2 技术完整性

技术完整性是设备设施完整性管理实施的保障，技术完整性建设主要内容包括五个方面，分别为静设备完整性技术、动设备完整性技术、电气仪表设备完整性技术、装置系统完整性技术和长输管道完整性技术，如图 3.4 所示。技术完整性的具体实施内容与要求将在第 5 章进行详细阐述。

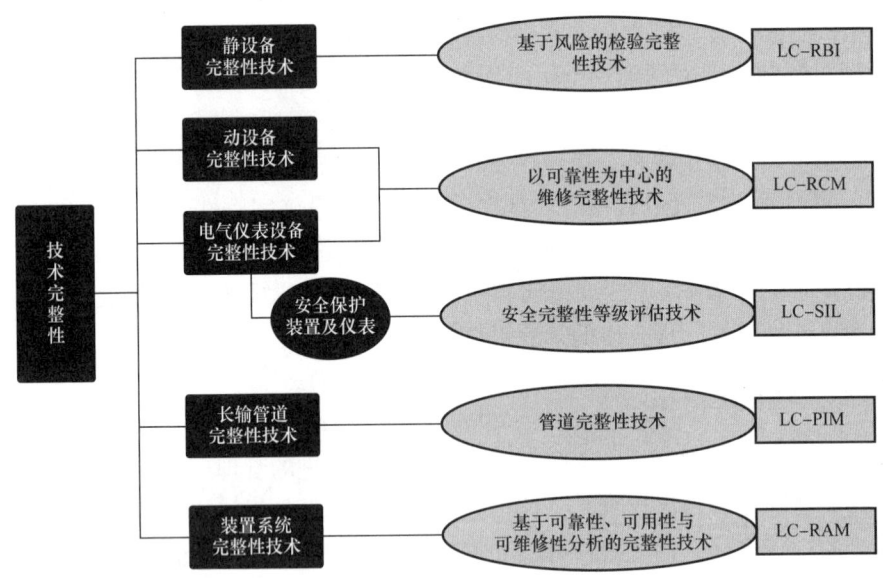

图 3.4　技术完整性建设内容

针对静设备、动设备、电气仪表设备、长输管道等不同类型的设备设施，技术完整性的管理重点和技术要求有所差异，如静设备管理重点关注腐蚀、裂纹、泄漏等，动设备管理重点关注振动、温度、压力、磨损、噪声等，需要相应建立一套完整的评估与分析方法。

（1）静设备主要采用基于风险的检验技术（LC-RBI），它是以风险为基础的优化检验活动的系统方法，通过风险排序，将检验聚焦于高风险设备和存在潜在的失效破坏可能性的设备，从而优化并将检验资源用于关键资产。

（2）动设备与电气仪表设备主要采用以可靠性为中心的维修技术（LC-RCM），它是以风险为基础的能够建立准确且具有良好目标性的维护优化任务包的系统技术方法，它根据设备设施的失效故障模式所造成的风险大小来识别出维护的关键目标；根据失效的原因来确定降低失效原因及其根本原因发生的维护策略；并根据与其相关的风险进行合适的维护，目标是使设备设施达到最佳可靠性，避免潜在的失效和非计划停机。

（3）针对电气仪表设备中的安全保护装置及仪表设备，主要采用安全完整性等级评估技术（LC-SIL），分析评估在一定时间、一定条件下安全相关系统执行其所定义的安全功能的可靠性，降低安全仪表系统中存在系统性不足的概率，最大程度降低生产过程中的风险。

（4）长输管道主要采用管道完整性技术（LC-PIM），它从数据采集与分析、高后果区识别、风险评价、完整性评价、风险消减与维修维护、效能评价六个方面实施完整性管理，将管道运行的风险水平控制在合理的、可接受的范围内，最终达到持续改进、减少和预防管道事故发生、经济合理地保证管道安全性的目的。

（5）装置系统完整性技术主要采用可靠性、可用性与可维护性分析技术（LC-RAM），在设计建造阶段可预测运行状况，进行方案对比与优化，定义高危关键点的设计、运行、维护和随时间变化的动态分析，运行阶段可提高供应链效率，进行运行管理模拟，优化维护周期，优化备件库存，确定设备失效的敏感性等。

上述所述的"LC"表示各项技术应用在全生命周期内开展实施。

各类完整性技术的应用总体上均可以通过数据采集与分析、风险评估、监测检测、完整性评价及维护维修五个环节实现 PDCA 循环，以不断提升设备设施管理水平。数据获取是进行完整性分析评估的基础，根据收集整理得到的数据，选择相应的风险评估模型与方法对设备设施进行风险评估，根据风险评估结果确定风险等级，有针对性地制订监测与检测策略，按照计划开展监测与检测工作，然后根据监测与检测数据结果针对存在的缺陷或潜在风险进行完整性评价，实施相应的维护或维修，然后持续上述五步循环，始终保持设施安全可靠运行。

3.4.3 经济完整性

经济完整性通过对设备设施管理经济性相关的分析评价，掌握设备设施 LCC，为优化资源投入策略提供指导，并呈现设备设施完整性实施的经济效果。经济完整性建设主要包括五方面内容，分别是设备设施经济完整性模型建立，设备设施资产状态管理，全生命同期成本费用核算与应用，经济完整性指标体系建立及设备设施维修费用管理，如图 3.5 所示。经济完整性的具体实施内容与要求将在第 6 章进行详细阐述。

经济完整性是设备设施完整性管理实施效果的呈现形式，通过建立经济完整性模型，在保障设备设施安全可靠的前提下，寻求达到安全性、可靠性与经济性的最优平衡。它从设备设施实物资产状态、设备设施运行维护状态、设备设施经济回报状态等方面分析成本、投入与收益之间的关系，围绕一系列经济性指标分析评价结果，综合考量设备设施经济性管理效果，实现设备设施资产保值增值及最大经济回报。

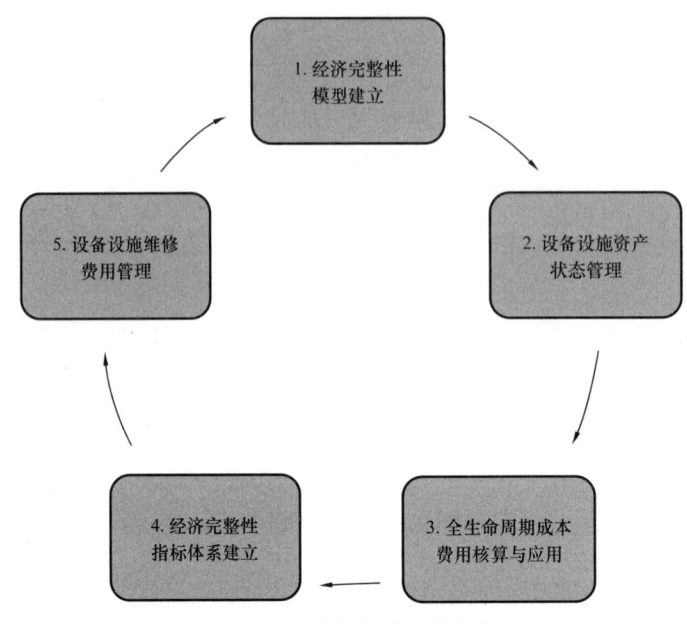

图 3.5　经济完整性建设内容

3.4.4　全生命周期管理

设备设施全生命周期总体上分为规划投资、设计建造、运营维护及废弃处置四个大的阶段，又包括规划、计划、可行性研究、决策、设计/选型、制造/购置、安装、调试、验收、使用、维护、维修、改造/更新、封存、出售、报废等具体环节。全生命周期管理的重点是确保设备设施全生命周期各阶段落实管理完整性、技术完整性和经济完整性的相关要求（图 3.6）。

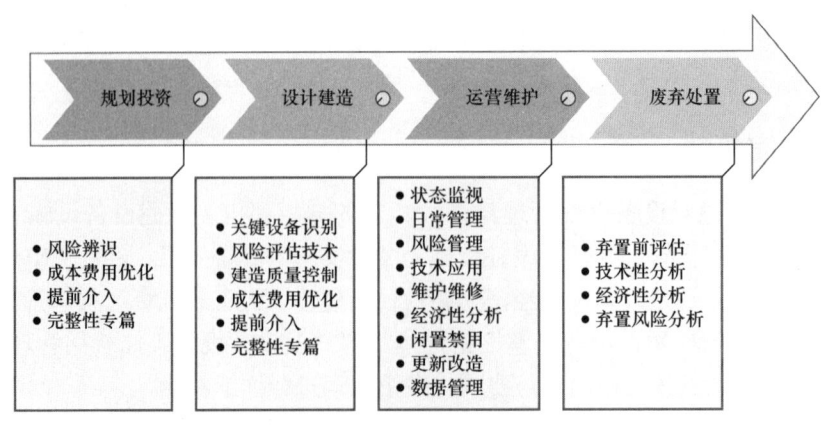

图 3.6　全生命周期管理内容

3.4.4.1　规划投资阶段

重点关注设计基础、主要设备设施选型、主工艺流程、风险评估、关键设备设施的工程方案，参考以往项目建设和运营维护阶段的经验教训，辨识影响设备设施完整性的因素并提出应对措施，对设备设施 LCC 优化及设备设施可操作性、可维护性与可靠性在该阶段方案中实现的策略进行分析，对后续阶段设备设施完整性管理提出要求与建议，并在后续阶段工作中对其做出响应。可通过编制设备设施完整性管理专篇的形式将完整性管理各项工作及落实情况进行展现。同时，生产与设备设施主管部门、工程建设主管部门应派遣完整性管理人员参与规划投资阶段关键节点的审查过程，提出与设备设施完整性相关的意见或建议，提前介入管理。

3.4.4.2 设计建造阶段

应识别关键设备设施进行风险评估，并对关键设备设施有针对性地应用设备设施完整性技术方法，对规划投资阶段提出的完整性管理要求进行细化与落实，对设备设施 LCC 进行优化并对设备设施可操作性、可维护性与可靠性在该阶段方案中的实现策略进行分析，提出后续阶段设备设施完整性管理的要求与保障措施，并在后续阶段工作中对其做出响应。开展安全关键要素/设备识别，制定性能标准，并制订基于风险的验证计划。在设备技术选型及设备采购过程中，对 LCC 进行分析，对技术性和经济性进行综合评判。针对容易出现质量问题、发生故障后对生产影响大、维修成本高、建造周期长的设备，明确建造期的质量管理方法，如派人或委托第三方驻厂监造，对建造过程及关键节点进行监控。可在该阶段通过细化完善设备设施完整性管理专篇的形式将完整性管理各项工作及落实情况进行展现。

3.4.4.3 运营维护阶段

该阶段完整性管理工作重点包括设备设施的状态监视、日常管理、风险管理、技术应用、维修维护、经济性分析、闲置禁用、更新改造、相关资料的收集和更新等活动，将管理完整性、技术完整性和经济完整性提出的各项要求落实到上述日常管理工作中去。

（1）根据设备设施的重要程度、风险等级和运营维护条件等进行分级管理，建立分级管理准则。建立基于风险的检维修策略和管理程序，系统规划并开展现场关键设备设施检维修活动，制定设备设施使用、维护保养和检修的规程或作业指导书。

（2）开展设备设施腐蚀管理、润滑管理、状态监测管理、检验检测管理及联锁管理等专业管理。

（3）应用完整性技术开展数据管理、风险评估、监测与检测、完整性评价及维护维修等工作。

（4）建立设备设施缺陷与故障的管理要求与流程，搭建设备设施故障数据库，对设备设施缺陷与故障信息进行统计分析，优化改进设备设施管理策略。

（5）对设备设施 LCC 进行计算，进行经济性进行分析。

（6）进行设备设施资产状态管理，保证账物相符，借助信息系统实现设备设施资产综合信息动态管理。

3.4.4.4 废弃处置阶段

该阶段完整性管理工作重点主要包括设备设施废弃前的评估、失效原因分析、废弃设备设施拆除和处置方案的制订、可回收设备的再利用等活动。设备设施废弃处置前，对设备设施进行技术性和经济性分析，为弃置决策提供数据支持。废弃处置过程应合法合规，在设备设施废弃前应进行风险评估工作，对设备设施资产状况、处置后对生产运营影响、处置方式等进行分析论证。

3.5 设备设施完整性管理实施流程

设备设施完整性管理的实施是一项系统工程，涉及企业内部各层级单位，覆盖的设备设施数量多，涉及的部门及人员范围广，需要进行大量跨部门、跨单位的沟通协调，需要相互间的配合与支持，需要明确完整性管理建设目标，在完成完整性管理体系建设后，还要制定一系列的技术标准，对动设备、静设备、电气、仪表和管道等专业应用不同的完整性技术，并建立信息系统协助执行各种技术应用。总体上，设备设施完整性管理的实施流程主要包括现状调研与需求分析、设定完整性管理建设目标、完整性管理培训、完整性管理体系建设、完整性技术研究应用、经济完整性研究应用、设备设施完整性管理信息系统、完整性管理审核、完整性管理标准建立、完整性管理文化塑造及持续改进等步骤，各部分内容实施逻辑关系如图 3.7 所示，分述如下：

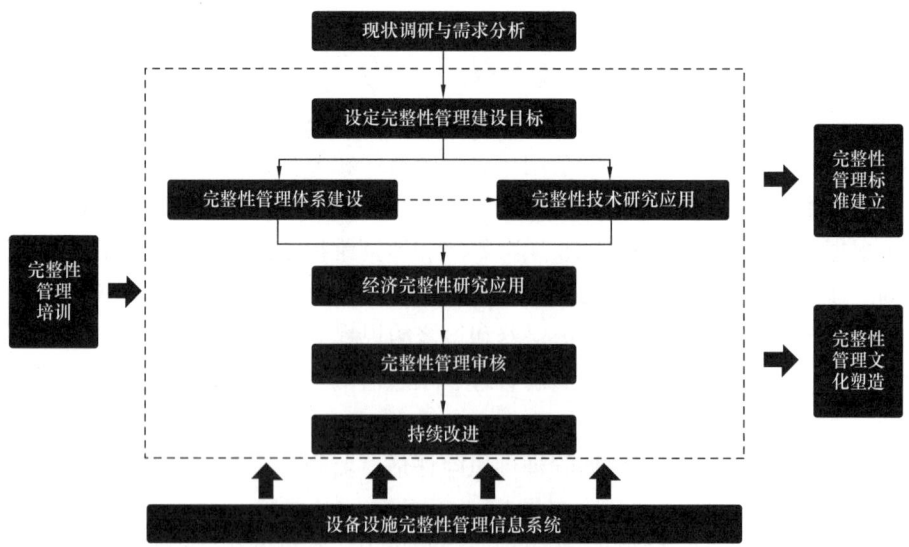

图 3.7 设备设施完整性管理实施流程

（1）通过设备设施管理现状调研，收集企业设备设施管理相关资料，与设备管理相关人员进行访谈，掌握管理组织机构、管理流程、技术应用、现场管理、信息化及经济性管理等方面的现状，通过定量化的现状评级，明确企业现阶段设备设施管理所处水平及提升方向。

（2）根据需求分析结果结合企业管理期望设定明确的设备设施完整性管理建设目标，明确为实现目标需要开展的工作。

（3）以相关标准规范为依据，结合设备设施特点，建立系统的、动态的、基于风险的、覆盖全生命周期的设备设施完整性管理体系，管理体系要做到明确组织机构与管理职能，理顺管理职责与流程，健全管理要求，明确必须开展的技术应用，制订经济性分析评价指标，并实现管理要素的 PDCA 循环。

（4）在公司范围内组织设备设施完整性管理培训，一方面要组织宣贯设备设施完整性管理理念、方法与管理体系，确保企业内相关人员知悉并理解完整性管理的要求与内容，另一方面要定期组织设备设施完整性技术应用的培训，使各项技术应用能够有效融入企业设备设施日常管理工作中去。

（5）要针对不同类型的设备应用相应完整性技术，包括数据采集与分析、风险评估、监测检测、完整性评价及维修维护等方面，确保设备设施本质安全。

（6）要通过建立经济完整性分析评价指标体系，定期测量分析完整性实施的经济效果，分析投入与收益情况，并基于风险评估结果将有限的资源应用到高风险设备设施的管理中去。

（7）建立定量化的完整性管理审核工具，定期开展完整性管理审核，判断完整性管理体系的执行情况，发现存在的问题及管理薄弱环节，及时改进，确保管理体系的适宜性、充分性和有效性。

（8）通过建立设备设施完整性管理信息系统，将上述管理体系执行、完整性管理培训、完整性技术应用及完整性管理审核等各项工作融入信息系统之中，打通完整性管理工作的各个界面，提升管理效率。

（9）随着设备设施完整性管理工作的螺旋式上升的持续改进，将最佳管理实践与技术应用成果转化标准，实现完整性管理工作的标准化、规范化，同时在企业范围内塑造形成浓厚的完整性管理文化，将完整性管理理念融入员工日常行为中。

3.6 不同"完整性"概念之间的关系

本章开始部分分析了根据不同的角度，相关机构及企业提出的不同"完整性"概念，如 Shell 提出了设计完整性、技术完整性和操作完整性，国内外（一些组织）针对长输管道管理提出了管道完整性，以及针对安全保护装置及仪表设备提出了安全完整性。此外，挪威船级社在 DNV-RP-F116《海底管道系统完整性管理》标准中提出了海底管道系统完整性管理，在 DNV-RP-F206《立管的完整性管理》标准中提出了立管系统完整性，GB/T 37327《常压储罐完整性管理》标准中提出了常压储罐完整性，以及国内外相关技术服务机构还提出了诸如组织完整性、人员完整性、程序完整性等理念。这些"完整性"概念及理念在不同的领域、不同的范围内都得到了良好的实践与应用，但总体来说还不够全面，没有从企业整体管理的角度提出系统的完整性管理理念与方法。

本书提出了管理完整性、技术完整性和经济完整性的理念与方法，从管理、技术、经济三个维度，站在企业整体管理的角度，分析与阐述了系统、全面开展设备设施完整性管理的方法论，既强调管理措施与技术应用相结合，也兼顾安全可靠与经济的最优平衡，并在设备设施全生命周期内始终贯彻基于风险的理念，建立并持续优化管理策略与计划，以达到设备设施经济可靠运行的目标，实现企业可持续发展。不同"完整性"概念之间的关系如图3.8所示。

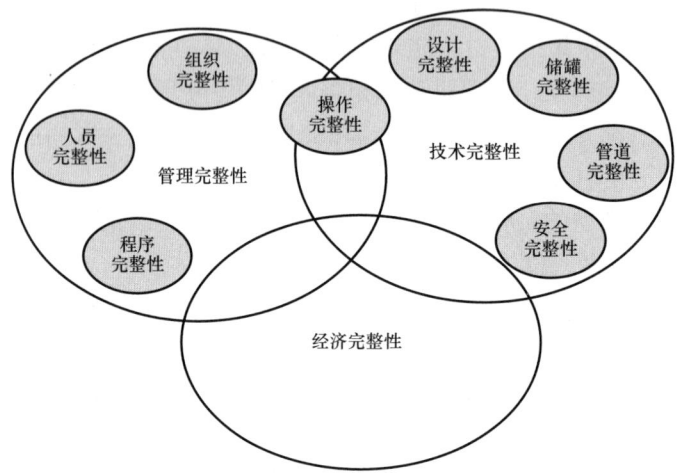

图3.8　不同"完整性"概念之间的关系

4 设备设施管理完整性

设备设施管理完整性建设是完整性管理实施的基础，设备设施管理完整性建设内容主要包括七个方面，分别是组织机构和管理职能、管理队伍和人员能力、完整性管理体系、完整性管理信息系统、完整性管理审核、完整性管理标准和完整性管理文化。设备设施管理完整性各项内容明确提出了实施设备设施完整性管理在组织、人员、内容、流程及文化等方面的要求与做法，用于指导建立系统完善的设备设施完整性管理体系。

4.1 组织机构和管理职能

4.1.1 组织机构建立原则

设备设施完整性管理是一项长期、持续、系统的工作，涉及不同部门、不同层级，属于全员工程，需要各专业部门的协同配合，需要各级设备管理相关人员的共同努力。一方面，设备设施资产全生命周期管理涉及规划投资、设计建造、运营维护和废弃处置四个阶段的各个职能部门；另一方面，运营维护期间设备设施管理涉及人员、工艺流程、资产硬件等不同层面，需要各个部门相互支持配合才能得到保障。完整性管理不只是设备设施管理部门的事情，也涉及安全管理、工程管理、资产管理、信息管理、财务管理、计划投资管理等，只有各部门之间相互协作、积极配合、信息互联互通，才能确保完整性管理工作真正有效。此外，设备设施完整性管理涉及诸多管理方法和技术手段，在完成完整性管理体系建设后，还要制定一系列的技术标准，对动设备、静设备、电气、仪表和管道等专业应用不同的完整性技术，并建立信息系统协助执行各种技术的应用。如何合理应用各种完整性技术，如何实现数据互联互通的信息管理系统，如何确定各单位管理绩效指标，这些都需要一个经验积累的过程。因此，完善的组织机构和管理职能是完整性管理成功实施的重要保障，需要企业自上而下完善组织机构，把设备设施管理及相关专业人员纳入完整性管理工作中，明确管理职责和工作界面，将完整性管理的每项工作落实到具体的人和岗位，加大对人员队伍的培训，不断提升管理能力和管理意识，从而有效推动设备设施完整性管理工作的实施。

企业建立合理、完善的设备设施完整性管理组织机构应遵循以下主要原则：

4.1.1.1 贯彻设备设施完整性管理体系要求

按照设备设施完整性管理要求，企业完整性管理组织机构应该体现设计、制造与使用相结合，维护与计划检修相结合，修理、改造与更新相结合，专业管理与综合管理相结合，技术管理与经济管理相结合，全生命周期管理各个阶段相结合等内容。

4.1.1.2 有利于目标管理、有效与精简的原则

设备设施完整性管理组织机构应有利于实现企业生产经营的总目标与设备设施完整性管理的分目标，力求精干、简单、高效、节约。组织的有效性就是要求组织机构及其中的工作人员能够胜任工作，具有较好的执行力和工作效率。对于设备设施完整性管理而言，就是要消耗最少的资金和能源来争取较高的设备技术和利用状况，以保证企业生产经营活动有序、有效进行，从而取得最大投资效益。精简是现代管理的基本原则，即根据管理功能科学、合理地设置机构、配备人员，精简不必要、重复、冗余的机构和人员。减少管理层次，两层能够解决问题不设置三层；减少部门，一个部门能够完成的工作不设置两个部门，减少跨越部门的工作流程。

4.1.1.3 合理分工且相互协作，贯彻责权利相统一的原则

设备设施完整性管理的组织机构应从各项管理职能的业务出发，在机构之间进行合理分工，划清职责范围，并在此基础上加强协作与配合。由于设备设施完整性管理和各项专业管理之间都有内在的联系，因此，必须综合考虑它们之间的横向协调。同时，设备设施管理各类机构的责、权、利要相互适应。责任到人就要权力到人，不能有权无责，也不能有责无权，并相应规定必要的奖惩激励办法，让责、权、利得到平衡。企业设备设施完整性管理是一项综合管理工程，既包括实物形态管理，又包括价值形态管理，因此除设备设施管理部门分工负责主要责任外，企业的财务、生产、技术、人力资源、安全环保等部门均承担相应的责任和分工，从各自的角色向设备设施系统提供支持。

4.1.1.4 体现统一领导、分级管理的原则

建立企业设备设施完整性管理组织机构应结合现代化、社会化大生产的要求，有利于加强企业设备设施系统的集中统一指挥，体现统一领导、分级管理原则。设备设施管理作为企业管理的重要组成部分，必须列入企业负责人的工作日程来统一考虑与安排，并由分管领导统一指挥与协调企业的设备设施规划、购置、使用、维护、修理等各项工作。同时，统一领导要与分级管理相结合，各级设备设施管理组织在规定职权范围内处理有关的设备设施管理业务，并承担相应的管理责任。

4.1.1.5 管理、技术与经济相结合的原则

设备设施完整性管理是管理、技术与经济的有机统一，设备设施完整性管理须充分将大数据、云计算、区块链等技术与设备设施本身的原理机理、故障模式相结合，实现设备

设施完整性管理。因此组织机构设置既需要考虑管理需求、同时也需要考虑技术、经济的需求，必要时需要充分利用外部资源为设备设施完整性管理提供技术支撑，优化设备设施管理策略，实现安全性、可靠性和经济性的有机统一。

综上所述，设备设施完整性管理组织设置应坚持企业一把手负责制，管理、技术、经济三位一体；组织结构精简、扁平化，保持最佳管理幅度，最快反应速度和信息反馈；职、责、权、利分明，不拘一格、因企而宜等原则。

4.1.2 组织机构建立要求

根据企业设备设施完整性管理职能的要求，对于一般的企业来说，建议成立设备设施完整性管理委员会，明确设备设施完整性管理主管部门，设置完整性管理岗位，从设备设施规划投资、设计建造、运营维护、废弃处置阶段做好全生命周期管理，如设置管理完整性岗位、技术完整性岗位、经济完整性岗位、完整性信息化岗位等。

企业所属二级单位建议成立设备设施完整性管理委员会，成立或明确专门的完整性管理部门，配置相应的专职管理人员，具体负责完整性管理的建设实施。所属二级单位完整性管理岗位职责应满足上级公司完整性管理建设的要求，具体岗位可结合实际情况进行设置。

企业所属三级单位应至少配备专职的完整性管理岗位，负责完整性管理工作的实施，重点设备设施管理单位可建立完整性管理部门，推动完整性管理工作的开展。所属二级单位及三级单位作为设备设施完整性管理的具体实施部门，需要与其他相关部门相互协调与配合，共同推进完整性管理工作（图4.1）。

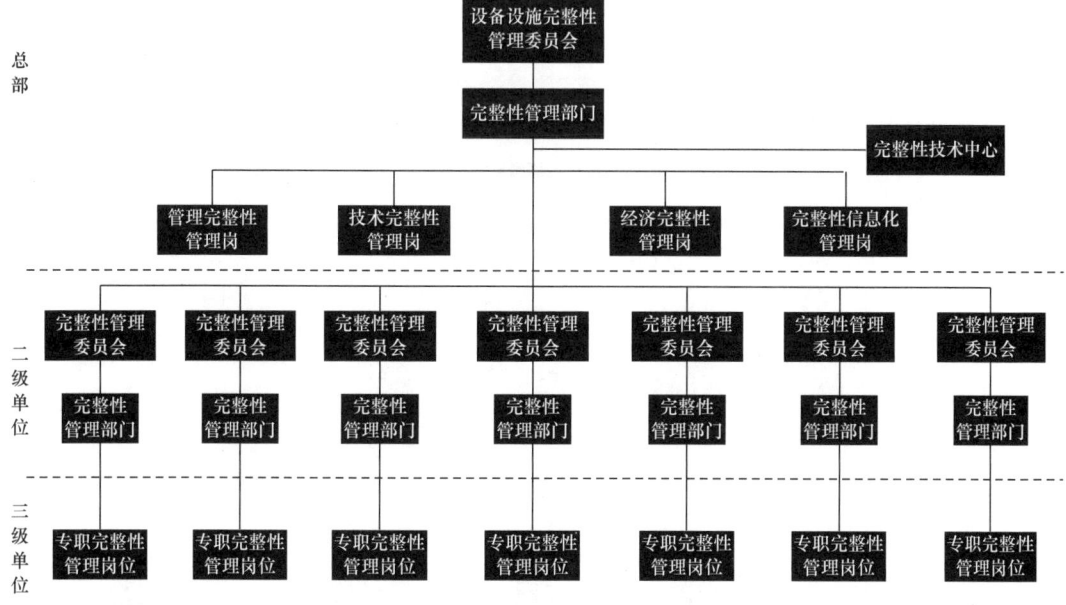

图4.1 企业设备设施完整性管理组织机构示例

4.2 管理队伍和人员能力

设备设施完整性管理覆盖设备设施全生命周期，是一项跨部门、跨单位、跨专业的统一行动，管理活动具有系统性、协调性与可持续性。完善的管理队伍和合理的人员配置是完整性管理工作推动的基础，完整性管理人员能力建设是完整性管理工作成功实施的保障。设备设施完整性管理建设需要打造管理、技术和操作三支队伍。

根据设备设施完整性管理的组织机构和管理职能，需要完善完整性管理队伍，合理配备专职完整性管理人员和技术人员，管理人员包括体系管理、技术管理、经济管理及信息管理等，技术人员包括数据采集与分析、监测检测、风险评估、完整性评价及维修维护等，操作人员包括现场监测、现场检测、日常维护、检维修及应急抢修等。

完整性管理人员能力建设主要包括人员资格认证、完整性管理能力及完整性技术应用能力等。随着国际国内完整性管理标准规范及资质认证的不断完善，以及设备设施完整性管理工作的逐渐深入推进，从事设备设施完整性管理工作的管理人员应取得完整性管理人员资格证书，技术人员应取得检测、评估等方面的技术资格证书；充分熟悉、掌握设备设施完整性管理体系，并将其应用到完整性管理工作实践中去，提升完整性管理能力；学习和掌握国内外先进的完整性管理技术和方法，提升自身技术水平。完整性管理人员能力建设的途径主要包括宣贯、聘任引进、岗位培训、专业技术培训、技术交流及考核等。

企业可根据自身情况，建立人员岗位序列，针对不同序列提出不同的人员能力要求，为设备设施完整性管理人员、技术人员和操作人员提供明确的能力提升目标和晋升通道，提高人员能力提升的积极性。企业定期对人员进行考核，确保人员能力符合设备设施完整性管理的要求，建立奖惩机制（图4.2）。

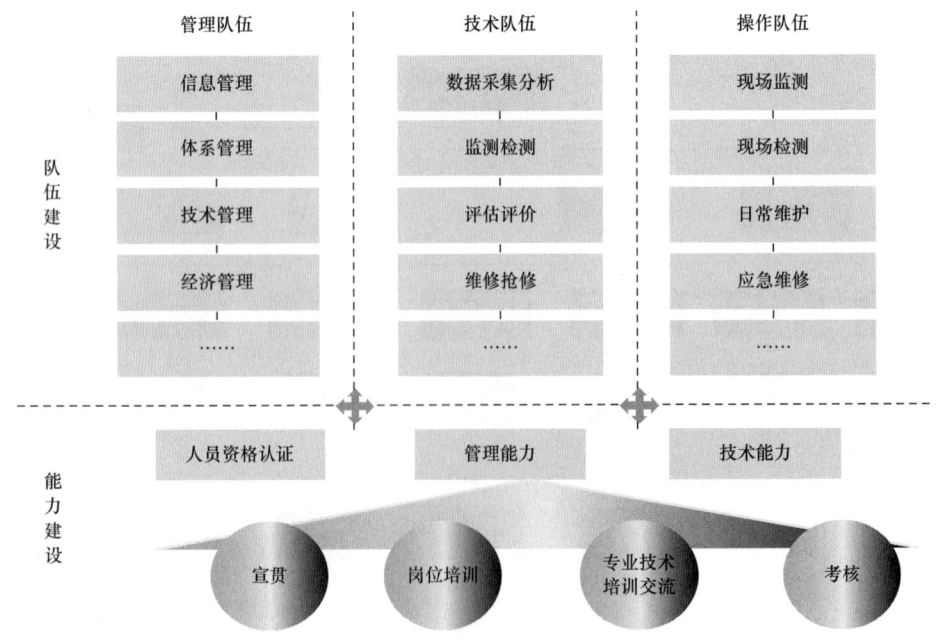

图4.2 设备设施完整性管理队伍和人员能力建设

4.3 完整性管理体系

4.3.1 建立设备设施完整性管理体系的作用

在实际工作中任何工作都有着密切的联系，而传统的设备设施管理在一定程度上是分立的，未形成有效的持续改进的体系。实施体系化管理，是依据管理学的原理，建立一个动态循环的管理框架，以持续改进的思想，指导企业系统地实现既定目标。

设备设施完整性管理体系是指针对完整性管理的计划、实施、效能、评审、培训、持续改进等内容，建立一套具有规范性、权威性和科学性的可执行、可操作和可遵循的管理技术文件。完整性管理体系的建立是为了实现公司完整性管理水平的提升，因此需要通过管理体系文件来表达明确的要求和信息，使管理和工作人员目标一致，统一行动并通过管理体系文件来传递所需信息。通过利用上述信息，可实现完整性管理方针、目标和计划并持续改进，评价体系的有效性和执行效率，并使完整性管理活动具有可追溯性、重复性及为活动结果提供客观证据。

4.3.2 设备设施完整性管理体系要素

本小节提出的设备设施完整性管理体系构建是以 ISO 55000 资产管理系列标准为参考，将 ISO 55000 资产管理系列标准的要求落实到设备设施管理过程中，提出建立设备设施完整性管理体系应包含的 14 个一级要素和 41 个二级要素。见表 4.1。

表 4.1 设备设施完整性管理体系要素

序号	一级要素	二级要素
1	设备设施完整性管理体系	设备设施完整性管理体系范围
		设备设施完整性管理体系要求
2	领导力	领导力与承诺
		方针
		组织机构与职责
3	风险管理	风险识别
		风险分析与评价
		风险应对
4	目标与实现目标的策划	目标制定
		实现目标的策划
5	资源、能力与意识管理	资源
		能力

续表

序号	一级要素	二级要素
5	资源、能力与意识管理	意识
6	信息管理及文件化管理	信息管理
		文件化管理
7	事故管理	事故报告与调查
		事故处理、跟踪及学习
8	变更管理	变更的申请和审批
		变更实施
		变更关闭
		变更资料管理
9	外包管理	外包管理
10	技术完整性	设备分级分类
		数据采集与分析
		风险评估
		监测检测
		完整性评价
		维护维修技术
11	全生命周期管理	规划投资阶段
		设计建造阶段
		运营维护阶段
		废弃处置阶段
12	绩效评价	监视、测量、分析和评价
		内部审核
		管理评审
13	经济完整性	LCC
		维护成本分析
		经济指标
		设备资产状态
14	改进	不符合、纠正措施和预防措施
		持续改进

与其他管理体系一样，设备设施完整性管理体系遵循了传统的 PDCA 循环模型，即策划（Plan）、实施（Do）、检查（Check）、改进（Act），PDCA 模型的采用在一定程度上保证了与 QHSE 等管理体系的一致性，从而支持公司各类管理体系执行时能够协调一致。如图 4.3 所示。

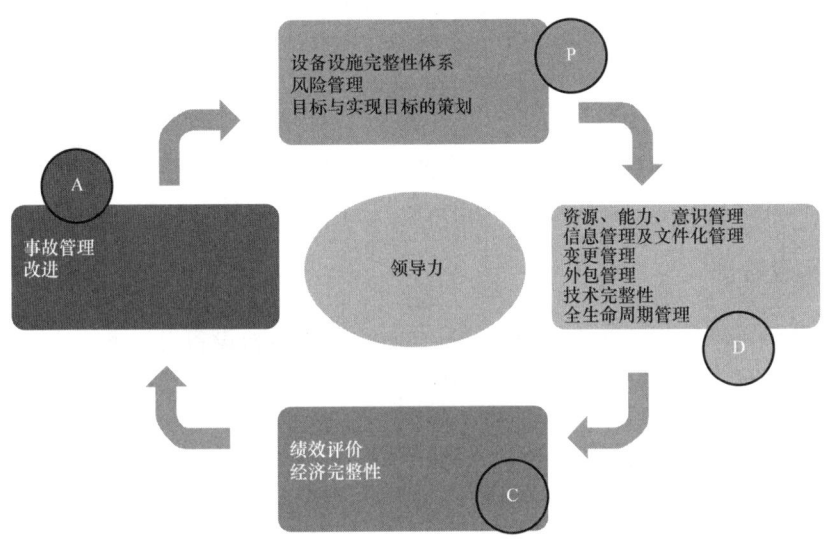

图 4.3　设备设施完整性管理体系的 PDCA 模型

4.3.2.1　设备设施完整性管理体系

建立、实施、保持和改进设备设施完整性管理体系，体系应符合企业自身特点，与企业的总体要求保持一致，与其他管理体系相协调。

4.3.2.2　领导力

公司最高管理者遵循设备设施法律法规、标准规范及公司相关要求，履行管理职责，率先垂范，积极主动推进设备设施完整性管理建设。组织建立本单位设备设施完整性管理体系，提供必需的人力、财力及物力资源，推动落实设备设施完整性管理工作，持续提高设备设施管理水平，确保设备设施运行经济可靠。

4.3.2.3　风险管理

建立设备设施风险管控机制，识别、评估并记录设备设施管理活动中的风险，采取有效的管控措施，将风险降低到合理可接受水平，减少或消除对设备设施、人员、环境和公司声誉等造成的潜在后果和影响。

4.3.2.4　目标与实现目标的策划

制订设备设施完整性管理中长期管理目标与计划，并定期修订完善。制订设备设施完整性管理年度目标和工作计划，落实设备设施完整性管理各项要求。

4.3.2.5 资源、能力与意识管理

建立健全设备设施完整性管理组织机构，配备相应的岗位，明确相关岗位人员的能力要求；配备相应的人员，开展设备设施完整性管理培训，提高设备设施完整性管理人员意识和能力，为设备设施完整性管理提供必需的资源。

4.3.2.6 信息管理及文件化管理

识别设备设施全生命周期过程中的重要信息，对相关信息进行有效管理，确保信息完整、准确、及时更新；建立设备设施完整性管理信息系统，并通过信息交流与共享，提高设备设施完整性管理水平。

4.3.2.7 事故管理

建立设备设施事故管理要求，组织开展事故调查，分析设备设施事故原因，及时采取有效整改措施，预防同类设备设施事故再次发生。

4.3.2.8 变更管理

明确设备设施变更管理要求，在变更实施前进行风险评估，做好变更过程管理，确保变更后的风险能够控制在可接受的范围。

4.3.2.9 外包管理

选择符合要求的承包商，明确合同中的设备设施管理要求和职责界面，规范对承包商作业过程的管理，通过审核、评估并记录承包商在合同执行过程中的合规性及日常绩效表现，确保承包商按照合同规定标准完成工作。

4.3.2.10 技术完整性

运用基于风险的完整性技术和方法，客观、充分地获取设备设施状态信息，系统动态地管理设备设施风险，实现设备设施安全可靠。

4.3.2.11 全生命周期管理

建立贯穿设备设施全生命周期的管理要求，从管理完整性、技术完整性和经济完整性三个方面，应用先进的管理方法和技术，实现设备设施运行经济可靠，形成具备国际先进水平的体系化设备设施管理模式，保障安全生产，实现设备设施资产价值。

4.3.2.12 绩效评价

开展设备设施完整性管理绩效评价，考核管理目标、指标完成情况；建立设备设施完整性管理体系审核机制，确保完整性管理体系要求得到正确理解、执行和实施；定期组织管理评审，确保设备设施完整性管理体系的适宜性、充分性和有效性。

4.3.2.13 经济完整性

运用设备设施经济分析与评价方法，优化 LCC，提高设备设施运行维护效率，实现设备设施资产保值增值，确保其运行经济可靠，并运用统计分析指标，呈现设备设施经济完整性效果，为管理完整性和技术完整性提供支持。

4.3.2.14 改进

建立改进管理程序，积极推动改进工作的开展，实现完整性管理的 PDCA 闭环提升，持续改进设备设施完整性管理体系的适宜性、充分性和有效性。

4.3.3 设备设施完整性管理体系建立流程

设备设施完整性管理体系的建立流程如下（图 4.4）：

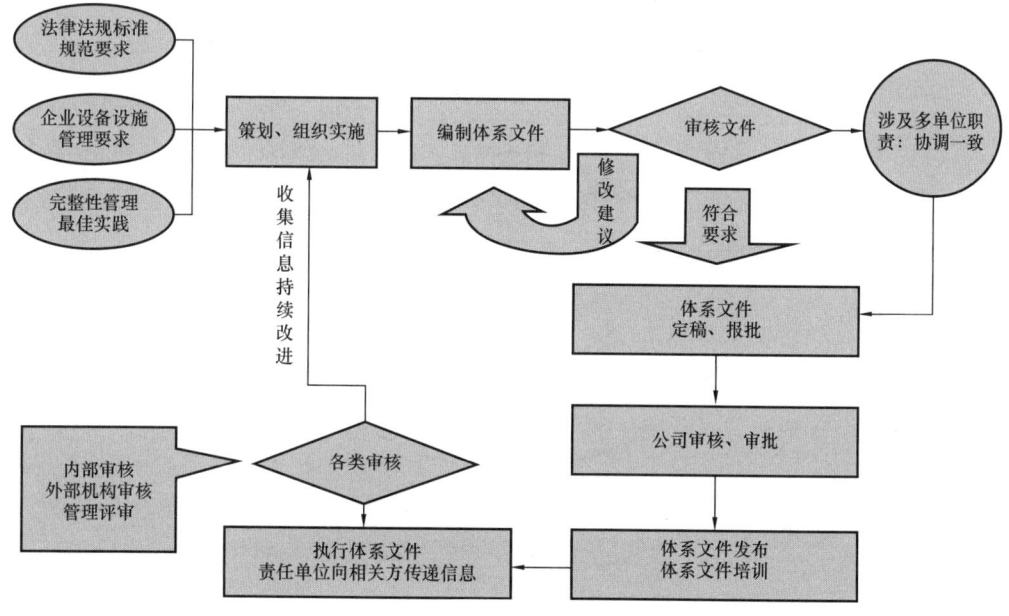

图 4.4 设备设施完整性管理体系建立基本工作流程

（1）设备设施完整性管理体系建设依据法律法规、标准规范要求和企业设备设施管理要求，参考完整性管理最佳实践，策划体系框架，并明确与公司其他体系的关系。

（2）依据设备设施完整性管理体系框架，编制体系文件。依据企业的要求审批和发布体系文件。

（3）各单位按要求执行，定期进行体系审核，持续改进体系。

4.3.3.1 完整性管理体系策划依据

设备设施完整性管理体系策划依据包括但不限于：
（1）国家相关法律法规要求。

（2）国家强制性标准规范要求。

（3）ISO 55000 资产管理系列标准要求。

（4）GB/T 33172 资产管理系列标准要求。

（5）ISO 31000《风险管理标准》要求。

（6）企业设备设施管理相关制度与要求。

（7）国内外资产完整性管理规范。

（8）国内外资产完整性管理良好作业实践等。

企业受许多内外部环境因素影响，在建立设备设施完整性管理体系时，应考虑内外部环境对设备设施完整性管理的影响，确保企业的设备设施完整性管理体系与内外部环境协调一致。组织的环境可以分为内部环境、微观环境和宏观环境三部分，如图4.5所示。

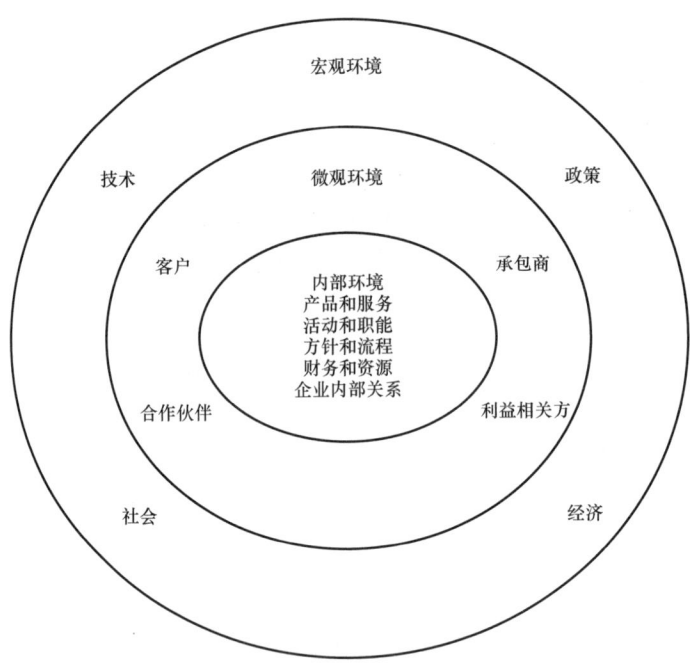

图 4.5　企业的组织环境

内部环境包括企业的方针和流程、产品和服务、企业内部关系、财务和资源与活动和职能等。企业需要确定哪些因素对设备设施完整性管理产生重要影响，并将这些因素纳入设备设施完整性管理的范围。微观环境包括承包商、利益相关方、合作伙伴、客户等。企业需要了解对特定承包商的依赖程度、合同的执行情况、同行业其他企业的设备设施管理情况。宏观环境包括政策、经济、社会和技术等因素。企业需要了解这些因素对设备设施完整性管理产生的影响，并让设备设施管理体系与之相适宜。

4.3.3.2　完整性管理体系框架

对于集团型企业来说，企业总部应建立独立、完整的设备设施完整性管理体系，所属二级单位依据企业总部设备设施完整性管理体系要求，结合本单位的具体情况，建立设备设施完整性管理体系，其内容应满足或高于上级公司对整个设备设施完整性管理的要求。企业不同层级体系之间应有效衔接，逐级细化，并实现 PDCA 循环。企业总部及其所属单位设备设施完整性管理体系可通过三级文件确定完整性管理的要素及工作要求，包括基本制度、管理办法和管理细则。其相互关系如图 4.6 所示。

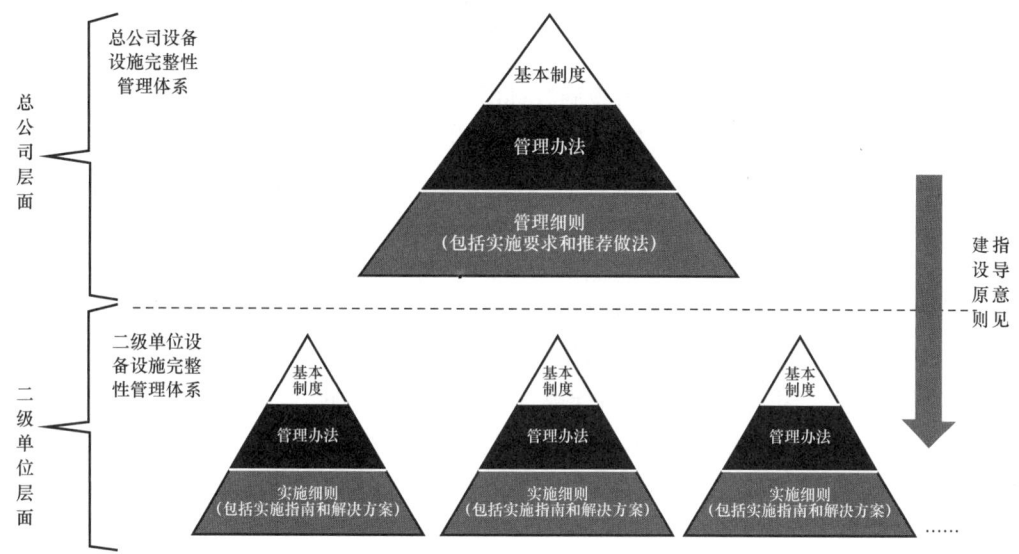

图 4.6　企业总部及二级单位完整性管理体系架构

4.3.3.3　完整性管理体系内容

设备设施完整性管理体系管理内容覆盖设备设施全生命周期，包括规划投资、设计建造、运营维护及废弃处置四个阶段，以 ISO 55000 资产管理系列标准为基础，从战略上、产业发展及公司的宏观层面，提出设备设施完整性管理的要求和标准，对所属单位的完整性管理工作起到协调、指导、监督和控制等功能。设备设施完整性管理体系内容应与企业其他管理体系协调一致；内容不冲突、不重复；文件中间的界面应明确，不遗漏。设备设施完整性管理体系的基本制度、管理办法及管理细则的定位与内容如下：

（1）设备设施完整性管理制度是公司完整性管理的纲领性文件，明确了公司完整性管理方针、目标、承诺、管理职责和权限，以及针对各个要素的管理要求和管理内容，是制订管理办法、管理细则的基础和依据。

（2）设备设施完整性管理办法是依据基本制度建立的文件，是完整性管理要素的具体要求和执行程序，规定了管理要素的工作内容和工作流程等。

（3）设备设施完整性管理细则是依据管理办法编制的、指导具体操作的文件，是对设备设施完整性管理技术应用的指导，是管理和操作者行为的指南。

4.3.3.4　完整性管理体系审批、发布与培训

设备设施完整性管理体系文件编制完成后，公司主管部门组织相关部门审核文件内

容，审核通过后报送公司领导批准、发布。设备设施完整性管理体系发布后应组织系统全面的宣贯，确保体系要求落实落地。体系宣贯可考虑分层级进行，管理队伍侧重于管理制度和管理办法，主要针对职责权限、工作流程等内容；技术队伍和操作队伍侧重于管理细则，主要针对技术方法、操作流程等内容。

4.3.4 设备设施完整性管理体系与 QHSE 体系的关系

设备设施完整性管理体系是设备设施管理的专业体系，同 QHSE 体系一样，是企业内控制度体系的重要组成部分，两者均采用风险分析评价方法，以期在日常的生产作业中，将对员工和公众、环境及设备设施的影响和损害降到最低。QHSE 体系与完整性管理体系侧重点不同，QHSE 管理侧重于产品和服务质量，人员的职业健康和安全管理及环境保护的综合管理；而设备设施完整性管理侧重于设备设施本质安全管理，通过风险评估、检测与评价、维修维护等工作保障设备设施的安全性、可靠性和经济性。

QHSE 体系和完整性管理体系中部分文件工作名称类似，但工作内容侧重点不同，主要包括：风险管理、法律法规识别和合规管理、信息和沟通、人员能力、文件管理、外包管理、绩效监视测量、内部审核、管理评审、不符合纠正措施、预防措施、持续改进。QHSE 体系中主要侧重对人员和环境的管理，完整性管理体系中主要针对设备设施的管理。如图 4.7 所示。

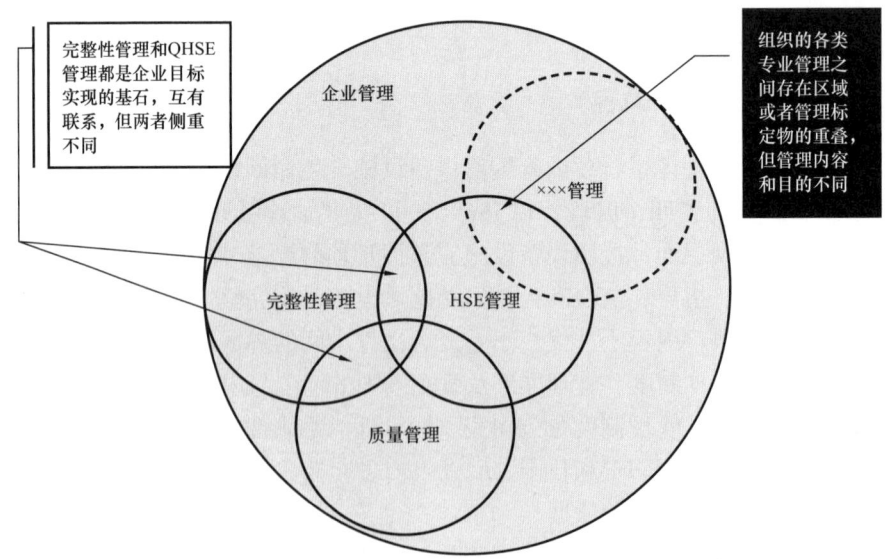

图 4.7　完整性管理与 QHSE 管理的关系

QHSE 体系和完整性管理体系中部分文件存在工作流程有交集，工作界面需划分，主要包括变更管理、事故管理。针对变更管理，在完整性管理体系建设中，可与 QHSE 体系中管理流程保持一致，并补充 QHSE 体系中未规定的关于设备设施变更要求的内容；针对事故管理，在完整性管理体系建设中，综合企业实际可划清与 QHSE 体系的界面，例如涉及人员伤亡、环境污染、职业病和火灾爆炸等由 QHSE 部门进行主导处置；涉及因设备设施非正常损坏造成停产或效能降低，并造成直接经济损失超过规定限额的，可由设备管理部门进行主导处置。

QHSE 体系和完整性管理体系中部分文件可联合开展的工作，主要包括：管理体系内部审核与管理评审等。

在完整性管理体系建立过程中，应明确和 QHSE 体系文件的界面，做到内容不重叠、不遗漏和不矛盾，将两个体系有效融合并有序运行。

4.3.5　建立设备设施完整性管理体系易出现的问题

系统、完善的设备设施完整性管理体系是企业开展设备设施完整性管理工作的基础和依据，正确建立设备设施完整性管理体系至关重要。如果建立的设备设施完整性管理体系不能有效符合企业管理需求，不能正确指导企业设备设施管理工作，设备设施完整性管理成效将会大打折扣。设备设施完整性管理体系建设过程中容易出现体系要求空洞化、体系与现场执行"两张皮"、多管理体系下流程的不统一、标准与执行不一致等方面的问题。

4.3.5.1　体系要求空洞化

体系要求空洞化是指设备设施完整性管理体系建设过程中与实际情况没有结合，提出的要求是对的，但是没有可操作性，无法实际执行。例如设备设施完整性管理体系升级后，设备管理部门/人员设置未能及时调整，未充分考虑设备管理人员配备和现有工作量，导致体系要求无法落实。此外，制度体系建设只是在原来设备管理相关制度、办法的基础上做了简单化整合，没有有效落实完整性管理要素的内容与要求，制度仍然是原来的制度、方法仍是原来的套路，这样的制度体系很难实现以完整性为手段，促进设备设施管理水平全面提升的目标。

4.3.5.2　体系与现场执行"两张皮"

企业在管理体系建设与实施过程中最典型的就是"两张皮"现象。主要表现在文件规定的与实际做的不一致，甚至仅仅为了外部审核而编造文件和记录，管理体系之间重复策划、检查、评审和审核，文件之间的不协调性及管理、执行、验证人员执行标准的不一致性等问题。

4.3.5.3　多管理体系下流程的不统一

企业为了提升管理，引入了各种管理理念，建立了各种管理体系，但不同管理体系中针对同一项工作给出了不同的要求，导致管理人员无法实施，把各个管理体系的建立作为孤立事件看待，没有从企业标准化这个整体来认识管理体系的作用，导致各个管理体系管理要求不一致。例如 HSE 体系中对装置维修周期提出要求一年一修或一年一检，而设备管理体系中对装置维修周期要求基于 RBI 结果确定下一次检修时间。

4.3.5.4 标准与执行不一致

体系的核心是"程序",即按规定的"标准"来约束自己的行为,这就要求公司所有人员建立"标准",并依照"标准"执行。体系有效运行的最根本要求是:"各项要求都要程序化,程序必须要执行,执行时要形成记录"。但在实际管理过程中容易出现标准与执行不一致的问题,包括概念模糊、随意性强、只做不记、只说不做、言行不一及行政命令代替程序等。

当通过各种管理途径发现设备设施体系运行中存在问题时,需要通过统计分析,获取问题发生的趋势,分析发生问题的根本原因,并针对原因制订纠正和预防措施,修订完善设备设施完整性管理体系,确保其适宜性、充分性和有效性。

4.4 完整性管理信息系统

随着设备设施规模的不断发展壮大,企业对其设备设施管理水平和管理方式提出了更高的要求。各企业为提高设备管理水平、丰富设备设施管理手段,建设了与其设备设施特点相对应的,具有较强针对性和专业性的设备管理系统,这些设备管理系统在企业设备管理中发挥着举足轻重的作用。但是由于这些系统受限于企业规模和投入、项目建设时间、功能设计、数据库设计、维护更新水平的限制,没有站在设备设施完整性管理全局的角度,全面覆盖设备设施各个阶段的管理需求,不能满足企业设备设施管理未来信息化发展的总体需要。因此在推行设备设施完整性管理过程中,有必要整合建立形成系统全面的设备设施完整性管理信息系统。

4.4.1 建立完整性管理信息系统的必要性

4.4.1.1 完整性管理工作对信息系统的需求

体系建设是开展设备设施完整性管理工作的基础,技术应用是设备设施完整性管理的重要途径,而信息系统则是支撑设备设施完整性管理工作系统、高效开展的支撑工具。为支撑企业完整性管理各项工作的有效开展,迫切需要建设一套适应企业业务特点、符合企业发展需要的设备设施完整性管理信息系统,完整性管理信息系统将作为企业设备设施完整性管理工作的重要支撑工具,也将成为设备设施完整性管理成果展现的主要载体,为企业设备设施完整性管理工作的开展提供信息化保障。

4.4.1.2 完整性管理对已有信息系统的整合需求

对于不同的企业,在不同阶段可能会建立诸如 SAP-ERP 系统、Maximo 系统、Amos 系统等设备管理相关系统,但这些系统没有从设备设施全生命周期管理角度进行统一规划和建设,系统之间缺乏有效的信息集成和整合,一定程度上存在着信息孤岛的现象。因此推动设备设施完整性管理工作落地需要在企业总部层面进行统一规划和顶层设计,结合企业设备设施的特点和完整性管理要求，对现有信息系统进行充分整合和改进完善，以实现设备设施管理数据的统一集成和综合应用。

4.4.1.3 信息技术发展对完整性管理的推动作用

21世纪，我国信息化发展取得长足进步，经济、社会各方面信息化水平全面提升。特别是2010年后，随着"移动互联网、物联网、大数据、云计算"等信息技术的快速发展和日趋成熟，信息化和工业化深度融合，促进了企业管理信息化的新一轮升级换代，催生许多新的应用模式和管理方法。信息化建设支撑现代工业发展，带动工业转型升级，将逐步成为中国企业发展的新常态，这也将成为企业信息化建设的新常态。在"互联网+"的大时代背景下，基于"物联网、大数据和云计算"的信息采集和应用技术，将推动企业设备设施完整性管理工作的深入开展。

4.4.2 完整性管理信息系统建设目标和原则

4.4.2.1 信息系统建设目标

以设备设施完整性管理理念为指导，以设备设施完整性体系为依据，利用最新的信息化技术和方法，在企业总部层面搭建一套"管理全面、定位准确、执行高效、智能互联"的设备设施完整性管理信息系统框架。企业所属单位在总部信息系统框架基础上，结合本单位设备设施特点，深化应用设备设施完整性管理专业模块。各单位通过基于风险的设备设施全生命周期信息化管理，最大程度地实现设备设施信息共享、安全管控、科学评价，提高设备设施完整性管理水平。

设备设施完整性信息系统作为设备设施管理的承载、可视、互动、智慧化的工具，是"物联网、大数据"等信息技术和设备设施完整性专业技术的深度融合，是设备设施管理"体系化、专业化、智慧化"的高度融合，是企业设备设施维护检修人员的助手，是企业管理者的决策平台。

4.4.2.2 信息系统建设原则

1. 先进性原则

（1）先进的管理思想：完整性管理信息系统需要充分吸纳国内外最新的设备设施完整性管理思想，承接企业最新的设备设施完整性管理体系，体现企业自身特色的设备设施管理理念，符合企业未来十几年设备设施技术、管理发展方向。

（2）先进的信息技术：完整性管理信息系统需要充分借鉴国内外最新的信息技术，在设备设施状态监控与诊断、设备设施风险分析与评估、设备设施完整性评价技术、信息系统集成技术、物联网应用技术、大数据分析挖掘技术等方面进行深度整合与应用，保证信息系统技术的先进性。

2. 适用性原则

对于大型企业集团，在组织架构上可以分为集团公司、二（三）级单位、基层单位等，各级单位在设备设施完整性管理工作中的定位和要求不同，产业链上不同板块、不同业务设备设施的特点也不同。需要针对不同组织层次、不同板块单位特点，进行针对性的系统设计，以满足不同的管理需求。

3. 集成性原则

对于大多数企业，在多年的设备设施管理工作中，在装备管理的不同阶段，根据业务管理需要，已经建设了相关的信息系统。这些信息系统发挥了各自的作用和价值，完整性管理信息系统建设要充分利用已建信息系统的功能，通过系统集成技术，整合信息资源，最大程度减少重复投资，避免信息孤岛的产生。

4. 可扩展性原则

随着企业业务的发展，对信息化的要求不断提高，要求信息系统在设计时应具有一定的前瞻性，充分考虑系统升级、扩容、扩充和维护的可行性，能够支持数据结构、系统功能、系统接口的扩展，以满足企业设备设施完整性管理业务未来不断发展的需求。

5. 安全性原则

完整性管理信息系统整合、收集了企业关键设备设施全生命周期管理各阶段的（标准、数据、文档）资源，完整反映设备设施资产价值、技术状态、维护水平、风险状况等重要信息，这些信息是企业非常重要的"数据"资产。如何保护重要的数据资产，需要系统建立完善的安全管理机制，实现对数据"采集、存储、备份、查询、利用"的分权限安全管理，并对数据进行多重安全备份，保证数据的"可靠存储、安全使用"。

4.4.3 完整性管理信息系统总体框架

4.4.3.1 信息系统总体架构

对于大型企业集团来说，设备设施完整性管理系统架构可分为企业总部和二、三级单位两个层级。其中企业总部层级主要实现对关键设备设施完整性的宏观管理；二、三级单位作为设备设施完整性管理的建设主体，承担了设备设施完整性管理的主要工作。搭建设备设施完整性管理系统主体架构，具体如图4.8所示。

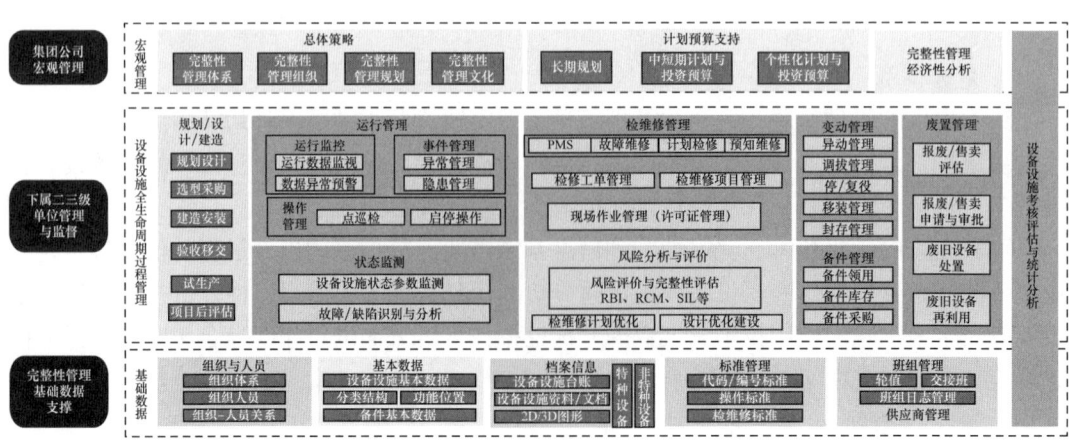

图4.8 设备设施完整性管理系统主体架构示例

以中国海洋石油集团有限公司为例，二、三级单位完整性管理信息系统主体架构是以设备管理系统（PM+EMP）和完整性评估工具/软件为核心，整合设备设施全生命周期相关系统，集成设备设施完整性数据，形成设备设施完整性管理数据中心。同时在PM+EMP的基础上，搭建完整性专业管理模块，利用大数据和云计算技术，对设备设施完整性数据进行综合分析和利用，并通过完整性管理信息门户进行综合展现，以满足二、三级单位对设备设施完整性管理的要求。企业总部完整性管理信息系统总体架构是在二、三级单位完整性管理主体架构的基础上，集成关键设备设施完整性管理相关数据，并通过信息门户进行综合展现，以满足中国海洋石油集团有限公司对关键设备设施完整性管理和决策支持的要求（图4.9）。

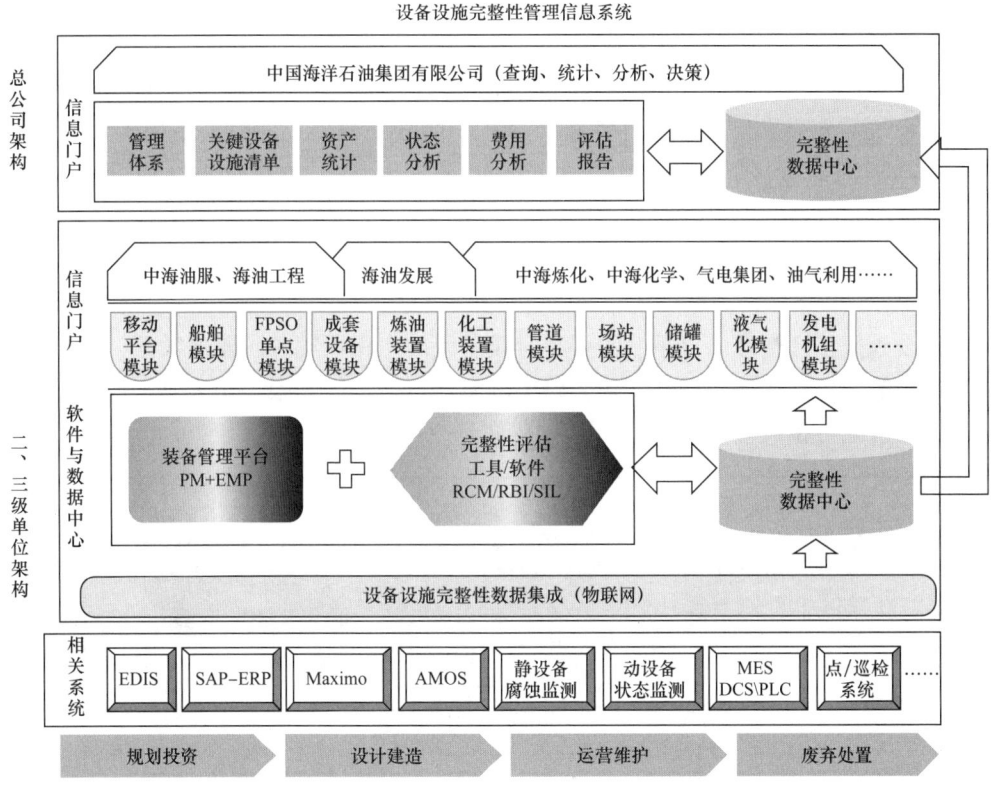

图4.9　设备设施完整性管理信息系统总体架构示例

针对完整性管理系统总体架构有以下几点说明：

（1）全生命周期覆盖：设备设施完整性管理信息平台要全面覆盖设备设施规划投资、设计建造、运营维护、废弃处置四个生命周期阶段的完整性数据采集、完整性分析评价、PDCA优化改进等相关功能，而不仅是管理设备设施某一阶段业务的信息系统。

（2）设备相关系统集成：设备设施完整性管理信息系统不是替代设备设施各阶段已建的信息系统功能，而是按照设备设施完整性数据、完整性技术要求，利用物联网、系统集成技术整合已建系统的相关功能和数据，并在PM、EMP平台基础上进行功能改进和完善，通过和完整性专业评估工具和软件的集成，实现设备设施完整性技术管理功能。

（3）完整性数据中心：设备设施数据完整性管理是完整性管理信息化的一项重要的基础工作，数据完整性管理需要在企业统一规划的数据标准和数据模型基础上，抽取各支持系统中相对分散的基础数据、文档资料、动态数据，并按照分类主题进行集中存储和管理，为实现风险分析、完整性评价提供重要的数据支持。设备设施数据标准化、规范化的集中管理，是实现设备设施大数据、云计算的重要基础条件。设备设施完整性管理必须建立统一的设备设施完整性数据中心。

（4）完整性专业模块：设备设施完整性管理的一个重要思想就是分级分类管理，实质是要按照设备设施的本质特征进行针对性、专业性的分类管理，以体现不同模块的管理要求和管理特点。以中国海洋石油集团有限公司为例，根据不同设备设施管理要求，划分了移动平台、船舶、FPSO单点、成套设备、炼油装置等11个专业分类。完整性管理信息系统中的专业模块功能要结合专业分类特点，进行完整性管理功能的设计与实现。

（5）分单位信息门户：完整性管理信息系统覆盖公司、二（三）级单位、基层单位多级应用。系统需要结合完整性管理需求，集成功能强大的信息门户与展现技术（Portal），为中国海洋石油集团有限公司、二（三）级单位、基层单位提供针对性的完整性信息门户，以满足不同单位个性化的信息管理需求。

4.4.3.2 信息系统间数据关系

设备设施完整性管理信息系统需要整合设备设施生命周期各阶段的数据，实现设备设施基于风险的全生命周期完整性管理。以中国海洋石油集团有限公司为例，设备设施完整性管理信息系统与相关系统数据关系逻辑图如4.10所示。

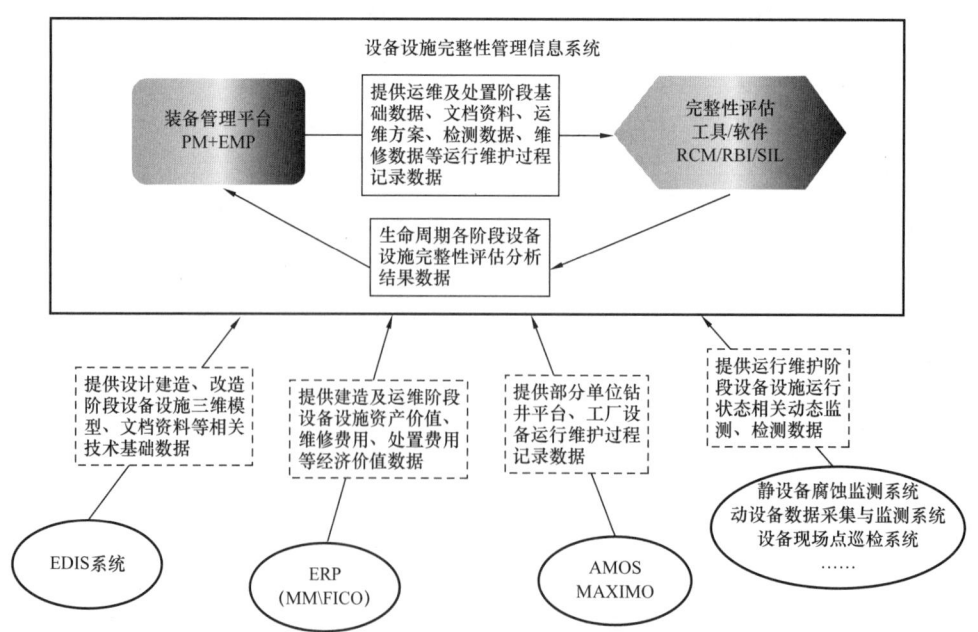

图4.10 设备设施完整性管理信息系统数据关系示例

4.4.4 数据模型设计

　　数据库是每个管理系统所必须具备的，数据库实质上是一个数据集合，它是面向主题的、稳定的、集成的并且随时间不断变化的。数据库发展至今，已具有相当重要的数据重组技术，它可以方便地构建联机分析处理（OLAP）、数据挖掘等高级数据分析应用，数据库系统为企业经营决策提供了良好支持，已成为企业运营的一个重要环节。

　　由于数据库从多种数据源中提取数据，并经过分析、处理，因此其数据价值已经提升；数据库中数据共享的形式、范围都在呈现出新的变化，再加上数据库本身不是一个管理系统，只是位于数据库和分析系统应用之间，主要用来组织数据，并不知道用户要访问的内容。也就是说数据库更加侧重于数据组织与重组，没有固定的实现形式。

　　数据库的本质是开放的，其主旨之一是可以使用户轻松访问大量数据，因此任何安全模型都会限制实现该主旨，当然也会成为数据库设计的一大障碍。如果数据库的分析员在使用数据库时因为安全模型而受到限制，就会大大影响其分析的效率和正确率。但是，基于某些商业需求，有时候数据库会需要保持很高的安全性，因为一个潜在的数据漏洞有可能导致不可挽回的损失。因此，好的数据库安全模型设计就显得非常有必要。国内对于数据库安全的研究还处于边缘阶段，国外在这方面的研究已取得了很多成果。例如 Weipple 等人提出了一种基于数据库予以环境的授权模型，描述了数据库中多维数据模型的基本要素、主题以及 OLAP 操作。但是，该模型还缺乏对概要数据操作的访问控制表述并存在访问权限派生的问题。

　　因为数据库技术研究的对象是数据，所以数据库技术的主要内容及要求包括以下几个方面：

　　（1）对数据统一管理：一般情况下，数据库的管理主要是由数据库管理软件来实现的。而管理的内容就是根据实际情况来建立相应的数据库和数据库中的表。常用的数据库包括 Oracle、SQL Server、Access、MS SQL 等。

　　（2）对数据进行编辑：主要是使用数据管理系统和数据挖掘技术来对数据库中所存储的数据进行添加、删除、修改和查询。

　　（3）对数据进行处理：主要是使用数据管理系统来对数据进行处理、分析和理解。

　　（4）契合业务分类合理：数据与业务保持高度契合，要深入业务理解业务需求，合理划分主题。

　　（5）命名规范、定义准确：中文名称定义准确，英文名称翻译规范，便于描述部分理解。

　　（6）逻辑清晰、易于阅读：数据关系清晰易读，数据实体管理逻辑清晰，实体属性设计规范。

　　在数据库开发中，另外一个重要的技术就是 SQL 语言。数据库所有的操作都是通过 SQL 语言来实现的。SQL 语言全称是结构化查询语言（Structured Query Language），它结构简洁、功能强大、简单易学，所以自从 IBM 公司 1981 年推出以来，得到了广泛的应用。SQL 语言主要包含 4 个部分：查询语言、操纵语言、定义语言和控制语言。

（1）查询语言：主要是对数据库内存放的信息进行查询，例如 SELECT。

（2）操纵语言：主要是对数据库内操作的信息进行增加、更新和删除，例如 INSERT、UPDATE 和 DELETE。

（3）定义语言：主要完成数据操作的命令，例如 CREATE，ALTER，DROP。

（4）控制语言：主要是完成对数据库的访问、开启和关闭，例如 COMMIT WORK，ROLLBACK WORK。

SQL 语言的主要特点有：

（1）综合统一：SQL 语言集合查询语言、操纵语言、定义语言和控制语言为一体，而且语言在风格上统一，可以对数据库生命周期内的所有数据进行操作控制，这就为数据库系统的开发提供了良好的环境。

（2）非过程化语言：因为 SQL 语言是非过程化的语言，所以在运行的时候，用户不需要指明"怎么做"，只需要指明"做什么"就可以了，这样就大大减少了用户的负担。

（3）简单易用：虽然 SQL 语言的功能强大，但是因为设计巧妙，所以语言十分简洁，其核心的功能只有九个动词，并且也 SQL 语言也接近英语，所以简单易学，使用方便。

4.4.5 完整性管理信息系统主要功能

4.4.5.1 信息系统功能主线

完整性管理信息系统紧密围绕着完整性管理的业务主线，实现"数据采集、系统整合、完整性评价、方案改进"四个环节的管理功能，形成完整性的 PDCA 闭环管理，并通过信息门户的方式，进行完整性信息的综合展示。完整性管理信息系统功能设计主线示例如图 4.11 所示。

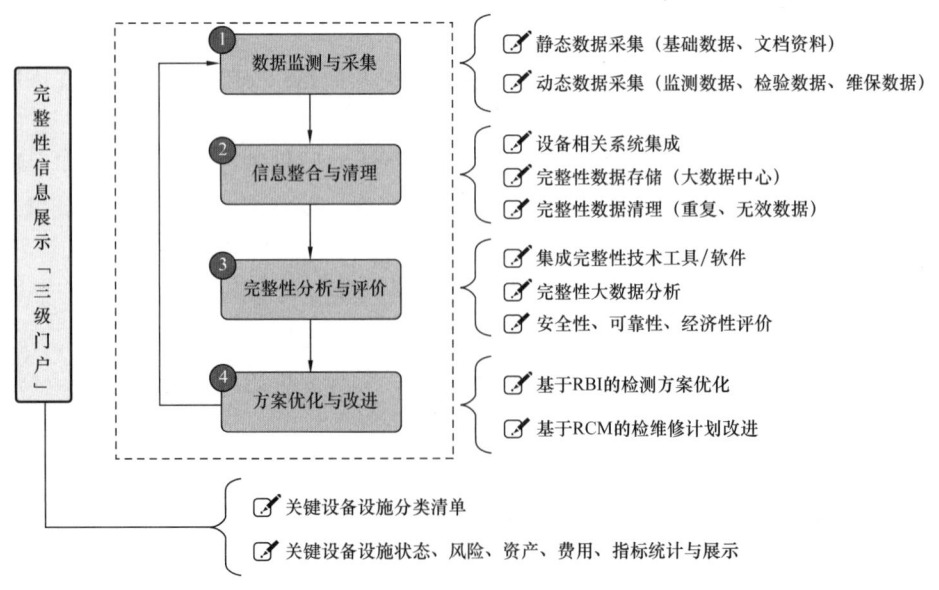

图 4.11　设备设施完整性管理信息系统功能主线示例

4.4.5.2 信息系统总体设计

1. 功能框架设计

设备设施完整性管理信息系统功能结构，是根据企业总部、二级单位、基层单位不同的管理职能，紧密结合完整性管理工作要求，利用信息门户技术，进行总体规划和设计的。

（1）企业总部是设备设施完整性管理工作的全局统领者，主要职能是制订完整性管理的体系、标准，指导二级单位开展完整性管理工作。系统功能框架主要是在设备设施大数据的基础上，进行完整性统计分析和关键绩效评估，实现设备设施宏观管理功能。

（2）二级单位是设备设施完整性管理工作的管理监督者，起着"承上启下、上传下达"的重要作用，主要落实企业总部统一的管理要求，制定本单位的管理规范，指导和监督下属单位开展完整性管理工作。系统功能框架主要对所属单位的完整性工作和完整性数据进行查询、监督、统计分析，并在专业板块形成统一的完整性知识库，实现二级单位设备设施完整性的综合管控功能。

（3）基层单位是设备设施完整性管理工作的具体执行者，负责设备设施全生命周期的数据收集、运行监控、维护维修、检验检测、完整性评价和执行优化工作。系统功能框架主要有基础数据维护、动态数据收集、风险识别评估、完整性技术应用、完整性评价、运维方案优化等功能。

综合以上三级的管理需求，规划和设计设备设施完整性管理信息系统的主要功能结构如下。

1）企业总部——完整性统计与分析

企业总部——完整性统计与分析见表4.2。

表4.2 企业总部——完整性统计与分析

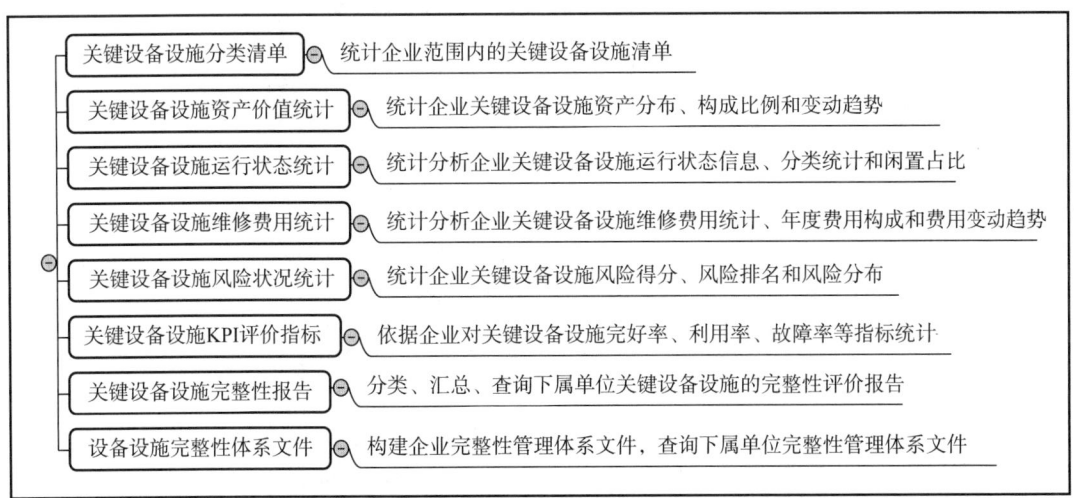

2）二级单位——完整性监控与管理

二级单位——完整性监控与管理见表4.3。

表 4.3 二级单位——完整性监控与管理

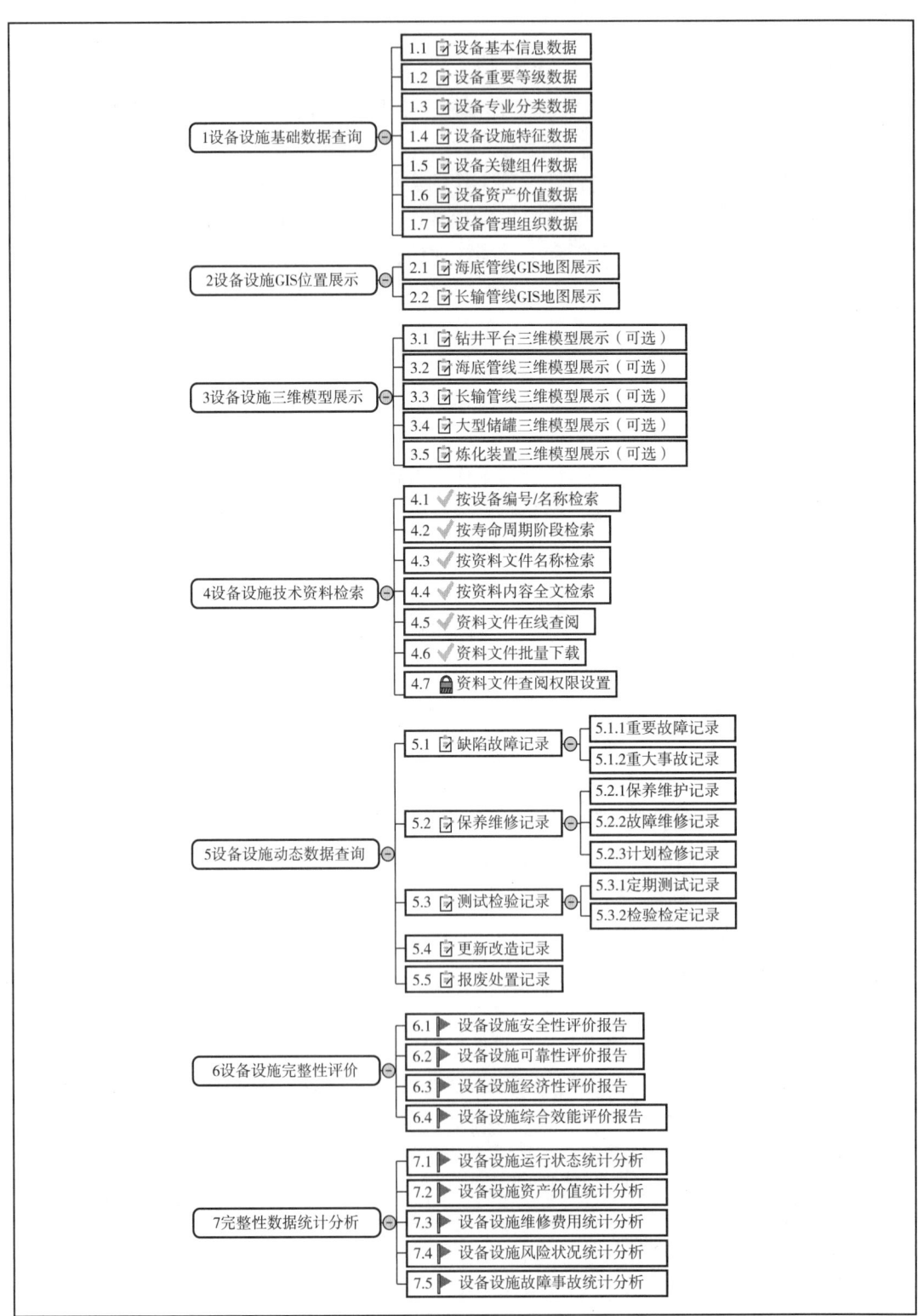

续表

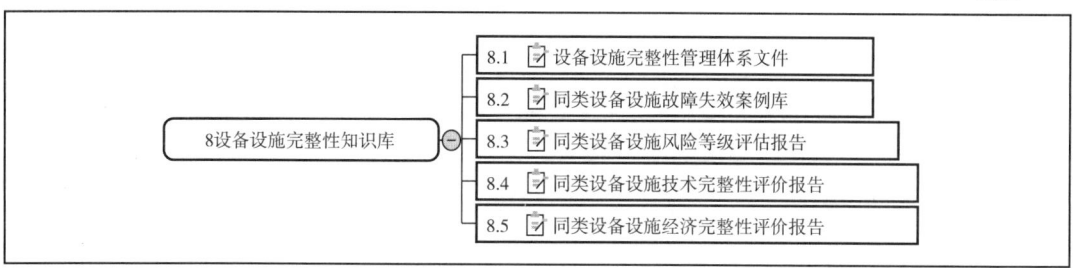

3）基层单位——完整性应用与执行

基层单位——完整性应用与执行见表 4.4。

表 4.4　基层单位——完整性应用与执行

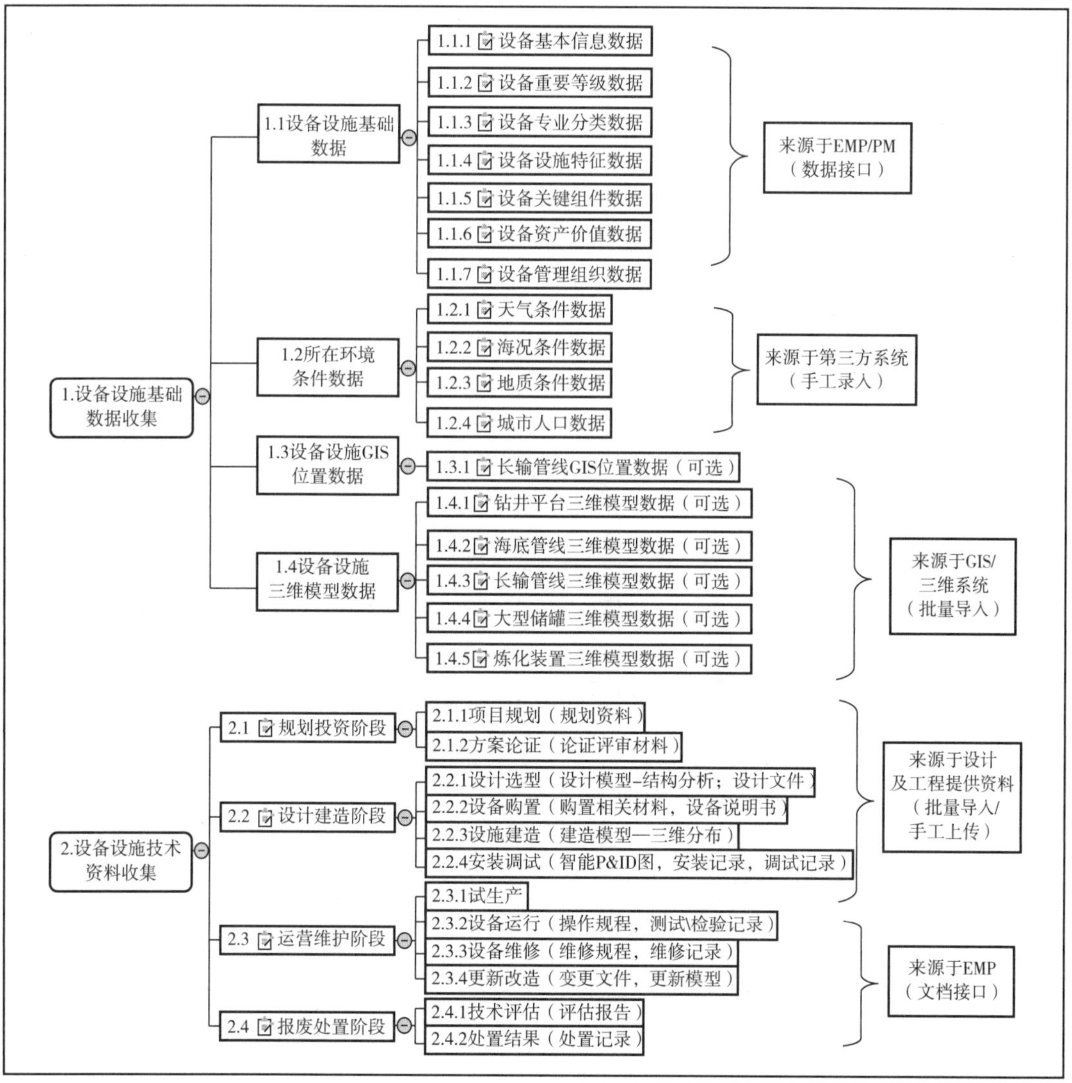

续表

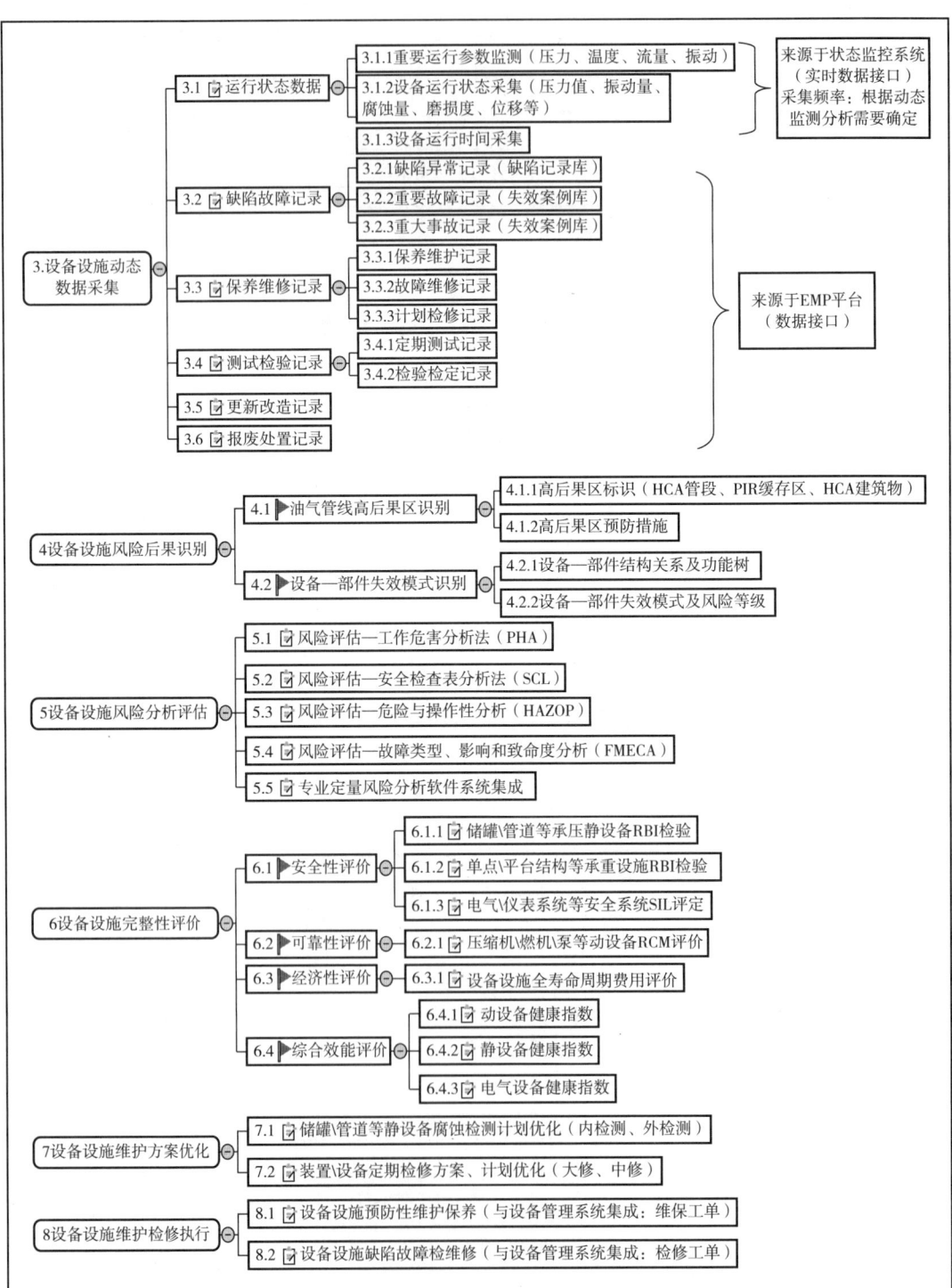

续表

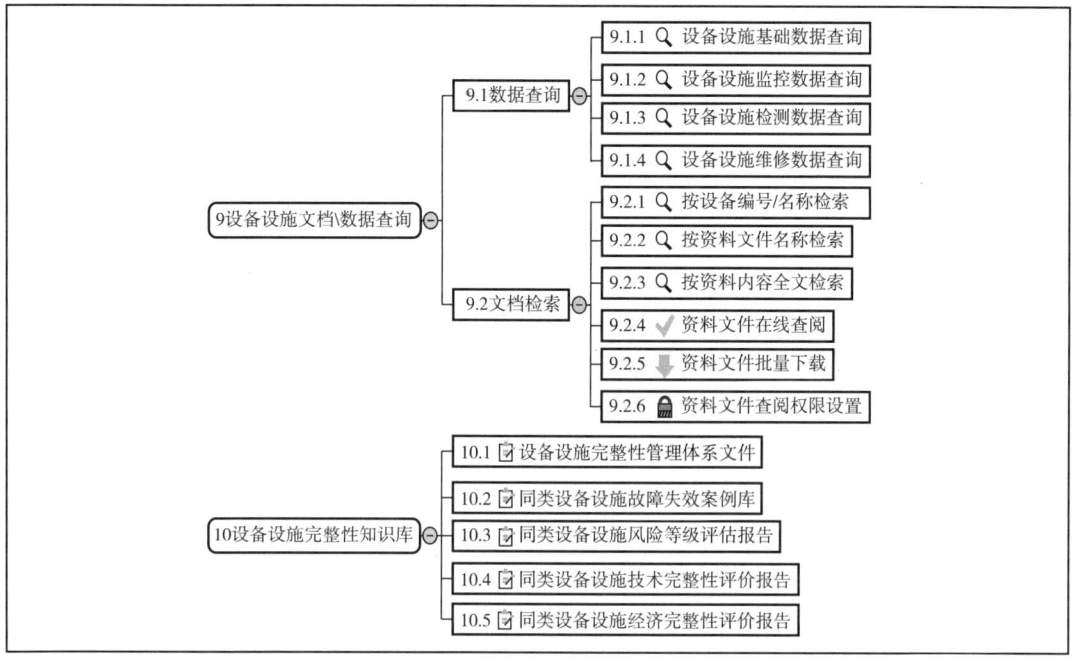

2. 专业模块设计

设备设施完整性管理信息系统不仅仅是对设备设施完整性数据的采集、统计分析，同时也针对企业重点关注的设备设施类别进行专业模块功能设计，结合各业务板块设备设施管理要求和不同类别设备设施管理特点，将各个类别设备设施管理重心进行梳理，形成一套适应设备设施完整性管理要求的"可复制、可推广"的专业管理模块，并根据各业务板块装备特征和适用范围进行推广应用。中国海洋石油集团有限公司设备设施完整性管理信息系统专业模块设施示例如图4.12所示。

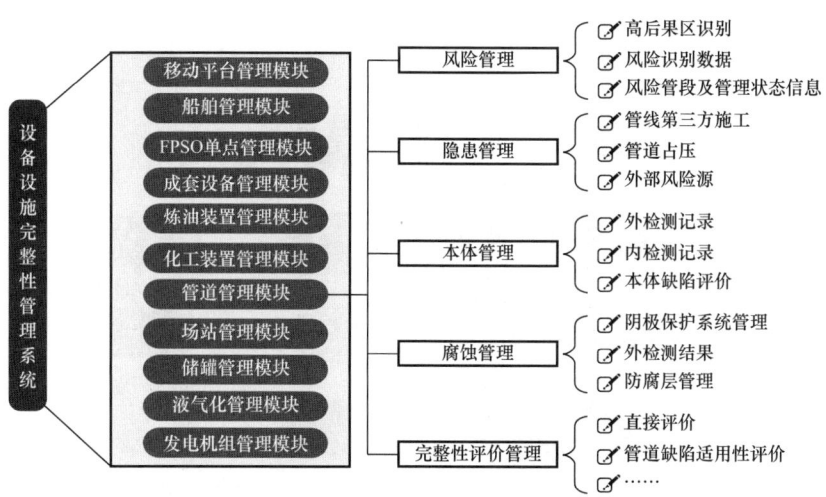

图4.12 设备设施完整性管理信息系统专业模块设计示例

3. 数据模型设计

设备设施完整性数据结构模型设计，是设备设施完整性信息系统顶层设计的关键组成部分，数据模型定义了信息系统基础数据、动态运营数据、分析评价数据的核心数据结构，是信息系统数据存储逻辑结构的重要描述模型（图4.13）。

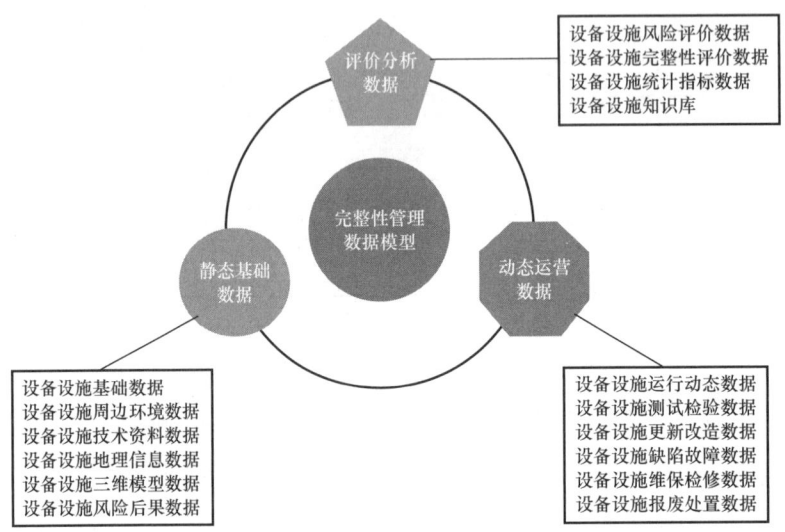

图4.13　设备设施完整性管理信息系统数据模型设计示例

4.4.6　系统应用模型设计

设备设施完整性应用模型，是根据系统使用层级及用户级别的不同，分别从公司总部、二级单位、基层单位的角度，结合各业务单位部门设置进行了系统角色设计，以明确各级单位使用设备设施完整性信息系统的角色（人员范围）及与人员角色相应的系统应用功能，以指导信息系统功能的合理分配和有效应用。

（1）系统使用角色定义见表4.5。

（2）基层单位角色示例如图4.14至图4.21所示。

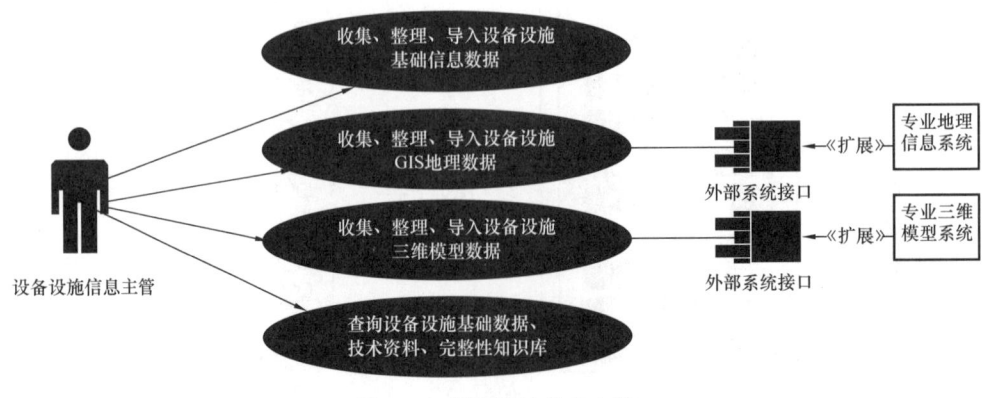

图4.14　设备设施信息主管

表 4.5 设备设施完整性管理信息系统使用角色定义

层级	角色名称	功能说明
基层单位	设备设施信息主管	负责设备基础信息收集、整理、录入工作
	设备设施安全主管	负责设备安全、环境、风险信息收集、整理、分析工作
	设备工程项目经理	负责设备设施生命周期技术资料收集、整理、上传工作
	设备运行操作人员	负责设备设施运行、测试、检验数据的收集、整理、录入
	设备维护检修人员	负责设备设施维护、保养、检修数据的收集、整理、录入
	设备设施技术主管	负责设备设施运行、维护方案制订、优化，故障分析
	设备设施完整性主管	负责设备设施风险分析、完整性评价、持续改进工作
	外部系统接口	实现外部专业系统数据的自动收集、导入功能
	完整性相关人员	使用完整性管理成果信息、完整性知识库
二（三）级单位	设备设施完整性主管	制订、改进本级单位设备设施完整性管理体系 监督、指导下级单位设备设施完整性管理过程
	设备设施完整性经理	查询、掌握所属单位关键设备设施完整性状况 持续优化、改进设备设施完整性管理水平
	公司完整性主管领导	查询、掌握本公司各级单位完整性管理状况
公司总部	设备设施完整性主管	制订、改进总公司设备设施完整性管理体系 监督、指导下级单位设备设施完整性管理过程
	设备设施完整性经理	查询、掌握所属单位关键设备设施完整性状况 持续优化、改进设备设施完整性管理水平
	公司完整性主管领导	查询、掌握本公司各级单位完整性管理状况

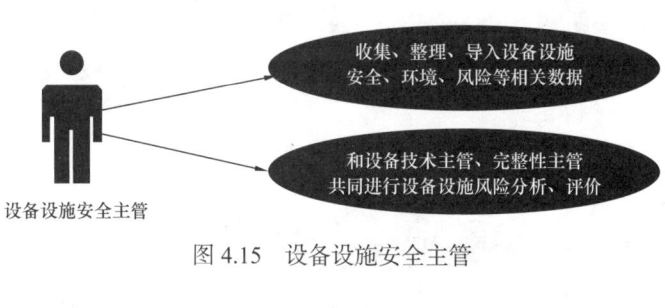

图 4.15 设备设施安全主管

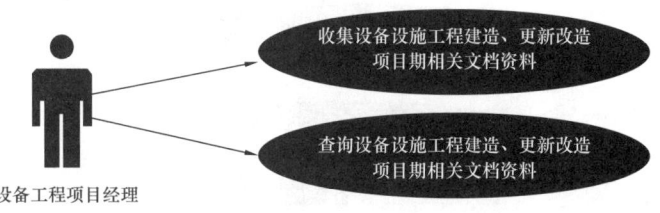

图 4.16 设备工程项目经理

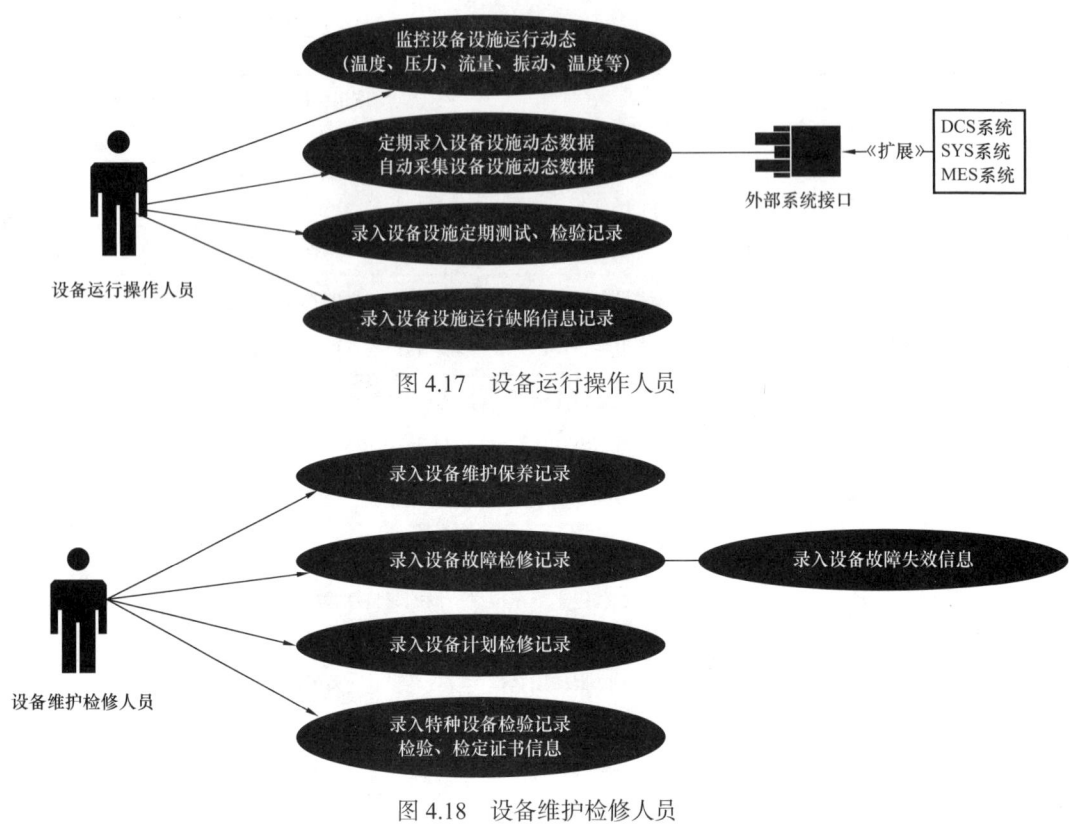

图 4.17 设备运行操作人员

图 4.18 设备维护检修人员

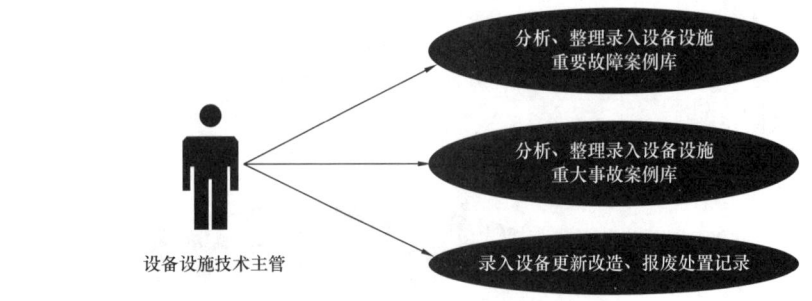

图 4.19 设备设施技术主管

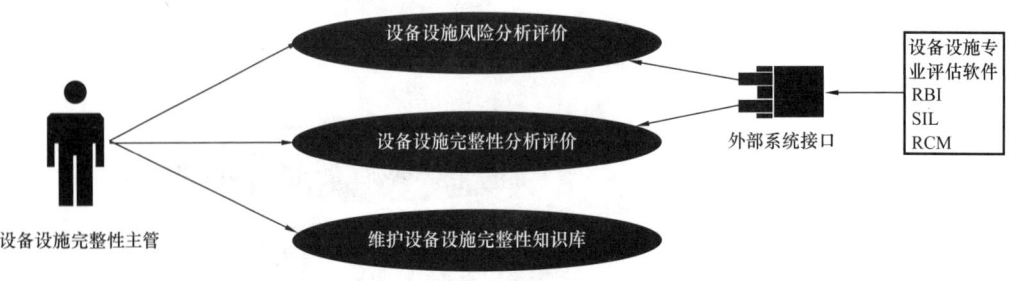

图 4.20 设备设施完整性主管

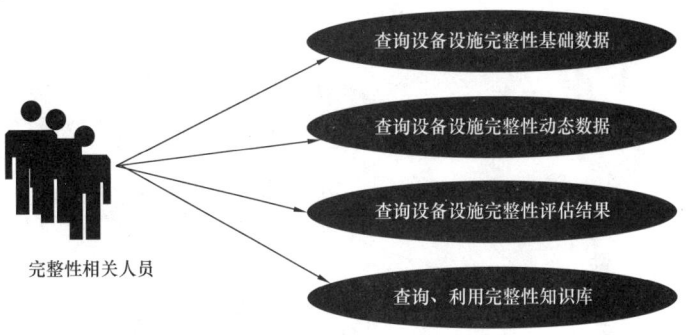

图 4.21　完整性相关人员

（3）二、三级单位角色示例如图 4.22 至图 4.24 所示。

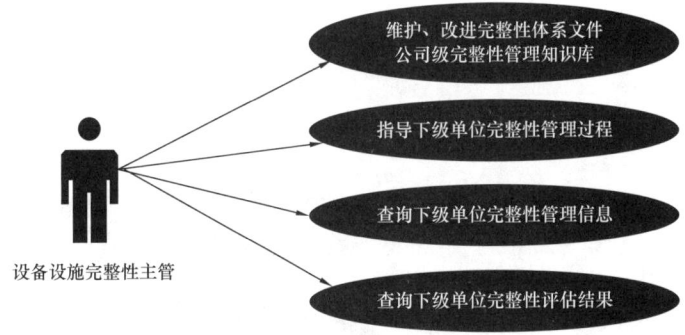

图 4.22　设备设施完整性主管

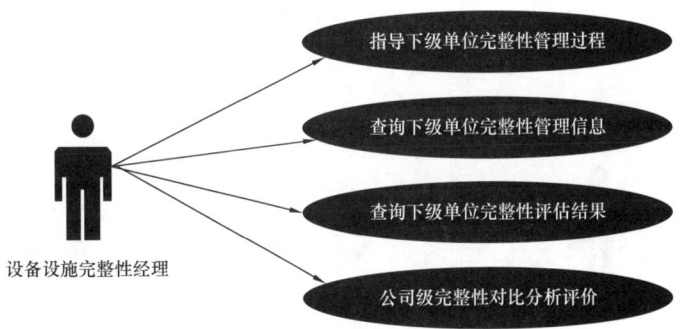

图 4.23　设备设施完整性经理

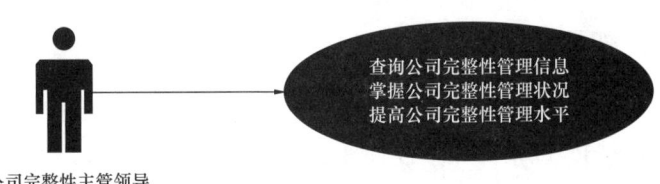

图 4.24　公司完整性主管领导

（4）公司总部角色示例如图 4.25 至图 4.27 所示。

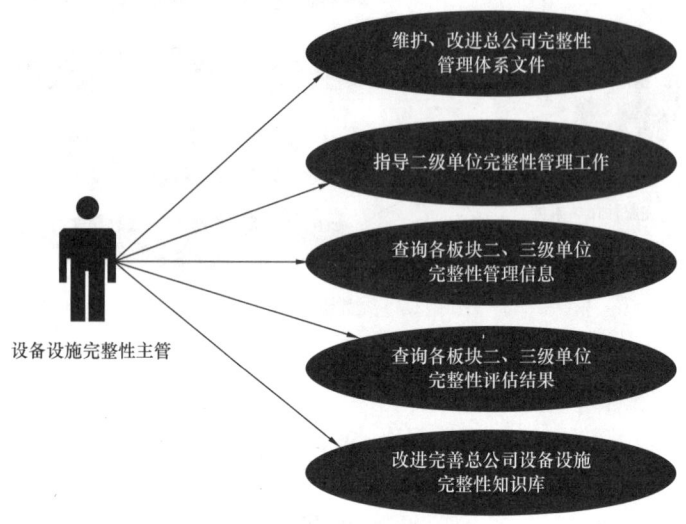

图 4.25　设备设施完整性主管

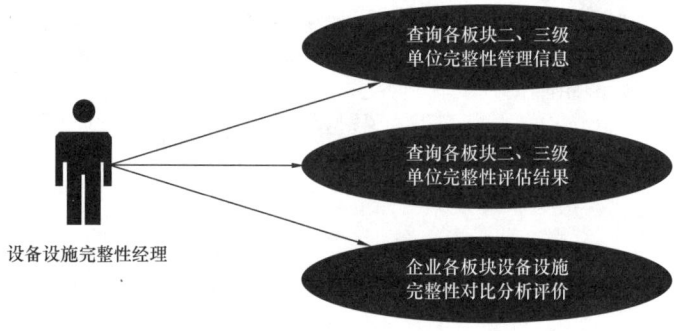

图 4.26　设备设施完整性经理

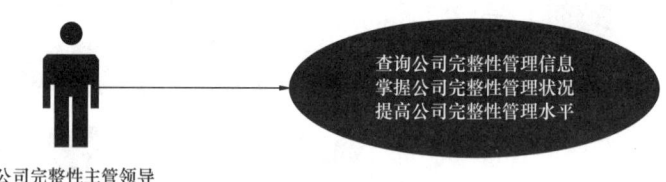

图 4.27　公司完整性主管领导

4.4.7　系统网络架构设计

系统网络架构设计主要描述支撑完整性管理信息系统运营的服务器端和应用端的软硬件配置需求和网络架构，以指导完整性管理信息系统网络及部署环境建设。

4.4.7.1　系统网络架构

设备设施完整性管理信息化建设，应综合考虑公司总部及二、三级单位的基础网络现状和业务管理需求，利用现有网络资源，进行合理规划、优化布局，建立多级中心的混合型网络架构。混合型网络架构既可以满足总公司对完整性管理的管控要求，同时也能满足不同类型的二、三级单位对多种网络应用模式的实际需求。

1. 应用模式一

对于业务管理模式相对简单、信息化基础设施相对薄弱、系统用户相对集中的二、三级单位，可以直接访问公司总部的一级网络中心，应用设备设施完整性管理信息系统，开展设备设施完整性管理工作。

2. 应用模式二

对于业务管理模式相对复杂、信息化基础设施相对完善、系统用户相对集中的二、三级单位，可以在二级单位建立二级网络中心。二级单位及下属单位用户可以直接访问二级网络中心，应用设备设施完整性管理信息系统，开展设备设施完整性管理工作。二级网络中心与一级网络中心利用公司总部网络实现高速网络连接，实现一、二级网络中心的数据同步。

3. 应用模式三

对于业务管理模式多样、下级单位地域分布广泛、系统用户相对分散的二、三级单位，可以在二级网络中心的基础上，按照合理的区域划分，建立三级区域网络中心。二级单位用户访问二级网络中心；三、四级单位用户根据地理分布情况，就近访问三级区域中心。各级单位应用各级网络中心的设备设施完整性管理信息系统，开展设备设施完整性管理工作。三级区域网络中心与二级网络中心利用公司总部网络连接，实现二、三级网络中心的数据同步（图4.28）。

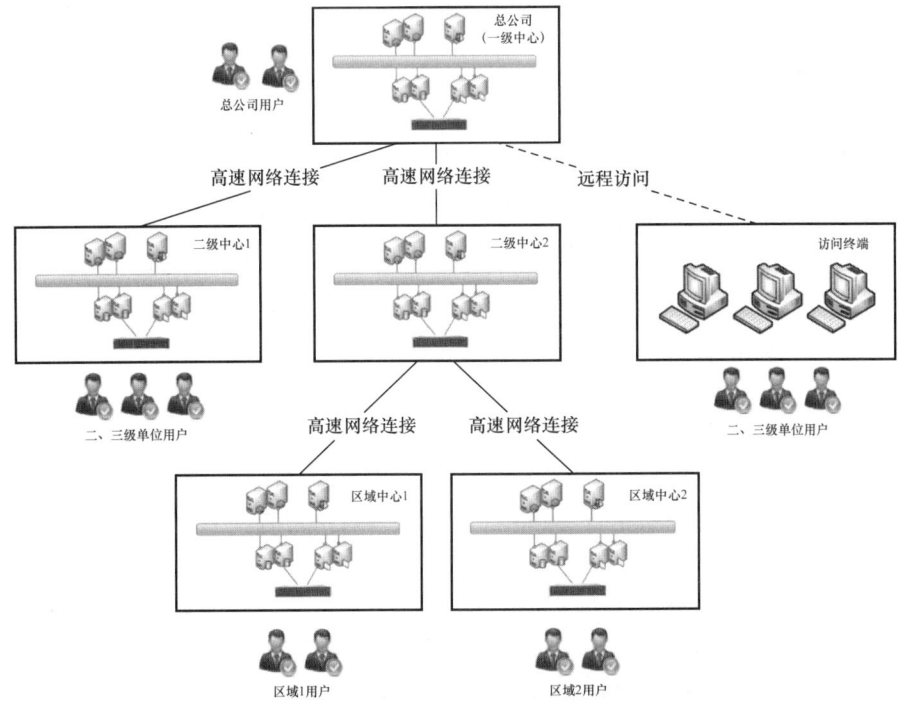

图4.28　系统网络架构设计示例

4.4.7.2 系统软件要求

完整性管理信息系统的建设，需要综合考虑系统软件的功能要求，购置相关系统基础软件（表 4.6）。

表 4.6 系统软件要求示例

软件名称	规格
服务器操作系统	Windows Server 2008
Web 服务中间件	Tomcat 集群版（开源）； Oracle Weblogic 企业版（或类似产品）
数据库中间件	Oracle DataBase 企业版（或类似产品）； Hadoop 大数据管理组件
GIS 服务中间件	ArcGIS Server 企业版
报表服务中间件	润乾报表企业版
Portal 门户中间件	IBM-Portal 门户，Oracle-Portal 门户； 开源 Portal 门户产品
应用集成中间件	IBM-集成产品，Oracle-集成产品； 开源应用集成产品
全文搜索中间件	Lucene 开源全文搜索引擎

4.4.8 系统安全架构设计

4.4.8.1 信息安全策略

确保信息安全的核心方法是正确地建立、实施和维护信息安全保障体系，除了管理手段以外，还必须建立专业的技术手段来实现。安全架构设计的内容包括机构的信息安全管理措施和信息安全技术措施两大部分（图 4.29）。

4.4.8.2 信息安全管理措施

信息安全管理是指导和控制系统应用单位关于信息安全风险的相互协调的活动。通常包括制订信息安全管理制度、进行风险评估、确定控制目标、选择控制方式、实施风险控制、获得安全保证等。信息安全管理实际上是风险管理的过程，管理的基础是风险识别与评估。

信息安全管理一般会遵循以下的原则：

（1）以信息安全策略为导向和支持。

（2）以风险评估为基础选择控制目标和控制方式。

（3）考虑控制费用与风险平衡，将风险降低到应用单位可以接受的水平。

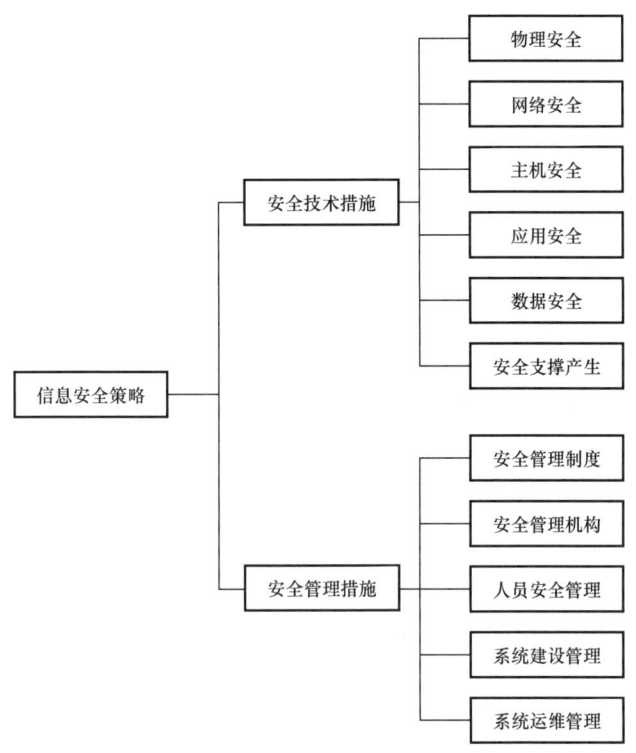

图 4.29　信息安全策略示例

（4）以预防控制为主的思想。

（5）业务持续性原则，即从故障和灾难中恢复业务运作，减少故障与灾难对关键业务过程的影响。

（6）动态管理的原则，即对风险实施动态管理。

（7）全员参与原则。

（8）遵循管理的 PDCA 循环持续改进模式。

4.4.8.3　信息安全技术措施

从信息技术的角度来看，信息安全措施包括物理、网络、主机、应用、数据几个层面，以及数字证书服务、统一身份管理、病毒控制、安全审计、监控等安全支撑平台，如图 4.30 所示。

（1）物理安全和网络安全是信息安全的基础设施，由企业云服务平台统一提供物理和网络安全的保障。

（2）主机安全：是指主机操作系统的各种安全配置、安全防范和补丁更新。其中服务器安全加固、补丁更新可以通过系统部署和维护工作进行安全防护。Web 系统安全配置与优化可由系统开发技术支持团队根据选用的 web 系统服务器，进行系统安全配置和优化，保障 web 服务能够安全可靠。

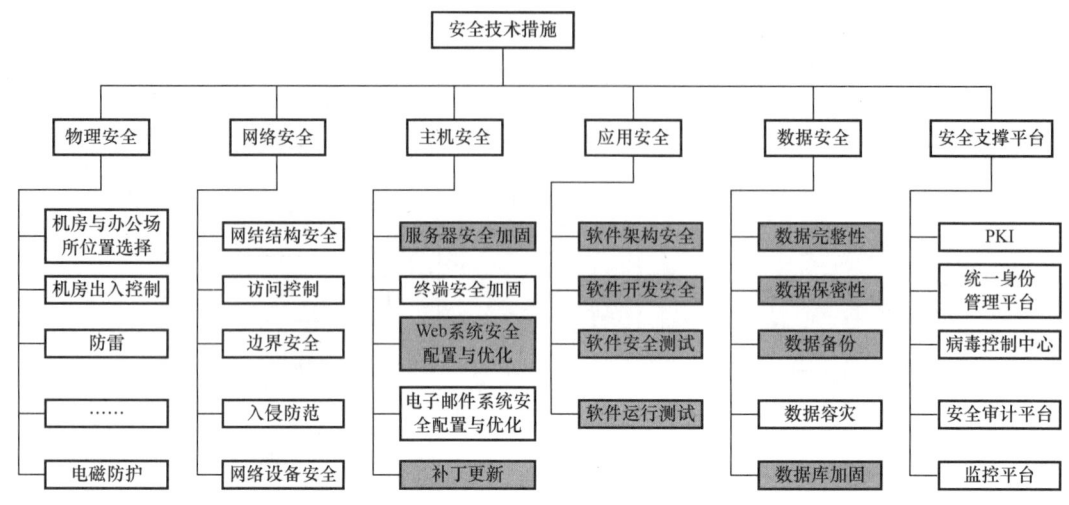

图 4.30 安全技术措施示例

（3）应用安全：应用安全是指设备设施完整性管理信息系统的自身安全，从系统的软件架构上，可选用成熟的开发语言、系统框架来保障软件架构的安全可靠。在软件开发过程中，要求制定合理的软件开发编码规范，软件代码结构清晰、便于阅读和测试、设计。在软件测试环节，要加强软件边界测试、基于用户角色的安全访问测试。

（4）数据安全：数据安全是指要求保障设备设施完整性管理信息系统数据的一致性、完整性和保密性。具体方法和措施包括：

① 加强数据存储环节的事务控制，避免不一致、不完整错误数据的产生。

② 加强数据库访问密码、系统用户登录密码的加密传输和存储，避免关键敏感身份数据的泄密；对系统中重要数据采用加密传输、加密存储的安全技术。

③ 建立有效的数据备份和容灾机制，保障数据存储的安全。

④ 定期对系统数据库进行清理、优化、安全加固，保证数据库服务器处于良好的运行状态。

（5）安全支撑平台：安全支撑平台是指安全管理的技术支撑平台和各种安全技术措施所需的基础技术平台，包括公钥基础设施（Public Key Infrastructure，PKI）平台、电子身份管理平台、安全监控平台、安全审计平台等。

4.4.9 系统应用关键技术介绍

设备设施完整性管理信息平台作为企业的全局性关键信息系统，为满足各层级多方面的信息需求，需保证系统建设技术的先进性和成熟度。故需要前期进行前瞻性的设计，引入提升系统信息水平的关键技术。结合系统建设需求，建议导入的关键技术如下。

4.4.9.1 物联网数据采集技术

2010年，被称为新一代互联网的物联网概念的提出，使得物联网强大的物物相连理念引入到了石油行业。物联网通过射频识别（RFID）、全球定位系统等技术，按约定的协议，把任何物品与互联网连接起来，进行信息交换与通信，以实现智能化识别、定位、跟踪、监控、遥控与管理等。物联网数据采集是指通过物联网的建设，在生产设备与环节上安装各种传感器，通过传感器对被测对象进行感知，获取数据信息，表面上看是对被测对象的监测，其实是采集被监测对象的运行过程数据，经过处理，将电信号转化为数字，将数字转化为数据，这些数据将成为对设备运营状况分析的重要依据，也将是设备设施完整性分析及评价的重要数据基础。

4.4.9.2 智能终端移动应用技术

随着移动互联网技术的快速发展，智能移动终端（智能手机、平板电脑）快速普及，企业管理信息移动应用化也是信息技术发展的一个重要趋势。设备设施完整性管理涉及各级单位众多管理岗位人员，如何让设备设施管理人员方便及时掌握设备设施的安全运行状况、设备设施可能存在的缺陷隐患信息，是信息系统应用智能化的一个重要方面。设备设施完整性管理信息平台中设备运行动态信息、完整性管理评价信息、KPI统计指标等相关信息可以通过移动应用程序的方式发布到智能终端设备上，提高信息利用的效率。

4.4.9.3 三维模型建模与展示技术

三维模型是物体的多边形表示，通常用计算机或者其他视频设备进行显示。显示的物体是可以是现实世界的实体，也可以是虚构的物体。任何物理自然界存在的东西都可以用三维模型表示。

1. 三维模型的构成

（1）网格：网格是由物体的众多点云组成的，通过点云形成三维模型网格。点云包括三维坐标（XYZ）、激光反射强度（Intensity）和颜色信息（RGB），最终绘制成网格。这些网格通常由三角形、四边形或者其他的简单凸多边形组成，这样可以简化渲染过程。但是，网格也可以包括带有空洞的普通多边形组成的物体。

（2）纹理：纹理既包括通常意义上物体表面的纹理即使物体表面呈现凹凸不平的沟纹，同时也包括在物体的光滑表面上的彩色图案，也称纹理贴图（texture），当把纹理按照特定的方式映射到物体表面上的时候能使物体看上去更真实。纹理映射网格赋予图像数据的技术，通过对物体的拍摄所得到的图像加工后，在各个网格上的纹理映射，最终形成三维模型。

2. 构建三维模型的方法

目前物体的建模方法大体上有三种：第一种方式利用三维软件建模；第二种方式通过仪器设备测量建模；第三种方式利用图像或者视频来建模。

（1）三维软件建模。

目前，在市场上可以看到许多优秀建模软件，比较知名的有 3DMAX、Soft Image、Maya、UG 以及 AutoCAD 等。它们的共同特点是利用一些基本的几何元素，如立方体、球体等，通过一系列几何操作，如平移、旋转、拉伸以及布尔运算等来构建复杂的几何场景。利用建模软件构建三维模型主要包括几何建模（Geometric Modeling）、行为建模

（Kinematic Modeling）、物理建模（Physical Modeling）、对象特性建模（Object Behavior）以及模型切分（Model Segmentation）等。其中，几何建模的创建与描述，是虚拟场景造型的重点。

（2）利用仪器设备建模。

三维扫描仪（3 Dimensional Scanner）又称为三维数字化仪（3 Dimensional Digitizer），它是当前使用的对实际物体三维建模的重要工具之一。它能快速方便地将真实世界的立体彩色信息转换为计算机能直接处理的数字信号，为实物数字化提供有效的手段。它与传统的平面扫描仪、摄像机、图形采集卡相比有很大不同：首先，其扫描对象不是平面图案，而是立体的实物。其次，通过扫描，可以获得物体表面每个采样点的三维空间坐标，彩色扫描还可以获得每个采样点的色彩。某些扫描设备甚至可以获得物体内部的结构数据。而摄像机只能拍摄物体的某一个侧面，且会丢失大量的深度信息。最后，它输出的不是二维图像，而是包含物体表面每个采样点的三维空间坐标和色彩的数字模型文件。这可以直接用于CAD或三维动画。彩色扫描仪还可以输出物体表面色彩纹理贴图。早期用于三维测量的是坐标测量机（CMM），它将一个探针装在三自由度（或更多自由度）的伺服装置上，驱动探针沿三个方向移动，当探针接触物体表面时，测量其在三个方向的移动，就可知道物体表面这一点的三维坐标。控制探针在物体表面移动和触碰，可以完成整个表面的三维测量。其优点是测量精度高；其缺点是价格昂贵，物体形状复杂时的控制复杂，速度慢，无色彩信息。此外，人们借助雷达原理，发展了用激光或超声波等媒介代替探针进行深度测量。测距器向被测物体表面发出信号，依据信号的反射时间或相位变化，可以推算物体表面的空间位置，称为"飞点法"或"图像雷达"。

（3）根据图像或视频建模。

基于图像的建模和绘制（Image-Based Modeling and Rendering，IBMR）是当前计算机图形学界一个极其活跃的研究领域。同传统的基于几何的建模和绘制相比，IBMR技术具有许多独特的优点。基于图像的建模和绘制技术提供了获得照片真实感的一种最自然的方式，采用IBMR技术，建模变得更快、更方便，可以获得很高的绘制速度和高度的真实感。IBMR的最新研究进展已经取得了许多丰硕的成果，并有可能从根本上改变对计算机图形学的认识和理念。由于图像本身包含着丰富的场景信息，自然容易从图像获得照片般逼真的场景模型。基于图像的建模的主要目的是由二维图像恢复景物的三维几何结构。由二维图像恢复景物的三维形体原先属于计算机图形学和计算机视觉方面的内容。由于它的广阔应用前景，如今计算机图形学和计算机视觉方面的研究人员都对这一领域充满兴趣。与传统的利用建模软件或者三维扫描仪得到立体模型的方法相比，基于图像建模的方法成本低廉，真实感强，自动化程度高，因而具有广泛的应用前景。

3. 三维模型的展示

设备设施（管道、平台、装置）三维模型的展示主要通过专业的三维技术软件来动态展示设备设施的三维信息，包括模型的缩放、拉伸、旋转、定位、导航、移动、部件识别、信息关联等。有助于直观反映设备设施的内外部结构信息。

4.4.9.4　文档资料全文检索技术

全文检索技术，就是以数据诸如文字、声音、图像等为主要内容，以检索文献资料的内容而不是外表特征的一种检索技术。与其他搜索引擎相比，全文搜索引擎的显著特点是它能够以文中任何一个有检索意义的词作为检索入口，而且取得的检索结果是原始文献，而不是文献线索。

随着计算机产业的发展，以计算机存储设备为载体的电子信息越来越多，这些信息大致可分为两类：结构化数据和非结构化数据，结构化数据指的是诸如企业财务账目和生产数据、学生的分数数据等，非结构化数据的则是一些文本数据、图像、声音、多媒体数据等。据统计，非结构化数据占有整个信息量的 80% 以上。

对于结构化数据，用 RDBMS（关系数据库管理系统）技术来管理是目前最好的一种方式。但是由于 RDBMS 自身底层结构的缘故使得它管理大量非结构化数据显得有些先天不足，特别是查询这些海量非结构化数据的速度较慢。而通过全文检索技术就能高效地管理这些非结构化数据。

经过几年的发展，全文检索从最初的字符串匹配程序已经演进到能对超大文本、语音、图像、活动影像等非结构化数据进行综合管理的大型软件。由于内涵和外延的深刻变化，全文检索系统已成为新一代管理信息系统的代名词，衡量全文检索系统的基本指标也逐渐形成规范。

设备设施完整性管理信息平台需要支持文档资料的全文检索功能。系统需要提供文档资料全文快速检索技术框架，实现文档资料类似百度的文档搜索功能。文件检索的文档格式包括 word、excel、PDF、TXT 等。检索到的文档资料，可以提供链接文件查看及下载功能。

4.4.9.5　多系统应用集成技术

企业在多年信息化发展过程中，由于建设阶段、业务需求、技术水平等众多差异，形成了按业务、按部门条块管理的各种信息系统。单个系统在一定组织范围内，可以很好地满足业务应用需求，但单个管理组织内部产生的业务信息无法和企业其他部门、其他业务线之间实现业务协同和信息共享，形成了一定的信息孤岛。

面对这样的挑战，系统整合成为企业迫在眉睫的问题。企业迫切需要一种集成方法，将各种旧的应用系统和新的应用系统集成起来，这使得企业应用集成技术（EAI）产生和发展起来。在这种背景下，信息行业发展出了 SOA（面向服务的架构）模型，将应用系统抽象成为一个个粗粒度的服务、标准化服务接口与松耦合服务架构，使面向服务的企业服务总线（ESB）平台集成遗留 IT 系统，将系统服务化，通过服务组合的方式复用企业 IT 资产。对于新开发的信息系统，采用插接方式进行快速部署，缩短了投资回报周期，提高了系统的适用性、灵活性和扩展性。采用这种面向服务的企业服务总线（ESB）平台进行系统整合，成为当前企业解决"信息孤岛"的最佳方案。

面向服务架构（SOA）是一款新型的软件体系架构模式，可以将原先分散的业务系统通过标准接口服务封装的方式，集成到统一的 ESB 上，实现业务的重新组合和信息的互联互通。目前业界主流的商业 ESB 产品有 Oracle（OSB）、IBM（WebSphere ESB）、MicroSoft ESB 等，开源产品有 Jboss SOA Platform、Mule ESB 等。设备设施完整性管理信息系统需要利用企业应用集成技术实现和其他外部系统的信息集成，共同实现设备设施完整性信息管理功能。

4.4.9.6　Portal 信息门户技术

1. Portal 概念

根据［JSR（Java Specification Request）168］的定义，Portal 是基于 web 的应用，它主要作为信息系统的展现层，提供个性化、统一登录和内容整合的功能。整合就是将不同来源的信息集中展现在一张网页上。一个 Portal 可以具有很多个性化参数，用来调整为用户定制的内容。对于不同用户，一个 Portal 网页可能由多组不同的页面构件——portlet 组成，portlet 为不同用户生成不同的定制内容。Portal 网页中的 Portlet 窗口一般有常规、最大化和最小化三种状态，窗口的状态可以由用户调整。

从上面的定义可以看出，Portal 的核心思想是网页个性化，它有两个含义，一是为不同的网页访问者匹配不同的内容，二是为不同的网页访问者提供不同的 portlet 应用服务，并在所能提供服务的基础上根据访问者的不同相应改变处理流程。

2. Portal 分类

最初的 Portal 指的是像 Yahoo Lycos 这样的 Internet 门户网站。这些门户网站为用户提供了检索、分类和类似"My Yahoo！"的个性化定制服务，目的是帮助用户更快地找到自己所需要的信息。这样的 Portal 被称为 Public Portal 即面向公众的信息门户。

随着 web 应用的发展，又出现了 Vertical Portal 和 Enterprise Information Portal。Vertical Portal 即行业门户，目的是帮助某一行业的商业人员和技术人员找到需要的特定行业的商业信息和技术信息。Enterprise Information Portal（EIP）即企业信息门户，目的是帮助企业用户及员工通过统一入口找到分布于企业的各种信息。与 Public Portal 相似，Vertical Portal 和 EIP 也同样提供了检索、分类和个性化定制服务。

3. Portal 工作原理

portlet 的生命周期由 portlet 容器管理。web 端通过由 Portal 执行的请求/应答机制与 portlet 进行交互。通常，用户与由 portlet 产生的内容进行交互，比如通过单击按钮或链接，Portal 接收到 portlet 窗口的动作，随后将 portlet 产生的内容送至用户操作的 portlet 窗口。对不同的用户，一个 portlet 产生的内容可能会大不一样，这与用户对 portlet 的设置有关。

portlet 容器接收来自 Portal 的请求并运行它管理的 portlet 执行请求。portlet 容器并不负责聚集 portlet 产生的内容，处理内容聚集是 Portal 的职责。Portal 和 portlet 容器能够被作为单一的应用组件组合在一起，也可以作为一个 Portal 应用的两个分离的组件。

4. Portal 门户作用

设备设施完整性管理信息平台应用涉及不同层级单位、不同部门的诸多相关岗位，不同岗位对完整性管理信息平台的信息输入、信息利用需求存在很大差异，可结合各级单位的实际管理需求，利用 Portal 技术，建立符合各级单位不同部门的信息门户，以满足不同级别的完整性信息管理需求。

4.4.9.7 大数据存储及处理技术

设备设施完整性管理涉及大量的静态基础信息数据、动态业务处理数据、风险分析评价、完整性分析评价过程及结果数据，另外还包括了设备设施全生命周期大量的技术资料电子文档。如何安全、可靠地存储各种类型的数据（文件），并提供大数据高效的查询检索、统计分析方法，是一个重要的课题。设备设施完整性管理信息平台，需要支持大数据的存储、处理、分析功能。

目前大数据存储主要采用 MPP（大规模分布式计算）架构的新型数据库集群，重点面向行业大数据，采用 Shared Nothing 架构，通过列存储、粗粒度索引等多项大数据处理技术，再结合 MPP 架构高效的分布式计算模式，完成对分析类应用的支撑，运行环境多为低成本 PC Server，具有高性能和高扩展性的特点，在企业分析类应用领域获得极其广泛的应用。这类 MPP 产品可以有效支撑 PB 级别的结构化数据分析，这是传统数据库技术无法胜任的。对于企业新一代的数据库和结构化数据分析，目前最佳选择是 MPP 数据库。

未来，新型数据库将逐步与 Hadoop 生态系统结合混搭使用，用 MPP 处理 PB 级别的、高质量的结构化数据，同时为应用提供丰富的 SQL 和事务支持能力；用 Hadoop 实现半结构化、非结构化数据处理。这样可同时满足结构化、半结构化和非结构化数据的处理需求。

4.5 完整性管理审核

审核是为获得审核证据并对其进行客观评价，以确定满足审核准则的程度所进行的系统的、独立的并形成文件的过程。审核可分为内部审核和外部审核，内部审核也称为第一方审核，是由组织自己或以组织的名义进行，用于管理评审和其他内部目的，如确认管理体系的有效性或获得用于改进管理体系的信息，可以作为组织自我合格声明的基础。外部审核包括第二方审核和第三方审核，第二方审核由组织的相关方，如顾客或者其他人员以相关方的名义进行。第三方审核由独立的审核组织进行，如监管机构或者提供认证或注册的机构，比较常见第三方认证审核有 ISO 9001《质量管理体系　要求》质量管理体系认证、ISO 45001《职业健康安全管理体系　要求及使用指南》职业健康安全管理体系认证、ISO 14001《环境管理体系　要求及使用指南》环境管理体系认证等。

审核的目的主要是检验企业建立的管理体系是否满足法律法规、标准规范等的要求；检验企业建立的管理体系是否满足企业及利益相关方的要求；检验企业建立的管理体系是否得到有效实施及保持，并能发现新的风险；用于管理评审，以及发现可持续改进的机会等。

设备设施完整性管理审核是为了检查企业设备设施完整性管理体系执行情况，分析设备设施管理活动的合规性，判断设备设施完整性水平，为企业管理评审和持续改进提供输入，是设备设施完整性管理 PDCA 循环中，实现检查与改进的重要手段。设备设施完整性管理审核通常以内部审核的形式进行，可由企业主管部门组织或委托第三方机构以企业主管部门名义组织实施。同时，企业也可以定期开展设备设施完整性管理评级，以定量化方式了解设备设施完整性管理水平。完整性管理评级与完整性管理审核的实施流程基本类似，主要区别在于完整性评级一般是以国内外相关标准规范及先进管理实践为准则，运用定量的评价工具，具体给出企业设备设施完整性管理的实际得分，并根据分值所在区间判断设备设施完整性管理水平，如管理水平分为基础、一般、良好、优秀、卓越等；另一方面完整性评级通常由企业委托独立的第三方机构开展，以确保完整性管理评级结果的客观性、真实性，并通过得分的变化趋势分析设备设施管理发展现状与改进方向。此外，也可以开展设备设施完整性管理认证审核，获得国际认可的相关证书，以证明企业设备设施完整性管理水平，目前开展比较多的是 ISO 55001《资产管理 管理体系 要求》资产管理认证等。

4.5.1 完整性管理审核的作用和原则

完整性管理审核是设备设施完整性管理体系正常运行的重要环节，是有效开展工作的必要内容，是确保工作有效性的必然要求，是一种自我持续改进的机制。只有充分发挥完整性管理审核的作用，才能确保管理体系有效运行和持续改进。通过开展完整性管理审核主要是衡量完整性管理体系运行及符合情况，确定完整性管理是否得到有效的实施和保持，发现完整性管理体系中需要进一步改进的因素和内容，评价组织内部管理是否能够保证完整性管理体系的持续有效和适用。

完整性管理审核是有计划、有步骤的活动，有相应的程序可遵循。完整性管理审核应遵循客观性、独立性和系统性三个核心原则。

（1）客观性是指审核所获得的审核证据必须是与审核准则有关的，并且能够证实的记录、事实陈述或其他信息；审核发现可以是符合项，也可以是不符合项，包括审核证据、审核准则和比较评价三要素。

（2）审核独立性是指审核是一个具有独立性的过程，是被授权的活动，审核员应具有开展相应工作的能力，且是与受审核活动无直接责任的人员，在整个审核过程中应保持公正、避免利益冲突，审核组成员应遵守职业规范，坚持在审核准则和审核证据的基础上，对被审核部门进行客观评价。

（3）审核的系统性是在一定的"审核范围"内实现的，审核前应确定审核范围并进行策划，并按照计划和检查表进行。审核包括文件审核和现场审核两个方面，在文件审核符合的情况下，再进行现场审核。

另外，审核应包括符合性、有效性和达标性三个层次。符合性是指管理活动及有关结果是否符合准则；有效性是指审核准则是否被有效实施；达标性是指审核准则实施的结果是否达到预期的目标。

4.5.2 完整性管理审核的流程

完整性管理审核的流程主要包括审核的启动、审核的策划与准备、审核的实施、编制审核报告及审核后的跟踪等环节（图 4.31）。

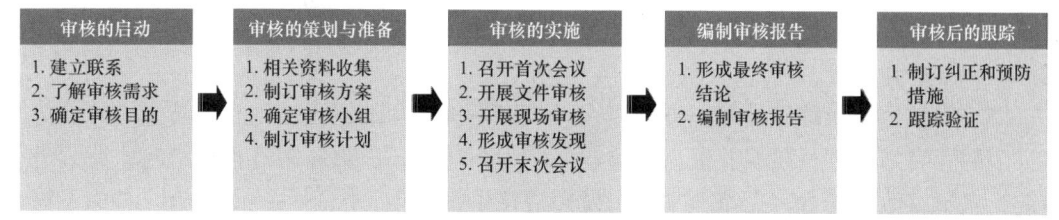

图 4.31　设备设施完整性管理审核流程

（1）审核的启动。首先应与受审核方进行沟通联系，初步了解审核的目的、范围、方法及安排等信息，确定完整性管理审核的目标，进而指导审核的策划与实施。审核目标应与完整性管理体系的方针和目标相一致并支持其方针和目标。通过审核确定受审核方完整性管理体系与审核准则的符合性，判断受审核方完整性管理体系是否得到实施与保持，发现受审核方完整性管理体系中可予改进的事项，评价受审核方管理评审工作是否能够确保完整性管理体系持续适用和有效。

（2）审核的策划与准备。审核前应初步了解企业的完整性管理体系文件、过程记录等相关资料，以获取相关信息并为审核计划制订提供支持。然后策划并制订审核方案，明确审核计划、审核形式、审核频次及次数、审核资源等。同时在审核策划与准备阶段，应成立完整性管理审核小组，审核组长根据审核方案和受审核方提供的相关信息编制详细的审核计划，审核计划应至少包括：审核目的、审核范围、审核准则、审核组成员、审核内容及时间安排等，并编制详细审核检查表作为开展审核的工具。此外，审核计划的编制应充分考虑审核活动对受审核方的业务活动的影响，便于受审核方有效安排和协调审核活动。

（3）审核的实施。首先，审核组应与受审核方召开首次会议，审核组成员及受审核方设备设施完整性管理相关负责人均需参加，说明审核目的、范围、准则、方法和计划安排等内容；受审核方应介绍设备设施完整性管理情况及设备设施完整性管理体系运行情况，确定需要配合审核的相关部门及对接人员。其次，对受审核方完整性管理体系要求、文件、记录等进行审核，并与相关人员进行面谈和交流，根据审核检查表逐一进行审核，对照审核准则及审核证据形成审核发现。第三，在文件审核的基础上开展现场审核，现场检查设备设施管理的情况，对照审核准则及审核证据形成审核发现。审核过程中，应定期向受审核方、审核委托方通报审核进展及相关情况，如果收集到的证据显示受审核方存在紧急的和重大的风险，应及时报告受审核方，适当时向审核委托方报告。最后，审核组与受审核方召开末次会议，参加的人员与首次会议人员相同，重申审核目的、范围、依据和方法，审核组长代表审核组报告初步审核结论，就完整性管理审核整体情况进行汇报，针对审核中发现的问题与受审核方进行澄清与确认。审核实施完成后，将与审核准则不相符的事项列入不符合项。对于确定的不符合项，判定不符合的类型，开具不符合报告。

（4）编制审核报告。现场审核结束，审核组长应根据审核组成员的审核记录和报告，组织并主持对审核情况进行总体汇总和分析，同时与上次审核的情况做比较，评价体系运行的有效性和符合性，得出审核结论，按照规定的内容和格式编写审核报告。每次审核记录和审核报告应该作为体系运行和完善的重要证据存档。审核报告主要内容应至少包括审核目的和范围，审核准则，审核实施情况，不符合分布情况，对体系运行符合性、有效性的评价和改进建议等。

（5）审核后的跟踪。受审核方应组织人员对不符合项的纠正措施和预防措施的制订及其计划的落实情况进行跟踪验证。如整改后仍为不符合，应重新制订整改措施，持续进行整改，直至整改为符合。在审核中如果发现潜在不符合项，应制订预防措施，避免不符合的发生。跟踪验证结束时，应对各部门纠正措施和预防措施的实施情况加以汇总分析，并将结果上报最高管理者，作为管理评审的重要输入之一。

4.5.3 完整性管理审核内容和工具

4.5.3.1 完整性管理审核内容

设备设施完整性管理审核内容应与企业设备设施完整性管理体系要求相对应，从要素的角度来说，应覆盖 4.3.2 提出的设备设施完整性管理体系、领导力、风险管理、目标与实现目标的策划、资源、能力与意识管理、信息管理及文件化管理、事故管理、变更管理、外包管理、技术完整性、全生命周期管理、绩效评价、经济完整性及改进等要素的要求。

（1）设备设施完整性管理体系。企业是否建立基于风险的、覆盖全生命周期的、系统化的设备设施完整性管理体系，并持续改进。

（2）领导力。企业是否明确主管领导负责设备设施完整性管理工作，督导、检查设备设施完整性管理工作开展情况，是否建立完整性管理组织机构，配备完整性管理岗位人员。

（3）风险管理。企业是否明确使用的设备设施法律法规、标准规范和相关要求，定期审核评估其变化可能对公司带来的风险和影响；是否建立风险管理程序与标准，企业是否根据设备设施特点和重要程度，有针对性地选择风险评估方法；是否对设备设施风险实施动态管理等。

（4）目标和实现目标的策划。企业是否制订设备设施完整性管理方针、目标和绩效考核机制，是否制订设备设施完整性管理中长期目标与计划，目标是否是具体的、可测量的、可达到的、适宜的及有时限的，是否根据设备设施完整性管理年度目标制订工作计划等。

（5）资源、能力与意识管理。企业是否为设备设施完整性管理提供必需的资源支持，是否建立设备设施完整性管理队伍，是否通过多种渠道提升设备设施完整性相关岗位人员能力和设备管理人员设备设施完整性管理意识等。

（6）信息管理及文件化管理。企业是否建立设备设施信息管理程序，明确设备设施信息管理的范围及质量要求，是否对设备设施全生命周期的信息进行识别、采集、处理、统计与分析，是否建立信息反馈机制，是否收集设备设施运营维护阶段的相关意见和建议并及时反馈到后续项目规划投资及设计建造阶段，是否开展信息交流与共享等。

（7）事故管理。企业是否建立设备设施事故管理要求，是否建立设备设施事故信息收集和报送制度，并按要求上报设备设施事故，是否对所有设备设施事故进行跟踪和记录，直至完成整改措施并关闭为止等。

（8）变更管理。企业是否明确设备设施变更管理范围，建立变更管理程序；企业是否在变更实施前，识别和评估设备设施或生产工艺流程变更带来的潜在风险和影响，制订必要的应对措施；企业是否对变更实行分级管理等。

（9）外包管理。企业是否识别并明确不同服务模式下的管理要求；企业是否要求并监督承包商遵循本单位管理体系要求，定期检查承包商项目执行情况，及时沟通检查结果；企业是否跟踪、记录承包商合同执行情况，定期开展承包商业绩与资质评估工作等。

（10）技术完整性。企业是否根据业务特点，有针对性地应用静设备、动设备、电气仪表、工艺系统和管道等系列完整性技术，开展数据管理、风险评估、监测与检测、完整性评价及维护维修等工作。

（11）全生命周期管理。在规划投资阶段，企业是否在项目可行性研究过程中分析影响设备设施风险及 LCC 的相关因素，并提出控制要求；在设计建造阶段，企业是否识别关键设备设施，进行风险评估，并对关键设备设施有针对性地应用设备设施完整性技术方法；在运营维护阶段，企业是否建立基于风险的检维修策略和管理程序，系统规划并开展现场关键设备设施检维修活动，制订设备设施使用、维护保养和检修的规程或作业指导书；在废弃处置阶段，企业是否明确设备设施废弃处置的相关要求，包括废弃处置条件、废弃处置流程、数据分析与保存等内容。

（12）绩效评价。企业是否根据设备设施完整性管理年度目标、工作计划及重点任务等制订年度关键绩效指标，开展设备设施完整性管理绩效跟踪与考核工作；是否定期开展设备设施完整性管理体系的完整性、适用性和执行情况的审核等。

（13）经济完整性。企业是否开展设备设施 LCC 与经济性分析与评价，是否建立设备设施经济指标，从设备设施资产实物状态、运行维护管理情况、经济回报状态等方面进行分析等。

（14）改进。企业是否识别不符合事项，制订纠正和预防措施，跟踪落实情况并验证有效性，保持设备设施完整性管理体系持续有效等。

4.5.3.2 完整性管理审核工具

开展设备设施完整性管理审核时，需要利用完整性管理审核工具进行。审核工具可以是根据审核准则和内容要求制订的审核检查表，也可以开发系统的、软件化的审核工具。一般来说，设备设施完整性管理审核是定性的，审核的结果是提出受审核方在管理方面的不符合项，但也可以将设备设施完整性管理审核开发为定量化的工具，通过量化的分值衡量企业设备设施完整性管理水平，并可以将不同年度的审核结果进行对比，分析设备设施完整性管理水平发展趋势，为管理者提供决策支持。定量化的完整性管理审核与完整性评级在流程上基本类似，主要是实施的准则不同。完整性审核工具开发主要包括（图4.32）：

（1）各主要素、子要素以及问题设置。

（2）各主要素、子要素、问题的重要性分析及赋值标准分值确定。

（3）审核结果标准分级确定。

（4）审核工具使用指南制订。

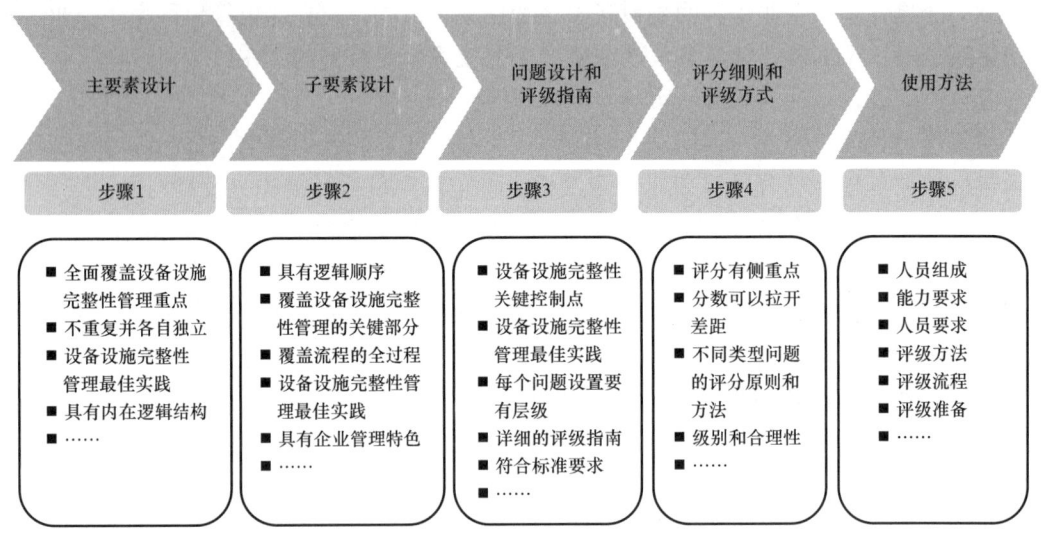

图 4.32　设备设施完整性审核工具开发技术路线

4.5.4　完整性管理评级概念及应用

设备设施完整性管理评级通常是以国家相关法律法规、国内外相关标准规范为基本准则，建立定量化的完整性评级工具，衡量企业设备设施完整性管理水平。完整性管理评级实施流程与完整性管理审核的过程基本一致，区别主要体现在两个方面：

（1）实施的准则不同，完整性管理审核通常是以受审核方的管理体系为准则，重在分析评价企业设备设施完整性管理体系执行情况，判断其适宜性、充分性及有效性；而完整性管理评级通常以国家相关法律法规、国内外相关标准规范为准则建立评级工具，重在分析评价企业设备设施完整性管理与同行业先进企业管理相比处于什么水平，寻找改进的机会与方向，以提升企业设备设施完整性管理水平。

（2）开展的方式有所不同，完整性管理审核大多数情况下给出的是定性的审核结果，即审核发现企业有哪些不符合项，并制订纠正和预防措施，但有时完整性管理审核也会以定量评价方式开展，通过将各审核项赋以相应的分值，即审核结果除发现哪些不符合项之外，还给出具体的得分；而完整性管理评级是以完全定量化评价方式进行，以国际先进的、要求最高的管理要求与实践作为评价准则，对企业进行定量化的分析评价，并根据事先确定好的评级结果等级划分准则，判断企业处于何种水平，如管理水平分为基础、一般、良好、优秀、卓越，每一个等级下又划分为很多更细的等级水平。

例如 DNV 开发的国际安全评级系统（ISRS）是一套帮助企业衡量、改进和展示健康、安全、环境及业务绩效等方面的工具，旨在帮助组织管理风险、推进持续改进。运用 ISRS 系统中所描述的最佳管理实践，可以帮助组织确保其业务流程的健康，给管理者提供过程绩效的详尽信息，以支持其决策流程。ISRS 系统的基准准则包括 ISO 9001《质量管理体系　要求》、ISO 14001《环境管理体系　要求及使用指南》、ISO 45001《职业健康安全管理体系　要求及使用指南》、ISO 55001《资产管理　管理体系　要求》、PSM 最佳实践等，包括领导力、规划和行政、风险评价、人力资源、合规保证、项目管理、培训和能力、沟通和推广、风险控制、资产管理、承包商管理和采购、应急准备、事件学习、风险监控、结果和评审等核心内容。通过 ISRS 系统的应用，可以帮助企业确保有效的风险管理，突出管理体系现存的优势与薄弱环节，确定任何需要进行的改进并监控其执行过程，确认法规符合，向利益相关方提供保证其符合外部标准，与同行业及竞争者进行绩效对标，展示最佳实践，提高员工的技能与良好的行为文化，推进体系改善、引导通过与 ISO 标准相关的认证，以及推进持续改进等。

4.6　完整性管理标准

4.6.1　企业标准与标准体系

4.6.1.1　标准与标准体系

1. 标准与标准体系的概念

标准是为了在一定的范围内获得最佳秩序，经协商一致制定并由公认机构批准，共同使用和重复使用的一种规范性文件。一定范围内的标准按照其内在联系形成的科学的有机整体称之为标准体系。企业为满足生产、管理和经营的需要，会制定大量的标准，制定标准仅仅是企业科学管理的第一步，标准是否满足企业运行需求，怎样合理归类，如何关联统一等，需要运用系统管理的原理和方法将标准要素中相互关联和作用的部分加以识别，建立起逻辑清晰、范围合理、系统科学的企业标准体系。企业标准体系内的基本单元是标准，在企业内部使用，可包括企业直接采用的国家标准、行业标准、地方标准和企业标准，以及在必要时有限制地直接采用的国际标准和国外先进标准。企业标准体系内的标准应具有内在联系，体现为标准之间的系统联系、结构联系和功能联系，标准之间要协调和配套。企业标准体系应是科学的有机整体，要求每个标准及整个标准体系应科学合理、切合实际和形成系统，而不是简单的集合。

2. 标准体系的特性

标准体系应具有目的性、层次性、协调性、配套性、比例性、动态性等特性。目的性是每一个标准体系都应该是围绕实现某一特定的标准化目标而形成的；层次性即同一体系内的标准可分为若干个层次，反映标准体系的纵向结构；协调性是体系内的各项标准在相关内容方面应衔接一致；配套性即体系内的各种标准应互相补充、互相依存，共同构成一个完整整体；比例性是体系内各类标准在数量上应保持一定的比例关系；动态性即标准体系随着时间的推移和条件的改变应不断发展更新。

3. 标准体系的结构

在标准体系内部，标准应按照一定的结构进行逻辑组合，而不是杂乱无序的堆积。由于标准化对象的复杂性，标准体系内不同的标准子系统的逻辑结构主要有两种形式，一是层次结构，是表达标准化对象内部上级与下级、共性与个性等关系的良好的表达形式，类似树结构，父节点层次所在的标准相较子节点层次的标准，更能够反映标准化对象的抽象性和共性；二是线性结构，又叫作程序结构，是指各标准按照过程的内在联系和顺序关系进行结合的形式，主要体现了标准化对象在活动流程中的时间性。

4. 标准体系的分类

标准体系可有多种属性分类，包括按标准级别关系分类的标准体系、按标准类别属性分类的标准体系、按标准的用途属性分类的标准体系和按混合属性分类的标准体系。按标准级别关系分类的标准体系可分为国际标准体系、国家标准体系、行业标准体系、部门标准体系、地方标准体系、企业标准体系等。按标准级别属性分类的标准体系，通常是权限范围管理的依据，同时还具有管理权限范围的标准规划作用。按标准类别属性分类的标准体系可分为技术标准体系、管理标准体系、工作标准体系等。按标准用途属性分类的标准体系可分为产品标准体系、服务标准体系、军用标准体系等。按混合属性分类的标准体系可分为地方服务标准体系、行业军用标准体系、企业技术标准体系等。

4.6.1.2 企业标准与标准体系

企业标准体系总体上应以技术标准体系为主体，以管理标准体系和工作标准体系相配套；应符合国家有关法律、法规，贯彻有关国家标准、行业标准和地方标准；企业标准体系内的标准应能满足企业生产、技术和经营管理的需要；企业标准体系应在企业标准体系表的框架下制定；企业标准体系内的标准之间应相互协调，管理标准体系、工作标准体系应能保证技术标准体系的实施；企业标准体系应与其他管理体系（如质量管理体系、环境管理体系、职业健康安全管理体系等）相协调并提供支持。

1. 企业标准体系的编制原则

企业标准体系的编制应遵循系统性原则、实践原则和发展原则。系统性原则是指编制标准体系应充分研究在一定时期内企业生产技术、经营管理中需要协调统一的一切事物和概念，形成层次恰当、功能配套的体系结构，形成相互关联、相互制约、相互协调的配套系统。实践原则是指标准体系应适应和满足市场机制下企业组织生产、经营管理的需要，必须与资源配置和环境条件相适应，成为发展生产技术、进行科学管理的基础措施，使其具有实用性和适用性。发展原则是指标准体系应能随着科学技术进步、市场需求、企业经营目标和管理机制的变动而调整、发展与更新，应具有预测性和可扩充性，成为一个动态、开放的体系。

2. 企业标准体系表

企业标准体系表是一种描述企业标准体系的模型，通常包括企业标准体系结构图、标准明细表，还可以包括标准统计表和编制说明。企业标准体系表的编制是一项复杂工作，需要领导支持和参与，以业务部门为主体，以标准化部门为支撑，通过需求调研、确定原则和目标、明确范围边界，编制标准体系结构图与标准明细表，对标准明细进行统计分析，并编写标准体系表编制说明。通过建立标准体表可为系统了解国际、国外标准，为采用国际标准和国外先进标准提供了全面情报，指导标准制、修订计划的编制，改造和健全现有的标准体系，使体系构成达到系统化、规范化、科学化。由于标准体系表反映了全局、与国际、国外的差距和自己体系中的空白，因而可以抓住主攻方向，明确轻重缓急，避免计划的盲目性和重复劳动，节省人力、物力、财力，提高标准的制定速度。

3. 企业标准的分类及相互关系

企业标准按照不同的分类规则可划分为不同类别，如按照标准属性划分为基础标准、技术标准、管理标准、工作标准等；按照标准化对象划分为产品实现标准、基础保障标准和岗位标准；按照标准在服务提供过程中的位置划分为服务通用基础标准、服务提供标准、服务保障标准。企业可结合自身特色，以适用、管用为原则，根据本企业标准体系发展历史选择一种适合的标准分类方法。企业构建的标准体系无论采用哪一种标准分类方法，所形成的标准体系都应是科学、有机的整体，覆盖企业经营管理全部领域，满足目标性、完整性、适宜性和有效性的要求。技术标准是企业标准体系的核心，企业日常管理、开展设计、组织生产等都要以技术标准为依据。技术标准包括产品标准、工艺标准、设备使用与维护标准等。管理标准是实施技术标准的保障，管理标准的对象是"事"，由此制定的标准属于管理标准，管理标准包括质量管理标准、生产管理标准、设备管理标准等。工作标准是实施技术标准的重要保障，工作标准的对象是"人"，由此制定的标准属于工作标准，工作标准包括岗位实施标准目录以及岗位职责等。技术标准、管理标准和工作标准相辅相成、相互制约，工作标准基于管理和技术标准体系建立，工作标准体系保证管理和技术标准执行，管理标准体系保证技术标准体系执行。

4.6.2 完整性管理标准体系

设备设施完整性管理是企业管理活动的重要方面，完整性管理标准体系是对设备设施完整性管理过程中需要协调统一、达到标准化的管理事项所编制的文件。在设备设施完整性管理建设过程中，通过一定时间周期内不断的循环与持续改进，将管理与技术成果进行总结提炼与升华，可形成企业级、行业级和国家级等相关标准。设备设施完整性管理标准编制原则及要求包括：

（1）完整性标准应符合国家有关法律、法规和强制性的国家标准、行业标准及地方标准的要求。

（2）完整性标准应能保证技术标准体系实施。

（3）完整性标准与公司的其他管理体系相互协调一致。

（4）完整性管理标准定期复审，确定其有效性。

（5）企业应充分吸收和运用国内外先进的管理理论和经验，结合企业实际情况与需求，将其应用在完整性标准的建立和实施过程中。

设备设施完整性管理标准体系构建的核心就是标准体系的构建关系结构化、程序化和通用化，将标准体系构建关系划分为通用模块的程序流程。标准体系构建流程主要包括标准体系目标分析、标准需求分析和适用性分析、标准体系结构设计、标准体系表编制、标准制修订规划表编制、标准体系现行标准搜集或汇编、标准体系编制说明撰写、标准体系的宣贯、标准体系的使用及使用信息的搜集和反馈、标准体系的改进和维护等步骤，具体说明如下：

（1）标准体系目标分析：确定标准体系的横向和纵向目标，分为新建标准体系、完善标准体系和优化标准体系三类。

（2）标准需求分析和适用性分析：以目标分析的定位结果分析体系中需求标准的缺失项，确定需要纳入或新增的标准。标准适用性分析主要是针对现行标准内容使用的适合性进行分析，给出相应的分析结论。

（3）标准体系结构设计：开展标准分类和适合的体系结构关系的选择与细化，搭建完善的标准体系架构。

（4）标准体系表编制：基于设计的标准体系结构框架，编制标准体系表，进行标准信息项的设计和标准汇总。

（5）标准制修订规划表编制：根据编制的标准体系表进行整体规划设计，确定标准制修订的整体计划与安排。

（6）标准体系现行标准搜集或汇编：针对标准体系表中列出的现行标准进行收集、整理与归类，形成标准体系数据库。

（7）标准体系编制说明撰写：编制标准体系表的的编制说明，阐述标准体系表的架构、章节、内容及其之间相互关系。

（8）标准体系的宣贯：标准体系的建设和实施是全员性的工作，需要在企业内组织宣贯，确保全体员工知悉相关要求，并按要求执行实施。

（9）标准体系的使用及使用信息的搜集和反馈：定期收集标准使用情况的反馈信息，掌握标准使用的合适性及存在的问题。

（10）标准体系的改进和维护：根据反馈的意见对标准体系进行修订完善，并及时将新制定的标准纳入标准体系数据库，实现持续改进。

设备设施完整性标准体系包括三个方面，分别为管理标准、技术标准和工作标准，通过管理标准规范设备设施完整性管理各项要求，应用技术标准落实完整性管理各项工作，基于工作标准明确完整性管理工作岗位要求与职责，标准体系示意图如图4.33所示。

管理标准应包括但不限于基础管理标准、管理完整性标准、经济完整性标准、完整性信息化标准、现场管理标准等类别，并可具体细分为术语与符号管理、基本工作导则、风险管理、合规性管理、数据管理、事故管理、变更管理、审核管理、经济性管理、统计指标管理、实物资产管理等方面的标准。

技术标准应包括但不限于静设备技术标准、动设备技术标准、电气设备技术标准、仪表设备技术标准、装置系统技术标准、长输管道技术标准等，并可具体细分为数据采集与分析、风险评估、监测检测、完整性评价、维护维修等方面的标准。

工作标准应包括但不限于领导层工作标准、管理层工作标准、操作人员工作标准，具体包括通用工作准则、岗位职责与说明、作业指导书等方面的标准。

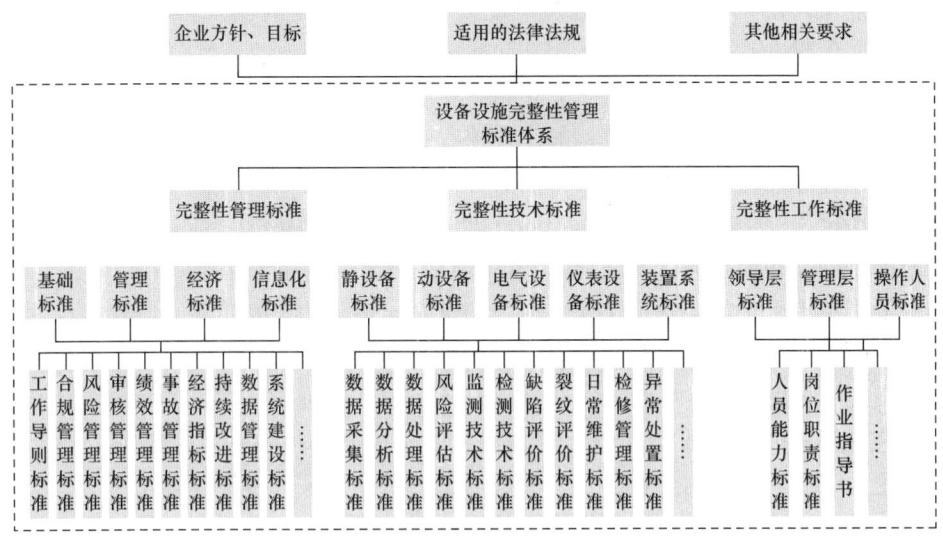

图 4.33　设备设施完整性管理标准体系示意图

4.7　完整性管理文化

企业文化是企业长期生产、经营、建设、发展过程中所形成的管理思想、管理方式、管理理论、群体意识及与之相适应的思维方式和行为规范的总和，是企业领导层提倡、上下共同遵守的文化传统和不断革新的一套行为方式，它体现为企业价值观、经营理念和行为规范，渗透于企业的各个领域。其核心内容是企业价值观、企业精神、企业经营理念的培育，是企业职工思想道德风貌的提高，是反映企业或企业中的员工在从事经营活动中所秉持的价值观念。企业文化的本质是通过企业制度的严格执行衍生而成，制度上的强制或激励最终促使群体产生某一行为自觉，这一群体的行为自觉便组成了企业文化。通过企业文化的建设实施，使企业人文素质得以优化，归根结底是推进企业竞争力的提高，促进企业经济效益的增长。

企业文化具有导向作用、凝聚作用、规范作用、激励作用和社会影响。通过企业文化建设能够激发员工的使命感，凝聚员工的归属感，加强员工的责任感，赋予员工的荣誉感，实现员工的成就感。不管是什么企业都有它的责任和使命，企业使命感是全体员工工作的目标和方向，是企业不断发展或前进的动力之源。企业文化的作用就是通过企业价值观的提炼和传播，让一群来自不同地方的人共同追求同一个梦想。企业要通过大量的资料和文件宣传员工责任感的重要性，管理人员要给全体员工灌输责任意识，危机意识和团队意识，要让大家清楚地认识企业是全体员工共同的企业。企业文化建设要坚持与企业战略管理相结合，要面向未来并体现行业特点和企业个性，要发挥企业领导群体的核心作用，要与形象管理相互促进，要反映全体员工的共同愿望，要体现共识原则。

企业文化通常分为三个层次，分别为表层管理文化、中层管理文化和深层管理文化。

（1）第一个层次是表层管理文化，主要包括企业名称、标志、代表色案、对外形象宣传等，是企业文化的外在表现，它通过制度文化规范下的行为模式、标识特征等将理念、形态、文化展现出来。

（2）第二个层次是中层管理文化，包括：企业制定战略性的方针目标和与之相适应的完善的规章制度；企业形成一套严格的工作流程和作业基准；加强执行力，培养员工自主管理能力，作业标准化；企业有一套自己的行为规范和道德准则，倡导广大员工在日常的生产经营管理过程中，要共同遵守。中层管理文化是具体物化的、是对企业组织和企业员工的行为进行约束和规范的行为准则体系，也是提升管理水平的基础。

（3）第三个层次是深层管理文化，这是一个企业追求的最高境界，是企业长期积累形成的思想理念上的东西，形成企业特有的管理思想、哲学观念、价值体系，是形成制度文化和物质文化的思想基础。

企业文化建设是一项系统工程，是现代企业发展必不可少的竞争法宝。一个没有企业文化的企业是没有前途的企业，一个没有信念的企业是没有希望的企业。从这个意义上说，企业文化建设既是企业在市场经济条件下生存发展的内在需要，又是实现管理现代化的重要方面。从建立现代企业发展的实际出发，树立科学发展观，讲究经营之道，培养企业精神，塑造企业形象，优化企业内外环境，全力打造具有自身特点的企业文化，可为企业快速发展提供动力和保证。

如何让员工认同公司的文化，并转化为自己的工作行为，是企业文化建设中的关键部分。企业管理制度化过程是推动企业文化发展的重要手段，以企业核心理念为基础的企业制度可以强化企业文化，经过长期反复的实践与完善，成为员工共同认可的思想。企业文化有着促进企业制度的有效实施和不断创新的作用，在企业文化形成之前，制度的执行只能靠外在的监督进行约束，一旦监督不力员工就极有可能不按要求去做，企业管理成本很高；企业文化一旦形成，员工的行动就会变成一种自愿的行为，无须加强监管，即企业文化在一定程度上潜移默化地影响着企业员工的思维模式和行为模式。优秀企业文化的建设，可以激发员工的"自律意识"，对企业经营效益的提升有很大的促进作用，从而降低企业管理成本，更有助于企业长期稳定的发展。

4.7.1 完整性管理文化建设

企业设备设施完整性管理文化是在整个企业文化的背景下，在企业设备设施完整性管理的实践中，在企业文化与企业设备设施管理发展的长期渗透与融合之中形成的，是企业设备设施管理的一种信仰与价值观模式，既具有企业文化的共性，又具有设备设施完整性管理文化的个性。设备设施完整性管理文化的目的是使企业有一个良好的设备设施管理环境，全员参与，从而使设备设施管理工作得以有效开展。

企业设备设施完整性管理工作全面建设实施后，应在企业范围内加强宣传与培训，促使员工积极主动学习设备设施相关法律法规和完整性管理体系要求，提高员工设备设施完整性管理意识，形成完整性管理建设的浓厚氛围，推动设备设施完整性管理要求的实施与执行，用完整性管理的理念全面提升设备设施管理水平，在实际生产中及时、主动识别管控风险，实现设备设施经济可靠并可持续发展，打造具有企业特色的完整性管理文化。

设备设施完整性管理文化的构建总体上也应包括三层，即理念层、制度层和物质层。理念层是设备设施完整性管理文化的核心，是企业根据自身管理特点经过长期积累形成的管理理念、管理思想、核心价值观及价值体系等，并将其植根于企业管理之中。制度层是对企业组织和企业员工的设备设施管理行为进行约束和规范的行为准则体系，包括设备设施完整性管理方针与目标、机制体制、管理体系、管理流程、行为规范等方面，是落实企业设备设施完整性管理文化的具体要求。物质层是反映企业设备设施完整性管理工作的相关名称、标志、图案、形象等，是完整性管理文化的外在表现，将完整性管理理念形态文化通过各种形式展现出来。如图 4.34 所示。

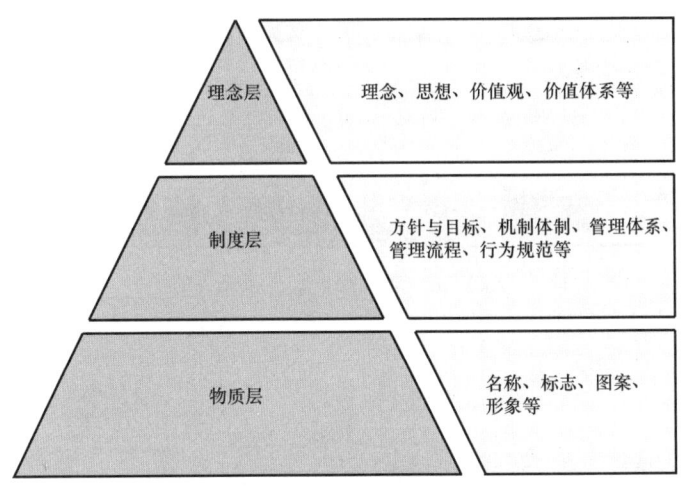

图 4.34　设备设施完整性管理文化建设内容

此外，设备设施完整性管理文化建设应与完整性管理队伍建设、人员能力建设及软硬件建设相结合。通过建立、培养完整性管理专业队伍，为完整性管理文化建设奠定基础；从完整性管理理念、管理体系及技术应用等方面开展持续、系统的宣贯培训，提升人员管理能力和技术能力，为完整性文化建设提供保障；通过建立完整性管理信息平台，吸收研发适用于自身需求的完整性技术与工具，为完整性文化建设提供支持，使完整性管理的要求得到贯彻，完整性管理文化得到传播。

4.7.2　完整性管理文化传播

设备设施完整性管理文化需要通过多平台、多渠道的广泛传播，在企业内外形成建立、传播、完善的持续循环机制，才能有效保证完整性管理文化在企业内外得到落地与应用，才能更好发挥完整性管理文化在设备设施管理过程中的作用，才能将设备设施完整性管理理念融入员工日常行为规范中去，提高企业设备设施完整性管理水平。

设备设施完整性管理文化传播可以从两个方面展开：

（1）在公司内部通过持续的宣贯、培训，以及通过公司网站、完整性信息平台等信息化手段宣传设备设施完整性管理理念，使全体员工真正理解完整性管理的要求、作用及意义，并主动将各项管理工作与完整性管理要求相融合。

（2）在公司外部通过学术会议、交流合作等形式，以及通过相关刊物、新媒体、俱乐部等渠道宣传本企业的设备设施完整性管理做法，推广完整性管理文化，使完整性管理文化在更广泛的范围得到理解与应用，推动各行业设备设施管理理念的改变与管理水平的提高。如图 4.35 所示。

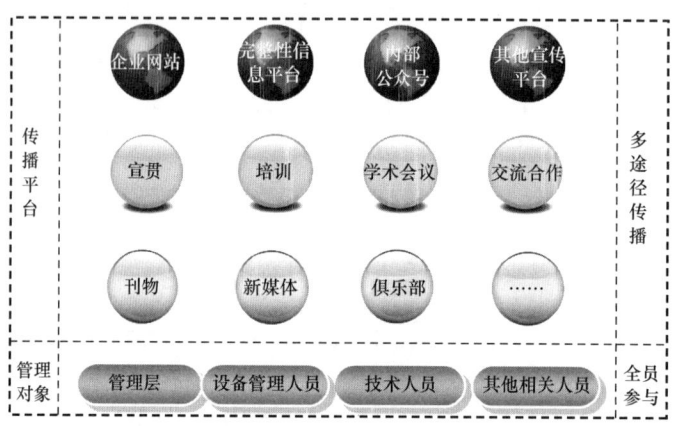

图 4.35　设备设施完整性管理文化传播平台

5 设备设施技术完整性

为实现设备设施的完整性管理，需要进行大量的技术分析和评估。通过运用完整性技术与工具，可客观、充分地获取设备设施状态信息，系统、准确地评估设备设施风险，并采取有效措施降低风险，以实现设备完好及本质安全。技术完整性作为设备设施完整性管理建设的重要组成部分，为管理完整性和经济完整性提供技术支撑和保障。技术完整性建设是一项系统工程，需要充分结合企业自身设备设施特点，在消化吸收国内外先进技术的基础上，推广实施适用于企业设备设施管理特点及需求的技术、工具及软件等，为企业开展完整性管理工作提供技术层面的支持与保障。

5.1 技术完整性方法体系

技术完整性体系是对现有设备设施管理理念的提升，将设备设施管理中的不同管理理念、方法应用于合适的时间、合适的设备、由合适的人去管理，通过采取有效维护、维修与技术管理进而降低风险，确保设备运行经济可靠。技术完整性体系是不同维修理念的支撑，核心是对设备设施大数据的应用，最大程度地发挥事故后维修、预防性维修、预测性维修及主动性维修的优点，实现设备设施经济可靠。

5.1.1 设备维修方式

设备设施良好规范的维护、维修与技术管理是安全生产、提高产品质量和增加企业经济效益的重要保证。随着人们对设备可靠性和安全运行要求的不断提高，维修本质及客观规律得到了深入而广泛的研究，维修实践得到了迅速发展。设备维修方式先后经历了事后维修、预防性维修、预测性维修、主动性维修的演变和发展，维修方式正在逐渐向科学化、先进化和智能化方向发展。

5.1.1.1 事后维修

事后维修是应用最早的维修方式，是20世纪50年代以前的主导维修模式。顾名思义，事后维修是指设备出现故障以后再进行维修，即设备管理采取被动维修方式。20世纪初期，工业化生产刚刚开始，当时生产设备和维修工具都十分简陋，人们未掌握设备故障规律，一般都是在设备使用到出现故障时才进行修理，并且是由有经验的操作工人自行修复，这就是事后维修的兼修时代。工业革命以后，随着工业生产的发展，设备的数量和复杂程度增加，设备修理的技术要求越来越高，修理难度也越来越大，原有的操作工人兼做修理工人已不能满足这种要求，因此，逐渐从操作人员中分离出一部分人去专门从事设备的维修工作，随之产生了较简单的设备维修管理，这是事后维修的专修时代。

事后维修的优点是能够充分利用零部件使用年限，但由于设备故障发生的随机性，事后维修因无法事先安排好合适的修理时间，当要求连续生产却出现设备故障时，便会扰乱正常的生产作业计划，使生产活动陷入被动状态。此外，出于生产需要考虑，一旦设备发生突发故障，需要立即进行抢修，由于事先没有制订好的维修计划，因此维修工作仓促、时间紧，难以保证设备的维修质量，由此造成的长时间的停车损失较大。因此，简单和低值设备、非重要设备、有备品的设备才适用事后维修方式。

5.1.1.2 预防性维修

预防性维修又称计划性维修，旨在通过计划对设备进行周期性的维修。从20世纪60年代起，各种设备数量大幅增加，结构日益复杂，设备发生故障导致停机成为十分突出的问题。随着人们对机械设备故障规律的研究不断深入，发现设备的使用过程可划分为早期故障、偶然故障和耗损故障三个阶段。由此，人们开始对设备进行预防性维修，通过周期性的检查和分析来制订维修计划的管理方法，在故障之前采取措施，减少非计划停车损失。该维修方式当时被世界各国普遍接受和采用。在以磨损、疲劳等为主要故障特征的汽车、航空、航海、军工等领域，计划维修对于降低设备的事故率、提高设备的运行安全方面起到了积极的作用。

预防性维修的优点是可以有准备、有计划地安排维修活动，减少非计划停车损失。缺点是由于计划固定，较少考虑设备使用实际负荷情况，存在"维修过剩"或"维修不足"的现象，检维修费用不能得到合理分配。当预防维修方式出现时，人们认为设备的可靠性会随着预防维修周期的缩短、维修工作的增多、维修深度的增大而显著提高。但其实设备的偶发故障是不可避免的，有些设备或装置，其故障率并不会随着维修频次、维修深度的增加而得到有效控制，反而会因频繁的拆装而出现更多故障。

5.1.1.3 预测性维修

预测性维修又称视情维修或状态维修。20世纪70年代以来，随着测试技术、仪器、信号分析和计算机技术的进步，以及设备的状态监测和故障诊断技术的发展，人们提出了预测性维修。它是在人为事先规定了一些界限值或标准的前提下，通过人的感官或仪表进行检查，当发现潜在的问题开始暴露，并能预测何时将超过限定的界限值，认为设备有必要进行修理而采取的维修措施。随着设备状态监测、故障诊断和计算机技术的进一步发展，状态维修着眼于每台设备的具体运行状态，它通过先进的状态监测与故障诊断技术、可靠性评估技术、预测技术等判断设备的状态，识别故障的早期征兆，对故障部位及其严重程度、故障发展趋势做出判断，并根据诊断、预知的结果，尽可能使每个设备在故障发生前进行维修。目前，状态维修在机械制造业、电力、电器制造业、化工行业、油气开采等行业已经得到了应用。

设备状态维修可以及时掌握并消除故障隐患，更合理地进行设备维修管理及执行设备维修工作，减少不必要的维修，节约维修成本，同时也提高了设备的安全性及可靠度。设备状态维修的不足之处是对人员素质要求高，且维修实施成本高，在一定程度上限制了其推广应用。

5.1.1.4 主动性维修

主动性维修是要找到导致设备重复性故障或生产损失的根本失效原因，并消除它们，从而控制重复性失效。

5.1.2 技术完整性核心理念

在传统的维修决策中，主要依据设备制造厂的建议和维修人员的经验，缺乏科学有效的定量分析，因而设备的维修方式缺乏针对性和精确性，维修人力与物力资源不能得到合理配置，维修的经济性和有效性、设备的安全性和可靠性不能得到真正的保证。美国维护和可靠性专业协会的统计数据表明，在通常的装置下不同模式维护资源的花费为：事后维修55%、预防性维修31%、预测性维修12%、主动性维修2%，而在最佳的装置下不同模式维护资源的花费为：事后维修8%、预防性维修32%、预测性维修53%、主动性维修7%。因此，应该对维修资源进行合理分配，最大程度发挥事故后维修、预防性维修、预测性维修及主动性维修等优点，确保设备设施运行经济可靠（图5.1）。

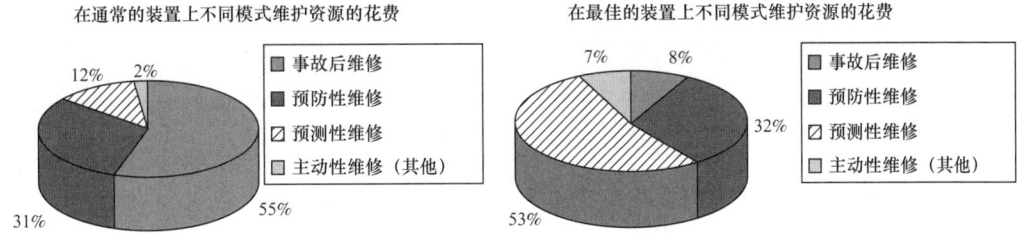

图 5.1　不同模式维护资源的费用

基于风险的管理是设备设施完整性管理的核心理念，该理念基于风险评估结果制订维修计划，将设备按风险水平高低进行排序，然后在此基础上，针对风险较高的设备制订专门的维修计划，并确定设备的维修方法，从而科学分配检修资源，为优化设备维修方案提供科学决策支持，并缩短维修时间。完整性管理工作是围绕降低设备风险，保障设备长周期运行，为企业创造核心价值的宗旨展开的。在风险管理的基础上，抓住主要风险，避免"过剩检修"与"检修不足或无效"，从而降低检修成本，改进设备、系统的可靠性，在安全的基础上，获得最大效益，达到安全与经济的统一（图5.2）。

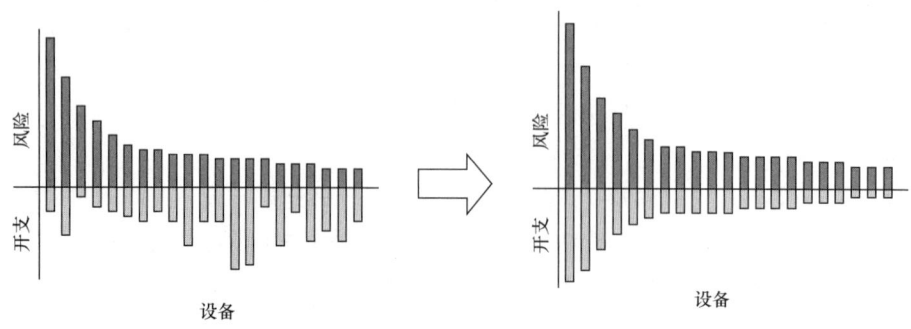

图 5.2　设备设施基于风险的管理与经济平衡的实现

基于风险的设备检维修工作建立在设备完整性管理理念基础上，利用 RCM、RBI、SIL 等基于风险的管理方法，控制设备中的高风险，实现设备设施安全经济可靠。它充分发挥基于状态的预知性维修和基于时间的预防性维修的优点，采用有针对性的管理和技术措施，避免重大事故的发生或非计划性停车。它将状态监测/检测系统、设备管理系统等有机的结合，通过流程整合业务，形成完整的基于风险的完整性技术方法和机制，达到延长设备运转周期、减少或避免设备故障，提高设备的可靠性、可用性、维修性和安全性的目的。以静设备为例，传统的检验方法是定期在装置停工大检修时进行检验和维修。这种传统的检测方式存在很多弊端，因为不同设备的操作条件差别很大，有的是高温、高压、高腐蚀性，有的是低温、低压、低腐蚀性，显然它们发生故障失效的风险是不同的。此外设备的制造质量、操作的平稳性等都影响着设备的风险。在传统的风险检测流程中，没有分析设备存在的这种差别，对所有设备都采用相同的检测周期、检测方法，其结果一方面存在检测过剩的问题，即一些不需要检测的设备也进行了检测，浪费了人力、物力、财力；另一方面，有些可能存在隐患的设备，又存在检测不足的问题，因为有些设备可能需要进行 100% 的 UT 检测，如果只做了 20% 的抽检，则可能会错过一些重要的缺陷。总之，传统的检测流程在检测资金的使用方面，以及保证检测质量提高设备的可靠性方面都存在很多问题，需要一种技术来解决这一矛盾。而 RBI 技术正好满足这一需求，它通过掌握装置中风险较高的设备分布，制订合理的降低风险措施，从而科学合理地分配检维修资源。

5.1.3　完整性技术方法与流程

建立符合企业需求的设备设施完整性管理技术体系，首先要梳理现有的设备设施完整性管理方法与工具，理清现有技术的核心内容、适用对象、适用范围、使用条件、技术优势、局限性等问题，其次要结合技术发展趋势，依据企业的设备设施特点，开发一系列更具适用性的新技术，提升设备设施完整性技术水平。基于现有技术及可预见的技术发展方向，建立完整性管理技术体系架构。

在设备设施资产中，一般根据设备类型将其划分为动设备、静设备、电气设备和仪表设备等，此外长输管道一般会作为单独一类设施进行管理。静设备包括压力容器、储罐和管线等，动设备即转动设备包括泵、风机、压缩机等。设备设施技术完整性方法体系如图 5.3 所示，针对静设备、动设备、电气设备、仪表设备、长输管道及装置系统，每一类完整性技术根据设备设施类型特点具有一套完整的分析与评估方法，其中静设备完整性技术以 RBI 为核心，动设备、电气与仪表以 RCM 为核心，仪表中的安全保护装置及仪表完整性技术以 SIL 为核心，长输管道采用管道完整性管理（PIM），由各类设备组成的装置系统则采用 RAM 技术进行整体的可靠性、可用性与可维护性分析。

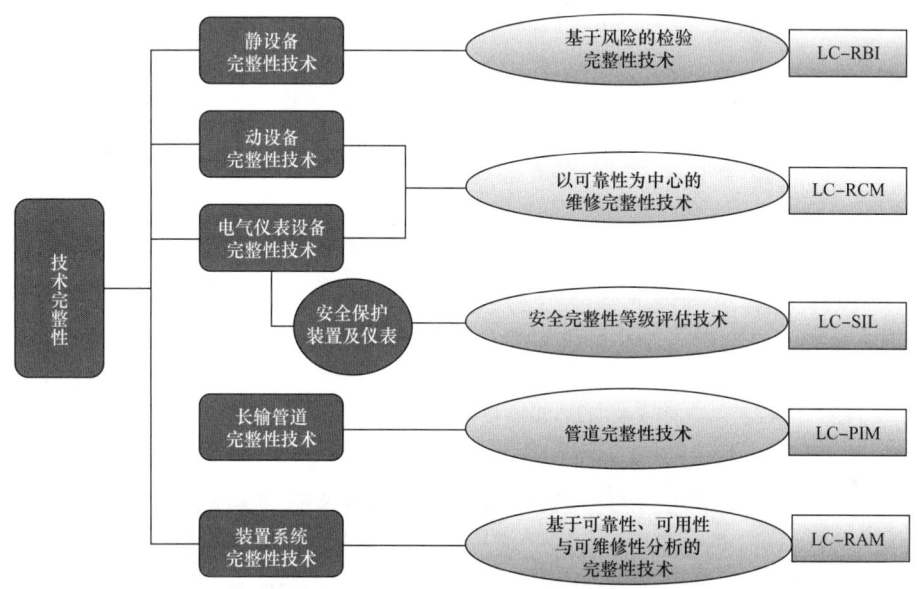

图 5.3　设备设施技术完整性方法体系

对于动、静、电、仪设备，技术完整性的实施流程一般包括数据采集与分析、风险评估、监测与检测、完整性评价及维护维修五个环节，每个环节包含了多种不同的技术方法。对于长输管道的完整性管理，按照 GB 32167—2015《油气输送管道完整性管理规范》要求，实施流程分为数据采集与整合、高后果区识别、风险评价、完整性评价、风险消减与维修维护、效能评价六个环节，具体内容详见 5.6 节。

针对数据采集与分析、风险评估、监测与检测、完整性评价及维护维修技术，每一类技术包含了多种不同的技术方法。如数据采集与分析技术包括数据采集、数据规划、数据处理、数据质控及数据仓库建设等；风险评估技术包括定性评估、半定量评估及定量评估等；监测与检测技术包括应力应变监测、泄漏监测、振动检测、涡流检测、磁粉检测、超声检测、射线检测、漏磁检测等；完整性评价技术包括合于使用评价、结构完整性评价及储罐完整性评价等；维护维修技术包括动设备维护维修、静设备维护维修、电气仪表设备维护维修等，如图 5.4 所示。

对于大多数企业来讲，一套大型装置包含多种设备类型，需要根据设备类型特点，选择对应的完整性技术方法和工具。以下游炼化企业为例，炼化装置包括静设备、动设备、电气及仪表设备等，针对不同设备应用相应的完整性技术，如图 5.5 所示：对罐区储罐进行风险评估，筛选高风险储罐开展 RBI 技术应用，基于风险优化检验策略，对关键设备如进料泵开展 RCM 技术应用来优化检维修策略，对工艺联锁关断系统开展 SIL 技术应用，进行安全完整性定级和验证。技术完整性方法体系同样适用于海上平台、油气站场等其他装置。

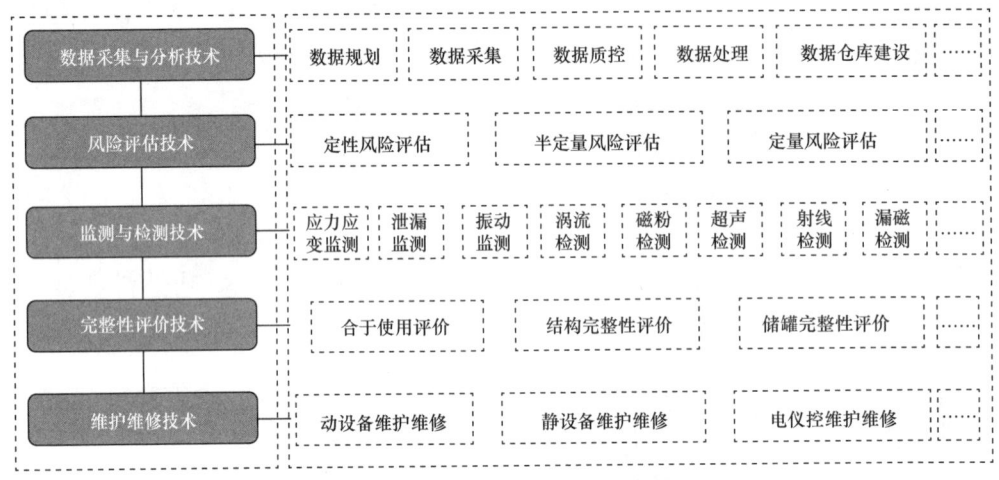

图 5.4　设备设施技术完整性不同类型方法

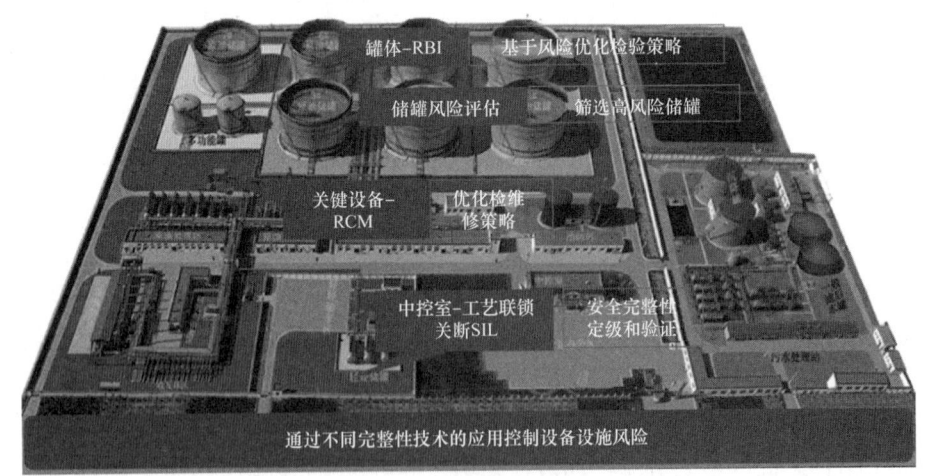

图 5.5　生产装置完整性技术方法应用示例

5.2　静设备完整性技术

静设备一般指非旋转设备，如炉类、塔类、反应设备类、储罐类、换热设备类、工艺管线类、安全阀类等。静设备管理的完整性是保证石油化工企业长期发展的重要保障，只有从根本上提高设备的完整性，才能进一步落实管理工作，有效延长其安全程度与周期。

石油化工企业所使用的静设备主要包括换热器、反应器以及安全阀等，它们属于设备中最为关键的部件。而要确保设备的完整性就需要在能够保障设备的物理属性获得完整的基础上，让设备处于一种可以把控的状态。通过落实静设备管理工作能够实现对设备的一体化管理目标，增强其完整性。随着对静设备管理工作的落实和完善，管理工作也会呈现出一定的特征：

（1）由于这种设备具有一定的特殊性，因此其参数和使用等内容必须要符合法律法规的要求。

（2）依据风险评估标准，对使用的设备部件进行评估、辨别和损伤等级排序，并依次参照标准对部件进行报废。

（3）从设备的设计、制造、安装、生产运行，后期维护到最终报废整个阶段开展全生命周期管理模式。

（4）采用综合管理模式，将管理工作和技术应用结合起来，在确保静设备安全稳定的运行前提下，以整合的观点开展维护工作，提升管理品质。

（5）管理工作不能脱离生产需要。

（6）利用信息化技术实现管理工作信息化的目的。

（7）不断地提升管理技术水平，使管理工作得到有效优化。

所以静设备管理不仅要用到计算机技术、RBI风险评估技术等，同时还要在此基础上不断地对管理措施和技术进行完善和优化，以此来提升管理技术的完整性。

静设备完整性技术包括数据采集与分析技术、静设备风险评估技术、静设备监测检测技术、静设备完整性评价技术、静设备维护维修技术等。

5.2.1 数据采集与分析技术

数据采集与分析技术包括完整性数据规划、专业数据采集、数据质控、数据处理和数据仓库建设五个部分。目前，数据采集与分析技术已在设备设施完整性管理中广泛应用，宜进一步结合大数据技术、物联网技术、云计算技术等先进技术，进行技术提升和体系完善。

静设备的数据主要包括设备的静态数据和动态数据。

（1）静态数据主要包括：基础工程设计资料（管道综合材料表、管道材料等级表、管道规格表、专业设备规格书等）、施工图设计资料（加热炉设计图纸、锅炉设计图纸、安全阀计算报告、结构计算及分析报告、管线应力计算报告、压力容器及热交换器计算报告、锅炉计算报告、储罐计算报告等）、工程施工、竣工资料（设备验收记录、材料跟踪、焊接、无损检测及涂装报告、特种设备备案资料等）、运维阶段技术资料（静设备台账、静设备技术档案、特种设备管理资料、密封点台账、静设备维护、检修有关条例规程）等。

（2）动态数据主要包括：静设备技术月报、年度工作计划和总结（静设备年度工作计划、静设备管理年度总结）、静设备检维修计划及备品备件计划（年度检维修计划、月度检维修计划、月度备品备件计划）、静设备事故管理资料（静设备事故报告、静设备事故调查报告、静设备事故台账）、静设备变更、技改技措资料（变更汇总表、各专业变更记录、技改技措台账）、静设备风险管理资料（合规性评价报告、法律法规识别清单、风险识别清单）、腐蚀调查报告、安全附件定检、维护报告和记录、沉降监测记录、腐蚀管理台账等。

通过完整性数据采集与分析技术实现对设备设施全生命周期内的数据收集整理，而后建设完整性数据仓库，将采集到的数据按照规划进行存储以供共享和使用。

5.2.2 静设备风险评估技术

风险管理的目标是最大限度地提高设备的安全运行，有效降低其检验检测和维修维护成本，同时尽可能减少设备或装置的非计划停车次数和时间，从而实现控制安全风险、提高设备使用率、降低成本的目的。风险评估技术是基于获取到的相关信息，分析判断设备设施发生危害的可能性及其严重程度，并确定其是否在可承受范围内的全过程。

基于风险的检验技术是在追求设备安全性与经济性统一的基础上建立的一种优化检验方案的方法。其基本思想是：

（1）确定会造成 80%～100% 风险的设备，通常这种高风险设备只占所有设备的 10%～20%。

（2）通过系统的风险分析，制订设备的最佳检验检修周期和方法，防止因检验不足可能带来的风险和检验过度造成的浪费。对高风险设备，针对其失效机理选用有效的检验方法重点检验；对低风险设备，少上检验项目，延长检验周期，达到优化检验资源配置，降低设备风险的目的。

5.2.2.1 RBI 评估技术简介

RBI 是 Risk Based Inspection 的缩写，即基于风险的检验。RBI 是一种科学的、系统的基于风险的评价方法，它通过确认设备/管线的损伤机理计算出失效可能性和失效所造成的后果，进而计算出风险大小，并通过有针对性的腐蚀管理、预防性检验/维护监控及工艺监控来有效管理和降低风险。RBI 分析对象包括容器类、贮罐类、工艺压力管道和安全阀。

5.2.2.2 RBI 评估技术路线

RBI 执行流程包含如下各主要步骤，如图 5.6 所示：

步骤一：数据收集、整理、分析，把数据录入 RBI 基本数据表格；

步骤二：对不能获得但评价必需的数据，采用现场检测获得并完善 RBI 基本数据表格；

步骤三：确定腐蚀回路和物流回路；

步骤四：RBI 风险分析；

步骤五：制订检验计划。

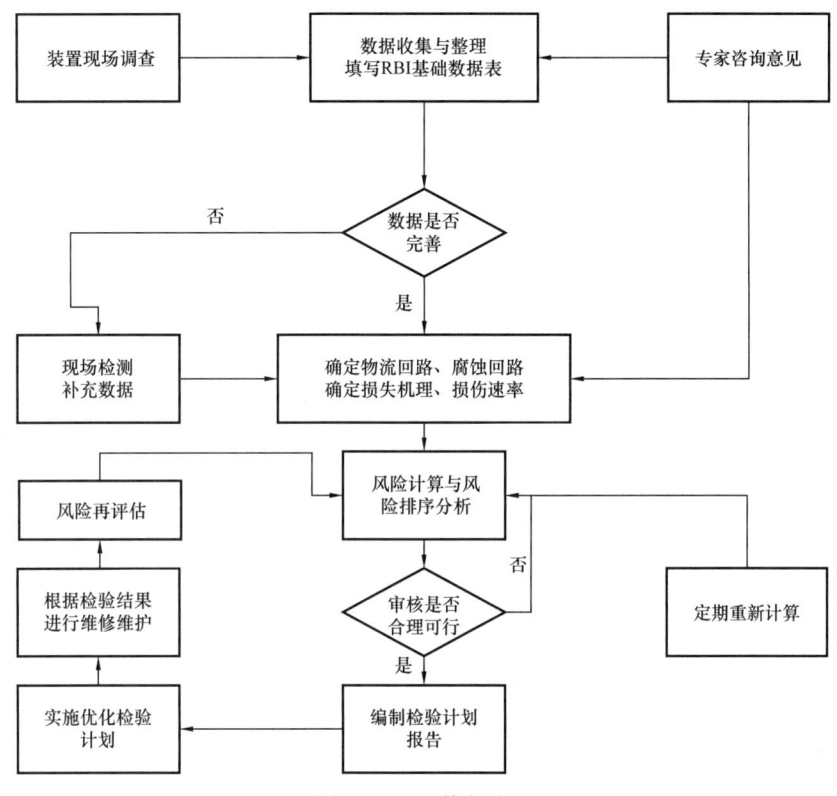

图 5.6　RBI 执行流程

1. 数据收集、整理、分析，录入数据表

执行 RBI 分析所需的基本资料包括：

（1）管道与仪表流程图（P&ID）。

（2）工艺流程图（PFD）。

（3）操作手册。

（4）装置工艺数据包。

（5）设备清单。

（6）管线清单。

（7）安全阀清单及测试记录。

（8）物料化学数据分析报告。

（9）取样点化学分析报告。

（10）设备设计制造文件（包含储罐）。

（11）管线规格书。

（12）管线及涂层技术规格或技术要求。

（13）管线保温技术要求。

（14）设备定期检验报告。

（15）设备管线更换记录。

（16）管线三维图。

根据 RBI 数据采集表收集需要的数据，数据要保证真实、可信和完整。数据采集表录入完成后要对其正确性、一致性及完整性进行校核。

2. 现场检测

对缺少的数据，应该采用检测设备现场检测获得，不能获得的应从保守的角度进行合理的假设。同时完善 RBI 数据采集表。

3. 物流回路和腐蚀回路的确定

根据所收集到的原始数据，分别对各个设备进行分析。由设备的材料、操作温度、操作压力、代表性流体等特征，进一步得出各个设备项潜在的失效机理，确定装置中的腐蚀回路。腐蚀回路划分的原则为：将具有相同损伤机理、在工艺流程上包含连续的一段管线和工艺设备划分为一个腐蚀回路。

物流回路的划分原则为：将两个快速关断点之间的设备和管线划定为一个物流回路。关断点的选择要保证当回路内某一设备项发生泄漏时，只有两个关断点之间的设备项的内容物可泄漏，而其他回路中的设备项不会发生泄漏。作为关断点的设备可以是：紧急切断阀（ESD Valve）、故障关（Failure Close）电动阀、3min 内可手动关闭的阀门和正常运行状态下处于关闭状态的阀门、泵、压缩机等。

4. 风险分析

1）风险的计算

设备或管道失效可能性的分析计算是基于失效机理的性质和发展速率的函数进行的，失效的可能性一般用极限状态分析与可靠性指数法求得。分析计算的步骤如下：

（1）识别损伤机理。

（2）预计退化的速率。

（3）评估检验历史，根据过去所采用检验方法对检出的各种不同形式损伤与损伤速率的有效性来确定置信度。

失效后果按照泄出流体物料的性质与量进行计算。物料泄出量与泄出速率的主要影响因素有失效孔的大小、流体黏度与密度及操作压力。物料性质对后果的影响主要是毒性、易燃性与化学活性等因素，以及这些因素对后果危害区域的大小与损伤程度的影响。

在计算得出失效可能性与失效后果后，即可计算风险：

$$风险 = 失效可能性 \times 失效后果$$

在实际执行中，根据收集整理的数据及确定的物流回路与腐蚀回路导入相关分析软件（如：Orbit Onshore）进行风险计算。

2）风险可接受准则的确定

将风险计算的结果与风险可接受准则进行比较，进行风险等级的划分。风险可接受准则表明了在失效发生时可以接受的风险。风险可接受准则帮助分析人员注重于高风险项目以制订适合的检验计划来降低其风险。风险可接受准则应与公司的 HSE 政策相符。

在 RBI 分析中，可接受准则被转化成为更适合于不同种类风险的风险矩阵格式。风险矩阵的 Y 轴表示失效可能性等级。风险矩阵的 X 轴表示后果等级。为了方便对设备的风险排序，采用了如图 5.7 所示的 5×5 矩阵图的方法，对设备风险简化分级，矩阵图中对失效可能性按失效可能系数划分 1，2，3，4，5 级，对后果划分为 A，B，C，D，E 级，后果可按不同后果种类，如 PLL（潜在生命损失），安全影响面积、总经济损失给出。

失效可能性（POF）		失效后果（COF）				
5	>0.1	中高	中高	中高	高	高
4	≤0.1	中	中	中高	中高	高
3	≤0.01	低	低	中	中高	高
2	≤0.001	低	低	中	中	中高
1	≤0.0001	低	低	中	中	中高
POF 等级	POF / COF	A	B	C	D	E
COF 等级	PLL	0~0.01	0.01~0.1	0.1~1	1.0~10.0	>10.0
	安全影响面积，m²	0~9.29	9.29~92.9	92.9~279	279~9290	>9290
	总经济损失，10^4CNY	≤5.5	5.5~<55	55~<550	550~<5500	>5500

图 5.7　风险矩阵图

5. 制订检验计划

（1）制订检验计划的要点在于：

① 根据所判定设备的失效机理，明确可能出现的缺陷类型，根据不同的缺陷类型采用不同有效性的检验方法。

② 根据设备风险等级，考虑风险发展确定最佳检验时间。

③ 根据失效机理的易发生部位确定检验位置。

（2）指定检验方法时，应考虑以下因素：有效性、可行性和经济性。

（3）建议检验周期时，应考虑以下因素：

① 政府法规的要求。

② 场站装置的整体风险。

③ 场站装置整体的大修计划。

6. 风险再评估

根据制订的检验计划实施检验，并根据检验的结果采取相应的维修和维护措施，然后进行风险再评估。

5.2.2.3 其他风险评估方法

在静设备的不同生命周期阶段还会用到其他不同的风险评估方法，主流评估方法的适用性见表 5.1。

表 5.1 静设备全生命周期风险评估方法

评估技术	生命周期阶段				
	前期研究	设计	新建/更新/改造	运营维护	废弃处置
HAZID（危险源辨识）	√	√	√	√	√
PHA（预先危险性分析）	√	√	√	√	√
SCL（安全检查表）	√	√	√	√	√
LEC（作业条件危险性分析）			√	√	√
JSA（工作安全分析）			√	√	√
TRA（任务风险评价）			√	√	√

5.2.3 静设备监测与检测技术

适用于静设备/设施的监测与检测技术发展历程较长，出现的技术方法较多，根据实施对象和采样方式的不同，概括起来可以分为以下四个方面：

（1）针对静设备/设施的监测技术包括应力应变监测技术、地质灾害监测技术、泄漏监测技术、振动监测技术、分布式光纤监测及疲劳寿命预警技术、结构声发射监测技术等，用于在线监测设备设施的不安全状态。

（2）针对静设备/设施的检测技术包括渗透检测技术、漏磁检测技术、超声检测技术、磁粉检测技术、涡流检测技术、射线检测技术、结构件进水检测（FMD）技术、声发射检测技术、相控阵检测技术、超声导波检测技术、磁记忆检测技术、交流电磁检测（ACFM）技术等。

（3）针对涂层的监测检测技术包括：标准管/地电位检测（P/S）技术、皮尔逊检测技术、密间距电位测试（CIS、CIPS）技术、多频管线电流测试（PCM）技术、直流电位梯度（DCVG）检测技术等。

（4）基于新技术的非接触式无损检测技术包括 3D 扫描技术、空气耦合超声检测技术、红外热像技术、激光超声检测技术、散斑干涉技术等。

静设备常用监测与检测技术的适用性见表 5.2。

表 5.2 监测与检测技术及适用性

序号	检测方法	适用性
1	应力应变监测	检测表面开口缺陷，不能用于表面粗糙结构
2	涡流检测技术	检测二维和三维缺损及腐蚀，且无检测盲区

续表

序号	检测方法	适用性
3	漏磁检测技术	检测腐蚀裂纹、气孔、夹渣等缺陷
4	磁粉检测技术	检测铁磁性材料的缺陷位置、形状及损伤严重程度
5	超声检测技术	检测焊缝,且可准确定位,主要检测壁厚变化
6	射线检测技术	用于结构焊缝的动态和静态检测,具有很强直观性
7	声发射检测技术	检测结构的裂纹性缺陷
8	超声导波检测技术	不停产全面检测工艺管线内外部腐蚀,且不用拆除保温层
9	磁记忆检测技术	在线检测铁磁性材料应力相对集中部位
10	相控阵检测技术	用于检测结构焊缝和材料内部缺陷,直观可靠
11	ACFM 检测技术	主要应用于水下结构表面和近表面裂纹检测,亦可应用于水上结构检测,快捷有效
12	FMI/FMD 技术	检测水下结构件由于裂纹等缺陷造成进水情况,主要有超声检测和射线检测两种技术
13	标准管/地电位检测技术	检测阴极保护效果的有效性
14	皮尔逊检测技术	检测涂层缺陷和缺陷区域,准确性低,容易被干扰
15	密间距电位测试技术	检测阴极保护效果的有效性,准确性低
16	PCM 多频管中电流测试	检测涂层漏电(包括水下管道)
17	直流电位梯度(DCVG)	检测涂层缺陷,不受外界电流干扰
18	TEM 检测技术	非开挖管道腐蚀检测,不包括点蚀
19	MTM 磁记忆检测	非开挖管道的缺陷应力集中和变形区域检测
20	NoPig 技术	管道轴线非对称的金属损失检测

磁粉检测、渗透检测等常规技术的应用已经十分成熟,选取近年来兴起的主流技术介绍如下:

5.2.3.1 分布式光纤监测及疲劳寿命预警技术

分布式光纤光栅监测技术采用光纤光栅传感器对结构热点区域的应力状态进行实时监测,并将实时监测数据通过无线网络传输至监控室,通过设定结构安全阈值实现结构强度的安全管理。

基于大数据的结构疲劳寿命监测技术针对结构热点区长期运行状态下的实时应力监测

数据，采用疲劳累计损伤计算方法对其整个工作周期循环载荷下的累积损伤进行计算，确定其热点区的疲劳寿命。

5.2.3.2 结构声发射监测技术

声发射检测技术可以检测到微米数量级的显微裂纹变化，它运用声发射检测技术对结构材料产生损伤过程中，材料局部因能量快速释放而瞬间发出的弹性波进行监测。从而实现对结构局部实施安全状态监测。

5.2.3.3 结构件进水检测技术

结构件进水检测（FMD）是一种采用超声波或者射线检测原理对水下结构杆件进行进水检测的方法，适合于检测穿透型裂纹或其他水渗到构件内部的缺陷。

5.2.3.4 工艺管线腐蚀在线检测技术

采用超声导波检测原理，可以实现对工艺管线腐蚀进行在线检测。超声导波探头可以感知管壁厚度中的任何变化，无论来自内壁或外壁的反射信号，均可以检出管线内外壁由腐蚀或侵蚀引起的金属缺损，根据缺陷产生的附加波型转换信号，可以把金属缺损与管子外形特征（如焊缝轮廓等）识别开来。

5.2.3.5 超声相控阵检测技术

超声相控阵成像技术是通过控制换能器阵列中各阵元的激励（或接收）脉冲的时间延迟，改变由各阵元发射（或接收）声波到达（或来自）物体内某点时的相位关系，实现聚焦点和声束方位的变化，完成声成像的技术。该技术可以准确高效地检出被检测本体内部缺陷。

5.2.3.6 磁记忆检测技术

金属磁记忆检测技术是一种利用金属磁记忆效应来检测部件应力集中部位的快速无损检测方法。它能够对铁磁性金属构件内部的应力集中区，即微观缺陷和早期失效和损伤等进行诊断，防止突发性的疲劳损伤，是无损检测领域的一种新的检测手段。

5.2.3.7 漏磁检测技术

漏磁检测技术是一项自动化程度较高的磁学检测技术，其原理为：铁磁材料被磁化后，其表面和近表面缺陷在材料表面形成漏磁场，通过检测漏磁场来发现缺陷。漏磁检测除能发现表面和近表面裂纹的缺陷外，还可从外部发现设备内部的腐蚀坑等缺陷，而且不需要对工件表面进行打磨处理。它适用于容器和管线的在线检测。

5.2.3.8 交流电磁检测（ACFM）技术

交流电磁检测（ACFM）技术是一种新型的无损检测和诊断技术，用于检测金属构件表面和近表面的裂纹缺陷，可以测量裂纹的长度并计算裂纹深度，具有非接触测量、受工件表面影响小的特点。该检测技术在海上设施的水下和水上结构无损检测中获得越来越广泛的应用。

5.2.4 静设备完整性评价技术

随着 RBI 风险检验技术的不断发展，逐渐呈现出了完整性评价技术，而完整性评价技术主要是在检验之后，针对所发现的缺陷进行安全评定并预测静设备剩余的寿命。该技术不仅有效结合了国外先进理论，更是吸收了之前工作的经验，从而在剩余的寿命检测过程当中，全面考虑腐蚀程度、疲劳程度及高温清洗等，并最终依照对应模型得出精准数据。

针对静设备缺陷一般情况下会使用三级评定的技术方式，具体可见表5.3。

表 5.3 评价准则

评价准则	评价级别
平面缺陷的简化评价	一级
	二级
	三级
平面缺陷的常规评价	一级
	二级
	三级
平面缺陷的分析评价	一级
	二级
	三级

对于静设备在剩余使用寿命方面的判定则主要是依据设备使用的损伤机理，主要包括设备的受腐蚀度、高温侵蚀程度、运行疲劳的状态等。而依据相关的技术理论和检测技术是确保对静设备进行寿命预测的关键。

5.2.5 静设备维护维修技术

静设备需要定期管理，其管理与养护提高了使用效率。从实际分析，若不有效管理与保养，必然会造成问题发生，严重时会导致设备运行故障并造成经济损失，因此静设备的有效管理是提高机械化设备运行效率的最佳途径。静设备维护维修技术主要包括巡检，预防性维护，防腐技术及缺陷修复技术等。

5.2.5.1 静设备防腐技术

腐蚀和疲劳问题是现代石油化工企业静设备失效的主要因素。造成这一现象的主要原因是，石化企业越来越多地进行大型和特大型企业改扩建，高强钢被普遍使用（韧性差，裂纹敏感性增大），各种石油化工强化新工艺，使设备长期处于高温、高压和强腐蚀的环境中。2015年在对某公司的静设备维修作业调研中发现，由腐蚀引起的故障维修在所有故障中所占比率高达61%，这一结果进一步体现了现在国内静设备维修管理的现状和腐蚀维修问题（图5.8）。

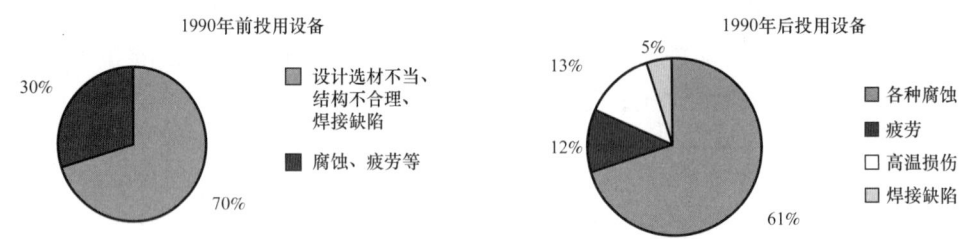

图5.8 不同时期压力容器失效原因的对比

在石油化工企业静设备的防腐管理中，应重点做好静设备材料的选用和管理。要根据不同用途选择不同的设备材料。对于使用者来说，对防腐工作要做到科学与实践相结合。对于一些重要的设备采购，要从专业的角度考虑防腐工作，分析其用途，确保满足运行效率。此外，还要分析相关的设备性能，基于不同设备，采取不同的防腐管理与养护措施。

静设备腐蚀防护技术是有效降低设备风险，提升本质安全的主要方法。该技术主要包含腐蚀监测与检测、设备防腐、工艺防腐和腐蚀评估四方面内容，其中腐蚀监检测可以充分掌握该设备的腐蚀现状，然后在划分成为在线和离线两种形式，针对静设备大部分都会运用大量离线定点测厚为主，关键的部位运用在线腐蚀检测系统和腐蚀检测旁路系统为辅的检测思路；设备防腐主要是通过材料升级和结构整改的形式进行维护；工艺防腐是主要运用于调节工艺的方式，如各种注剂、注水以及原料调和等；最后的腐蚀评估作为腐蚀防护的关键措施，能够有效依照腐蚀调查的相关内容进行决定腐蚀程度以及预防腐蚀的主要措施，从而针对现有的腐蚀防护策略加以整改，不断完善。

5.2.5.2 静设备检测维修系统

静设备的维修维护保养首先应侧重设备材质的选型，在工艺设计时根据腐蚀机理选取合适的材质，从根本上规避后期可能发生的严重问题。在后期维护中可建立基于状态的维修系统，它是石化企业静设备维修数字化的发展趋势，它可使设备的状态检测结果通过数学模型与维修形成统一的有机整体。该技术也是对物联网技术的应用和发展。石化企业静设备状态检测维修系统的构建可以分如下步骤：

（1）收集、整理相关设备的事故案例、生产工艺及风险评价等方面的资料。

（2）分析所搜集的资料，总结静设备损伤的原因（工艺、设计等）和损伤结果（损伤类型、损伤类型的危害程度和企业应采取的措施）。

（3）分析静设备损伤与失效风险之间的关系，以便选择合理的损伤分析手段和分析过程。

（4）建立基于静设备损伤状态的决策理论模型。

（5）确定合理的损伤状态分析方法。通过分析损伤形成过程、损伤状态的转变、损伤影响因子和静设备失效之间的关系，做出合理的损伤状态定位，选用正确的数学分析方法，对当前风险评价中存在的重大问题进行失效风险分析方法建模。

（6）利用现代检测技术，以装置为单位建立静设备损伤状态在线检测系统，使静设备的损伤状态通过数字的方式透明化。

静设备的状态监测不同于动设备的状态监测，它没有明确和连续的监测部位，一般情况下，监测的部位越多，监测周期越短，系统估算失误的概率就越低。但这样不仅会给企业造成巨大的经济负担，而且由于工作量和设备所在位置的限制，"检测不到"或"无法检测"的现象时有发生，同时也不能规避"检验不足"和"检验过剩"的问题。针对这种现象，为了准确了解设备的损伤分布，只能通过重点部位检测和已有的检测数据来估算其损伤速率，利用数理统计和概率论建立损伤分析系统，通过对一些变量的检测并结合经验数据和理论分析进行损伤机理、损伤类型、损伤重点部位定位和损伤变量估计，以满足静设备损伤检测的需要。此外，到目前为止尚没有一种检测技术能够检测所有缺陷类型，最有效的方法依然是针对不同的缺陷类型采用不同的检测技术。

良好的静设备状态检测维修系统，不仅依赖历史统计结论，而且能够运用检测出的损伤状态来判断和预测设备损伤的变化趋势，检验其对风险变化的影响，并实时调整未来的检验与维修策略。图5.9为石油化工静设备状态检测维修系统示例。系统中静设备的工艺数据和维修数据是专家系统的构建单元，专家系统通过分析设备数据库中的信息，来确定静设备的损伤类型和影响因子，并对设备的损伤风险等级做出评价。低风险的设备自动循环于下一次的检测过程中；中高风险的设备专家系统会做出状态检测建议传递给检测系统，同时做出设备风险的分析报告，给出相应的维修建议，通过维修规划管理部门做出维修或更换部件的决定，并将维修数据通过维修报告输入到专家系统中，以便于系统以后的调用。该系统可以实时监测静设备的损伤状态，并以现代检测设备代替人工点检，整个过程完全由IT技术完成。把静设备的损伤状态通过专家系统以数据的形式反映出来，依据损伤的实际分布状态和风险等级，以科学合理的动态决策减少"检测过剩"和"维修过剩"的现象。它以科学分析代替人为感性判断和经验，采用闭环系统循环模式，对石化企业静设备的长周期安全运行起到了良好的作用。

5.2.5.3 静设备缺陷修复

静设备需要定期管理，对其管理与养护可提高使用效率。对于安全性问题，通过管理与保养可实现对安全的检查。若不能有效管理与保养静设备，必然会造成问题发生，严重的会导致设备运行故障，造成经济损失。因此对设备的有效管理，保证有良好的运作环境，可以降低发生故障的概率，可以提高静设备的使用寿命与运行效率，可以确保生产顺利进行，并使化工企业的经济效益得到保证。

企业还需要对静设备及时清理检查，对受到腐蚀部分的材料进行相关维修。其中，对腐蚀情况极为严重的应该迅速报废，以避免对产品质量造成严重影响。静设备的维修主要可以分为两个方面,即日常维修和预防性维修。前者是通过对生产过程中发现的腐蚀情况进行维修以确保机械设备的质量,后者则主要是设置一定的时间周期来确保相关静设备得到定时维修,以保证质量和使用寿命等,从而确保企业的经济效益。

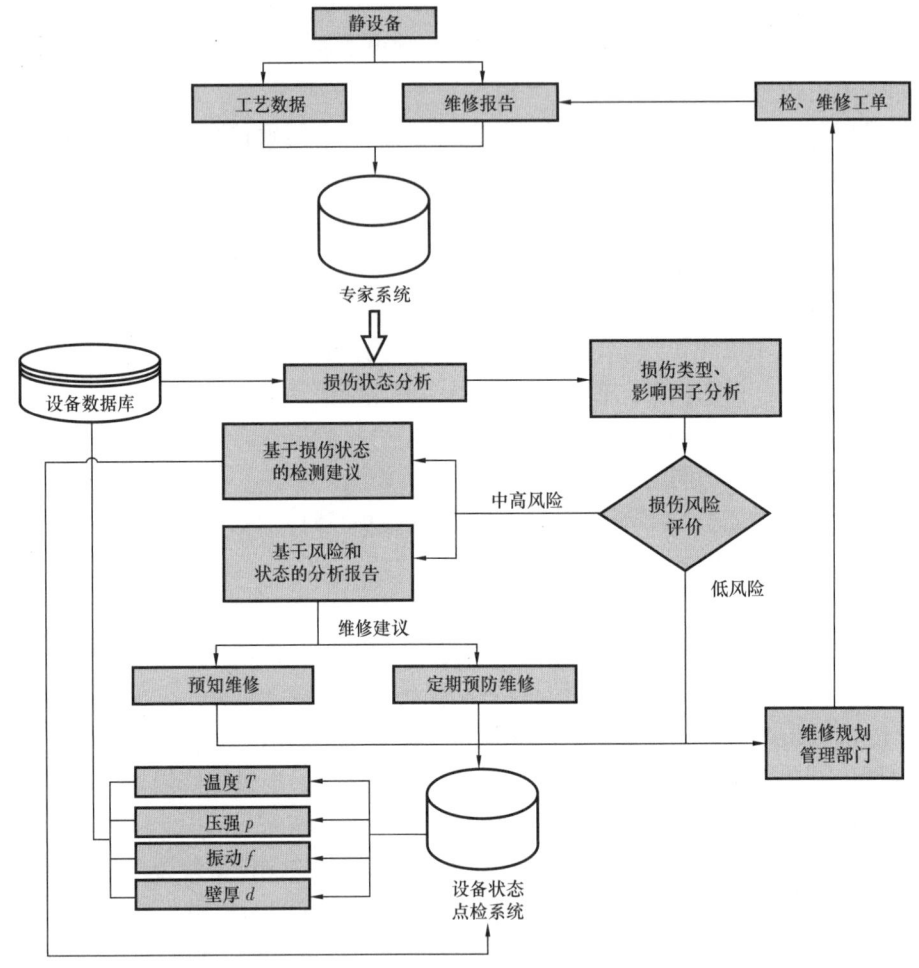

图 5.9　石化静设备状态检测维修系统理论构架

1. 静设备的例行保养

静设备的例行保养主要是指对静设备的每日定时保养和维护,也被称为日保养。主要包括工作之前的例行检查,工作之中遵守相关操作规程及对设备和装置的观察等。在周末和节假日,还应该对设备进行一定的清扫和擦洗,在交接班制度方面排除可能出现的问题,确保设备的安全可靠。

2. 静设备的一级保养

静设备一级保养十分重要,应该按规定范围积极维修检查。一级保养可以月为单位进行全面检查与维护。在保养过程中要结合相关技术,分析设备用途,安排设备的操作人员,配合检查保养,以全面了解设备的运行状况,做好保养登记。若遇到问题需要积极处理，待处理好后再进行下一保养日期制订。在一级保养阶段，需要定期进行考核，明确保养间隔符合该设备的保养范围。

3. 静设备的二级保养

静设备的二级保养主要是指静设备在运行到一年时间左右时，改为以维修为主，并配合操作的维修保养，从而确保静设备的质量，这也被称为年保养。

随着科技水平的不断提升，越来越多的石油化工企业在考虑自身实际情况的基础上适度引进国外先进科学技术，利用热喷涂、粘接和离子焊等高超技艺增强了石油化工企业的工作效率，更利用该类技术大幅度缩短了石油化工企业设备故障出现时的排查和维修时间，在增强企业设备真实使用寿命的同时强化了设备的高效使用特性。因此，在考虑企业实际情况的同时，合理引入先进科学技术成为石油化工企业可持续发展的重要内容，更是提升石油化工企业设备维修效率的重要支撑，也是实现石油化工企业设备标准化管理的重要手段。

5.3 动设备完整性技术

动设备是指由驱动机驱动运行的机械设备，如泵、压缩机、风机、搅拌机、透平等，其能源可以是电动力、气动力、蒸汽动力等。动设备完整性技术是在动设备管理过程中，为了保持动设备能够平稳、安全运行，保障设备本质安全而形成的一套技术体系，该体系主要包括数据采集与分析技术、风险评估技术、监测检测技术、完整性评价技术及维护维修技术五个环节。通过动设备完整性技术的应用，可以规范和优化动设备的设计选型、采购、安装、验收、使用和维护检修等活动，开展基于风险的管控，优化资源配置，在保障设备安全的基础上实现最优的资源投入。

动设备完整性技术的五个环节在动设备管理过程中有机结合，形成了一个闭环，各环节紧紧相扣，密不可分。数据采集与分析技术可以采集动设备管理过程中的有效数据并进行数据的分析和提取，其结果可以为动设备的风险评估提供支持，给出风险评估结果的判断依据，使评估结果更加客观。

通过风险评估可以对动设备进行风险分级，找准易发生事故或失效影响较大的动设备，制订监测检测策略，进而明确需要增加监测检测手段的动设备，并根据特性选定适宜的手段和技术开展监测检测。

通过对监测检测数据的应用，可以及时、准确地发现动设备运行中的异常信息，从而对相关设备开展完整性评价，判定是否完好；如通过完整性评价发现动设备的异常信息是由设备本身的缺陷或故障引起，且该缺陷或故障会影响到设备的本质安全乃至企业生产，则需要通过维护维修技术使其恢复到安全、可正常使用的状态，从而保证安全生产。

同时，在动设备完整性技术五个环节的开展中，各环节对数据的应用会促进数据采集与分析技术的发展，从而使用更全面、准确的数据对监测检测、风险评估、完整性评价和维护维修进行支持和优化，实现闭环的、可持续提升的管理模式。

动设备完整性技术以可靠性为中心的维护（RCM，Reliability Centered Maintenance）为核心，它是目前国际上流行的、用以确定设备预防性维修需求的一种系统工程方法。RCM 定义为：按照以最少的资源消耗保持装备固有可靠性和安全性的原则，应用逻辑决断的方法确定设备预防性维修要求的过程或方法。它的基本思路是：对设备进行功能与故障分析，明确设备各故障后果；用规范化的逻辑决断方法，确定各故障的预防性维修对策；通过现场故障数据统计、专家评估、定量化建模等手段，在保证设备安全和完好的前提下，以维修停机损失最小为目标对设备的维修策略进行优化。其实施过程如图 5.10 所示。

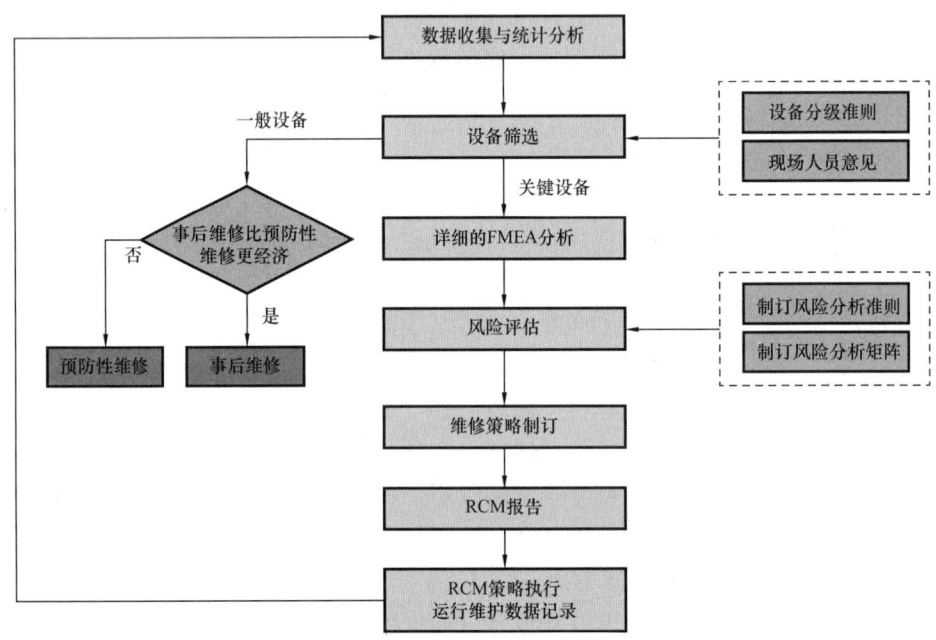

图 5.10　动设备 RCM 实施流程

RCM 的目的是通过确定设备适用而有效的预防性维修工作，以最少的维修资源消耗保持装备固有可靠性水平和安全性，确保当设备的安全性和可靠性水平下降时能将其恢复到固有水平，对固有可靠性水平不能满足需要的部件，为改进设计提供必需的信息。RCM 理论于 20 世纪 60 年代起源于美国的波音公司，最初应用于飞机及航空设施，发展到 20 世纪 90 年代趋于成熟。至今，RCM 已在许多国家的钢铁、电力、化工、铁路、汽车、地铁、海洋石油、核工业、建筑、供水、食品、造纸、卷烟及药品等行业得到广泛应用。

5.3.1　数据采集与分析技术

数据是一种宝贵的财富，是动设备管理中做出准确决策的基础。数据采集是一种投资，标准化地梳理与收集使数据的集成与分析成为可能，可避免垃圾数据的产生，改善数据的质量，并通过数据分析使其产生价值。动设备数据采集与分析技术包括完整性数据规划、专业数据采集、数据质控、数据处理和数据仓库建设五个部分。目前，数据采集与分析技术已在设备设施完整性管理中广泛应用，宜进一步结合大数据技术、物联网技术、云计算技术等先进技术，进行技术提升和体系完善。

5.3.1.1 完整性数据规划

完整性数据规划是"数据采集与分析技术"的基础，它通过上层的系统规划可有效提升数据采集的有效性和应用的可能性，避免因对动设备的信息要求不明确导致的设备设施完整性数据采集不全、不及时、不准确的风险。完整性数据规划还包括对数据内容的梳理与存储。

动设备管理中需要采集的数据是指在其全生命周期各类活动中产生的信息，包括在规划投资、设计建造、运营维护及废弃处置阶段产生的文档、知识和数据，可以分为静态数据和动态数据。

（1）静态数据包括动设备管理要求、技术规格信息（制造厂家、规格型号、材质等）、工艺参数信息（流量、压力、功率等）、工程建设施工信息和动设备维护保养要求等。

（2）动态数据包括动设备润滑信息、巡检信息、运行状态信息、故障信息、事故信息、变更信息、技改技措信息、风险管理信息、备件信息等。

5.3.1.2 专业数据采集

专业数据采集是基于完整性数据规划的要求，对相关数据进行采集的过程，采集方式和方法根据实际情况会有多种，如传感器、人工采集、过程记录等相关形式。

通过专业数据采集最终可以获得设备操作手册、专业设备规格书、设备布置图、备件清单、工艺流程图、PID图纸、设备监理报告、设备验收记录、设备台账、动设备档案、设备的原始出厂资料、技术资料、图纸和设备相关运行、巡检、维护维修情况的记载、动设备技术月报、设备年度工作计划、设备管理年度总结、年度检维修计划、月度检维修计划、月度备品备件计划、设备事故报告、设备事故调查报告、设备事故台账、设备变更汇总表、变更记录、技改技措台账、合规性评价报告、法律法规识别清单、风险识别清单、动设备密封点台账、设备维护检修规程、设备作业指导书、设备润滑记录、润滑油化验分析单、设备代用油审批记录、润滑用油清单、特护机组巡检记录、特护设备月报、机组自保联锁台账、机组联锁变更审批表、机组事故预案、状态监测记录、状态监测月报等资料。

5.3.1.3 数据质控

对数据质量把控是数据处理的基础工作，直接影响到处理后数据的准确度和可用性。在动设备管理过程中，应建立数据的质控体系，在成本合适的前提下，能通过自动采集的尽量自动采集，避免人为干扰和给员工带来工作压力。对于已经收集到的数据要注意保存，避免不必要的修改。

5.3.1.4 数据处理

数据处理是设备设施相关信息充分挖掘和利用的最重要环节。企业可以在大数据的支持下，使用人工智能或其他方式的处理形式，选取有用信息，并进行算法计算，获取有效数据。信息应用包括但不限于支持决策、优化各项已有的策略，如支持风险管理决策，改进维护维修策略、防腐策略，以及优化检验周期、评估评价等策略。

5.3.1.5 数据仓库建设

数据仓库建设是"数据采集与分析技术"落地的载体，通过完整性数据技术可以实现对设备设施全生命周期内的数据的收集整理，而后需要建设完整性数据仓库，将采集到的数据按照规划进行存储以供共享和使用。数据仓库应能有效读取数据，避免出现数据的杂乱无章，导致无法快速提取。

5.3.2 动设备风险评估技术

5.3.2.1 动设备风险评估技术概述

风险评估技术是基于获取到的相关信息，分析判断设备设施发生危害的可能性及其严重程度，并确定其是否在可承受范围内的全过程。动设备不同生命周期阶段适用不同的风险评估方法，主流评估方法的适用性见表 5.4。

表 5.4 动设备全生命周期风险评估技术

评估技术	生命周期阶段				
	前期研究	设计	新建/更新/改造	运营维护	废弃处置
HAZID：危险源辨识	√	√	√	√	√
FMEA：失效模式和效应分析				√	
PHA：预先危险性分析	√	√	√		√
SCL：安全检查表		√	√	√	√
FTA：事故树分析		√	√	√	
ETA：事件树分析		√	√	√	
LEC：作业条件危险性分析			√	√	√
JSA：工作安全分析			√	√	√
TRA：任务风险评价			√	√	√

（1）危险源辨识（Hazard Identification，HAZID）可以作为企业进行风险管理的第一步，它主要从安全危害、职业健康影响、环境因素三个方面进行系统的风险辨识。它并不限于狭义的识别危险源，而是具有更加广泛的内涵，包括识别危险源、分析其原因和可能

导致的后果，在此基础上进行分析是否需要开展针对性的定量风险评估，藉此提出相应的建议或改进措施。

（2）故障模式和影响分析（Failure Mode and Effects Analysis，FMEA）是美国20世纪50年代为评价飞机发动机故障而开发的一种方法，目前许多国家在核电、化工、机械、电子、仪表工业中都广泛应用。故障模式和影响分析是定性化和定量化相结合的程序化工作。

（3）预先危险性分析（Process Hazard Analysis，PHA）是在每项工程、活动之前（如设计、施工、生产之前），或技术改造之后（即制定操作规程前和使用新工艺等情况之后），对系统存在的危险因素类型、来源、出现条件、导致事故的后果及有关防范措施等作概略分析的方法。

（4）安全检查表（Safety Checklist List，SCL）是依据相关的标准、规范，对工程、系统中已知的危险类别、设计缺陷及与一般工艺设备、操作、管理有关的潜在危险性和有害性进行判别检查。它适用于工程、系统的各个阶段，是系统安全工程的一种最基础、最简便、广泛应用的系统危险性评价方法。

（5）事故树分析（Fault Tree Analysis，简称FTA）方法起源于故障树分析，是安全系统工程的重要分析方法之一，它是运用逻辑推理对各种系统的危险性进行辨识和评价，不仅能分析出事故的直接原因，而且能深入地揭示出事故的潜在原因。

（6）事件树分析法（Event Tree Analysis，ETA）是安全系统工程中常用的一种归纳推理分析方法，起源于决策树分析（DTA），它是一种按事故发展的时间顺序由初始事件开始推论可能的后果，从而进行危险源辨识的方法。这种方法将系统可能发生的某种事故与导致事故发生的各种原因之间的逻辑关系用一种称为事件树的树形图表示，通过对事件树的定性与定量分析，找出事故发生的主要原因，为确定安全对策提供可靠依据，以达到猜测与预防事故发生的目的。事件树分析法已从宇航、核产业进入到一般电力、化工、机械、交通等领域，它可以进行故障诊断、分析系统的薄弱环节，指导系统的安全运行，实现系统的优化设计等。

（7）作业条件危险性分析（Likelihood Exposure Criticality，LEC）是对具有潜在危险性作业环境中的危险源进行半定量的安全评价方法，该方法由美国安全专家K.J.格雷厄姆和K.F.金尼提出，用于评价操作人员在具有潜在危险性环境中作业时的危险性、危害性。该方法用与系统风险有关的三种因素指标值的乘积来评价操作人员伤亡风险大小，这三种因素分别是：L（likelihood，事故发生的可能性）、E（exposure，人员暴露于危险环境中的频繁程度）和C（criticality，一旦发生事故可能造成的后果）。给三种因素的不同等级分别确定不同的分值，再以三个分值的乘积D（danger，危险性）来评价作业条件危险性的大小。

（8）工作安全分析（Job Safety Analysis，JSA）是用来评估任何与确定的活动相关的潜在危害，保证风险最小化的方法，是一种常用于评估与作业有关的基本风险分析工具，以确保风险得以有效的控制。JSA使用下列标准的危害管理过程：识别潜在危害并评估风险、制订风险控制措施（控制消除危害）、计划恢复措施（以防出现失误）、这个过程适用于任何作业任务。

（9）任务风险评价（Task Risk Assessment，TRA）是指针对任务识别危险源并进行不安全因素和后果描述，通过风险评估确定风险等级，并提出风险控制措施的过程。

5.3.2.2　动设备风险评估技术示例

动设备风险评估技术的应用可以根据选择的方式方法开展，考虑到成本的影响，可以对企业范围内的动设备进行筛选（如设备分级等），把有限的资源重点应用到关键设备的风险评估上，使维修活动和资源利用更有针对性。

以某项目开展 RCM 技术应用为例，首先需要通过设备筛选确定关键设备，根据实际情况对公司关键设备进行详细的 FMEA 分析、风险评估及维修策略制订，对于一般设备的维修应充分考虑经济性，选择事后维修或预防性维修。

1. FMEA 分析主要步骤

（1）在分析转动设备结构和历史维护检修记录的基础上，结合设备故障库，分析出部件可能发生的所有故障模式，并分析是显性故障还是隐性故障，然后结合现场实际应用状况分析故障原因。

（2）分析出转动设备故障模式后，分别从安全、环境、停机时间和维修成本等方面讨论故障可能造成的影响。在分析故障影响时，原则上应当考虑"常见的、经常发生的"情况和"常见的、经常发生的"后果及相关的故障，不考虑极端的小概率事件下发生的故障后果。当项目组对部件或相应的故障模式对应的后果不确定时，风险评估时原则上取较为保守的结果。

（3）根据历史维修记录和现场工程师提供的信息，确定每种故障模式发生的频率。如果没有此类数据，可以参考国内外同行业同类部件的故障频率或专家经验值。

2. 风险评价准则与评价矩阵

设备的故障模式风险等级由故障模式发生的频率和后果确定。风险可接受准则和风险矩阵与企业的情况有关，一般根据企业设备运行情况、管理现状、安全、环境的相关法规 / 标准等制订。通常评价准则包括：故障概率 / 频率评价准则、安全后果评价准则、环境后果评价准则、停机时间后果评价准则、维修成本后果评价准则和相应风险矩阵。通过分析统计设备检维修记录确定每台设备故障模式发生的频率，然后根据制订的评价准则和 FMEA 后的故障模式影响，对每台设备的故障模式进行风险分析，确定其风险等级。

故障模式风险评价矩阵是一个 5×5 矩阵，风险矩阵的横坐标代表故障后果，纵坐标代表故障概率 / 频率。风险矩阵的横坐标、纵坐标交叉对应的位置代表了故障模式风险等级。相关风险评价准则可通过参考国内外先进做法并结合企业实际情况制订。

1）故障概率 / 频率（PoF）评价准则

故障概率 / 频率（PoF）评价准则的制订综合考虑转动设备故障频率统计结果和用户的可接受程度，把故障频率划分为 A、B、C、D、E 共 5 个等级，每个等级和不同的故障频率相对应，其对应关系见表 5.5。

表 5.5　故障概率 / 频率评价准则

故障频率等级	一个大修周期内发生故障频率 x 次 / 检修周期
A	$0<x\leq0.5$
B	$0.5<x\leq1$
C	$1<x\leq3$
D	$3<x\leq5$
E	$x>5$

2）安全后果评价准则

安全后果评价准则从潜在的人身伤害、人身伤害的严重度、健康风险、可能的火灾或爆炸事件四个方面因子确定，其对应关系见表 5.6。

表 5.6　安全后果评价准则

后果等级	安全后果
A——无受伤	没有造成人肢体或者容貌损害；听觉、视觉或其他器官功能无伤害；对人体身体健康没有失能危害
B——轻微受伤	人肢体或者容貌轻微或中度损害；听觉、视觉或者其他器官功能轻微或者短暂障碍；其他人身健康有轻微或中度伤害的损伤
C——重大受伤	人肢体残废或容貌毁损；丧失听觉、视觉或者其他器官功能；其他对人身健康有重大伤害的损伤；劳动力有重大损失的失能伤害
D——一人伤亡事故	事故发生后当即死亡（含急性中毒死亡）或负伤后在 30d 内死亡的事故
E——多人伤亡事故	2 人（含 2 人）以上的死亡事故

3）环境后果评价准则

环境后果评价准则从污染物的种类、污染物的毒性、污染物排放量、影响面积、污染控制检测和辐射检测 6 个方面因子确定，其对应关系见表 5.7。

表 5.7　环境后果评价准则

后果等级	环境后果
A——轻微影响	基本不产生废水、废气、废渣、粉尘、恶臭、噪声、震动、放射性、电磁波等不利影响，在环保指标的允许范围之内
B——较轻影响	污染因素简单、污染物种类少和产生量小且毒性（有害）较低的影响，系统内部可以处理解决
C——局部影响	污染因素复杂，产生污染物种类多、产生量大；产生的污染物毒性（有害）大或难降解，需要集中公司的力量加以解决

续表

后果等级	环境后果
D——较大影响	产生大量污染物，毒性较强，社会影响大，但通过地方支持处理可以解决的环境影响
E——重大影响	造成生态系统结构的重大变化或生态功能重大损失和较大社会、国际影响，必须通过省内支援处理或中央、地方政府和国际团体等外部协助来处理

4）停机时间后果评价准则

停机时间指单台设备故障维修的总时间，包含准备、置换、采办等过程。其对应关系见表5.8。

表5.8 停机时间后果评价准则

后果等级	停机时间 x, h
A——轻微影响	$x \leqslant 8$
B——较轻影响	$8 < x \leqslant 24$
C——局部影响	$24 < x \leqslant 72$
D——较大影响	$72 < x \leqslant 168$
E——重大影响	$x > 168$

5）维修成本后果评价准则

维修成本后果评价准则从维修设备所需零部件价格、人工费用、工机具费用方面确定，其对应关系见表5.9。

表5.9 维修成本后果评价准则

后果等级	维修成本 x, 10^3CNY
A——轻微影响	$x \leqslant 5$
B——较轻影响	$5 < x \leqslant 20$
C——局部影响	$20 < x \leqslant 50$
D——较大影响	$50 < x \leqslant 100$
E——重大影响	$x > 100$

根据安全后果、环境后果、停机时间后果与维修成本后果四个故障后果和故障频率，RCM把故障模式风险矩阵分为安全风险矩阵、环境风险矩阵、停机时间风险矩阵和维修成本风险矩阵四种风险矩阵，并通过其在矩阵中的不同位置将故障模式分为高风险、中风险和低风险三个等级，见表5.10。其中深灰色区域表示高风险，白色区域表示中风险，中灰色区域表示低风险。故障模式高、中、低风险是指相对风险，高风险并不代表必须立即整改（表5.10）。

表 5.10　风险矩阵

可能性	故障后果				
E 非常高（5）	5	10	15	20	25
D 高（4）	4	8	12	16	20
C 中等（3）	3	6	9	12	15
B 低（2）	2	4	6	8	10
A 非常低（1）	1	2	3	4	5
故障频率/后果	轻微（1）	一般（2）	中等（3）	重大（4）	灾难（5）
	A	B	C	D	E

风险评价准则和风险矩阵制订之后，可根据风险评价准则和风险矩阵对企业的设备故障模式逐步进行详细的风险分析。故障模式风险评价分别从安全、环境、停机时间和维修成本影响四个方面区分出高、中、低风险的故障模式，故障模式风险分析的结果是确定设备重要度和制订设备检修、维修大纲的基础。

每种故障原因都要分别进行安全、环境、停机时间和维修成本风险评价，这四方面最高风险项对应的风险决定该故障原因的风险等级，即安全、环境、停机时间和维修成本风险只要其中一个为高风险等级，则故障原因则为高风险；安全、环境、停机时间和维修成本风险全部为低风险等级时，故障原因即为低风险原因；其余为中风险故障原因。表 5.11 给出对企业某氢气压缩机进行的 FMEA 分析。

通过 FMEA 分析，可以给出动设备维护策略，如建立月、年度设备 KPI 分析，使用状态监测设备在线或离线采集状态数据等，有针对性地开展动设备的管理。

5.3.3　动设备监测检测技术

动设备监测检测技术是指通过设备自身的监测设施、在线监测系统、离线监测仪器等对设备振动、位移、温度、压力、流量、电流等进行监测，从而掌握设备运行现状，判断是否存在异常或劣化征兆，它包括在线监测和离线监测。在风险评估的基础上，企业应根据自身情况和设备重要性，对设备开展监测检测工作。

振动测试方法和评定标准应以现行有效的国家有关标准、行业标准规范和设备随机资料为准。

5.3.3.1　旋转动力泵振动标准

据 GB/T 6075.7《机械振动　在非旋转部件上测量评价机器的振动　第 7 部分：工业应用的旋转动力泵（包括旋转轴测量）》，旋转动力泵振动标准见表 5.12。

表 5.11 某企业氢气压缩机 FMEA 表（示例）

设备名称	子系统	子单元	故障模式	故障原因描述	故障过程及影响描述	故障频率等级	故障后果等级（安全）	故障后果等级（环境）	故障后果等级（停机时间）	故障后果等级（维修成本）	安全风险等级	环境风险等级	停机时间风险等级	维修成本风险等级	总体风险等级（故障原因）	总体风险等级（故障模式）
往复式压缩机	压缩系统	气阀	排气量降低	气阀密封不严	故障导致排气量降低，不满足工艺要求，直至造成机组联锁停车，装置停工，同时造成活塞杆受力情况会发生变化，影响反向角	D	A	A	A	C	L	L	L	M	M	M
				弹簧断裂或失效		D	A	A	A	C	L	L	L	M	M	
				卸荷器、电磁阀或风压卸荷阀等部件失效	长时间运行可能造成供油润滑不足，相关部件摩擦烧毁	D	A	A	A	C	L	L	L	M	M	M
		气缸异响	执行机构手爪、阀片或弹簧断裂	气阀执行机构手爪、弹簧断裂，阀座软垫等部件损坏都可能导致气缸内异响，可能加剧其他部件的磨损，严重可能造成撞缸情况，并增加维修成本	B	D	A	B	B	M	L	L	L	M	M
			阀座软铁垫断裂		B	D	A	B	B	M	L	L	L	M	
			气阀部件失效		B	D	A	B	C	M	L	L	L	M	
		某级进气温度升高	吸气阀故障	气阀损坏导致进气温度升高，可能加剧其他部件的磨损，对生产造成影响，并增加维修成本	B	A	A	A	C	L	L	L	L	L	L

表 5.12 功率大于 1kW，叶轮叶片数 $z_i \geqslant 3$ 旋转动力泵的非旋转部件振动的评价区域限值

区域	描述 （区域的定义详见5.2）	振动速度限值均方根值 mm/s			
		1组[①]		2组[②]	
		≤200kW	>200kW	≤200kW	>200kW
A	在最佳工作范围内运行的新投用泵	2.5	3.5	3.2	4.2
B	在允许工作范围内无限制长期运行	4.0	5.0	5.1	6.1
C	受限的运行	6.6	7.6	8.5	9.5
D	损坏风险	>6.6	>7.6	>8.5	>9.5
	最大报警限值 （≈1.25倍区域B上限值）	5.0	6.3	6.4	7.6
	最大停机限值 （≈1.25倍区域C上限值）	8.3	9.5	10.6	11.9
现场验收测试	最佳工作范围	2.5	3.5	3.2	4.2
	允许工作范围	3.4	4.4	4.2	5.2
制造商验收测试	最佳工作范围	3.3	4.3	4.2	5.2
	允许工作范围	4.0	5.0	5.1	6.1
对于所有验收测试在最佳工作范围内（见3.4），工频（f_n）分量和叶轮通过频率（$f_n \cdot z_i$）分量的滤波值分别应为		≤2	≤2	≤3	≤3

[①] 1组：对可靠性、有效性或安全性有高度要求的泵（例如输送有毒有害液体的泵；在石油天然气、特殊化学品、核或电站中关键用途的泵）。
[②] 2组：通用或者非关键用途的泵（例如输送非有害液体的泵）。

5.3.3.2 工业机器振动标准

工业机器振动标准依照 GB/T 6075.3《机械振动 在非旋转部件上测量评价机器的振动 第3部分：额定功率大于15kW额定转速在120r/min至15000r/min之间的在现场测量的工业机器》执行（表5.13、表5.14）。

振动速度与位移的宽频带均方根值的频率范围限值从10Hz至1000Hz，或者对于转速低于600r/min的机器为2Hz至1000Hz。在大多数情况下仅对振动速度的测量就可满足要求，如估计的振动频谱中包含有低频分量，则应当将速度及位移二者的宽频带测量都作为基础进行评价。

表 5.13　振动烈度区域分类　第 1 组机器：额定功率大于 300kW 并且小于 50MW 的大型机器；转轴高度 $H \geq 315$mm 的电机

支承类型	区域边界	位移均方根值，μm	速度均方根值，mm/s
刚性	A/B B/C C/D	29 57 90	2.3 4.5 7.1
柔性	A/B B/C C/D	45 90 140	3.5 7.1 11.0

表 5.14　振动烈度区域分类　第 2 组机器：额定功率大于 15kW 并且小于等于 300kW 的中型机器；转轴高度 160mm$\leq H <$315mm 的电机

支承类型	区域边界	位移均方根值，μm	速度均方根值，mm/s
刚性	A/B B/C C/D	22 45 71	1.4 2.8 4.5
柔性	A/B B/C C/D	37 71 113	2.3 4.5 7.1

5.3.3.3　离线与在线设备监测技术

离线设备监测工作应根据"三定"原则开展工作

（1）定点：监测点可用特定标识标记。在选择测点时，应遵循距离振源最近，测点刚度最大两条原则。

（2）定时：应按规定监测时间对设备进行现场检测。

（3）定人：监测人员应固定。

对风险评估结果中高风险的关键设备及部分重要动设备应开展在线状态监测工作，确保动设备处于安全可靠状态。目前，大型石油石化企业的一些大型透平、压缩机组已经逐步实现了在线监测，基于多种专业化分析图谱和监测诊断手段，监测、预警和诊断了多起机组故障，有效节约了可观的维修时间和经费，避免了多起事故发生（图 5.11）。

总体上，企业应使用状态监测设备在线或离线采集状态数据，通过故障特征信号的提取、监测来预测部件故障发展趋势，在此基础上确定部件维修内容、维修级别、维修时间或间隔期等内容。同时，增加历史报警统计、设备状态趋势分析等功能，建立故障监测数据库。目前主流的技术包括：

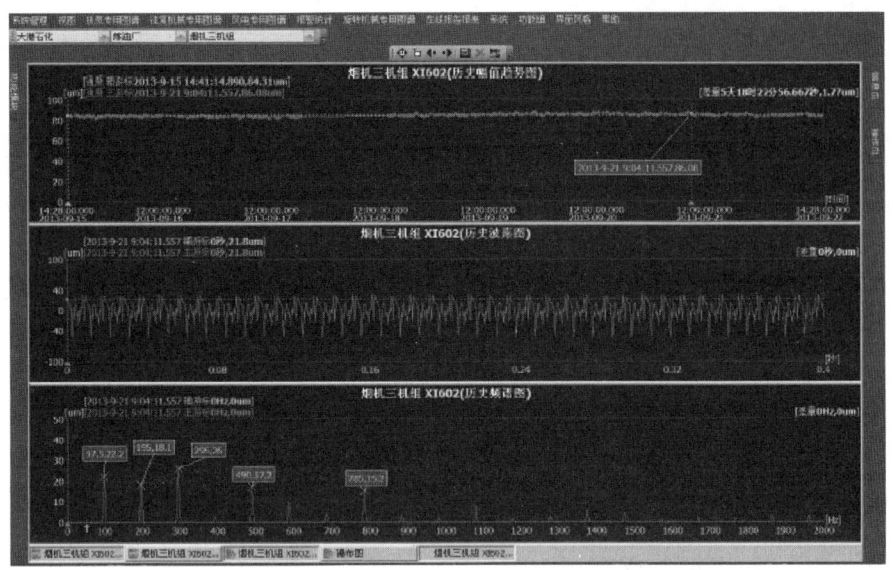

图 5.11 某机组状态监测与诊断系统

1. 旋转设备振动监测技术

通过离、在线数据采集分析，从而判断设备状态和故障类型，包括不平衡、不对中、结构松动、轴承故障及齿轮故障等。

2. 往复压缩机监测技术

往复式设备进行状态监测，依靠振动监测，结合压力、温度等多种技术参数，可以准确诊断出设备的故障根源和故障部位。

3. 内燃机监测技术

内燃机诊断技术综合使用振动、压力、超声波、红外测温、相位与转速测试等技术进行综合测试，并可引入其他过程参数数据综合进行分析评估。

4. 橇块结构模态分析技术

通过运用模态分析技术对平台甲板进行有限元仿真计算和振动模态测试分析，对设备周边的甲板进行减振优化工作，结合甲板实际测试数据，对甲板动力学特性进行优化，得到结构减振改造方案。

5. 润滑油磨损颗粒分析技术

通过润滑油监测和分析发现设备是否磨损、磨损的严重程度及润滑油是否乳化变质等。

5.3.4 动设备完整性评价技术

动设备完整性评价是在检测监测工作的基础上，通过对异常数据的分析，评判动设备是否处于完好状态的行为。异常数据可能存在于日常检查、在线监测、离线监测、上级检查等发现的振动、温度或现场状况与正常不一致的情况。

动设备完好标准通常参考 SHS 01001《石油化工设备完好标准》，同时应综合设备使用工况、设备主体结构等因素进行匹配性调整。动设备完好一般要求如下：

（1）主辅机的零部件完整齐全，性能良好。

（2）基础、机座坚实稳固，无缺损、开裂等缺陷。

（3）附属管线、管件、阀门、支架等安装规范，牢固完整，标志分明。

（4）防腐、保温、防冻凝设施完整。

（5）设备运转状态良好，无异常振动和杂音，温控点符合要求。

（6）运行工况参数符合设备技术要求，满足生产需求。运转正常，无超温、超压、超负荷现象，运转平稳。

（7）密封、轴封系统功能良好，无跑、冒、滴、漏。

（8）润滑系统、冷却系统性能良好，设备润滑和冷却正常。

（9）配套电气、仪表系统功能良好。

（10）设备、基础清洁，无油污、积垢、杂物等。

5.3.5 动设备维护维修技术

经动设备完整性评价分析后，存在故障或缺陷的设备应进行维护维修工作。动设备的维护维修一般分为两个层次，一是故障发生之前或技术状态劣化迹象尚未明显，采用一定的技术手段保持其状态在一个目标范围内的过程；二是故障发生后或技术状态明显劣化，采用一定的技术手段恢复或提升其技术状态到达一个目标范围内的过程。这些保持、恢复或提升设备设施技术状态的方法和工具就构成了维护维修的技术体系。

动设备的维护维修一般包括通用设备、动力设备、专用设备等的维护维修，主要方法包括设备故障定位与分析技术、维修工艺优化技术、维修工装开发技术、零件修复技术、设备（部件）功能试验技术及备件开发技术等。

对发生早期故障时的具体时间、故障表现进行详细记录，比如轴承或轴瓦发生故障时通常伴随着噪声、振动水平的增加或电机电流强度的过度消耗等。现场工作人员应记录早期故障对应的振动值等数据，对故障进行跟踪，并在拆机维修时进行对照。对不同预防性维修时间对应下的设备部件损坏磨损情况进行拍照、记录及详细分析，以具体设备的故障模式进行故障记录，基于历史统计数据以确定故障 P-F 间隔期（图 5.12）。

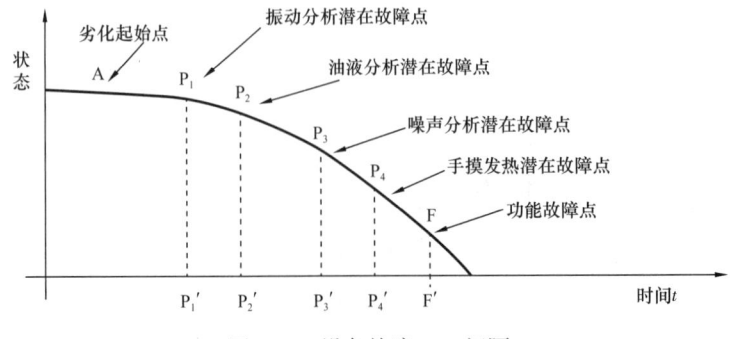

图 5.12 设备故障 P-F 间隔

在基于历史统计数据的前提下合理制订预防性维护周期，有助于开展备品备件的准备工作和预防性维修工作的安排。

根据大量现场统计的部件故障数据，可以进行最佳预防性维修周期的优化：拟合部件平均故障间隔时间分布，包括正态分布、对数正态分布、指数正态分布和威布尔分布，并应用 K-S 检验法和相关指数法对拟合结果进行检验与择优，最终确定故障分布。系统最佳维修周期的确定一般参照以下两个原则之一：一是系统可用度最大，另一个是系统维修费用最少。

在条件允许的情况下，企业还应建立故障与维修信息化系统，提供更加准确的故障原因统计、历史报警统计、趋势分析等设备故障与维修数据，减少因人员调动带来的影响，适应变化的环境，从而保障数据的完整性。日常运营过程中应由专门人员来进行记录、统计和分析，对特殊机泵建立与本企业适应的标准，为现场维修人员提供指导性意见，这有利于运营阶段完整性工作的开展。

5.4 电气设备完整性技术

电气设备作为能源的传输系统，在各个领域都有十分重要的作用，因此如何保证电力系统和设备的稳定运行是完整性技术的重要目标。电气设备完整性技术是以"三定""五记录"作为数据基础，以状态检测、带电监测作为依据，来开展电气状态评价，制订科学合理的检修策略，保证电气设备完整性的一种技术。其中，"三定"包括定期检修、定期试验、定期清扫，"五记录"包括电气运行记录、检修记录、试验记录、事故记录、设备缺陷记录。近年来除常规"三定"要求外，电气基于风险的在线监测检测技术得到较快发展，如电网仿真技术、分布式故障录波系统技术等电气在线监测技术，以及红外热成像检测、电能质量检测等带电检测技术。

5.4.1 数据采集与分析技术

数据采集与分析技术包括完整性数据规划、专业数据采集、数据质控、数据处理和数据仓库建设五个部分。目前，完整性数据技术已在设备设施完整性管理中广泛应用，宜进一步结合大数据技术、物联网技术、云计算技术等先进技术，进行技术提升和体系完善。

电气设备完整性技术应用的基础是完整的电气资料数据库，建立结构化的电气数据模板有利于后续完整性技术应用工作的开展。电气设备的数据和信息包括：

（1）静态数据，如铭牌参数、型式试验报告、订货技术协议、出厂试验报告、安装记录、交接验收报告等。

（2）动态基础信息：如运行资料，主要包括运行工况记录信息、历年缺陷及异常记录、巡检记录、不停电检测记录、在线监测数据等；检修资料主要包括检修报告、例行试验报告、诊断性试验报告、部件更换情况、检修人员对设备的巡检记录等；其他资料主要包括同型（同类）设备的运行、修试、缺陷和故障的情况、其他影响电气设备安全稳定运行的有关资料等。

5.4.2 电气设备风险评估技术

风险评估技术，是基于获取到的相关信息，分析判断设备设施发生危害的可能性及其严重程度，并确定其是否在可承受范围内的全过程。电气设备不同生命周期阶段适用不同的风险评估方法，主流评估方法的适用性见表5.15。

表5.15 电气设备全生命周期风险技术

评估技术	生命周期阶段				
	前期研究	设计	新建/更新/改造	运营维护	废弃处置
FMEA：失效模式与影响分析		√		√	
SCL：安全检查表	√	√	√	√	√
LEC：作业条件危险性分析			√	√	√
Bow tie analysis：蝴蝶结分析		√	√	√	

在设计阶段常使用FMEA来发现和评估电气系统的潜在故障。FMEA也可以用于现有系统，以便更好了解潜在的故障、故障的影响和现有保护措施，为设计改进和开展维护任务奠定基础。FMEA方法的实现已在动设备完整性技术应用中进行了介绍，这里不再进行详述。

5.4.3 电气设备监测检测技术

通过对电气设备的重要运行信息采集及分析，可为电气设备的状态评估提供完善的动态数据，目前主流的技术包括：

5.4.3.1 基于超声波和暂态地电压的局部放电检测技术

局部放电检测技术，作为近几年新的检测技术，在国家电网已经开始逐渐推广开来，此技术主要利用超声波和暂态地电压检测的原理，对电气设备在运行阶段的放电情况进行监测，在异常情况时能够实现提前预警，及早发现并消除电气设备的隐患。电气设备在长期运行中因环境、施工工艺等各种异常情况可能会导致绝缘劣化、异响、放电等缺陷，如不能够及时发现处理，则有可能导致严重故障的发生。电气设备在发生放电时会伴有超声波和电磁波的产生，此技术则通过检测超声波和电磁波对电气设备放电情况进行判断，从而确定电气设备的绝缘情况。

超声波测试是将放电时产生的超声波信号转换为电信号，通过对电信号的频率及幅值进行分析，从而对放电情况进行分析。电气设备在放电时会产生电磁波，而这些电磁波受到集肤效应的影响会转移到柜体的金属铠装上，产生暂态地电压，通过对暂态地电压的监测可反映电磁波的情况，从而反映电气设备的放电情况。

5.4.3.2 海缆监测技术

海缆作为海洋石油特色的电能传输设备，在海洋石油领域发挥着十分重要的作用。由于其没有备用设备，如果海缆发生故障导致停电，会直接给生产带来极大影响。海缆监测技术利用复合海缆中的冗余光纤，通过温度、应力、扰动情况对光谱的影响，实现在运行阶段对海缆温度、应力、扰动情况的实时监测，在异常情况时提前预警，为海缆的状态评估提供专业数据，同时还可利用海底水下检测系统对海缆情况进行探摸处理，以实现海缆监测及故障处理。

水下检测系统则可以在海缆监测系统发现海缆异常情况时进行水下探测，确定异常位置。同时水下检测系统还可以在工程调查、海底电缆水下检测定位、状态检测、水下辅助作业等方面发挥作用。

5.4.3.3 红外测温技术

电气设备由于工作在高电压、大电流的情况下，发热是电气设备最普遍的现象，如果设备存在缺陷（如质量问题、接线松动等），可直接通过热效应反映出来。红外测温技术就是利用电气设备热效应的特点对电气设备表面的温度及温度场进行检测，从而确定电气设备薄弱点，为维修策略的制订提供有效的技术数据。

在自然界中，所有温度高于绝对零度（$-273.15℃$）的物体，由于自身分子的热运动，都在不停地向周围空间辐射包括红外波段在内的电磁波，而且通过一定的设备可以检测到这些不同波段的电磁波。不同波段的电磁波能量是不同的，物体的红外辐射能量大小和波长的分布与它的表面温度有着十分密切的关系。因此，通过对物体自身辐射的红外能量的测量，就可以准确测出物体的表面温度。这也就是红外测温理论依据。

电气设备长期工作在高电压、大电流、强磁场的状态下，其发生导流回路连接故障、电气设备绝缘故障、磁回路漏磁故障等都可直接通过热效应反映出来，因此可通过红外测温技术对电气故障进行直接诊断，并确定故障点。

5.4.3.4 故障录波技术

故障录波技术作为一项十分成熟的技术，在陆地电网已经普遍使用，它通过对电气量的实时数据采集及数据分析，判断整个电网的故障情况。当发生大扰动和故障时，该技术可对前、中、后的数据进行全部记录，为故障分析提供最基础的专业数据。

故障录波装置是对陆地电网重要节点进行事故分析的重要装置，其在陆地电网上有广泛的应用。海上平台电力系统由于电压等级较低，相对于陆地电网来说属于配电系统，因此在设计阶段没有对故障录波装置的设计。但是近几年随着组网的发展，海上电网出现复杂化的趋势，故障录波装置的作用显得尤为重要。

海上平台分布式故障录波系统是专门针对海上平台的空间狭小等特点进行特殊开发的系统，其通过对电压、电流、状态点的信息进行采集及处理，实现对所有监测点的全局录波和电能质量实时分析。

5.4.3.5 电能质量监测技术

电能质量监测技术是直接反应电网整体情况的技术手段，它通过对原始电气量的分析，判断整个电网电能的谐波与不平衡等情况，实现对电能质量的评估，为电能治理提供专业的分析数据。

从严格意义上讲，衡量电能质量的主要指标有电压、频率和波形。从普遍意义上讲电能质量是指优质供电，包括电压质量、电流质量、供电质量和用电质量。电能质量问题可以定义为：导致用电设备故障或不能正常工作的电压、电流或频率的偏差，其内容包括频率偏差、电压偏差、电压波动与闪变、三相不平衡、瞬时或暂态过电压、波形畸变（谐波）、电压暂降、中断、暂升及供电连续性等。

电能质量直接影响整个电网设备的稳定运行，因此通过电能质量监测技术可以对整个电网的电能质量进行检测，为电能质量的治理提供技术数据。

5.4.3.6 电机监测技术

电机监测技术能够监测电机的接线松动、绕组污染或过热、匝间短路、转子断条、转子铸造缺陷及绝缘降低等电气故障。电动机是动设备的动力提供者，它能否稳定运行直接影响整个企业的正常生产。尽管电动机轴承故障等机械故障经常发生，但是对其电气故障也不可忽视。电机监测技术则利用电气量（电压、电流）实现在其正常运行时的检测，通过对电气量进行频谱分析，实现对电气故障的分析。

5.4.3.7 变压器在线监测系统

变压器在线监测系统是针对变压器运行状况的在线监测系统，主要是对干式变压器的局部温湿度与振动情况进行实时监测，并对监测的数据进行分析，为变压器故障进行提前预警，并为变压器状态评估提供有效的技术数据。

5.4.4 电气设备完整性评价技术

电气设备完整性评价技术是对电气设备可靠性、可用性和可维护性进行评价的技术。部分电气设备由于安全生产需要等原因无法按规范进行周期检修、试验的，应进行完整性评价。

（1）电气设备的完整性评价通常需要先收集电气设备完整性评价数据，包括设备的原始资料、运行资料、检修资料、同型（同类）设备的运行、修试、缺陷和故障的情况、其他影响电气设备安全稳定运行的有关资料等。

（2）依据电气设备各部件的功能拆分部件，如10kV以上的干式变压器可拆分为本体、分接开关和测温装置及冷却系统三个部分。

（3）对各部分件进行状态评价，确定各部件处于何种状态，整体评价应综合其部件的评价结果。当所有部件评价为正常状态时，整体评价为正常状态；当任一部件状态为注意状态、异常状态或严重状态时，整体评价应为其中最严重的状态。

5.4.5　电气设备维护维修技术

电气设备的维护维修通常执行电气设备的三定原则，即定期检修、定期实验、定期清扫。同时，根据电气设备在线监测与完整性评价结果，进行临时维护检修或调整定期维护检修周期。电气设备的试验项目执行 DL/T 596《电力设备预防性试验规程》，石化化工行业电气设备的检修维护参照执行《石油化工设备维护检修规程》中电气设备部分，防爆电气设备的运行与维护按照《中华人民共和国爆炸危险场所电气安全规程（试行）》（劳人护〔87〕36 号）的规定执行，防爆电气设备的检修应按 GB/T 3836《爆炸性环境》和有关规定执行。

通常，电气设备的维护维修工作会根据工作性质、内容及工作复杂程度进行分级，不同行业、不同电气设备检修分级和内容不同。如某炼化企业将 10kV 变压器的检修分为小修和大修，常规配电变压器小修为一至三年一次，安装在特别污秽地区的变压器，小修周期应根据现场情况及设备运行情况做具体规定。未超过正常过负荷运行的变压器，按照厂家规定进行大修，运行中变压器发现异常情况或经试验判明有内部故障时应提前进行大修。某化工企业将 10kV 变压器检修分为 A 类检修、B 类检修、C 类检修、D 类检修、E 类检修五类检修等级。A 类检修包括整体更换、内部部件的检查、改造、更换、维修等，C 类检修包括设备例行试验、清扫、检查、维修等，对检维修工作内容进行了进一步细化。设备稳定运行后，与在线监测和带电检测的手段相结合，通过状态评价系统合理制订维修策略，可适当调整电气试验的周期。

5.5　仪表设备完整性技术

在仪表过程控制中，仪表设备和系统通常提供了三个广泛的功能，包括在传感器和操作输入的基础上主动控制或对过程操作进行排序，为生产和质量控制测量和监控工艺参数，提供所需的安全功能。通常对过程控制系统仪表元件的完整性活动的目的是保持控件的正常和可靠运行。所有的控制系统组件都需要进行适当的维护，对于某些部件意味着定期调整以补充磨损；对于另外一些组件可能需要进行阀门敲击或检查开关阀的功能；传感器可能需要定期在线分析仪校准；逻辑求解器需要控制温度和湿度。测量和监测仪表包括质量或体积流量计，取样系统和在线分析仪，国内对这类贸易或质量仪表要求较高，通常是按照标准的要求进行校准，有些组件可能需要定期更换或在无法实现校准时更换。大多数安全仪表功能都在待机状态下运行，如 F&G 系统、ESD 系统、PSD 系统等，安全系统被认为是安全联锁系统自动工作，不需要操作人员采取行动来避免损失，但需要按照厂家要求定期对安全系统进行功能测试。

除仪表常规设备管理要求外，目前国内外较为成熟的仪表完整性技术应用主要针对第三类仪表功能即安全仪表系统。国家安全监管总局发布了《关于加强化工安全仪表系统管理的指导意见》（安监总管三〔2014〕116 号），要求新建项目和在役装置应该按照国家有关要求及标准开展 SIL 评估工作，将新建装置 SIL 评估纳入建设项目管理，将在役装置

SIL 评估纳入日常安全生产管理,并对 SIL 开展频次提出了要求,从国家与部门规章制度上明确了安全仪表完整性技术应用的要求。

5.5.1 数据采集与分析技术

数据采集与分析技术包括完整性数据规划、专业数据采集、数据质控、数据处理和数据仓库建设五个部分。目前,完整性数据技术已在设备设施完整性管理中广泛应用,宜进一步结合大数据技术、物联网技术、云计算技术等先进技术,进行技术提升和体系完善。

仪表设备完整性技术应用的基础是完整的仪表资料数据库,建立结构化的仪表数据模板有利于后续完整性技术应用的开展。仪表设备的数据及资料包括装置仪表设备台账和设备档案、各装置仪表明细汇总表、仪表节流元件数据和调节阀计算数据表、装置自控流程图和仪表成套图纸(其中包括仪表接线图、原理图、联锁逻辑图等)、过程计算机硬件软件、系统详细资料、仪表设备厂家技术资料、仪表设备维修维护记录及数据、仪表设备检验数据、运行异常记录、仪表设备操作规程、仪表设备维修规程、仪表设备变更记录、故障联锁停车记录等。通常,针对安全仪表系统开展的 SIL 等级选择和等级验证工作,需要采集的数据和信息包括:工艺流程图(PFD)和工艺数据包、管道及仪表流程图(PID)、平面布置图、装置工艺说明和操作手册、因果图、危险区域划分和火灾气体探测布置图、安全仪表设备的厂家手册、安全仪表系统和设备的检验和测试计划等。

5.5.2 仪表设备风险评估技术

风险评估技术,是基于获取到的相关信息,分析判断设备设施发生危害的可能性及其严重程度,并确定其是否在可承受范围内的全过程。

仪表设备不同生命周期阶段适用不同的风险评估方法,主流评估方法的适用性见表 5.16。

表 5.16 仪表设备全生命周期风险技术

评估技术	生命周期阶段				
	前期研究	设计	新建/更新/改造	运营维护	废弃处置
HAZOP:危险与可操作性分析		√		√	
PHA:预先危险性分析	√	√	√	√	√
LOPA:保护层分析		√		√	
SCL:安全检查表	√	√	√	√	√
LEC:作业条件危险性分析			√	√	√
Bow tie analysis:蝴蝶结分析			√	√	√

进行安全仪表系统 SIL 等级选择和验证工作的基础是识别危险事件,可通过 PHA(预先危险性分析)、HAZOP(危险与可操作性分析)等方法进行。使用 HAZOP 分析方法,

将事故链传播和保护层分析（LOPA）的思想和 HAZOP 分析紧密结合，有利于找出事故链及事故链中可切断其发展的独立防护层，通常国内将 HAZOP 分析作为 SIL 选择和验证的前置环节，本节仅介绍 HAZOP 风险评估技术的应用。

HAZOP 分析的目标是辨识与工艺设计相关的危险和可操作性问题，辨识现有的安全措施，以保证在异常情况下工艺处于安全状态，并为确保装置的本质安全而提出增加保护措施或降低危险和可操作性问题的建议。HAZOP 分析是由一个不同专业背景的知识丰富的专家组成的小组，采用成熟系统的方法评估工艺流程及重要的安全设计，从而识别和评估潜在的安全风险和可操作性的问题。HAZOP 分析通常采用引导词分析法，即将一个系统划分为多个节点，采用优选的引导词。由 HAZOP 分析主席采用引导词（如无，多，少）和关键工艺参数（如流量，液位，压力），引导小组通过集体讨论从操作和设计角度准确找出导致偏差的可能原因（如无流量、高液位、低压等）。每个节点都会以引导词为线索依次分析，找出工艺偏离正常操作的原因。最终，此方法要求彻底完全地分析每一个节点，以识别由于工艺偏差而导致的潜在安全问题和可操作性问题。

一旦识别了所有原因，就必须确定相应的不良后果，需要强调的是，此时不考虑已有的安全措施，只考虑最终可能导致的后果，这样分析小组才能确认现有的安全措施是否足以控制风险。之后，分析小组将进一步评估危险的严重性及现有安全措施是否足够，必要时建议增加新的保护措施。

5.5.3 仪表设备监测检测技术

仪表设备作为监测检测方法实现的基础，暂未有针对仪表设备本身的监测检测技术，仪表设备的监测检测主要通过定期测试、法定检定、校验、现场抄表核实数据等方法实现。

5.5.4 仪表设备完整性评价技术

仪表设备完整性评价技术是基于风险的方法，它在对每一个安全系统进行风险分析的基础上进行安全完整性等级评估，确定与安全系统相关的安全功能的安全完整性要求。SIL 分析范围包括所有安全仪表功能，如 F&G 系统，ESD 系统，PSD 系统等。SIL 分析包括 SIL 等级分配评估和 SIL 等级验证两个步骤，SIL 等级分配评估主要在设计阶段评价每个 SIF 所需的 SIL 等级，指导设计和采购；SIL 等级验证主要是在设备选型（包括厂家）确定后，验算其是否满足原先评估的要求，对于不满足要求的给出风险降低措施，同时确定安全仪表设备的功能测试周期。

开始 SIL 分析之前，需根据公司现有的风险标准建立 SIL 分析所用的风险矩阵和可接受准则，该矩阵和风险准则需与公司的风险标准相一致，以满足风险管理的一致性。

SIL 等级选择可按照 IEC 61511-3 *Functional safety—Safety instrumented systems for the process industry sector—Part 3: Guidance for the determination of the required safety integrity levels*，利用保护层分析（LOPA）方法进行。LOPA 方法允许确定 SIF 必须提供的风险降低适当等级，以使风险在可容许范围内。独立保护层（IPL）消除了定性法的主观性，而 LOPA 法提供了对独立保护层进行评估的特殊标准。采用 LOPA 法进行 SIL 等级选择的步骤如图 5.13 所示。

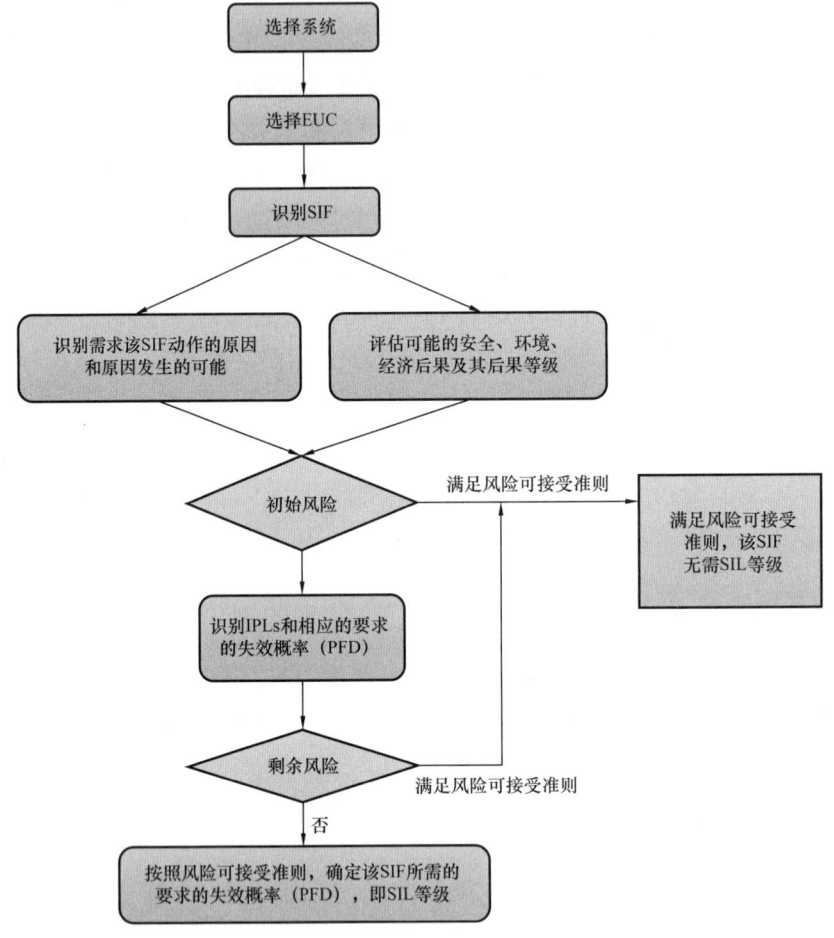

图 5.13　SIL 等级选择流程图

在对每一个 SIF 确定了 SIL 等级要求后，需对安全仪表系统的现有配置进行定量计算，根据设备完工图纸和最终的安全仪表设备的技术规格书，验证安全仪表系统的现有配置是否能达所需 SIL 等级要求。对满足要求的，进一步确定相应的测试计划，对不满足要求的，则提出改进建议，并使用改进建议来重新进行验算。SIL 等级验证的步骤如图 5.14 所示。

5.5.5　仪表设备维护维修技术

经过 SIL 评估分析后，找出关键部件及关键失效模式的失效原因，对高风险仪表设备实施风险控制计划。仪控系统的维护维修技术主要包括中控系统升级改造技术、中控系统常规维护技术、中控系统国产化技术、中控系统陆地仿真技术及现场仪表调试技术等。

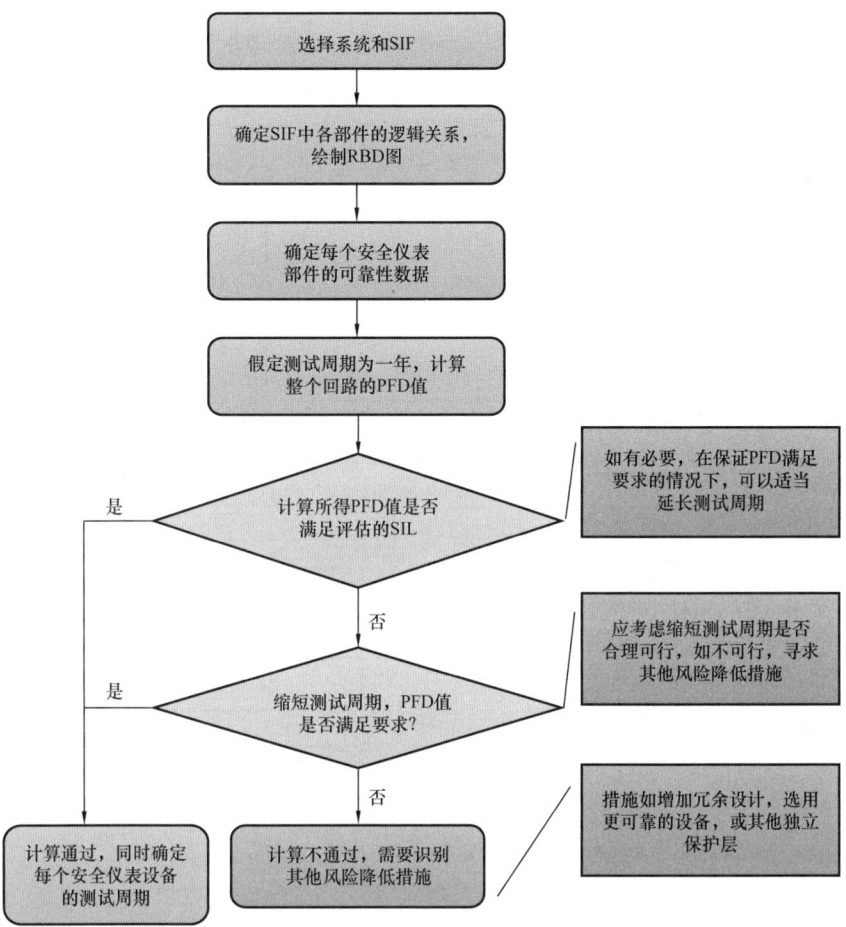

图 5.14　SIL 等级验证流程图

5.6　管道完整性技术

管道完整性是指管道始终处于安全可靠的服役状态，具体体现在三个方面：

（1）管道在结构和功能上是完整的。

（2）管道始终处于风险受控状态。

（3）管道的安全状态可满足当前运行要求。

管道完整性管理是指对管道面临的风险因素不断进行识别和评价，持续消除识别到的不利影响因素，采取各种风险消减措施，将风险控制在合理、可接受的范围内，最终实现安全、可靠、经济地运行管道。管道完整性管理是持续循环的过程，包括数据采集与整合、高后果区识别、风险评价、完整性评价、风险消减与维修维护、效能评价等六个环节，完整性管理工作流程图如图 5.15 所示。管道完整性管理是综合、循环的过程。图 5.16 中列出了各个步骤的图解顺序，但各步骤之间存在着大量的信息流动和相互作用。例如，风险评价方法的选择部分取决于可获得的与完整性有关的数据和信息。进行风险评价时，为了更准确地评价可能存在的危害，可能需要更多的数据。因此，数据收集和风险评价阶段密切相关，而且可以多次交叉进行，直至认为评价达到满意时为止。

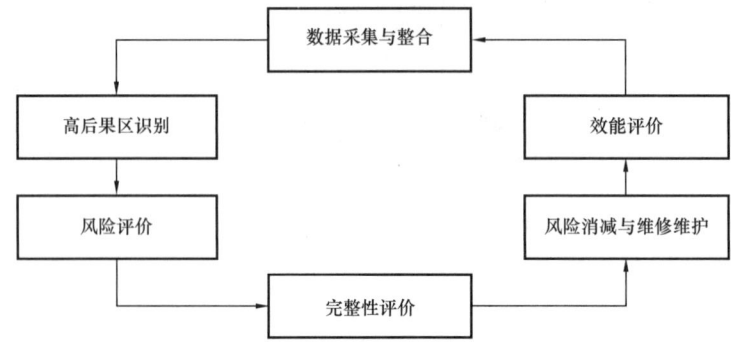

图 5.15　完整性管理工作流程

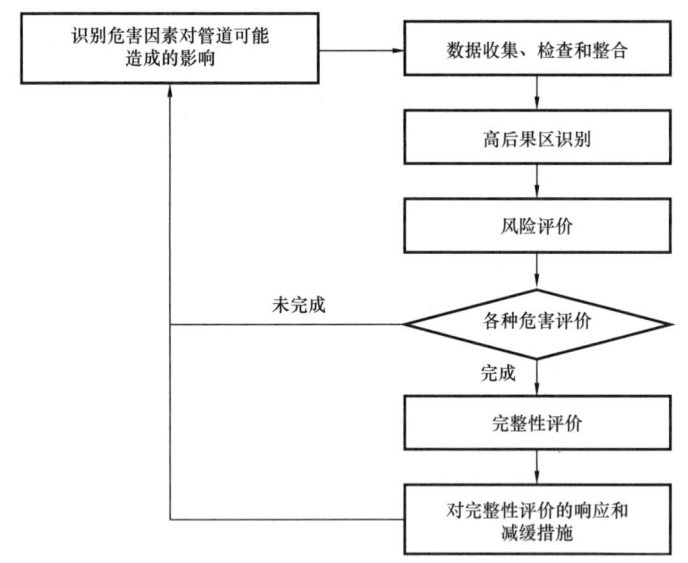

图 5.16　管道完整性管理流程图

管道完整性管理是跨学科的系统工程。它涉及自然科学与工程技术，还包括政策、法律、经济、管理等社会科学。在工程技术层面，完整性管理和石油工程、机械工程、材料科学与工程、工程力学、可靠性工程、信息科学与工程等学科有密切关系。从使用角度来说，它的关键技术包括数据采集与整合技术、高后果区识别技术、风险评价技术、完整性评价技术、风险消减与维修维护技术和效能评价技术六个方面，以下将针对这六项技术进行详细阐述。

5.6.1　管道数据采集与整合技术

准确、完整的数据是管道完整性管理的基础。为评价一个管道系统或管段可能存在危害，首先要确定和收集能反映该管段状况和可能存在危害的必要数据和信息。在这一步，收集、检查和整合相关的数据和信息对了解管道状况、识别具体位置上影响管道完整性的危害，以及了解事故对公众、环境和操作造成的后果是必要的。

管道数据的收集与整合以竣工资料或内检测数据提供的各管节信息为基准，以管道建设期数据、地质灾害监测数据、管道运营期数据、阴极保护数据、内外检测数据、地理空间数据等为基础数据，使数据可以对应到各环焊缝信息，形成统一的数据模型和数据库。最终实现将一根管节的所有数据信息关联查询并可以将其全要素信息对应到管线走向图上进行展示，并可利用管道大数据技术对管道业务数据进行分析和筛选应用。

5.6.1.1 管道数据整合的范围

1. 管道竣工资料数据

需要对管道竣工数据进行以下几个方面的管道完整性分析：

（1）石油和天然气管道竣工资料，包括管道焊接记录、压力测试记录，管道焊接返修记录、焊缝射线检测记录、水工保护、隐蔽工程、冷弯管、管道防腐补口、保温施工记录、阴极保护工程、管道穿越工程、隧道穿越单项工程、线路竣工图等内容。

（2）隧道数据，包括隧道建设竣工资料、设计图纸等数据。

2. 管道运营期数据

需要完成对运营期数据的完整性数据分析。

（1）管道完整性管理采集要建立具有高水平的完整性管道数据模型（PIDM 模型）。以此管道数据模型为底层架构，构建一个包含整个管道生命周期的数据库，其中包括管道中线数据及管道设备设施数据，管道施工及生产作业中的事故及缺陷数据。经过对数据进行有效的组织和存储，为管道信息化及建设期、运营期的管理提供支持，也为管道完整性管理奠定基础。除此之外，还要保证获取到的管道数据的准确性、完整性、时效性。

（2）阴极保护监测数据。主要由自然电位、恒电位仪监测数据、保护电位、阳极地床接地电阻、电位分析报告等数据构成。

（3）管道地质灾害监测数据。包括管道最大拉伸应力、最大压缩应力、最大弯曲应力、地表位移量等监测数据。

（4）管道内检测数据。主要包含几何检测、内检测的前期调查、管道的清管、三轴高清漏磁检测、管道坐标测绘及应变评估、初步报告编制、开挖验证及报告编制、最终检测报告编制、缺陷适用性评价报告。

（5）地理信息基础数据。它是包括基础地理地形数据、自然社会要素数据、经济要素数据及管道空间信息数据的数据库。其中数据主要有管道基础矢量化数据、管道业务数据和卫星影像数据等。它以矢量化的电子地图为基础，然后对管道周围的社会、环境及自然因素之间的关系进行分析，实现对管道与设备等信息的搜索、定位、查询、分析等功能，为管道完整性数据的管理提供科学有效的方法。

5.6.1.2 管道完整性数据处理

1. 管道完整性数据采集要求

管道完整性数据采集的目的是通过对管道完整性数据采集以识别和评价各种风险，然后根据风险评价等级采取合适的办法降低风险，同时控制管道风险等级，以防止发生管道事故。管道完整性数据采集分为两部分：第一部分为外业 GPS 位置信息采集，根据需求采集 GPS 位置信息数据与位置的属性信息数据；第二部分为属性信息数据及相关的空间数据的收集。管道完整性数据主要包括以下几个方面：

（1）管道中心线及管道设施数据。管道中心线及管道设施数据包括从设计、施工到运营一整套的管道信息数据，比如钢管信息、防腐层、弯头、阀等。经过实地踏勘测量可以获取管道中心线、管道设施的空间地理位置信息，但是其他管道设施的属性数据只能从历史资料中获得，包括施工资料及竣工资料。

（2）管道沿线地理数据。管道沿线的公路、河流、铁路、三穿、水工、建筑物等要素环境数据可以作为管道风险评价及高后果区识别分析的重要参考数据，应包括多个比例尺。

（3）遥感影像数据。管道信息所涉及的遥感影像数据主要是指管道经过地方两侧各 2.5km 范围内的栅格影像，通过影像可以直观地查看管道周边环境信息，包括基础地形、地貌、主要公共设施、建筑物、公路、铁路、河流等信息，可作为管道沿线地理数据更新的依据。

2. 管道完整性数据采集内容

主要包括两个方面的数据采集，一是地理背景数据，二是管道建设期及运营期数据。管道建设期采集的数据主要包括前期的管道咨询设计、伴行路工程、站场工程、线路工程、无损检测、阴极保护工程、通信及设备物资等数据。运营期采集到的管理数据包括管道高后果区内项目、水工保护、风险评估、防腐层大修项目、维抢修、管道巡护及保护、阴极保护、地质灾害监测等数据。管道内外检测采集管道环焊缝、管节、壁厚、凹陷点、埋深等内检测数据及自然电位、杂散电流、土壤和水 pH 值、土壤的电阻率、管道路由定位及外防腐层缺陷定位等外检测数据。

3. 管道完整性数据采集流程

管道完整性数据采集涉及不同类型数据的采集工作。不同的数据收集方法不同，可根据数据内容制订数据采集流程，具体如图 5.17 所示。

4. 管道完整性数据处理及存储

（1）管道完整性数据整合集成。以内检测数据、竣工资料提供的各管节信息为基础数据，将采集到的管道施工期数据、内检测数据、管道运营期管理数据、阴极保护数据、地质灾害监测及地理信息空间数据等进行匹配，使各类数据能够与环焊缝信息一一对应，然后形成统一的数据库及数据模型，最终将一根管节上的所有数据信息进行关联查询，并可以将其全要素信息对应到管线走向图上进行展示。

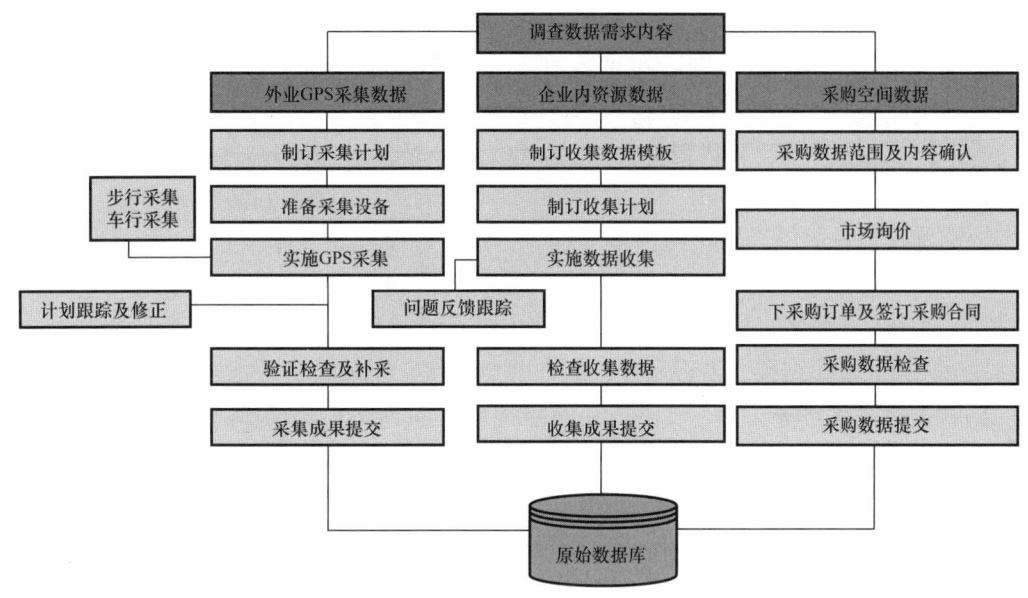

图 5.17　管道数据采集流程

（2）管道完整性数据入库流程。将数据加工导入到 Excel 模板后，按照管道模型的要求对 Excel 模板数据进行处理并导入中间库，对中间库的数据认真检查无误后，将其导入到最终的数据库中进行最终数据的验证。

（3）管道完整性数据处理简述。处理内容包括：综合分析、收集单项数据；制订一个统一的参照系；通过图解或人工方式整合数据。

（4）管道完整性数据存储与集成。基于模型创建统一的数据库，将管道建设期和运营期数据处理后入库，并将管节焊缝的所有数据信息进行关联查询。

（5）管道完整性数据校验。数据核对是保证整个数据处理最终入库准确性的重要环节，为保证数据处理的成果能够顺利支撑管道完整性管理系统的运行，满足管道管理人员日常业务处理的基本要求，大数据校检核对的主要内容包括：

——检查数据处理范围是否完全；

——检查数据处理类型是否完全；

——检查数据是否按照正确的逻辑关系入库；

——检查评价和检测数据里程校准是否正确；

——检查业务数据是否录入完全、准确。

5.6.1.3　管道完整性数据对齐优化整合

通过采集管道基础信息数据，全面研究有关管道信息数据的采集、存储、处理及集成技术，可将从外部数据源获取到的各类型管道完整性数据导入到数据存储系统。系统能够完成管道数据平台与外部采集数据之间的交互，利用多维统计分析、数据挖掘等算法实现对管道完整性数据相关性分析，并且完成管道施工期及运营期的数据对齐整合、内外检测数据对齐整合、管道管理数据与运行业务数据的对齐整合。

1. 管道完整性数据对齐优化数据整理

为完成对管道完整性数据的对齐优化及整合，需要将管道竣工资料数据和内检测数据分别整理到模板文件中，并将管道施工记录数据与内检测数据按起始位置顺序排列，整理数据内容包括：

（1）内检测数据。主要包括内检测报告，即工程及管道基本信息、参考点、壁厚变化、弯头、管道附件、焊缝异常点、管节、金属损失、变形点等数据内容。

（2）管道竣工数据。包括管道竣工量测成果、管道建设期数据、管道压力测试记录、检测方法、相关检测结果、是否重修、连头口、金口等数据。

2. 内检测数据对齐方法

内检测数据对齐方法的基本原理：一是将内检测采集到的焊缝编号结果与运营期获取的焊缝编号进行对应；二是将在建设期采集到的管道属性信息数据、运营期获取到的管道检测结果及管道周围自然环境数据三者之间建立相关关系。数据对齐的基本步骤如下：

（1）将首个施工期及管道内检测结果中的环焊缝查找出来，检查管道出站后的弯头、阀门、三通、短接等管道特征。

（2）基于已有的内检测数据焊缝编号规则，将施工期的相关管道安装信息所记录的焊缝编号自动向下游数据进行对应。如果此时对应到下一个管道的硬性参考点，那么根据这个硬性参考点来对施工期管道安装记录中的管道节点特征与内检测采集到的结果中的管道节点特征是否对应进行判断。在相关数据对应过程中，可变壁厚点可以作为管道数据对齐的管道节点特征。

（3）如果管道节点特征相互对应，那么从第二步程序开始重复，一直到所有管道数据都完成对齐。如果在对应过程中有管节数据不对应，那么需要进入程序的第四步，进行检查与修改。

（4）将内检测的管道节点长度数据与施工建设期所记录的管道节点长度数据进行比较，同时为了控制结果的精度，需将单个管道节点长度误差及管道节点总累计误差均控制在误差范围内，这样可以保证对齐结果的准确性。如果超出误差范围则认为该管道节点数据存在问题，不能完成管道节点数据的对齐。

3. 内检测管节与管道施工记录对齐方法

（1）将管道上的弯头作为参考点对齐两侧数据。

（2）将弯头数据与内检测数据在管节列表中进行匹配。

（3）管道施工记录数据中管节数据的电子化整理录入。

（4）依据内检测数据中的管节与弯头的数据对其管道施工记录数据中的管节列表。

（5）将管段壁厚变化点作为参考点对齐两侧数据。

（6）对应到内检测数据管节列表中。

（7）处理内检测数据管节列表，一个管节一条记录。

（8）依据内检测数据中的管段壁厚变化点数据对齐管道施工记录数据中的管节列表。

（9）将管道附件作为参考点对齐两侧数据。

5.6.2 管道高后果区识别技术

管道高后果区识别基本工作内容包括：地区等级划分、根据识别原则进行高后果区识别、确定再识别间隔三部分内容。

5.6.2.1 地区等级划分

GB 50253—2014《输油管道工程设计规范》与 GB 50251—2015《输气管道工程设计规范》中对集输油气管道在地区等级划分规定上存在一定区别。GB 50251—2015《输气管道工程设计规范》中阐明：在一、二级地区内学校、医院以及其他公共场所等人群聚集的地方应按三级地区选取。地区等级的具体说明对照见表5.17。

表 5.17 地区等级说明

地区等级	输油管道	输气管道
一级地区	户数≤15户	
二级地区	15户＜户数≤100户	
三级地区	户数≥100户，包括市郊、商业区、工业区、不够四级的人口稠密区	户数≥100户，包括市郊、商业区、工业区、不够四级的人口稠密区 在一、二级地区内的学校、医院及其他公共场所等人群聚集的地方
四级地区	地面四层及四层以上楼房普遍集中、交通频繁、地下设施多的区段	

5.6.2.2 识别准则

1. 输油管道高后果区

管道经过区域符合表5.18识别项中任何一条即识别为高后果区。

表 5.18 输油管道高后果区管段识别分级表

管道类型	识别项	分级
输油管道	管道中心线两侧各200m范围内，任意划分成长度为2km并能包括最大聚居户数的若干地段，四层及四层以上楼房（不计地下室层数）普通集中、交通频繁、地下设施多的区段	Ⅲ级
	管道中心线两侧200m范围内，任意划分2km长度并能包括最大聚居户数的若干地段，户数在100户或以上的区段，包括市郊居住区、商业区、工业区、发展区及不够四级地区条件的人口稠密区	Ⅱ级
	管道两侧各200m内有聚居户数在50户或以上的村庄、乡镇等	Ⅱ级
	管道两侧各50m内有高速公路、国道、省道、铁路及易燃易爆场所等	Ⅰ级
	管道两侧各200m内有湿地、森林、河口等国家自然保护地区	Ⅱ级
	管道两侧各200m内有水源、河流、大中型水库	Ⅲ级

2. 输气管道高后果区

管道经过区域符合表 5.19 识别项中任何一条即识别为高后果区。

表 5.19　输气管道高后果区管段识别分级表

管道类型	识别项	分级
输气管道	管道经过的四级地区，地区等级按照 GB 50251《输气管道工程设计规范》中相关规定执行	Ⅲ级
	管道经过三级地区	Ⅱ级
	如管径大于 762mm，并且最大允许操作压力大于 6.9MPa，其天然气管道潜在影响区域内有特定场所的区域，潜在影响半径按照式（5.1）计算	Ⅱ级
	如管径小于 273mm，并且最大允许操作压力小于 1.6MPa，其天然气管道潜在影响区域内有特定场所的区域，潜在影响半径按照式（5.1）计算	Ⅰ级
	其他管道两侧各 200m 内有特定场所的区域	Ⅰ级
	除三级、四级地区外，管道两侧各 200m 内有加油站、油库等易燃易爆场所	Ⅱ级

3. 特定场所

除三级、四级地区外，由于天然气管道泄漏可能造成人员伤亡的潜在影响区域，包括以下地区：

（1）特定场所Ⅰ：医院、学校、托儿所（幼儿园）、养老院、监狱、商场等人群疏散困难的建筑区域。

（2）特定场所Ⅱ：在一年之内至少有 50d（时间计算不需连贯）聚集 30 人或更多人的区域。例如集贸市场、寺庙、运动场、广场、娱乐休闲地、剧院、露营地等。

输气管道的潜在影响区域是依据潜在影响半径计算的可能影响区域。输气管道潜在影响半径可按式（5.1）计算：

$$r = 0.099\sqrt{d^2 p} \tag{5.1}$$

式中：

d——管道外径，mm；

p——管段最大允许操作压力（MAOP），MPa；

r——受影响区域的半径，m。

注：系数 0.099 仅适用于天然气管道。

输气管道潜在影响半径示例如图 5.18 所示。

5.6.2.3　识别间隔

根据 GB 32167—2015《油气输送管道完整性管理规范》，管道运营期应周期性地进行高后果区识别，识别时间间隔最长不超过 18 个月；当管道及周边环境变化时，应及时进行高后果区更新。

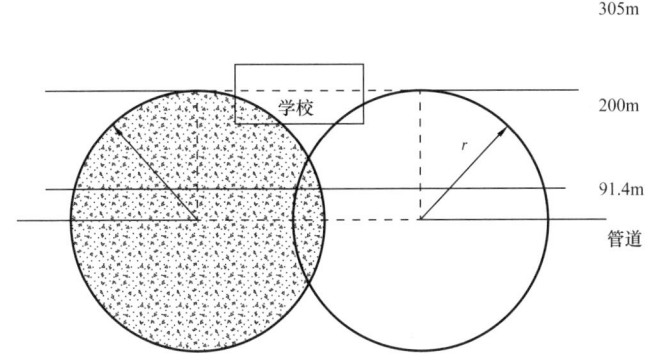

图 5.18　输气管道潜在影响半径示例图

注：本图是直径 762mm，最大允许操作压力为 7MPa 管道的研究成果。

5.6.3　管道风险评价技术

管道风险评价可采用一种或多种方法进行，管道风险评价的方法包括但不限于专家评价法、安全检查表法、风险矩阵法、指标体系法、场景模拟评价法和概率评价法。目前管道风险评价方法主要采用半定量风险评价方法（肯特打分法），特定管线可依照情况采取定量风险评价。

按照评价范围可以将管道风险评价方法划分为综合风险评价与专项风险评价。综合风险评价是指对管道面临所有危害做全面综合的评价。专项风险评价是指对管道面临的特定危害进行评价，如地质灾害风险评价、第三方破坏风险评价等。专项风险评价是针对某一方面的危害因素进行风险评价，具有针对性，作为专项工作开展。对管道整体风险的判定以综合风险评价为准，对管道专项风险的判定以专项风险评价为准。

管道风险评价的实质是按照风险的定义 $R=CP$（其中，R 为风险，C 为后果，P 为可能性，均无量纲），进行失效可能性和失效后果分级（或分值）计算，然后根据标准（如 GB/T 27512—2011《埋地钢质管道风险评估方法》）进行风险等级的具体划分。在具体选用评价方法时，应基于评价目标，结合数据收集和整合情况及经济投入等因素进行选择。

5.6.3.1　风险评价流程

管道风险评价流程应包含以下步骤，详细流程如图 5.19 所示。

（1）确定评价对象。
（2）识别危害因素。
（3）数据采集与管道划分。
（4）失效可能性和后果分析。
（5）风险等级判定。
（6）提出风险消减措施建议。

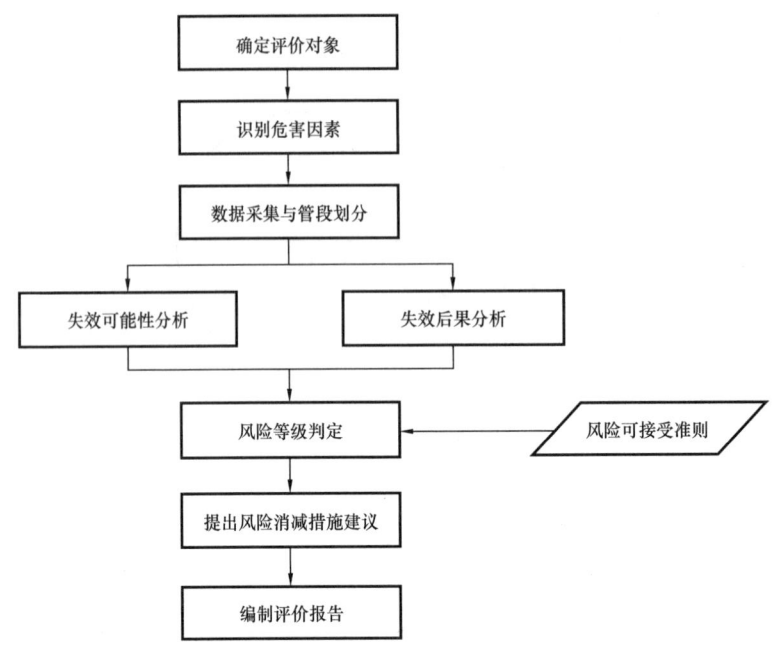

图 5.19 管道风险评价流程

1. 管道危害因素识别

管道风险评价的第一步是识别影响管道完整性的潜在危害，所有危害管道完整性的因素都应考虑。国际管道研究委员会（PRCI）对输气管道事故数据进行了分析并将其划分成 22 个根本原因。22 个原因中每一个都代表影响完整性的一种危害，应对其进行管理。报告的原因中，有一种原因是"未知的"，就是说找不到原因的根源。对其余 21 种则按其性质和发展特点，划分为 9 种相关事故类型，这 9 种类型对判定可能出现的危害很有用。按照 GB 32167—2015《油气输送管道完整性管理规范》管道失效原因的分类见表 5.20，应根据危害的时间因素和事故模式分组，正确进行风险评价、完整性评价和减缓活动。

表 5.20 管道危害因素

分类	危害因素	子因素
时间相关	外腐蚀	
	内腐蚀 / 磨蚀	
	应力腐蚀开裂 / 氢致损伤	
	凹陷疲劳损伤	
固有因素	与制管有关的缺陷	a）管体焊缝缺陷； b）管体缺陷
	与焊接 / 施工有关的因素	a）管道环焊缝缺陷，包括支管和T型接头焊缝； b）制造焊缝缺陷； c）褶皱弯管或屈曲； d）螺纹磨损 / 管子破损 / 接头失效

续表

分类	危害因素	子因素
与时间无关	机械损伤	a）甲方、乙方，或第三方造成的损坏（瞬时/立即失效）； b）管子旧伤（如凹陷、划痕）（滞后性失效）； c）故意破坏
	误操作	
	自然与地质灾害	a）低温； b）雷击； c）暴雨或洪水； d）土体移动

在识别不符合国家法律法规和标准要求的管道状况的同时，也应识别造成管道风险升高的因素，包括但不限于：

（1）占压。

（2）管道与周边设施安全距离不足。

（3）周边环境对管道日常管理和维抢修的影响。

（4）外界可能对管道造成的损伤。

（5）管道本体或者附属设施的结构和功能缺失。

（6）输送介质或者管道的系统特征造成的管道现有工艺与设计的偏差。

（7）特定管道风险的应急预案与技术缺失。

（8）管道企业内部、管道企业与施工方、周边公众信息沟通不畅。

2. 数据采集与管道划分

对管道进行风险评价时，一般需要收集以下资料：

（1）管道基本参数，如管道的运行年限、管径、壁厚、管材等级及执行标准、输送介质、设计压力、防腐层类型、补口形式、管段敷设方式、里程桩及管道里程等。

（2）管道穿跨越、阀室等设施。

（3）管道通行带的遥感或航拍影像图和线路竣工图。

（4）施工情况，如施工单位、监理单位、施工季节、工期等。

（5）管道内外检测报告，内容应包括内、外检测及结果情况。

（6）管道泄漏事故历史。

（7）管道高后果区、关键段统计，管道周围人口分布。

（8）管道输量、管道运行压力报表。

（9）阴极保护电位报表及每年的通/断电电位测试结果。

（10）管道更新改造工程资料，含管道改线、管体缺陷修复、防腐层大修、站场大的改造等。

（11）第三方交叉施工信息表及相关规章制度，如开挖响应制度。

（12）管道地质灾害调查/识别及危险性评估报告。
（13）管输介质的来源和性质、气质分析报告。
（14）管道清管杂质分析报告。
（15）管道初步设计报告及竣工资料。
（16）管道安全隐患识别清单。
（17）管道环境影响评价报告。
（18）管道安全评价报告。
（19）管道维抢修情况及应急预案。
（20）是否安装有泄漏监测系统、安全预警系统等情况。
（21）其他相关信息。

管道风险计算以管段为单元进行。可采用关键属性分段或全部属性分段两种方式。管段划分方式应优先选用全部属性分段。另外，也可按里程值分段。

1）关键属性分段

关键属性分段指考虑高后果区、管材、管径、压力、壁厚、防腐层类型、地形地貌、站场位置等管道的关键属性数据，比较一致时划分为一个管段。以各管段为单元收集整理管道属性数据，进行风险计算。

2）全部属性分段

全部属性分段指收集所有管道属性数据后，当任何一个管道属性沿管道里程发生变化时，插入一个分段点，将管道划分为多个管段，针对每个管段进行风险计算。

3）按里程值分段

即按里程值进行分段，对里程进行等分，一段为一个分值。

3. 失效可能性分析

对识别出的管道危害因素进行失效可能性分析，采用的方法以评价对象、可用的数据和模型进行确定，同时应利用历史数据对评价结果进行验证。如直接采用历史失效数据进行失效可能性分析，或用来对失效可能性分析结果进行验证，需对历史数据的适用性和与被评价管道的可比性进行评价。

4. 失效后果分析

失效后果可以定性或定量表示，对每个管段应确定失效后果，具体分析时应考虑以下因素：

（1）输送介质的性质，例如易燃性、毒性和反应性等。
（2）管道属性，如管径、压力等。
（3）地形。
（4）周边环境。
（5）失效模式，泄漏孔大小。
（6）减小泄漏量的控制措施，如泄漏检测和截断阀等。
（7）输送介质的扩散模式。
（8）着火的可能性。

（9）事故场景，包括热辐射、爆炸、中毒或者窒息等。
（10）周边受影响对象暴露水平及其影响程度。
（11）应急响应。

5. 风险等级判定

风险等级判定是确定每个管段风险是否可以接受，风险值为失效可能性和失效后果两个因素的综合。在选择风险评价方法时，需制定与其相适应的风险接受标准。对不能接受的风险应采取以下措施：

（1）进行更深入的风险分析，降低之前评价过程中的不确定性。
（2）采用更有效的风险消减措施来降低风险。

6. 风险可接受性

风险可接受准则表示在规定时间内或系统某一行为阶段内可接受的总体风险等级。在进行风险评价之前，应根据国家法律法规和标准的相关要求、管道的重要性、管道实际情况和降低风险的成本等因素制订风险可接受准则。该准则应反映完整性管理目标的要求。其中：

（1）高风险的管段，属于不可接受风险，必须采取相关措施将风险降低至可以接受的标准。
（2）中风险管段位于风险可接受准则之内，可在时间及预算充裕的情况下降低相应的风险。
（3）低风险管段表明已有的管道保护措施能够有效地控制管段风险。

在确定风险的可接性准则时，可通过以下几个途径进行确定：

（1）参照国内外同行业或其他行业已经确定的风险可接受标准。
（2）通过以往经验判断认为可接受的情况。
（3）根据管道平均安全水平。
（4）与其他已经认可的活动和事件相比较。

7. 提出风险消减措施

管道消减风险的措施从降低管道失效的可能性措施和降低失效后果的措施两方面考虑。在确定最有效的完整性评价方法、管道修复方法或管道风险消减措施时，应考虑每个高风险管段的风险诱因。管道企业应根据风险评价的结果提出风险消减措施相关建议，采取相应的风险消减措施使管段风险降低到可接受水平，并将所得数据反馈到风险评价流程中。

8. 风险再评价

风险评价应在规定的时间间隔内定期进行，当出现下列情况之一时，应对所评价的管道进行风险再评价：

（1）上次风险评价周期到期。
（2）管道进行重大修理改造。
（3）管道站场的设备进行重大修理改造。
（4）操作工况发生重大变化。

（5）管道所属业主的管理制度发生重大变化。
（6）沿线环境发生重大变化。
（7）下游用户发生重大变化。

在开展管道环境及地质灾害完整性管理过程中，发现某一管段一项或多项危害因素发生变化时，即需要对变化的影响范围进行不定期评价，并采取相应的风险消减措施。

5.6.3.2 第三方破坏风险评价

关于第三方损坏风险控制，在 GB/T 32167—2015《油气输送管道完整性管理规范》9.3 条提出：任何管道交叉处或管道中心线两侧 5m 内的施工活动都应纳入第三方施工管理程序；应与施工活动方建立联系，并签署管道保护协议，施工时管道企业有人现场监护；应参照风险评价报告的风险信息进行公众宣传。同时，基于管道敷设地区实际情况，当农耕操作对管道外防腐层及本体可能产生的破坏时，有必要关注管道两侧 5m 范围内的农耕机具作业。

5.6.3.3 自然与地质灾害风险评价

依据 GB/T 32167—2015《油气输送管道完整性管理规范》9.4 条所述：应遵循 SY/T 6828《油气管道地质灾害风险管理技术规范》的要求，建立地质灾害风险管理程序，进行地质灾害风险评价。

5.6.4 管道完整性评价技术

完整性评价是利用先进的检测技术，对管道进行定期检测，明确管道的状况，并对检测结果进行完整性评价，制订响应计划，达到风险防控的目的。它是安全评价、失效风险评价及可靠性评价等技术的结合。完整性评价技术应用数学、经济学、统计学等手段对管道进行完整性评估，确定管道的运行状态及如何修复等问题。完整性评价涉及的内容较多，主要有涂层及管体腐蚀损伤评价、管道的剩余强度评价，以及疲劳和损伤寿命、剩余寿命预测等。

5.6.4.1 评价方法和评价周期

1. 评价方法的选择

根据管道失效的历史和风险评价的结果选择适用的检测内容和技术指标。宜优先选择基于内检测数据的适用性评价方法进行完整性评价。若管道不具备内检测条件，宜改造管道使其具备内检测条件，对不能改造或不能清管的管道，可采用压力试验或直接评价等其他完整性评价方法。根据管道缺陷特征或可能出现的缺陷，选择不同的检测评价技术或多种技术方法的组合。

2. 评价周期

根据标准规范要求，对于新建管道在投用后 3 年内完成完整性评价。输油管道高后果区完整性评价最大时间间隔不超过 8 年。内检测时间间隔需根据风险评价和上次完整性评价结果综合确定，最大评价时间间隔应符合表 5.21 中要求。

表 5.21 内检测时间间隔

操作条件下的环向应力水平 σ		
>50% SMYS	30%SMYS<σ≤50%SMYS	≤30% SMYS
10 年	15 年	20 年

压力试验的再评价周期宜通过压力试验和管材性能的综合分析、所需要的实际运行压力和最高试压压力的差值大小、随时间增长的缺陷增长速率等提出。无法确定缺陷增长速率的管道，最长不应超过 3 年。

直接评价的再评价周期宜根据风险评价结论和直接评价结果综合确定，最长不超过 8 年，对特殊危害因素应适当缩短再评价周期。

5.6.4.2 内检测与超声导波检测

管道内检测是利用管道内运行的可实时采集并记录管道信息的检测器所完成的检测，包括变形内检测、漏磁内检测、超声内检测及其他内检测方法等。针对管体存在的缺陷类型，确定合适的内检测方法。油气管道内检测推荐采用 SY/T 6597—2018《油气管道内检测技术规范》等相关标准规范。

对于无法内检测的管道，宜采用超声导波进行本体检测，也可将超声导波作为局部加密检测管段的补充检测方法。超声导波检测利用超声导波遇到焊缝、支撑、缺陷等管道特征返回部分能量并且被传感器探测到的原理，进行信号采集并记录，达到检测管道壁厚金属损失的目的。超声导波检测外径大于 59mm 的管道，一次最大检测单侧长度为 100m。管道横截面积 3% 以上的金属损失都可被检出。

5.6.4.3 压力试验

试压是长期以来得到行业认可的一种管道完整性验证方法，对已建管道，压力试验一般在管道启用、换管、升压运行、输送介质发生改变、封存管道启用等情况下选用。其包括强度试验和严密性试验。

压力试验适用于检查与时间有关的危险。与时间有关的危险有：外腐蚀、内腐蚀、应力腐蚀开裂及其他与环境有关的腐蚀机理。试压还用于检查制管焊缝危险。

在压力条件下工作的管线应先进行强度试压，随后进行严密性试验。对于试压失败的任何管道，都应进行检查，目的是要评价失败是由试验要确定的那种危险造成的；如果是由其他的危险造成的，则必须把试验失败的数据与和该危险有关的其他数据结合起来，再对该管段进行风险评价。

管道压力试验应参照 GB 50521《输气管道设计规范》和 GB 50369《油气长输管道工程施工及验收规范》及 SY/T 5922《天然气管道运行规范》等相关标准的要求进行。

5.6.4.4 直接评价

直接评价只限于评价三种有时效性的缺陷,即外腐蚀、内腐蚀和应力腐蚀开裂(包括压力循环导致的疲劳评价)。对实施直接评价过程中发现的影响管道完整性的情况,应制订相应的维修维护和控制预防计划并严格执行。

1. 外腐蚀直接评价(ECDA)

ECDA 是评价管道外壁腐蚀对管道完整性影响的方法,它由预评价、间接检测和评价、直接检测和评价、后评价四个步骤组成。实际工作具体化为:敷设环境调查、腐蚀环境检测、防腐层检测、阴极保护有效性检测、开挖检测等。

进行 ECDA 前应编制调查大纲,整个检测与评价工作必须有从事腐蚀工作的工程师参加,并由腐蚀与防护专业队伍进行。ECDA 中的安全问题应符合有关标准的规定,不得降低原管道的安全程度。

管道运行 10~15 年宜开展首次 ECDA 评价,腐蚀严重的管线可缩短首次调查时间,以后进入定期再评价阶段,再评价的时间根据管线 ECDA 的结果确定。

外腐蚀直接评价的方案制订和实施,可参照 GB/T 21447《钢制管道外腐蚀控制规程》、SY/T 0087.1《钢制管道及储罐腐蚀评价标准 第 1 部分:埋地钢制管道外腐蚀直接评价》和 NACE SP 0502《管道外腐蚀直接评价方法》执行。

2. 内腐蚀直接评价(ICDA)

ICDA 是对管道沿线水或者其他电解质首先聚集的位置进行详细检查,从而对区间内下游管段的完整性进行推断。在实施管道 ICDA 过程中,当检测到其他管道完整性威胁如外腐蚀、机械损伤、应力腐蚀开裂等,应进行附加评价或检测。对于内腐蚀之外的其他风险应根据相关标准进行评价。内腐蚀直接评价的方案制订和实施,可参照 NACE SP 0206《管道内腐蚀直接评价标准》和 GB/T 23258《钢制管道内腐蚀控制标准》等执行。

3. 应力腐蚀直接评价(SCCDA)

应对满足下列所有条件的每一管段进行近中性 pH 值应力腐蚀开裂(SCC)可能性危险的评估:

(1)操作应力大于 60%SMYS。

(2)管道使用年限大于 10 年。

(3)除工厂或现场使用熔结环氧粉末(FBE)或液态环氧(现场防腐时需对表面进行打磨预处理)外的所有防腐涂层系统。

对满足上述三个条件和如下两个条件的每一个管段均应进行高 pH 值应力腐蚀开裂(SCC)的可能性危险评估:

(1)操作温度大于 38℃。

(2)与上游压气站的距离小于或等于 32km。

应力腐蚀直接评价的方案制订和实施应参照 NACE SP 0204《管道应力腐蚀直接评价法》执行。

所有应力腐蚀开裂裂纹均需立即响应。一旦发现有裂纹存在，应立即对这些裂纹进行检查和评价。对需要维修或清除的任何缺陷在进行检查和评价之后，应立即进行维修或清除，或者降低操作压力以减轻危险。

5.6.4.5 适用性评价

适用性评价内容包括：管道剩余强度评价、管道剩余寿命预测、材料适用性评价。

1. 管道剩余强度评价

当管道含有缺陷时，其强度会因不同缺陷情况而减小，因此对含缺陷管道的剩余强度评价就构成了管道完整性管理及其适用性评价的一个非常重要的方面。管道常见且需要进行评价的缺陷及推荐评价标准有：

（1）腐蚀缺陷：

——ASME B31G *Manual for determining the remaining strength of corroded pipelines*；

——SY/T 6151《钢质管道管体腐蚀损伤评价方法》；

——GB/T 30582《基于风险的埋地钢质管道外损伤检验与评价》；

——SY/T 0087.1《钢制管道及储罐腐蚀评价标准 第1部分：埋地钢质管道外腐蚀直接评价》。

（2）制造缺陷：

——SY/T 6477《含缺陷油气管道剩余强度评价方法》；

——GB/T 30582《基于风险的埋地钢质管道外损伤检验与评价》；

——ASME B31G *Manual for determining the remaining strength of corroded pipelines*。

（3）平面型缺陷：

——BS 7910《金属结构中缺陷验收评定方法导则》；

——SY/T 6477《含缺陷油气管道剩余强度评价方法》；

——GB/T 19624《在用含缺陷压力容器安全评定》。

（4）凹陷：

——SY/T 6996《钢质油气管道凹陷评价方法》。

2. 管道剩余寿命预测

根据危害管道安全的主要潜在危险因素选择管道剩余寿命预测方法。管道腐蚀缺陷的剩余寿命预测可按照 GB/T 30582—2014《基于风险的埋地钢质管道外损伤检验与评价》附录 F 或其他技术规范及标准进行，如 ASME B31G *Manual for Determining the Remaining Strength of Corroded Pipelines*、TSG D7003《压力管道定期检验规则——长输（油气）管道》。在剩余寿命预测中，关键的工作是对腐蚀速率的确定。确定的方式主要有如下几种：

（1）在无法确定腐蚀开始时间时，用最大腐蚀深度除以服役时间。

（2）采用现场埋地检测片或管内挂片、探针的腐蚀速率监测结果。

（3）采用同等材质试片在同等工况下的室内腐蚀模拟试验获取的腐蚀速率。

（4）基于2次内检测结果进行比对，确定腐蚀发展速率。

3. 材料适用性评价

根据 GB/T 30582—2014《基于风险的埋地钢质管道外损伤检验与评价》7.2 条所述：材料适用性评价应在材料性能试验的基础上，开展化学成分、金相组织、力学性能、特殊服役条件评价等工作；输送石油天然气介质的管道材料适用性评价见该标准的 7.2.2 条与 7.2.3 条。该标准 7.2.2 条介绍了材料适用性评价项目需开展的材料测试种类与数量；7.2.3 条介绍了各种钢级材料对化学成分、金相组织、力学性能、特殊服役条件性能的要求。

5.6.5 管道风险消减与维修维护技术

5.6.5.1 管道风险消减措施

1. 管道线路风险消减措施

1）管体缺陷修复

对完整性评价结果为不可接受的缺陷应进行修复或者实施降低最大操作压力（MOP）等应对措施。管体缺陷修复应遵循以下原则：

（1）对于出站压力较高段管道，穿越铁路、公路、河流、水源地、人口密集区等地段管道的缺陷应优先修复。

（2）开挖处的所有缺陷必须一次修复完成，开挖修复排序应按照缺陷严重程度由高至低进行。

（3）开挖、修复、回填全过程必须采取有效措施，减少管体因受力、扰动、弯曲、沉降而产生的应力，防止其诱发管道缺陷失效。

2）加强管道日常管理与巡护

根据高后果区识别结果、风险评价和完整性评价等结论与建议制订管道巡护方案，明确巡护内容、频次和重点关注位置，及时发现管体缺陷失效，这对迅速控制风险至关重要。在管道埋入地下至投产前应制订巡护方案、实施巡护管理，在管道启输和提压期间，必须加强管道巡线工作，并将巡线情况及时上报并跟踪，形成闭环管理。

3）加强对第三方破坏管控

通过巡线、管道周边信息排查及其他可能的方式，预防打孔盗油等故意破坏的发生。加强对第三方施工管控，建立第三方施工管理程序，利用管道巡线、群众举报、定期回访等多种渠道收集管道第三方施工信息。对第三方施工采取升级管理，进一步规范第三方施工安全监管工作流程，严格第三方施工许可审批。细化施工作业风险分析，严格审查施工保护方案。

4）做好应急准备

管道应急准备工作包括以下方面内容：

（1）应急组织健全和指挥协调到位。

（2）应急装备和物资储备到位。

（3）外部资源共享与联动到位。

（4）应急预案衔接到位。

（5）后勤保障到位。

2. 自然与地质灾害风险消减措施

管道沿线发育的地质灾害类型主要为滑坡、崩塌、潜在不稳定斜坡、水毁等。与之相对应的常用风险消减措施主要有巡检、监测预警措施、工程治理措施、避让及改线措施等。

1）巡检、监测预警措施

（1）巡检。地质灾害的巡检主要针对滑坡。应注意查看地表变形情况，是否出现垮塌、松弛、裂缝、沉陷等现象。对于裂缝应重点查看裂缝性质、缝宽变化等；对于危岩主要注意坡脚是否有新的崩塌岩块出现。尤其要注意对地质灾害点和地质灾害易发段应进行定期巡检。地质灾害的巡检可与日常巡检相结合。

（2）专业监测。地质灾害的专业监测内容包括灾害体的变形监测、管道变形监测和灾害体对管道的作用力监测。滑坡、崩塌的变形监测分为地表变形监测和地下变形监测。管道变形监测包括管道位移监测和管体应力应变监测；管体位移监测包括角位移监测和弯曲挠度监测；管体应力应变监测分为管体应力应变测量和应力应变增量监测，管体应力应变监测以监测管体轴向应力、应变为主。

2）工程治理措施

针对风险等级较高的地质灾害点，只采用巡检、监测等手段是远远不够的，还需进行工程治理。对不同类型的管道地质灾害，工程治理的方式不同。对滑坡地质灾害常用的治理措施有排水工程、抗滑支挡工程、格构锚固工程、削方减载压脚工程等；对危岩崩塌地质灾害常用的工程治理措施有清除、支撑、锚固、封填等；对水毁地质灾害常用的工程治理措施有草袋挡土墙、草袋浆砌石护坡、截水墙、浆砌石挡土墙；过水面、地下防冲墙等。

3）避让及改线措施

对经过地质勘察或监测后确定其治理费用巨大的地质灾害点，若属于对其进行治理不经济或难以进行治理的，建议采取避让及改线措施。

3. 提高管道保护宣传效果

组织开展油气管道保护集中宣传活动，邀请公安部门、地方政府、新闻媒体参与宣传报道，扩大影响力。对管道高后果区、环境敏感区周边人群开展有针对性的宣传工作。利用在管道沿线村屯进行走访排查之际，把宣传工作常态化，延伸覆盖面。与规划、市政、水利、开发区等部门保持定期沟通，宣传管道保护法赋予的职责，交流国家、行业、企业技术标准，使第三方工程设计、施工满足管道保护的要求，形成依法保护管道的良好社会氛围。

5.6.5.2 管道维修维护技术

管道维护和维修是保证管道寿命延长的重要手段，选择适当的维修方法不但能保证管道安全运营，还能够节约大量的运营维护成本。目前管道维修标准主要参考国际管道研究协会（PRCI）出版的《管道维修手册》，该手册对不同管道缺陷的维护和维修方法进行了详细介绍，包括打磨、补焊、A型套筒、B型套筒、特殊结构套筒、复合材料补强、机械夹具、打补丁、带压开孔、换管等。这些方法相互补充，基本能满足管道中存在的各种缺陷的维修要求，并且对于同一类型的缺陷可以选择多种方法进行维修，因而可以根据缺陷的实际情况、管道运营要求、维修费用等选择适合的维修方法。

在管道实际运行中，由于管道管理对安全要求的提高，《管道维修手册》中提到的部分方法已经很少使用，如打磨、补焊和打补丁，主要因为上述方法在操作时存在一定局限性，并且容易产生明火，维修时对管道存在安全隐患。另外，机械夹具维修成本高，操作复杂并且在施工时需要动用大型机具，在日常维修中也很少使用。目前管道缺陷维修常使用的主要方法为B型套筒和复合材料套筒，复合材料套筒包括湿缠绕方法和预成型方法，典型的预成型维修的复合套管是 CLOCK SPRING 复合材料套筒，由于复合材料修复操作简单、灵活，维修效果好，已经广泛地应用于管道缺陷维修中。

制订管道维修方案是管道维修工作中的一项重要内容。一般情况下管道修复均应按永久修复进行。在制订缺陷维修计划时需要明确缺陷的存在类型、缺陷的严重程度和需采取的维修方法等。理论上，每一个缺陷对应着多种维修方法，因而维护维修方法的选择并不是唯一的，应根据运营者承担风险的能力、维护维修预算的大小及维修周期等制订最科学合理的维修计划。

5.6.6 管道效能评价技术

管道完整性管理推行后，管道管理者需要检测或衡量其效能，以便能够持续改进。效能评价可采用管理审核、效能评价和对标等方法。其中，管理审核可采用内部审核或外部审核方式，发现并改进管理存在的不足；效能评价应考虑针对具体危害因素的专项效能和完整性管理项目的整体效能设定评价指标，包括但不限于管道完整性管理覆盖率、高后果区识别率、风险控制率及缺陷修复情况；通过对标查找与行业先进水平的差距。

5.6.6.1 效能评价方法和流程

按照效能评价内容及方式的不同，效能评价可分为效能测试和综合效能评价两种方法。效能测试方法适用于对腐蚀防护、本体管理、第三方损坏预防、误操作控制、自然与地质灾害管理、数据管理等完整性管理工作中对管道危害因素控制及风险消减情况的效能评价部分。综合效能评价方法适用于对管道完整性管理工作中各项具体业务工作或整体实施效果、效率及效益的综合效能评价部分，它需要采集大量的完整性管理工作相关技术和经济数据，可在相关数据较为完善的情况下开展。

效能评价的总体流程如图 5.20 所示。

5.6.6.2 效能测试

1. 明确评价目标

根据管道完整性管理实际需要，明确效能测试所要达到的目标。

2. 确定评价范围

选定开展效能测试的管道企业或管理单元，确定评价范围。

3. 选择评价指标

应根据管道完整性管理关注重点及效能测试目标，选择效能测试指标，效能测试指标按照管道完整性管理工作要求，针对腐蚀防护、本体管理、第三方损坏预防、误操作控制、自然与地质灾害管理、数据管理等危害因素及风险消减情况设置并选择。

4. 数据收集与处理

针对评价单元的效能测试指标开展数据收集调研，计算各评价指标值，并保存相关问题记录及文档资料。

5. 开展评价

针对管道的各项危害因素，回顾针对其开展实施的管道完整性管理工作具体情况，通过对比分析实施各项管道完整性管理工作前后各相关效能测试指标历年数据变化情况，评价该项完整性管理工作的努力程度及各种危害因素风险消减或控制的效率、效果情况。

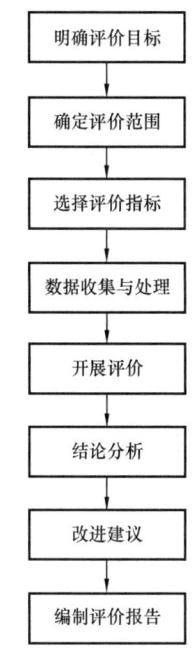

图 5.20 效能评价的总体流程

6. 结论分析

根据效能测试打分结果，划分不同的严重等级，给出效能测试的分析结论。同时，效能评价的各个指标占分权重，可依据各项目工作实际情况进行调整。

7. 改进建议

应针对评价等级及评价过程中发现的问题，提出改进建议。

5.7 装置系统完整性技术

随着科学技术的飞速发展，工业生产中的设备和产品越来越复杂，使用环境日益苛刻，使用要求越来越严格。使用者不仅要分析评价单个设备的完好性，还要关注装置系统整体的可靠性、可用性和可维护性。在传统可靠性管理的基础上，逐渐形成了装置系统可靠性、可用性和可维护性的分析的方法体系。本节主要围绕可靠性、可用性与可维护性分析（RAM）技术来阐述装置系统完整性技术的应用，并将数据采集与分析、风险评估、监测检测、完整性评价及维护维修融入其中，不再单独阐述。

5.7.1 概述

RAM 分析技术的基础是可靠性理论。可靠性是指在给定条件下，给定时间内，设备或系统能够执行其既定功能的概率。可靠性是一个综合指标，根据设备的用途和使用条件而定。可用性是指在要求外部资源得到保证的前提下，产品在规定的条件下和规定的时刻或时间区间内处于可执行规定功能状态的能力。系统的可用性受到多种因素的影响，包括系统选择的技术、冗余程度、系统复杂程度、系统自动化程度等多个方面。可维护性是指通过维修，可使元件或系统维持于或恢复至可实现预期功能的状态的能力，可通过维护的持续时间来衡量。RAM 技术是基于数据定量分析的"可靠性、可用性和可维护性"的模拟与优化技术，是一种先进、成熟的设备分析技术。它与 RBI（基于风险的检测）、RCM（以可靠性为中心的维修）、SIL（安全完整性等级）等方法都是设备维修与资产完整性管理的一种管理方法，而 RAM 更侧重于从装置系统整体角度进行分析评估。

RAM 分析已经成为建设项目基本设计阶段不可缺少的工作，具有广泛的应用性，目前已经广泛应用于铁路、电力、航空航天等多个行业领域。通过 RAM 分析，可定量确定子系统或单个设备对系统可靠性的影响，进而有针对性地对影响系统可靠性较大的子系统或单个设备做出技术调整，并建立相应的维护计划和管理措施，以保证系统维持在较高的可靠性要求范围内。

同时，RAM 分析在工程的不同阶段也有不同的应用：在工程前期阶段，可提供决策依据；在项目设计阶段，可预测运行状况，进行方案对比与优化，定义高危关键点的设计、运行、维护并随时间变化进行动态分析，进行经济性分析等；在项目运行阶段，可提高供应链效率，进行运行管理模拟，优化维护周期，优化备件库存，确定设备失效的敏感性等。

在国内，在铁路、电力、航空航天、水下油气田、LNG 等领域采用 RAM 分析技术均取得了一些成果。分析表明：RAM 分析技术不仅可以在系统设计阶段优化方案，而且对服役期间的系统进行 RAM 分析，可降低系统设施的检维修的投入。RAM 分析技术从可靠性、可用性、可维护性三个角度着手，辨识评估对系统造成较大损失的设备，同时找出系统中可靠性较低的设备，并提出维修管理的建议。

从产品的全寿命周期经济性的观点来看，RAM 分析具有巨大的经济效益。产品的全寿命周期费用包括产品的一次售价、使用费、维修停机损失、维修费用和维修备件费用等。花费大量资金的设备投产后，如果其可用性低，维修费用高，长期处于停车期，会造成重大的经济损失。采用 RAM 设计和分析的系统一般需要有更大的早期经费投入，但是这种投入会极大减少设施的使用费和维修费，提高生产效率，最终会促使费效比大大提高。

对于现有的在用工业生产装置而言，RAM 分析的作用有以下几个方面：

（1）发现装置的关键设备、关键故障模式，并按其对生产的影响进行排序。

（2）改善影响可靠性、可用性的瓶颈部分（通过改变设计、改变设备或元件供应商、改变维修方案等）。

（3）确定最佳的维修方案（如最佳预防性维修间隔、最佳检测间隔、确定是否需要进行状态监测等）。

（4）降低意外故障率、生产风险等。

（5）平衡维修及损失成本，提高装置可用性，获得效益最大化。

（6）优化日常备件的存储方案。

（7）提高资源利用率及设备完整性。

5.7.2 RAM 分析实施过程

RAM 分析过程是一个不断迭代的过程，通过对初始分析结果的不断优化来达到系统设定可靠性与可用性要求。开始 RAM 分析之前，要定量确定系统的可靠性与可用性指标。

在确定整个系统的可靠性与可用性指标后，便可以根据当前的设计方案和系统结构建立相应的 RAM 分析模型。RAM 分析的建模方法包括可靠性框图，故障树分析法等多种方法，分析模型建立过程中主要的输入数据包括：

（1）系统定义、界面、假设与限制条件：主要为现有工艺流程图和设备清单等基本设计文件和配置方案。RAM 分析模型的建立主要依据系统的工程流程及涉及的关键设备来实施，同时兼顾对关键系统的冗余和备用方案。

（2）主要的故障模式及后果：来自 FMECA（Failure Mode，Effects and Criticality Analysis）或 FTA（Fault Tree Analysis）等分析结果。

（3）元件级别的可靠性数据：可靠性数据作为 RAM 分析的基本输入，其准确性对于分析结果有重要的影响。目前在海上油气田工程项目 RAM 分析中应用的可靠性数据主要有两种来来源，一种是通用的行业元件可靠性数据库，如 OREDA、PDS 和 ERIEDA 等。这些数据多经过多年的收集与整理分析，在行业内部得到广泛的认可。另一种数据来源是企业内部自身的可靠性数据库。

可靠性方块图是系统单元及其可靠性意义下连接关系的图形表达，表示单元的正常或故障状态对系统状态的影响。可靠性框图是利用互相连接的方块来显示系统的失效逻辑，分析系统中每一个成分的失效率对系统的影响，以评估系统的整体可靠性与可用性等。可靠性方块图中的串联结构表示链上的任何一个单元故障，则系统发生故障；并联结构表示仅当所有单元均发生故障时，系统发生故障。可靠性方块图不同于结构连接图，各单元的连接方式不一定与其物理连接方式相一致；物流走向不代表流程中的真实走向；方块图中串联的各单元其先后顺序不影响系统的逻辑关系。可靠性方块图中的每一个方块既可以代表某个子系统，也可代表某个具体设备或某设备上某具体元件。可靠性方块图的复杂、详细程度依项目目标而定。

（4）维修要求：通常由作业者根据以往经验提出。

RAM 分析模型建立后，便可对整个系统进行模拟分析，得到整个系统的生产损失估算，从而定量确定是否能够满足系统的可用性要求。分析结果不能满足设计要求时，需要根据分析结果，有针对性地对设计方案进行调整，再次进行模拟计算，直到达到最初的设计要求。通过有效的 RAM 分析，可以确定、分析、评估生产设施的可靠性和设计年限内的生产效率，同时能够找出导致生产效率损失的影响因素，确定期望的设施维修、更换次数。

5.7.3 RAM 分析常用定量指标

（1）可靠性（Reliability）：在指定环境中和所需置信度下，产品在所需时段内执行所需功能且不发生失效的能力。对于不可修复系统,常用平均无故障时间(MTBF,Mean Time Between Failure)表示;可修复系统可用平均失效时间(MTTF,Mean Time To Failure)来表示,是平均无故障时间(MTBF)和平均维修时间(MTTR)之和。

(2)失效率(Failure rate):指工作到某一时刻尚未失效的产品,在该时刻后单位时间内发生失效的概率。

(3)可用性(Availability):在要求的外部资源得到保证的前提下,产品在规定的条件下和规定的时刻或时间区间内处于可执行规定功能状态的能力。它是产品可靠性、可维修性的综合反映。

(4)可维护性(Maintainability):指失效单元在给定时间内被修复的能力,通常用平均维修时间(MTTR,Mean Time To Repair)来表示。可维护性也可扩展为在规定的条件下和规定的时间内,产品预防性维修和修复性维修总时间与该产品计划维修和非计划维修事件总时间之比。

(5)平均故障间隔时间(MTBF):是相邻两次故障之间的平均工作时间,也称为平均故障间隔,仅适用于可维修产品。

(6)停车时间(Down Time):指修复单元未处于工作状态的时间量。导致停车的原因,可能是系统处于失效状态、管理上的迟滞、等待更换部件送到,或者系统正在修复中。

6 设备设施经济完整性

经济完整性是指运用设备设施经济分析与评价方法，优化LCC，提高设备设施运行维护效率，实现设备设施资产保值增值，确保其运行经济可靠，并运用统计分析指标，呈现设备设施经济完整性效果，为管理完整性和技术完整性提供支持。在以往的设备设施完整性管理实施过程中，企业重点关注管理体系的建立与技术方法的应用，往往对设备设施经济性的管理较为薄弱，不能准确掌握其资产状态和经济回报状态，在一定程度上忽视了设备设施的经济完整性。

在企业日常管理中，资产管理财务账与设备设施实物账存在不一致的情况，会造成实物管理和经济管理相脱节，给后期运营维护、更新改造、废弃处置带来诸多困难。通过掌握设备设施的资产状态，企业可以清理处置和整合优化非主业的低无资产，推动资金、技术、人才、管理等资源向主业和优势业务集中，提升企业资产质量和经营效益。

通过建立经济完整性模型，明确经济完整性管理模式，系统开展设备设施经济完整性管理，可以对设备设施实物状态、设备设施经济回报、设备设施运行维护状态等方面进行管理，并围绕资产价值、运营状态、LCC、经济指标、备品备件等进行分析，为管理决策提供支持。

6.1 经济完整性模型建立

6.1.1 经济完整性模型

针对企业设备设施经济完整性管理问题，应建立经济完整性模型，以明确经济管理原则与采用的经济管理方法。经济完整性管理的目标是追求经济性，而设备设施经济性的基础是设备设施收益核算情况。在设备设施全生命周期内，各阶段对应时间点的成本和产出趋势如图6.1所示。

设备设施在t时间点的成本为x_t，收入为y_t，则t点收益p_t为：

$$p_t = y_t - x_t$$

截止到t时间点，设备设施的总收益$P(t)$为：

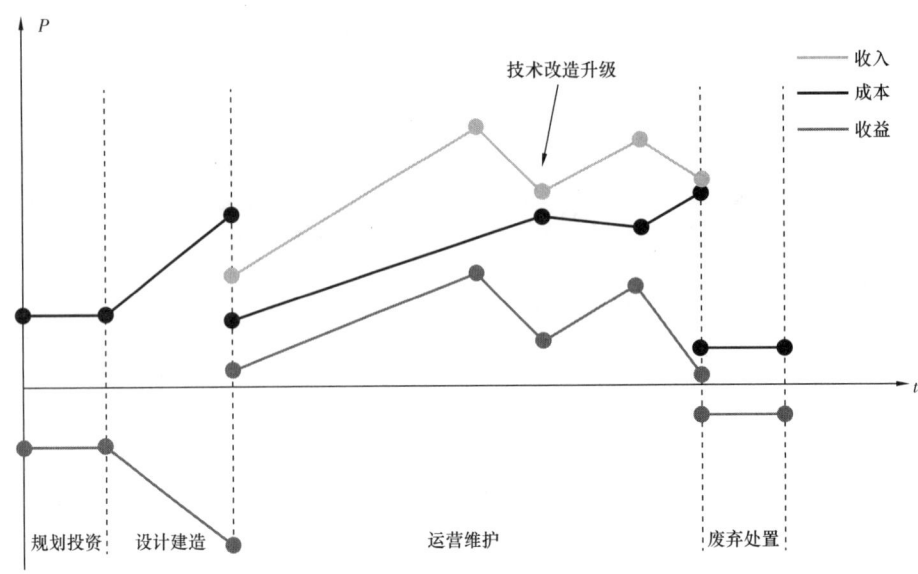

图 6.1 设备设施经济完整性基本模型示意图

$$P_t = Y_t - X_t = \int_o^t y_t \mathrm{d}t - \int_o^t x_t \mathrm{d}t$$

在规划投资和设计建造阶段，收益为负数，处于资本投入阶段；投入使用后，开始产生收益；运行一段时间后，收入增加，成本降低，收益达到最高点；随着设备设施老化和运行维护成本的增加，收益逐渐下降，但通过技术改造升级可有效延长设备使用寿命，提高生产效率，再次提高收益水平；最后设备设施进入废弃处置阶段，剩余极少的残值，且不再产生任何收益。

在经济完整性基本模型中，影响收益的两个因素为成本和收入。设备设施的收入指设备设施生产产品的资金收入。设备设施成本包括直接成本、风险成本以及时间成本，直接成本为设备设施的购置使用直到废弃处置所发生的直接费用，表现为设备设施的购置成本、安装成本、燃料动力成本、运行成本、日常维护成本、故障停机维修成本、停机损失成本、更新改造成本、废弃物处置成本、设备设施废弃处置成本等；风险成本指的是在设备设施风险水平下可能发生的损失，包括该风险水平下会造成的事故损失、违约损失、企业形象损失等；时间成本指的是考虑时间效应，各个不同时间发生的成本的时间效应。

6.1.2 经济完整性管理原则

在设备设施经济完整性管理过程中要坚持进行收益核算的原则，在全生命周期内更要保证收入大于成本，在收入小于成本时，需要采取措施、降低成本提高效益，包括设备技术改造升级、提高管理水平、降低维护费用等。

6.1.3 经济完整性管理基本方法

在全生命周期的各个阶段，采取任何管理活动与进行决策时，都要制订多种方案并核算各个方案效率，以选取最优方案，获得管理最优化。特别是在规划投资和技术改造的技术选型时，必须坚持多方案对比，以避免因生产需要而急于添置设备，导致分析论证不足而产生的浪费现象。

对多方案进行评价时，通常是在基本的经济技术审查后，及满足一定的技术要求后，采用常用指标如投资回收期、净现值、内部收益率、增额净现值、增额收益率等进行比选，这在不同程度上存在一定的片面性，它关注的是直接收益情况，而对于不同方案的风险水平和可靠性水平没有比较，所以经常存在直接收益相当的不同方案之间存在非常大的可靠性水平和风险水平的差异。

方案效率可作为评价方案经济性的主要标准，可用它在常用指标比选基础上进一步对方案进行优选，方案效率可用以下公式得到：

$$方案效率 = \frac{目标项}{成本}$$

目标项指的是除了直接效益外，其他关注的成果，包括产量、技术先进水平、可靠性及风险降低值等，管理者可根据实际情况选择目标项核算方案效率。

6.2　设备设施资产状态管理

企业利用和发挥设备设施资产作用的最终目的是为企业创造价值，设备设施的安全可靠度、利用率、维护维修成本等都与最终的价值创造密切相关，因此准确、动态掌握设备设施资产的状态，通过大数据分析资产状态的变化趋势，及时做出预测性的决策，对最大限度发挥资产效能，创造更多价值具有重要作用。

设备设施资产状态管理可以从设备设施实物状态、设备设施运行维护状态、设备设施经济回报状态等方面进行管理，建立设备设施经济性管理体系，运用经济完整性管理理念方法管理设备设施资产状态，进而处理好安全性、可靠性与经济性之间的关系与平衡，为企业创造更大价值。

6.2.1　设备设施实物状态管理

设备设施实物状态主要指与设备设施类型、价值、分布等相关的指标，主要包括资产价值、数量、类型、分布位置、使用年限及新度系数等。系统准确掌握设备设施实物状态有利于有针对性地分类分级管理设备设施，针对不同类、不同级别设备设施制订不同管理策略，并实现设备设施状态管理的全覆盖。

6.2.1.1　资产价值

设备设施资产价值往往与其技术先进性、对生产的影响程度、风险情况等有关。可以通过资产原值和资产净值两个维度掌握设备设施资产价值状态。设备设施资产原值反映了该资产取得时的实际成本支出，设备设施资产净值反映了该资产的剩余价值和新旧程度，即原始价值减去已提折旧后的净额。在进行设备设施分级管理过程中，需要将设备设施价值作为一项重要因素进行考虑，例如可按照资产价值进行分类，价值超过 $10 \times 10^8 CNY$ 以上的资产作为一类设备设施，$>10^8 \sim 10 \times 10^8 CNY$ 的资产作为二类设备设施，$10^7 \sim 10^8 CNY$ 的资产作为三类设备设施，$10^7 CNY$ 以下的资产作为四类设备设施。不同的企业划分时要根据自身资产规模、管理方式等进行实际分类。

6.2.1.2 数量

设备设施数量是设备设施状态管理的一项基础指标，通过对企业设备设施数量变化分析可以及时掌握设备设施资产的变动状态。

6.2.1.3 类型

设备设施的类别也是设备设施管理的一项基础指标。按照功能对设备设施进行分类，掌握不同类型设备的状态，对于企业现场精细化管理具有非常重要的作用。例如设备可以分为动设备、静设备、电气设备和仪表设备四个大类，每个大类又可以细分为多个小类，如动设备包括压缩机、风机、泵、吊机等，静设备包括化学反应器、塔器、换热设备、分离设备、储存设备等。通过按照类别建立设备设施台账清单可以系统掌握不同类别设备设施的状态。

6.2.1.4 分布位置

设备设施的分布位置指企业设备设施资产分布情况。对于不同类型的企业，设备设施资产的分布位置也有很大差异。如对于炼化厂，全部设备设施集中在厂区之内；对于石油勘探开发企业，设备设施会随着勘探、钻井的位置变化而变化；对于海洋石油生产企业，海上平台分布在不同海域的多个位置。通过对设备设施资产分布位置状态的管理，可以实时跟踪作业动态。

6.2.1.5 使用年限

设备设施使用年限也是设备设施管理的一项基础指标。对于有设计使用年限要求的设备（如特种设备）在设计使用年限到期后应及时废弃处置，如具备延长设计使用年限的条件应开展全面的风险评估并取得政府监管部门的认可方可使用。对于没有设计使用年限要求的设备，随着使用年限的增加，老化加剧、故障增多，需要加强技术评估与实时监控。通过对设备设施使用年限状态的管理，基于分析结果可以提前预判设备设施后续运行维护的总体策略，为维护维修管理方案的制订提供支持。

6.2.1.6 新度系数

新度系数是反映统计期内设备设施新旧程度的一个统计指标，是企业进行设备设施管理需要考虑的重要因素之一。单台套设备设施新度系数计算公式如下：

$$单台套设备设施新度系数 = \frac{剩余使用年限}{使用年限}$$

企业设备设施总体新度系数可通过以下公式计算：

$$设备设施总体新度系数 = \frac{\sum(单台套设备设施资产原值 \times 单台套设备设施新度系数)}{\sum 设备设施资产原值}$$

若企业存在多层级的分公司、子公司等形式，可依照以下计算公式计算各级企业设备设施总体新度系数：

$$设备设施总体新度系数 = \frac{\sum(下级单位设备设施资产原值 \times 下级单位设备设施新度系数)}{\sum 下级单位设备设施资产原值}$$

新度系数不同反映了设备设施资产的老旧程度不同，企业可根据自身特点和管理需求按照新度系数对设备设施状态进行划分，可以分为老旧设备设施、次新设备设施、新设备设施三类，其中老旧设备设施是新度系数在 40% 以下的设备设施，次新设备设施是新度系数在 40%～70% 之间的设备设施，新设备设施指新度系数在 70% 以上的设备设施。

6.2.2 设备设施运行维护状态管理

在设备设施全生命周期管理过程中，运营维护阶段相较于其他阶段要长得多，涉及的工作也多，包括设备设施日常维护、保养、检查、监测、检测、诊断、评估、修理及更新等管理。它通过运用各种技术手段和工具，实时掌握设备设施运行维护状态，进而制订科学的设备设施管理及运行维护策略，保证设备设施在运行过程中处于良好的技术状态，保障设备设施完整性管理，降低运行维护成本，提高效益。对于设备设施运行维护状态的管理，重点应关注设备设施风险等级、运行状态、技术状态、完好率、可用率、年故障停机次数及维修计划完成率等技术指标的统计分析。

6.2.2.1 风险等级

设备设施的风险等级是通过对设备设施进行风险识别、分析和评价，根据风险发生的可能性和影响程度，从声誉、安全、环境、经济损失等方面来确定的。可依据风险等级对设备设施制订针对性的管理策略。通常设备设施风险分为三级进行管理，分别为高风险、中风险和低风险。高风险是不可接受风险，需要提供处理措施、计划并验证处理措施的实施效果，而且要对残余风险进行评估并定期追踪；中风险需要考虑实施应对措施的成本与收益，并权衡机遇与潜在后果，风险责任人可制订控制措施也可决定暂不做处理，持续关注此类风险；低风险是可接受风险，只需要正常的处理措施或者容忍和接受风险。

6.2.2.2 运行状态

设备设施资产的运行状态可以分为四类：在用（在航）、停用、闲置及备用。在用是设备设施处于正常运行状态；停用是设备设施处于临时停车（停机）的状态；闲置是设备设施较长一段时间内容处于停车（停机）的状态（一般为6个月及以上）；备用是设备设施技术状态正常，在用设备发生故障时应急使用的情况。通过掌握设备设施资产运行状态可为低无资产提供参考依据。

6.2.2.3 技术状态

设备设施资产的技术状态可以分为四类：完好、带病运转、在修待修及待处置。完好是指设备设施各项技术指标正常；带病运转是指设备设施存在一定风险或隐患但仍在运行的情况；在修待修是指设备设施因计划性停机或故障处于在修或待修的情况；待处置是指设备设施处于待处理状态（出售、转让、报废等）。通过掌握设备设施的技术状态可为制订设备设施管理策略提供支持。

6.2.2.4 完好率

设备设施完好率指在统计范围内的某规定时间点上，设备设施完好状态台套数与设备设施总台套数的百分比，反映所有设备设施总体完好情况。计算公式如下：

$$设备设施完好率 = \frac{设备设施完好台套数}{设备设施总台套数} \times 100\%$$

完好率根据企业实际情况分为高水平、较高水平、一般水平和较低水平四个等级。判定标准见表6.1。

表6.1 设备设施完好率指标判断标准

完好率等级	较低水平	一般水平	较高水平	高水平
完好率指标	60%以下	60%～80%	80%～＜90%	90%以上

6.2.2.5 可用率

设备设施可用率指在某统计期内，设备设施状态完好的时间与日历时间的百分比，反映设备设施在统计期内的可用情况。设备设施可用率分为单台套设备设施可用率和企业设备设施平均可用率。

单台套设备设施可用率计算公式如下：

$$单台套设备设施可用率 = \frac{状态完好时间}{日历时间} \times 100\%$$

企业设备设施平均可用率计算公式如下：

$$设备设施平均可用率 = \frac{\sum 单台套设备设施可用率}{设备设施总台套数}$$

可用率根据实际情况，分为高水平、较高水平、一般水平、较低水平和差水平五个等级。判定标准见表6.2。

表 6.2　设备设施可用率指标判断标准

可用率等级	差水平	较低水平	一般水平	较高水平	高水平
可用率指标	45% 以下	45%～<60%	60%～<75%	75%～<90%	90% 以上

6.2.2.6　年故障停机次数

设备设施年故障停机次数指设备设施在某自然年的时间范围内发生的故障停机次数，其反映设备设施在全年时间内因故障导致停机的频度。其统计时间点为某自然年末的最后一个工作日。通过设备设施年故障停机次数的统计分析可以掌握企业不同类型设备设施故障状况与管理水平。

6.2.2.7　维修计划完成率

维修计划完成率是指月度实际执行完成的维修计划与计划完成的维修事项的比值。反映维修计划完成情况。

6.2.3　设备设施经济回报状态管理

设备设施资产经济回报状态是反映资产有效性及盈利能力的指标，通常要了解设备设施的经济回报状态，就需协调不同单位、不同部门获得数据。

通过开展设备设施经济完整性管理工作，可对设备设施的经济回报进行分析，完善设备设施相关经济回报状态指标的统计分析，分析设备设施的价值贡献情况，进而制定标准，辨识高效与低效资产，分析产业是重点发展还是弱化淘汰，进一步实现设备设施发展对产业的指引，为今后设备设施投资决策提供依据。设备设施经济回报状态管理，应重点关注营业利润率、万元营业收入发生维修费用、利用率、维修费用率、备件资金占用率及年备件周转次数等指标。

6.2.3.1　营业利润率

营业利润率是衡量企业经营效率的指标，反映了在考虑营业成本的情况下，通过经营获取利润的能力。其计算方法为：

$$营业利润率 = \frac{利润总额}{营业收入}$$

其中：

$$营业收入 = 日费 \times 作业天$$

或

$$营业收入 = 价格 \times 工作量$$

或

$$营业收入 = 单价 \times 产量$$

或

$$营业收入 = 分配的收入$$

$$利润总额 = 营业收入 - 总成本$$

总成本 = 折旧 + 人工 + 修理费 + 油料费 + 其他（如保险费、财务费、管理费等）

6.2.3.2 万元营业收入发生维修费用

万元营业收入发生维修费用是指企业获取万元营业额平均分摊的维修费用成本。反映企业维修费管理水平。其计算方法为：

$$万元营业收入发生维修费用 = \frac{维修费用}{营业收入} \times 10000$$

6.2.3.3 设备设施利用率

设备设施利用率指在某统计期内，设备设施实际运转（工作）的时间与制度工作时间的百分比。它反映了设备设施在统计期内的实际利用情况。设备设施利用率相当于生产装置的开车率、生产时率或船舶的在航率等。设备设施利用率分为单台套设备设施利用率和企业设备设施平均利用率。

单台套设备设施利用率计算公式如下：

$$单台套设备设施利用率 = \frac{实际运转（工作）时间}{制度工作时间} \times 100\%$$

企业设备设施平均利用率计算公式如下：

$$企业设备设施平均利用率 = \frac{\sum 单台套设备设施利用率}{设备设施总台套数}$$

企业设备设施利用率根据实际情况，可分为高水平、较高水平、一般水平、较低水平和差水平五个等级。见表6.3。

表6.3　企业设备设施利用率指标判断标准

利用率等级	差水平	较低水平	一般水平	较高水平	高水平
利用率指标	45%以下	45%~<60%	60%~<75%	75%~<90%	90%以上

6.2.3.4 维修费用率

设备设施维修费用率是指在某统计期内，设备设施全年实际总维修费用与设备设施原值的百分比。它反映了设备设施在统计期内的维修状况。设备设施维修费用率分为单台套设备设施维修费用率和设备设施平均维修费用率。

单台套设备设施维修费用率计算公式如下：

$$单台套设备设施维修费用率 = \frac{单台套设备设施全年实际总维修费用}{单台套设备设施原值}$$

企业设备设施平均维修费用率计算公式如下：

$$设备设施平均维修费用率 = \frac{\sum 单台套设备设施维修费用率}{设备设施总台套数}$$

6.2.3.5 备件资金占用率

备件资金占用率是指年备件平均库存费用与设备设施资产原值的百分比。它是表示备件资金占用程度的指标，反映备件管理水平。公式如下：

$$备件资金占用率 = \frac{年备件平均库存费用}{设备设施资产总原值} \times 100\%$$

6.2.3.6 年备件周转次数

年备件周转次数是指年备件消耗费用与年备件平均库存费用的比值。它是表示备件周转快慢的指标，反映企业备件管理水平。公式如下：

$$年备件周转次数 = \frac{年备件消耗费用}{年备件平均库存费用}$$

其中，年备件平均库存费用为每年 1 至 12 个月末统计的备件库存费用之和的平均值。

6.3 全生命周期成本（LCC）核算与应用

当前许多企业往往由于未全面考虑设备设施 LCC，导致设备设施在其生命周期内总体成本过高，进而影响企业效益。如在设备选型过程中，决策时仅根据某个指标（如购置价格），而忽视其他方面的一些指标（如后期维护维修费用），没有将设备设施指标作为一个系统来综合考虑。这样做的后果往往给后续的运行与维护带来很大隐患。事实证明，在设备设施趋于大型化、配套化、运转周期越来越长的情况下，最初购买设备设施的成本仅是 LCC 的"冰山一角"，设备设施维护的高额费用问题已经越来越多地引起人们注意。企业为适应生产发展的需要，购置了大量的设备设施，但在进行更新决策时，如果对设备设施系统的整体性费用缺乏认识，错过最佳更新期，就会影响设备设施使用的整体经济效益和价值贡献。

虽然设备设施 LCC 的理念很早已经提出，但真正运用到设备设施管理中，还需要做很多工作。企业要切实从设备设施长期经济效益出发，全面考虑设备设施的规划、设计、购置安装、运行维护直至报废处置的全过程，力求达到 LCC 最优，找到安全、可靠与经济的最佳平衡点，实现设备设施运行既经济又可靠。

6.3.1 全生命周期成本（LCC）概述

全生命周期成本（Life Cycle Cost，简称 LCC）管理源起于美国军方，20 世纪 60 至 70 年代，美国国防部在高端武器装备研制和采购决策中率先引入 LCC 分析技术，取得了重大成效。之后全生命周期费用分析技术和管理理念被各国广泛应用于国防建设、航天科技、交通运输系统、能源工程等各领域。1987 年 11 月国际电工委员会（IEC）颁布了《寿命周期费用评价——概念、程序及应用》标准，并得到国际标准化组织的认可，使得 LCC 分析方法上升到国际标准，并以技术规范的形式加以推广应用。1996 年 IEC 发布了 IEC 60300-3-3《可靠性管理 第 3-3 部分：应用指南，寿命成本分析》，并于 2004 年 7 月又发布了修订版（第二版）以供各国实施应用。LCC 分析技术自 1987 年引入我国至今已在国防、交通运输、工程建设、电力、能源、石油化工等领域得到广泛应用。

在石油化工领域，国际标准化组织于 2000 年发布了 ISO 15663《石油天然气工业 寿命周期费用分析》系列标准；2005 年 7 月，我国根据该国际标准颁布了 GB/T 19829《石油天然气工业 寿命周期费用分析》系列标准，旨在为石油工业中使用 LCC 分析技术提供指南，其主要目的是促进石油工业界内普遍采用统一的 LCC 分析方法。

6.3.2 通用计算模型

对于新建项目来说，选择最低的初期投入费用显然是不合适的，因为运行、维护、报废及设备设施失效引起的费用往往远高于购置费用，因此应综合考虑整个设备设施生命周期的费用，使之达到最优。设备设施 LCC 管理就是在可靠性的基础上使设备或系统的 LCC 为最低的管理。在设备设施投资决策中，不仅要考虑设备设施的购置价格，更要考虑设备设施在整个全生命周期内的所需费用，包括安装、运行、维修、检测、评估、改造、更新直至报废的全过程，其核心内容是对设备或系统的 LCC 进行分析计算，以量化值进行决策。在不考虑时间变化的情况下，静态 LCC 模型见下列公式，全生命周期成本组成见表 6.4。

$$LCC = C_{ic} + C_{in} + C_o + C_m + C_s + C_d$$

（1）资产购置成本。资产购置成本指厂家供货范围内的总采购成本，对其进行计算时要区分国产设备和进口设备。进口设备抵达我国边境港口需要缴税，进口设备缴税后形成的价格称为进口设备抵岸价（CIF）。

（2）安装与调试成本。设备的安装与调试成本包括厂家供货范围内各种系统及设备的总安装成本及对所安装系统及设备进行调试及认证（必要的话）产生的总成本。

（3）运行成本。运行成本指设备的总能耗成本，包括燃料/油、能源消耗等费用。

（4）维护成本。设备所需的总维护成本，包含预防性维护、保养及故障性维护工作所需成本。

表 6.4 LCC 组成

成本组成	英文缩写	核算内容
资产购置成本	C_{ic}	设备成本及因购入发生的其他费用
安装与调试成本	C_{in}（installation and commissioning cost）	安装和调试成本，以及培训等发生的相关费用
运行成本	C_o（operating cost）	日常运行成本
维护成本	C_m（maintenance arid repair cost）	日常维护和计划维修
停机生产损失成本	C_s（down time cost）	故障停机生产损失
废弃处置成本	C_d（decommissioning/disposal cost）	设备拆除、废物处置等费用

（5）停机生产损失成本。是指设备故障后，会引起的计划性停产，造成生产损失。

（6）废弃处置成本。包括处理设备的拆除、废物处置等费用。

6.3.3 LCC 的应用

LCC 理念就是要求以全面的、长远的眼光进行项目决策，不仅考虑当前是否支付得起，而且考虑以后如何负担；不仅考虑直接费用，还要考虑相关的间接费用。与传统的设备采购不同，按 LCC 采购需要采购方和相关实施单位树立起设备全系统、全生命周期、全费用管理的理念，把设备设施与保障、维修等所有因素作为一个系统综合起来进行全面考虑和规划。在评审、比选供应商的建议方案时，寻求 LCC 最优的方案，以此作为采购决策的基本准则。最终目标是控制设备设施的总成本，而不仅仅考虑某个阶段成本。

6.3.3.1 设备选型与购置

在设备选型与购置阶段进行招标时可考虑 LCC 因素，尤其是存在以下情况时可重点考虑：

（1）设备运行或检修总费用高。

（2）设备处于系统的关键部位，一旦故障损失较大。

（3）在投标前，制造厂商有机会或有条件提供多选方案来改进设计，减少 LCC。

（4）可在设备投运后一定时间内验证 LCC。

企业不仅要根据设备设施的初始报价来决定取舍，还要进行设备设施 LCC 的计算和验证，将 LCC 评估作为招标、评标的一项重要内容，并落实到合同中。

在招标过程中，应在招标书中建立 LCC 评标的标准，提出对设备的基本要求和多选方案要求。在招标书中，除明确设备功能规范、布置方式等技术参数外，投标单位还应提供涉 LCC 计算的数据。主要应包括以下内容：

（1）设备的设计寿命。

（2）设备的运行条件、运行方式及相应的运行生命。

（3）设备的维修方式及其费用，包括各种主要故障模式及检修策略，所需备品备件、人力资源和工场资源等。

（4）可靠性分析，不同技术方案下的可用率。

（5）同类型设备的故障率统计数据，最好提供浴盆曲线。

（6）设备投运前的调试和试验费用。

（7）设备为满足环保要求而可能发生的费用或废弃费用，包括使用寿命到期时的利用价值。

在合同签订过程中可将LCC管理的相关要求纳入其中，如可靠性和可用率的保证条款，如故障概率、平均修复时间；可维护性的保证条款，如返厂检修率、返厂费用等；上述保证值的验证条件和方法，以及相应的惩罚条款。常用的验证发生在设备投运后的2~5年间，通常验证的项目为可用率和可维修性，将LCC评估和整个项目的后评估结合起来，根据评估结果来执行合同中的惩罚条款。

6.3.3.2　设备安装和调试阶段

根据大多数设备浴盆曲线的数据经验，大多数设备在调试投运阶段会体现出较高的故障率，由于在此时设备尚没有正式接入系统或另行考核，企业往往对此不予重视。而实际上调试时间的延长，调试人工的投入增加或者调试中造成的设备生命消耗都会造成LCC的变化，因而在设备选型时，也应该对供货单位提出在调试投运时费用控制的要求。

6.3.3.3　设备运营维护阶段

除了在设备购置时选择LCC最低的设备设施外，在运行维护过程中还要考虑如何保证日常维护和管理工作到位，从真正意义上使设备的最佳状态得以延续，从而降低运营费用。日常维护的作用主要表现在两方面，一方面直接减少大修的次数及相关费用；另一方面，正确的日常维护还可以避免因设备的失效而造成的停产损失。为了使设备得到最佳的管理，日常维护管理工作建议从以下方面考虑：

（1）计划与控制：由维修部门向生产部门提供必要的维修数据，以保证设备在满足工况要求下正常运转的需要；由维修部门跟踪关键设备的工作状态，与生产部门共同对其进行分析。

（2）预防性维修：建立适当的预防性维修计划，考虑设备的变化状况，协调不同设备的运转，并分析失效原因，将其快速反馈到工作计划之中去，适时调整计划。

（3）储备管理：不适当的库存往往会造成不必要的备件浪费，利用日常维护经验可以对备品备件库存进行适当的调整；将备品备件进行集中登记和管理，可避免不必要的浪费。

（4）费用控制：对每项维护费用参数特征的定义进行标准化，并将其纳入公司的管理系统中。

通过有效的日常维护，一方面可以避免零件的失效，另一方面在有效维护的基础上，及时发现设备是否需要大修和零件是否已处于寿命的终点。这也是正确决定设备是否需要被替换的依据。总之，保持设备的最佳状态，使其高效安全平稳地运营，尽可能地降低运营消耗，是日常维护最重要的目的。

6.3.3.4 设备报废阶段

在设备报废阶段，设备整体已到使用寿命，故障频发，影响到设备组的可靠性，其维修成本已超出设备购置费用，必须对设备进行更换。更换后的设备资产应进行变卖、转让或处置，相应的费用进入企业营业外收入或支出。企业应建立完善的报废流程，以使资产处置在账管理。

6.3.3.5 LCC 应用案例

某 LNG 接收站在关键设备高压泵购置过程中采用 LCC 理念进行设计采办，选择的高压泵三家制造商 A、B、C，通过对各家报价进行对比分析，全生命周期各阶段各分项费用相对报价费用结果见表 6.5（各项计算值以制造商 C 的值为 100% 基准）。

表 6.5　三家设备全生命周期各阶段相对报价费用结果

序号	项目名称	A 厂家估算	B 厂家估算	C 厂家估算
1	初始投资	129.35%	115.78%	100.00%
2	安装投资	132.28%	63.72%	100.00%
3	开车调试费用	229.53%	129.78%	100.00%
4	运营费用	433.43%	124.69%	100.00%
5	维修费用	336.02%	95.07%	100.00%
6	弃置费用	127.41%	109.44%	100.00%
7	其他	100.00%	106.28%	100.00%
8	合计	419.37%	125.38%	100.00%

由表 6.5 计算结果对比可看出，C 厂家设备的 LCC 最低，因此在技术参数均满足要求的条件下，最终选择制造商 C 作为高压泵的供货商。同时，也对 3 家制造商提供的产品在全生命周期内各项费用分布进行统计，结果发现其运营维护费用均占了整个生命周期费用的 96%～98%，而初始投资、安装费用、调试费用等只占了极小的一部分。因此 LCC 核算的首要任务不是降低初始投资，而是尽可能地保证和延续设备的最佳状态，使其长周期高效安全平稳运营，从中获得可持续的最大收益。

6.4　经济完整性指标体系建立

设备设施经济完整性指标是检查和评价设备设施全生命周期管理各阶段各项工作执行情况经济效果的依据。在进行资产完整性管理过程中，通过建立经济完整性指标体系，基于大量数据统计分析资产完整性管理的整体水平，可掌握设备设施状况，监视导致利润损失的各种原因；通过信息的反馈和控制，可促进效率的不断提升；通过有效的作业和管理，可实现生产过程中的资产效益最大化。同时在一定程度上能够间接评估设备设施管理人员的实际工作能力，评价管理工作的绩效，对各级管理部门和人员起到激励和促进的作用。

6.4.1 经济性完整性指标体系建立原则

科学合理的设备设施经济性完整性指标体系与企业的生产规模、生产性质、设备构成和管理及维修水平等都有直接关系，因此应综合考虑企业业务及其设备设施本身的特点，在指标建立过程中总体参考以下原则：

（1）科学性：所选择的经济完整性指标应建立在科学性基础之上，指标具有清晰、明确的内涵与意义，并能充分反映设备设施经济性的本质特征或内在规律，同时结合必要的专项调查和考证，在实践中得到有效验证。

（2）客观性：所选择的经济完整性指标要尽可能以客观的数据资料为依据，以原始数据的内在信息规律为标准，尽量减少主观评判过程，以保证评价结论的客观性与准确性。

（3）可持续性：设备设施的经济性本身是一个动态的概念，要贯穿于设备的选型、购置、安装、使用、维修、改造，直至报废更新的全过程，这就要求所选择的经济完整性指标体系必须能切实反映企业设备设施经济性管理的动态过程，且能描述其发展变化趋势，使指标体系具有更强的生命力。

（4）可操作性：所选择的评价指标必须可以定量描述、便于统计，有利于不同单位或企业之间比较。对于难以统计或计算工作非常复杂的指标，原则上不建议采用。

（5）互补性：设备设施经济完整性指标体系不是评价指标的简单堆积，所选择的评价指标之间必须在功能上和内容上具有一定互补性，且存在内在的、有机的联系，要求它们能够全面反映设备设施经济性管理的各个方面，不能存在重大遗漏之处。

（6）协调性：所选择的评价指标之间必须具有良好的协调性，要减少指标在概念上的重叠性和统计上的相关性，更不能出现严重的包容关系或重复关系，以确保各评价指标的独立性。

6.4.2 经济完整性指标评价方法

经济完整性指标评价最常用的方法就是指标对比分析法，又称比较法，是通过经济指标计划与实际完成情况的对比，来评价经济指标完成情况，分析产生差异的原因，进而挖掘内部潜力的方法。

6.4.2.1 将实际指标与计划指标对比

通过将实际指标与计划指标对比，检查计划的完成情况，分析完成计划的积极因素和影响计划完成的原因，以便及时采取措施，保证成本目标的实现。

6.4.2.2 本期实际指标与上期实际指标对比

通过将本期实际指标与上期实际指标对比，可以分析各项经济指标的动态情况，反映企业设备设施经济完整性管理水平的提高程度及变化趋势。

6.4.2.3 与本行业平均水平、先进水平对比

通过与本行业平均水平、先进水平对比，可以反映企业设备设施经济完整性与其他企业的平均水平和先进水平的差距，进而制订改进优化措施，提高企业管理水平。

总之，通过经济完整性指标的统计分析与对比，发现产生偏差的原因，为设备设施完整性管理持续改进提供参考；同时也可以与国内外企业经济完整性管理指标接轨，实现不同规模、不同生产工艺之间的对比，找出影响设备设施完整性管理的主要因素，寻求改进方向与措施，为企业设备设施完整性管理水平提高提供支持。

6.4.3 经济完整性指标体系的持续改进

设备设施经济完整性指标体系对自身有持续改进的要求。由于指标体系涵盖的设备设施的范围、指标的筛选、统计的时机等各项情况存在着变化性，因此对于设备设施经济完整性指标体系本身进行持续改进尤为必要。经济完整性指标体系作为设备设施经济完整性管理的重要部分，也必须在实际推行前后反复进行论证与修正，在试执行后，需要及时对反馈情况进行深入研讨，将现场经验纳入下一版本，不断对指标体系本身进行升级，以求在一段时间之后形成一套较为完善的设备设施经济完整性指标体系，对实际管理工作发挥积极作用。

6.5 设备设施维修费用管理

运营维护阶段是设备设施全生命周期跨度时间最长的阶段，该阶段设备设施处于持续或间断运行状态，存在设备老化、故障等问题，需要通过及时的维修维护保障设备设施安全，而设备设施全生命周期的大部分成本也是在该阶段产生的。设备设施的维修费用主要包括维护费和修理费两大部分，维护费主要是指设备日常保养费用和设备检查、检验费用，而修理费是指为恢复设备的性能而进行修理所发生的费用。

设备设施维修费用是企业生产经营成本的重要组成部分，它不但与企业的装备水平、生产工艺流程有关，而且也是企业设备设施管理水平的综合体现。合理使用设备设施与控制维修费用的目的是，以尽可能低的费用达到规定的生产效率水平并防止设备故障的发生，同时避免因投入过多的维修工作量而花费过多的维修费用，即应统筹考虑、衡量维修费用与停工损失两者的均衡关系。因此，做好维修费用的管理对优化设备设施LCC，提高设备设施经济性，获取最大效益具有重要作用。

6.5.1 维修费用全过程管理

企业在设备设施维修费用管理过程中经常会出现一些问题，导致管控效果不好，增加管理成本，降低企业效益。如大部分设备都是事后维修，在设备出现故障时才进行维修工作，不制订维修计划，使得维修的效率不高，所花费的维修费用较多；维修过程中备品备件缺失，需要紧急采购，导致费用增加；对于关键的设备设施，维修部门没有制订详细的

维修方案，仅依靠维修人员的工作经验实施，很多故障问题不能够彻底解决，维修后仍然存在隐患导致再次维修而增加成本；不同设备的维护周期不同，维修费用的投入管理没有依据，使得维修的效率和质量难以进行评估，不能深入分析维修工作存在的根源性问题，从而难以制订预防性维修计划等。

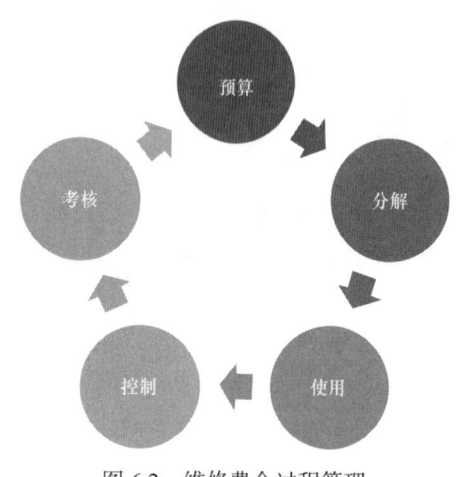

图6.2 维修费全过程管理

因此，设备设施维修费用管理要坚持全过程管理，包括预算、分解、使用、控制和考核等环节。维修费用管理坚持做到"应修必修、修必修好、修必节约、能修不换"，确保设备设施安全、长周期运行的原则；坚持做到科学、规范、经济维修，努力降低成本的原则；坚持对维修费使用进行严格管理，做到合理使用的原则（图6.2）。

6.5.2 维修费用预算管理

企业在编制设备设施维修费用预算时，需要依据过去的历史统计资料，如近年的检修情况及改造情况，并考虑各种条件的变化，如生产水平、设备役龄、劳务、备品配件等情况的变化来估算维修费用预算。应该从项目的可靠性、先进性、必要性、可实施性和故障率等方面进行论证审核，有关部门组织对年度维修项目及费用进行统筹和审核，并对费用进行总体平衡和调整，对项目目的合规性进行审核后报公司各级领导审批下达。

企业在编制设备设施维修费用预算的过程中，可以从预防性维修预算、纠正性维修预算及工艺改造性维修预算等方面进行考虑，预防性维修预算主要是针对设备进行保养维护，以预防设备发生故障为目的；纠正性维修预算是针对一些设备出现故障时，对其进行维修；工艺改造性维修预算主要是针对设备的年度工艺改造计划进行制订。预防性维修和纠正性维修的预算费用比例需要控制在一定的范围内，因为二者之间从某种意义上来讲是"反函数"的关系，通过寻找两者的最佳平衡点，能够达到有效降低维修费用成本的效果。

6.5.3 维修费用使用管理

企业在维修工作管理过程中需要加强修理费使用管理，提倡科学检修，优化检修方案，降低修理成本，防止过修或失修，做到事前预算、事中控制、事后分析，提高修理费管理的计划性和使用效率。

在设备或材料购买时，由主管部门按照计划规定的规格、型号、数量和时间要求组织采购，建立备件材料采购的竞价、比价机制，对具备招标条件的采购业务应进行招标。此外，可以通过引入风险管理理念，采用状态监测、腐蚀监测等故障诊断方法，开展预知维修，提高检修计划的准确率，降低维修费用。做好预防性维修工作，尽量控制紧急故障维修费。建立和完善常规的检修项目综合单价（或维修费用定额），使预测数据能够与实际发生的费用尽量保持一致或进一步优化。

6.5.4 维修费用统计分析

企业可以利用 ERP 等手段对维修费用实行动态跟踪管理，建立维修费用使用情况的定期分析制度，财务部门应定期向设备管理部门通报维修费用的结算情况，对维修费用的使用情况进行综合分析，分析差异产生的原因，提出改进意见，出具全面的差异分析报告。

通过对维修费用的统计分析进而开展维修费用经济性分析，找出维修费用和停工损失合计为最少的维修间隔，确定设备最经济的维修周期。当零部件损坏时，是报废更新还是维修后继续使用，可以对两种方法进行比较，分析其零部件费、修复费、库存成本、人员工资变化、更换件中的停工损失等，综合分析成本，确定哪一种最经济。设备设施的许多零部件是损坏一个更换一个，还是规定在适当时期一并更换，可比较更换成本和停工损失之和的大小，确定最优的更换策略。其他方面的经济性分析还包括选择经济的维修方式、维修作业的班次、维修时间、备品配件的储备、备用设备、人员配备等。

基于统计分析结果，企业可对设备设施维修费用进行定量评价，以进一步优化设备设施维护管理策略。评价过程可以运用常用的设备维修效果单项测定指标如下：

（1）设备设施每运转 1h 的设备维修费用，即设备设施维修总费用与设备设施运转时间的比值。

（2）设备设施资产价值的维修费用，即设备设施维修总费用与设备设施资产原值的比值。

（3）单位产品的设备设施维修费用，即设备设施维修费用与产品生产量的比值等指标。

6.5.5 维修费用信息化管理

设备设施维修费用作为企业生产成本的重要组成部分，对提高维修质量，降低维修成本，实现企业可持续发展具有重要作用。随着互联网、大数据、云计算等技术的不断发展，将信息化技术与设备维修费用管理相结合，可以有效加强维修费用的全过程管理，实现计划、预算、使用、跟踪、分析的全流程管理，如利用 ERP 等现代化管理平台实现物流、资金流、信息流"三流合一"，从而达到降低总成本的目的。

设备设施维修费用信息化可以搭建维修业务管理、备品备件管理、维修信息管理、维修人员管理等模块，以实现以下功能并最终提高设备设施维修保障效率。

（1）设备维修需求的快速任务下达与维修实施。

（2）备品备件申请、计划、购置、收发、管理、调剂等环节的全程可视化管理。

（3）及时收集掌控设备维修信息，摸索总结设备维修规律。

（4）有效管理企业维修力量信息。

6.5.6 设备设施备品备件管理

在实际工作中，常因备件短缺给设备的维修造成很大困难，直接影响到生产的正常进行，从而影响到企业的经济效益；另一方面，如果备件的储量过大且大量积压、占用资金过多，会导致资金利用率和周转率不高，从而积压企业的大量流动资金，也会影响企业的经济效益。

设备设施备件的经济完整性管理是为了按计划进行设备维修，缩短修理停机时间，减少修理费用而对备件的计划、生产、订货、采购、储存、供应、合理使用等方面进行的管理工作。设备设施备件的经济完整性管理是经济完整性管理工作的重要组成部分，科学地储备和供应高质量的备件，不仅能有助于按期完成维修工作，而且能提高设备的可靠性。所谓科学地储备和供应，是指在及时供应维修所需备件的同时，储备备件所占用的资金最少，资金周转率最高，各种备件储备最适宜，管理方法先进科学。在社会主义市场经济的条件下，进行企业设备设施备件经济完整性管理有着重大的意义。

ABC管理法是一种从种类繁多、错综复杂的多项目或多因素的事物中，找出主要矛盾，抓住重点，照顾一般的管理方法。企业为了保证维修需要，储备品种繁多的大量备件，会占用大量资金。每种备件的重要程度、供货难易和库存时间各不相同，为了分清重点与一般，以便区别对待，控制备件库存，可将备件划分为A，B，C三类。划分时考虑的原则如下（表6.6）：

（1）保证维修和生产的重要程度。
（2）加工难易程度和订货周期的长短。
（3）占用资金的多少。

表6.6 库存备件分类表

类别	品种积累数/总品种数	累计金额/总金额	备注
A	5%～10%	60%～70%	有些关键备件价格不高，但也列入此类
B	20%～30%	20%左右	
C	60%～70%	<20%	

企业对A类备件应进行重点管理，采用最优策略，重点摸索其消耗规律，计算最佳储备量（经济储量），以减少总的费用；对B类备件，规定正常的储备量和订货期，实行一般控制；对C类备件，可根据具体情况和可能性，采用简便的订购或生产方式加以控制和管理。上述做法可达到大幅度降低库存占用资金总额的目的，也大大简化了整个备件管理工作。

企业应逐步建立备品备件安全库存管理。安全库存设置应考虑备品备件的消耗量、维修能力及备品备件的供应周期。确定安全库存时，可结合设备以往备品备件消耗情况确定，根据使用消耗情况每年进行调整，并且每年至少组织一次对安全库存设置情况的回顾更新工作。

企业应做好备品备件库存量的动态管理，根据生产需要及时调整库存量和采办需求，在保障安全库存的前提下，减少金额较高、使用寿命较长的备品备件库存积压，从而降低资金的长期占用，提高资金使用周转率。

7 设备设施全生命周期管理

设备设施全生命周期管理贯穿设备设施整个寿命周期，是指从设备设施规划、选型、购置、使用直至淘汰或报废的整个过程中对设备设施进行全面合理的管理和监控。从整体管理的角度，设备设施全生命周期可以划分为四个大的阶段，包括规划投资、设计建造、运营维护及废弃处置。每个大的阶段同时包含多个小的环节，如规划、计划、可研、决策、设计/选型、制造/购置、安装、调试、验收、使用、维护、维修、改造/更新、封存、出售、报废等。同时，现代意义的设备设施全生命周期管理实际上涵盖了设备设施管理和资产管理的双重概念，也可以称为设备设施资产的全生命周期管理，它包含了设备设施管理和资产管理的全过程——从投入期、产出期到衰退期的一系列过程，既包括设备设施管理，也渗透着其全过程的价值变动过程。因此，考虑设备设施全生命周期管理要综合考虑运营成本和经济效益。

从设备设施自身管理角度来说，通过全生命周期管理可以综合考量设备设施的可靠性和维修性问题，使设备设施在设计、制造时不仅仅关注合规性问题，更要将可靠性和维修性因素贯穿到设计、制造和使用的全过程，即在设计、制造阶段就尽量赋予设备设施高的可靠性和维修方便性，使设备设施在后期运行维护过程中长期可靠地发挥其功能，力求不出故障或少出故障，即使出了故障也要便于维修。从设备设施资产管理角度来说，要实现设备设施综合成本最低和效益最大，需要将设备设施最经济寿命周期费用作为重要衡量指标：有些设备设施的设计建造费较高，但运行维护费较低；而另一些设备设施设计建造费虽然较低，但运行维护费却较高。因此应通过全生命周期管理综合考虑设备设施整体成本费用，实现成本最优和效益最大。设备设施全生命周期管理需要统筹与设备有关的工程技术领域、财务经济领域与组织管理领域进行综合性管理，实现降低寿命周期费用和提高设备综合利用效率两大目标。

设备设施全生命周期管理的核心是在生命周期各阶段落实管理完整性、技术完整性和经济完整性提出的各项要求，从管理上厘清各个控制节点的管理要求及流程的规范性，从技术上加强各个阶段确保设备设施本质安全的手段与方法，从经济上落实各个阶段成本费用优化的策略与方法。

7.1 规划投资阶段

7.1.1 规划投资阶段完整性管理概述

在规划投资阶段，对于整个项目及其相关的设备设施主要是开展可行性论证研究，进而决策是否投资建设该项目。在该阶段相关设备设施还不涉及具体的详细设计、购置或建造等相关工作，因此应重点关注设计基础、主要设备设施选型、主工艺流程、风险评估、关键设备设施的工程方案等内容，并参考以往类似项目建设和运营维护阶段的经验教训，通过编制完整性专篇的形式，辨识影响设备设施完整性的因素并提出应对措施。要对设备设施 LCC 优化及设备设施可操作性、可维护性与可靠性在该阶段方案中实现的策略进行分析，对设备设施在设计、建造、安装、调试、运维中与完整性密切相关的因素提出分析和原则性控制要求或指导意见，并对后续阶段设备设施完整性管理提出要求与建议。同时，设备设施后续建设、运营等相关责任部门应派遣完整性管理人员提前介入、参与到规划投资关键阶段的审查过程中，保证规划投资阶段的可行性研究方案符合完整性管理要求。因此，规划投资阶段设备设施完整性管理的主要内容包括设备设施完整性管理专篇编制、设备设施 LCC 分析和提前介入管理等。

7.1.2 规划投资阶段完整性管理主要内容

7.1.2.1 设备设施完整性管理专篇编制

在规划投资阶段关键节点，如可行性研究报告编制过程中，同时编制设备设施完整性管理专篇，论证设备设施完整性管理相关要求是否已考虑并落实，重点辨识出可行性研究方案中影响设备设施完整性的风险因素并提出应对措施，对设备设施 LCC 优化及设备设施可操作性、可维护性与可靠性在该阶段方案中实现的策略进行分析，对后续阶段设备设施完整性管理提出相关要求与建议，并在后续阶段的设计、采办、建造等工作及成果文件中对其做出响应，并对响应情况做出说明。设备设施完整性管理专篇可考虑从以下方面进行编写：

（1）编制依据。包括相关设备设施管理法律法规、标准规范的要求，公司关于设备设施完整性管理的要求，以及国内外完整性管理良好实践做法等。

（2）项目概况。项目基本情况，包括项目名称、建设地点、项目性质、建设规模及内容、项目工艺方案、总平面布置、主要经济技术指标等（改、扩建项目需对项目原基本情况进行说明）；主要设备设施情况及特点；项目本阶段要完成的主要任务简述等。

（3）设备设施完整性风险分析。根据相关标准要求对建设项目涉及的主要或关键设备设施在本阶段的风险进行分析，对主要或关键设备设施高等级风险在本阶段的应对措施进行描述，提出后续阶段相关应对措施的建议等。

（4）LCC 分析。简述项目总投资的投资估算／预算／概算等的依据及选取数据的原则／策略；描述在比选／优化方案时，项目可行性研究阶段涉及的费用优化原则或策略；描述项目后续阶段、运营维护阶段涉及的 LCC 策略性问题，如怎样策划操作费用、维护保养费用、检修评估费用等的优化问题；描述预测的稳产年均总成本（年均可变成本、年均固定成本等）各项组成的优化策略，说明为什么这个成本是最优的。

（5）全生命周期可操作性、可维护性、可靠性及本质安全分析。

① 优化方案时如何考虑可操作性、可维护性方面的策划，即可操作且操作方便，如在可行性研究阶段确定装置布置、工艺流程方案时是如何考虑对后续可操作性、可维护性的影响等。

② 对设备设施可靠性及本质安全是如何保证的，包括：

——项目本阶段保证整个系统安全可靠的关键点描述；

——在关键时刻可以自动关断以保证应急功能的主要节点的策划描述；

——设备设施状态监测系统的策划原则或策略描述；

——基础数据的完整性分析；

——工艺流程风险点分析简述；

——新技术应用风险分析，如项目中首次采用的新技术，在缺少以往应用实例的基础上采用该项新技术的风险和应对措施。

③ 提出对后续阶段可操作性、可维护性、可靠性及本质安全的要求。

设备设施完整性管理专篇编制完成后，应组织专篇审查工作，可与可行性研究报告的审查同步进行，针对审查提出的问题、意见与建议，进行跟踪与落实。

7.1.2.2 设备设施 LCC 分析

在规划投资阶段设备设施 LCC 分析主要是针对项目投资预算制订的依据与策略进行分析，以及在估算设备设施投资预算时，要综合项目建设阶段、运营维护阶段及弃置阶段全部费用成本进行综合考虑，提出策略性建议，决策设备设施的购置、建造与运营策略，实现设备设施 LCC 最优。LCC 分析可为设备选型、设备招标采购及设备运行维护经济性管理等提供参考依据。

设备设施 LCC 应至少包括资产购置成本、安装和调试成本、运行成本、维护成本、停机生产损失成本及废弃处置成本等。

（1）资产购置成本指厂家供货范围内的总采购成本。

（2）设备的安装与调试成本包括厂家供货范围内各种系统及设备的总安装成本及对所安装系统及设备进行调试及认证（需要的情况下）产生的总成本。

（3）运行成本指设备的总能耗成本，包括燃料／油、能源消耗等费用。

（4）设备所需的总维护成本，包含预防性维护、保养及故障性维护工作所需成本。

（5）设备停机生产损失成本，即设备故障后，会引起的计划性停产，造成生产损失。

（6）废弃成本包括设备拆除处理、废物处置等费用。

设备设施 LCC 分析的过程和结果应作为完整性管理专篇的一部分，纳入设备设施完整性管理专篇编制、审查与落实整个过程中，进行统一考虑与管理。

7.1.2.3 提前介入管理

提前介入管理是后期相关阶段部门委托代表人员参与到前期阶段的相关研究、审查等过程中，从后续设计建造、运营维护等角度对设备设施的可靠性、可用性及可维护性等提出意见或建议，落实设备设施完整性管理要求。

一般来说，工程建设主管部门以委派工程代表的方式提前介入规划投资阶段，生产与设备设施管理人员以委派生产代表的方式提前介入规划投资和设计建造的阶段，工程代表和生产代表从项目进入可行性研究开始提前介入。

（1）工程代表主要工作原则要求包括：

① 依据法规要求与企业管理要求，收集同类设施的工程建设良好实践和经验教训，向规划投资阶段承担单位反馈并提出建议。

② 参与论证设计基础数据，参与论证关键技术、工程方案比选。

③ 参与工程方案审查、重大工程专题论证、投资估算等与工程建设有关的事项。

④ 参与规划投资阶段成果的审查，并提出意见或建议等。

（2）生产代表主要工作原则要求包括：

① 依据法规要求与企业管理要求，收集同类设施的工程建设良好实践和经验教训，向规划投资和设计建造承担单位反馈并提出建议。

② 参与项目可行性研究报告的编制。

③ 参与论证关键设备设施的选型与选材。

④ 参与审查项目设计、建设、试运行方案及相关方案的重大变更。

⑤ 参与工程设计成果的审查，并提出意见或建议。

⑥ 参与设备设施出厂验收。

⑦ 参与操作及检验维护说明书的编制工作等。

在规划投资阶段，生产与设备设施主管部门、工程建设主管部门应派遣具有设计建设、生产、设备设施完整性管理及检维修等方面经验的专家参与可行性研究阶段、最终投资决策（FID）等关键节点的审查，提出与设备设施完整性相关的意见或建议。

7.2 设计建造阶段

7.2.1 设计建造阶段完整性管理概述

7.2.1.1 概述

在设备设施全生命周期管理活动中，设计建造阶段一般是指项目最终投资决策获得批准后到该项目的生产设施试运行的阶段，包括设计、建造、安装、调试、验收及试运行阶段等。设计建造阶段设备设施完整性管理是指：

（1）设计建造阶段建立并执行设备设施完整性管理要求，控制好设计建造阶段影响完整性的关键活动。

（2）通过采集基础/基线数据、识别和评估相关风险、识别安全关键设备/要素/系统、制定性能标准、验证基于风险的相关指标。

（3）制订设备设施检维修管理策略等一系列技术应用，实现设备设施本质安全，为生产运营阶段的设备设施完整性管理提供管理基准。

与工程建设项目的常规管理工作相比，工程项目以往主要关注项目的进度、质量、安全、费用等方面的控制活动，而设备设施完整性管理是在这些常规工作的基础上进一步关注设备设施在工程建设阶段和运营维护阶段的完整性状态，主要目标是满足运营维护阶段使用方的生产实际需求，需要工程项目从全生命周期管理的角度深入开展相关管理活动。

设计建造阶段实施设备设施完整性管理有利于做好设备设施全生命周期信息管理，避免投入运行后数据不全；有利于全生命周期各阶段风险的识别、传递及更新，落实风险控制措施；有利于提高设备设施可靠性、可用性及可维护性水平；有利于从生产和使用角度对设备设施工程设计、采办、建造、施工等提出要求，如腐蚀控制、设备选型、材质选用等，减少项目移交后不满足生产需求的情况；有利于优化项目管理与费用，达到降本增效的目的。

工程建设阶段实施设备设施完整性管理，是设备设施管理的内在要求，同时也是对工程项目管理领域的创新发展。

7.2.1.2 基本原则

设计建造阶段设备设施完整性管理工作应融入工程项目管理之中，重点在于提高设计建造阶段设备设施本质安全水平，优化设备设施 LCC，主要遵循以下原则。

（1）基于全生命周期管理进行决策的原则。

不同管理部门职责分工不同，可能会存在不同的决策意见。在开展设备设施设计、采办、建造、施工等管理活动中，在每个阶段不同部门应关注设备设施全生命周期的本质安全与成本，摒弃"各人自扫门前雪，休管他人瓦上霜"的思想观念，要落实前一阶段提出的设备设施完整性管理相关要求、意见及建议，并对后一阶段设备设施完整性管理风险进行识别评估，提出控制措施与建议。

（2）以基于风险的理念为出发点的原则。

设备设施完整性管理是基于风险的管理，设计建造阶段的设备设施完整性管理的所有工作应以落实规划投资阶段的风险控制措施、识别和控制工程建设阶段的风险，提前识别和降低运营维护阶段的风险为主要目的。

（3）以生产与使用需求为中心的原则。

工程建设项目是一个复杂、庞大的系统工程，在设计、采办、建造、施工、使用等之间往往会存在一些矛盾，例如为了实时监测某工艺装置生产运行后的状态，有时生产使用方会提出布置相应的监测装置，但是如果要增加监测装置，就需要进行设计变更并重新评估，并对设计、采购、建造活动均产生一定的影响；但如果不进行变更，在后续生产运营阶段可能会造成更大的改造工作量，花费更多的费用。因此需要综合考虑各方面的影响，尽量满足生产使用方的需求。

（4）以实现本质安全为目标的原则。

开展设备设施完整性的重要目的是确保本质安全，而设计建造阶段是实现设备设施本质安全最重要、最有效的环节。开展设备设施各阶段风险的识别、评估和应对，最主要的目的是为了从工程设计源头上和建造过程中将风险降低，尽量减少运营维护阶段由于人为操作失误和设备设施运行故障带来的事故损失。

（5）统筹考虑安全性与经济性的原则。

保障设备设施安全的目的是为企业生产经营提供保障，为企业发展贡献价值。要统筹考虑安全性与经济性因素，寻求两者的最佳平衡点，实现设备设施经济可靠。在工程建设阶段开展设备设施完整性管理不能单纯为了降低投入而忽视运营维护阶段设备设施的可靠性水平，也不能单纯为了提高设备设施可靠性而采取不经济的设计方案和采购策略，应从全生命周期管理的角度系统考虑安全性与经济性的关系，最终实现设备设施全生命周期长周期运行，贡献最大经济价值。

7.2.1.3 主要应对风险

在设计建造阶段开展设备设施完整性管理工作主要用于应对以下风险。

（1）设备设施完整性数据采集不完整、不及时。

一般来说，工程建设项目在移交前会按照项目管理规定向生产方或使用方提交项目的各类资料，但这些资料往往不能完全覆盖设备设施投入生产或使用后所需要的数据信息。对于设备设施生产与使用所需要的数据哪些需要在设计建造阶段采集，需要具体采集哪些信息等问题往往容易被忽视，这就可能导致设计建造阶段对设备设施相关数据的采集不完整，甚至有些数据在运营维护阶段无法采集，例如隐蔽工程中重要部件的原始壁厚等数据。另外部分数据不能及时传递给相关方，容易影响在各阶段动态开展风险分析，也不便于及时开展设计优化和采办建造策略的调整。

（2）设备设施风险识别不全面、不深入。

设备设施在运营维护阶段表现出来的很多问题往往是由于在工程建造阶段未识别出相关的风险，或者是识别出了相关的风险，但并未对风险的严重程度进行深入研究。在设计建造阶段，风险识别工作形式化，参与人员专业面不全、经验不足，风险数据库缺失，定量化计算与模拟未开展等也是造成风险识别不全面和不深入的原因。

（3）提前介入工作不深入，发现问题与提出需求不及时。

为落实规划投资和设计建造阶段的完整性管理要求，提高设备设施的生产适应性、可靠性、可操作性及可维护性，工程代表和生产代表会参与规划投资阶段的工作，生产代表也会参与设计建造阶段的工作。但是由于专业的局限性、经验不足或是没有丰富的数据资源作为支持，会导致部分问题遗漏、实际需求提出不及时，并导致设备设施的设计不能满足后续阶段风险控制的要求。

（4）生产、使用及维护需求反馈不全面、不深入。

一般来说，工程项目组会在施工过程中编制完整性管理要求的执行文件和相应的质量控制措施，分解完整性管理要求的控制过程及关键节点。但是对于项目投入使用后设备设施运行的具体需求或期望的功能表现，工程项目组关注得比较少。生产使用方虽然能够提出生产、使用、维护需求，由于多种原因，在形成标准化工作之前需求反馈不全面、不深入，造成了一些工程项目遗留问题。

（5）各阶段风险管控跟踪落实不全面、不彻底。

虽然目前在工程项目管理中风险管理理念已逐步得到认同，各种风险管理制度、程序、规程等也比较健全；但通过对工程项目管理实践中大量的事故案例与故障失效事件的分析，结果表明相关风险管控措施并未充分有效落实，设备设施在规划投资阶段和设计建造阶段各项的技术审查、风险分析等提出的风险及控制措施，在形式上均得到了"关闭"，但实质上问题并未得到全面、彻底解决。

（6）设计工作按照惯例开展，新出现的风险易被忽视。

为了提高设计和工程建设效率，降低相关成本，促进成熟技术的标准化推广和应用，不少设备设施会按照以往的相似项目进行标准化设计，这在一定程度上确保了设备设施的交付质量，但完全按照惯例执行的设计工作也容易导致忽视新出现的风险。不同的项目投运后所处的环境条件可能不同、工艺系统运行参数可能不同、设备操作使用的实际需求可能不同，因此设计时可能出现的新的风险不应被忽视。

7.2.2　设计建造阶段完整性管理主要内容

总体上，设计建造阶段的设备设施完整性管理工作应按照本书第4章、第5章和第6章提出的管理完整性、技术完整性、经济完整性各项要求与内容实施。但同时，由于在设计建造阶段，设备设施并未投入运行，部分工作要求无需实施。因此本小节结合设计建造阶段完整性管理工作的特点，从完整性管理主要活动、完整性管理技术实施、完整性绩效评价与改进等方面进行补充阐述。

7.2.2.1　完整性管理主要活动

1. 完整性管理要求策划与建立

企业应当根据自身主营业务需求、生产运行的组织、主要设备设施特点等策划并建立设计建造阶段设备设施完整性管理相关制度要求，明确管理职责、内容与流程。

企业应设置涵盖各管理层级的设备设施完整性管理机构，明确相关岗位职责，各级完整性主管岗位应清楚主要工作内容和重点。对于已建立设备设施完整性管理体系的企业，应严格执行管理体系中对设计建造阶段的要求；对于未建立系统的设备设施完整性管理体系的企业，应在建立项目管理体系时把完整性管理的要求纳入其中，或者建立专门的工程项目完整性管理体系。重点工作应至少包括以下内容：

（1）关键绩效指标制订。设计建造阶段应设定完整性管理关键绩效指标（KPI），以确保实现设备设施完整性管理目标。包括关注于质量、证书、数据等方面的指标，如专家审查意见落实率、设备设施数据完整性、完整性专篇编制及审查意见落实情况、设备设施操作维护手册编制情况等。对于所设定的KPI指标尽可能满足SMART［具体（S），可衡量（M），可达到（A），有相关性（R），有时间限制（T）］原则，并能够体现差异性和层层分解。

（2）关键节点管理。关键节点控制是工程项目完整性管理的重要考核指标，它通过控制工程项目关键节点的实施成果，达到针对工程项目过程控制的目的。工程项目组应当根据设备设施完整性管理的需要有效识别工程项目关键节点并建立台账，并逐步对每一个关键节点实施有效管控。在基本设计阶段应组织编制设备设施完整性管理专篇，将完整性专篇提高到与安全专篇、环境影响专篇、职业健康专篇、节能减排专篇同样重要的地位。完整性专篇的内容应根据企业设备设施管理的方针、目标和实际需求设置。在详细设计阶段应当进行关键与重要设备设施的识别，便于在工程建设阶段实施设备分级管理，优化资源配置。应组织对设备设施的采办策略编制及大型设备设施的采办、各类施工方案、调试大纲及试生产方案的专家论证和审查。应根据设备设施厂家说明书及完整性技术应用的建议编制设备设施操作维修手册并在调试和试生产前开展培训。应组织工程竣工的正式验收并提交完工报告。应检查工程建设资料的汇编和移交是否完整及时，工程遗留问题的记录和反馈是否完整及时，对于需要开展后调查的设备设施应及时开展后调查。

（3）质量控制。针对隐蔽设备设施应当制订专门的质量管理文件，其内容应当涵盖设计、采办、制造、运输、施工、安装等阶段。应建立隐蔽设备设施台账以更好开展质量控制。在设备设施质量控制方面还应开展的主要工作包括确定质量控制见证点和停止点、监督整改不符合项、建立隐蔽设备设施质量档案等。

（4）变更管理。设计建造阶段针对设备设施变更的触发条件应当统一明确，变更的分类分级要满足企业内控管理体系要求和实际需求。设计建造阶段变更管理应当包含以下工作：开展变更风险评估，填写工程项目变更申请表，及时更新变更登记表，后续设计在改变前期设计基本结论时（如关键设备设施的类型、数量、材质等）向生产方征求意见，变更后及时完善基础数据表，基础数据表作为完工资料移交给生产方等。

在工程项目变更管理过程中，应检查变更申请表是否填写完整、准确，检查变更信息在信息系统中的完整性，确保各级员工充分理解变更管理的定义和范围，变更管理程序的相关要求得到良好执行。

（5）腐蚀控制。应在基本设计阶段建立腐蚀控制方案，腐蚀控制方案中包括识别监测位置、制订监测周期、选择监测技术和设备工具、明确数据采集和结果分析要求、所有部件的详细腐蚀防护措施、内外腐蚀监测措施、主要的腐蚀监测要求及为满足后期腐蚀监测的必需设备。应在设计阶段开展内、外腐蚀评估，识别腐蚀类型和发生的可能性；应当在建造施工阶段，制订内、外防腐措施。

（6）检修策略。在详细设计阶段，应当制订关键设备设施的检验策略，针对首次使用新技术的关键设备应当编制维修策略并进行重点审查。应在机械完工后6个月内，提交关键设备设施的使用说明书。对于设备设施检维修策略的编制应当充分利用完整性专项技术应用的成果，参考其优化的意见和建议。

（7）外包管理。应当采用监督节点控制外部资源的协调使用，包括供应商和承包商的专业特长调查，招标名单审查，技术标书和评标的审查，出厂测试与验收等。

（8）事故管理。企业应当制订设计建造阶段设备设施事件事故的应急处理程序，结合企业管理实际有针对性地组织设备设施事件事故的学习。

2. 完整性管理专篇编制

在项目设计阶段，企业应细化编制设备设施完整性管理专篇，分析可行性研究阶段完整性管理专篇要求是否得到落实，重点辨识出设计建造阶段影响设备设施完整性的风险因素并提出应对措施，对设备设施 LCC 优化及设备设施可操作性、可维护性与可靠性在该阶段方案中实现的策略进行分析，对后续阶段设备设施完整性管理提出相关要求与建议，在后续阶段的设计、采办、建造等工作及成果文件中应对其做出响应，并对其响应情况做出说明。完整性专篇的编制模板可参考可行性研究阶段编制要求，但应比可行性研究阶段深入细化。

3. 完整性风险评估

企业应在设计建造阶段开展设备设施风险评估工作，涵盖项目所有关键设备设施，并对相关设备设施风险评估结果进行汇总，按照风险的高、中、低形成设备设施风险清单，常用的风险评估方法有 HAZOP、SIL、QRA、RBI、RCM、FMEA、RAM 等。然后根据设备设施风险清单制订各项风险控制措施，跟踪落实，并对设备设施风险信息进行动态管理，定期更新。同时，企业应当将风险信息及时传递到相关岗位人员。

企业应按照国家法律法规及相关要求，根据项目具体情况全面识别法律法规及其他要求并建立适用于项目的法律法规库。主要识别的内容包括法律、行政法规、地方性法规、部门规章、强制性标准规范、上级单位要求等，然后依据建立的法律法规库开展合规性评价工作，并对使用的法律法规和相关要求组织教育培训，确保相关岗位和人员了解法规要求。

7.2.2.2 完整性管理技术实施

1. 设备分类分级

企业资产台账及固定资产信息管理是一项技术性强、数据量大且要求数据统计准确、及时的工作。随着计算机及网络技术的发展，针对管理的信息化程度已大大提高。设备设施台账是设备管理的基础性资料，是做好设备设施管理工作的基础。建立设备设施台账能够解决设备设施档案资料不全，信息检索不便利，不能有效给各级管理层提供决策依据等问题。企业需要规范设备设施台账管理，理顺设备设施台账及其与附属特征信息管理工作的关系，确保设备设施台账及设备设施身份信息的准确性、完整性及可用性。

企业应当根据设备的重要性及其对生产系统的影响，对设备进行分类分级，建立分类分级台账。设备分类分级的依据和方法应当符合企业相关标准、制度和工程建设项目的实际需要。

2. 数据采集与分析

企业应当制订设计建造阶段设备设施信息采集作业指导书、基础数据表和结构化数据采集表，开展结构化数据采集。应按照相关要求审查设计建造阶段提交的设备设施完整性信息，确保设计建造阶段信息采集的范围包括基本设计阶段、详细设计阶段、加工设计、安装设计、隐蔽设施作业设计阶段、完工设计阶段、制造建造阶段、安装调试阶段与设备设施完整性管理相关的文件、数据和模型等。

企业应安排专人或者委托相关机构负责信息采集，并针对相关数据采集人员组织信息采集安全培训，包括文件的保密要求等。应关注设计建造设阶段数据的准确性和代表性、所选用的自然环境数据可靠性、地貌及工程地质调查情况，以及腐蚀研究等。应考虑关键设备设施运营维护的监测需求等，以保证工程设计方案符合完整性管理要求。

企业应当充分借助现代互联网、大数据、云计算等先进技术建立设备设施管理信息化平台或系统，对于工程建设项目较多的企业可以建立工程项目设备设施完整性管理信息系统。企业应当组织相关部门和人员参加相关信息系统的应用培训，定期对信息系统数据录入情况检查与考核。对于企业具有不同信息系统的情况，应确保各信息系统所录入数据（含结构化数据及非结构化数据）的一致性。在设计建造阶段根据数据信息具体录入、使用、调用等情况应对信息系统的使用情况提供改进建议，以便系统持续改进。

3. 监测检测

设计建造阶段应开展以下监测检测工作，包括制订静设备基于风险的检测计划，制订腐蚀监测方案，开展基线检测或基线数据采集、建立基线数据库，制订生产运维阶段详细的监／检测计划等。

4. 技术应用

根据设备设施类型、特点及工程项目实际情况开展以下技术应用工作：

（1）在基本设计阶段根据要求开展HAZOP分析工作（HAZOP主席有相应的资质、采用引导词进行HAZOP分析、HAZOP分析得出的风险得到有效控制）。

（2）在基本设计阶段根据要求开展SIL评估工作（在SIL评估的基础上，制订安全仪表系统管理方案和定期检验测试计划）。

（3）在基本设计或详细设计阶段根据要求开展RBI评估工作（在RBI分析的基础上，给出静设备损伤机理和失效模式、风险等级和检测计划）。

（4）在基本设计或详细设计阶段根据要求开展RCM/FMECA评估工作（根据RCM/FMECA分析结果，制订风险控制措施和检维修策略，完善预防性维修、预测性维修、故障查找等工作）。

（5）在基本设计或详细设计阶段根据要求开展SCE & PS评估工作（根据识别出的SCE和PS，制订详细的验证计划，以确认设备的性能达到预定的要求）。

（6）在工程建设阶段识别设备重要程度，确定需要驻厂监造的关键设备［根据关键设备建造工期、检验试验（ITP）计划及工厂验收计划（FAT）计划，编制相应的关键设备监造计划，组织专业工程师驻厂监造，针对发现问题和解决情况进行汇总记录］。

7.2.2.3　完整性管理绩效评价与改进

设计建造阶段设备设施完整性管理主要通过检查、管理审核、管理评审等方式开展监视、测量、分析和评价、改进等活动以衡量：

（1）设备设施完整性管理目标指标的完成情况。

（2）法律法规和其他要求的遵循情况。

（3）设备设施风险管理情况。

（4）采取纠正与预防措施进行持续改进实施情况等。

1. 关键活动检查

关键活动检查主要是针对设计建造阶段关键节点、关键工作的实施情况开展检查。主要包括以下方面内容：

（1）在基本设计阶段，通过设立独立篇章细化设计建造后续阶段及运营维护阶段设备设施的完整性要求及保障性措施，同时要对可行性研究报告中完整性的要求进行详尽解析和落实；生产与设备设施主管部门向设计方案的审查单位派遣生产代表，全程参与设计审查的相关工作，并组织开展设计完整性辨识工作，审查完整性管理各项工作落实情况。

（2）在建造、安装、单机和联机调试阶段，工程项目组开展材料及设备的验收、施工方案审查、施工质量控制、调试与验收、资料的汇编和移交等活动。跟踪施工现场各项设备设施完整性管理活动。

（3）为确保在可行性研究报告编制、基本设计、详细设计和施工建造等过程中使用的设备设施相关法律法规、标准和规范齐全、有效，对法律法规和其他要求的获取、识别、更新的管控，工程项目组应开展法定文件及相关要求有效性审查，负责编制法定文件及有关要求有效性审查报告。

（4）为确保设备设施生命周期内的安全性，依据早发现、早处理、早整改的原则，对设备设施相关风险进行管控，对设备设施隐患和事件进行识别和分析。为确保设备设施的安全运行，对设备设施安全关键设置和仪表系统进行识别、分析和管控。为控制设备设施因腐蚀造成的不利影响，降低腐蚀造成的危害，对防腐设计、腐蚀余量计算、防腐方式的选择、腐蚀检测等活动进行管控。为确保采办物资和服务满足规定要求，对采购物资技术参数和选型、供应商/服务商资质审查、采办招标名单审查、技术评标及技术谈判、技术文件审查、设备物资出厂测试与验收等进行管控，在此基础上强化采办关键点的管控。为确保各相关方能够得到统一、准确的信息，对设备设施信息传递、使用、处理、归档、维护进行管理，并逐步建立完整性管理信息系统。

2. 内部审核与管理评审

对周期长的工程建设项目应定期开展设备设施完整性管理体系内部审核与管理评审工作，全面评价完整性管理工作开展情况，及时发现存在的薄弱环节和存在问题，对设备设施完整性管理体系的适宜性、充分性和有效性进行评审并持续改进。内部审核可自主开展或委托第三方技术服务机构实施，管理评审由企业管理层主持召开。

3. 持续改进

企业应通过关键活动检查、内部审核与管理评审等方式及时发现设备设施完整性管理实施过程中存在的问题，寻找改进机会并持续改进。企业应将涉及设计建造阶段的改进要求明确到具体的工程项目中，企业和工程项目负责单位应当鼓励员工参与体系持续改进活动。企业应制订设备设施完整性管理的持续改进计划，内容包括改进目的、改进责任、改进时间、改进措施或方案等，确保改进工作的有效实施，并做好相关记录的保存。

7.2.3 设计建造阶段完整性技术方法简介

7.2.3.1 技术方法体系

设计建造阶段设备设施完整性管理以保障设备设施本质安全为目的，重点关注整体管理策略、数据完整性、设计完整性、质量控制等方面，应用基于风险的技术识别关键设备设施风险，建立性能标准，并制订验证计划。技术方法体系如图 7.1 所示。

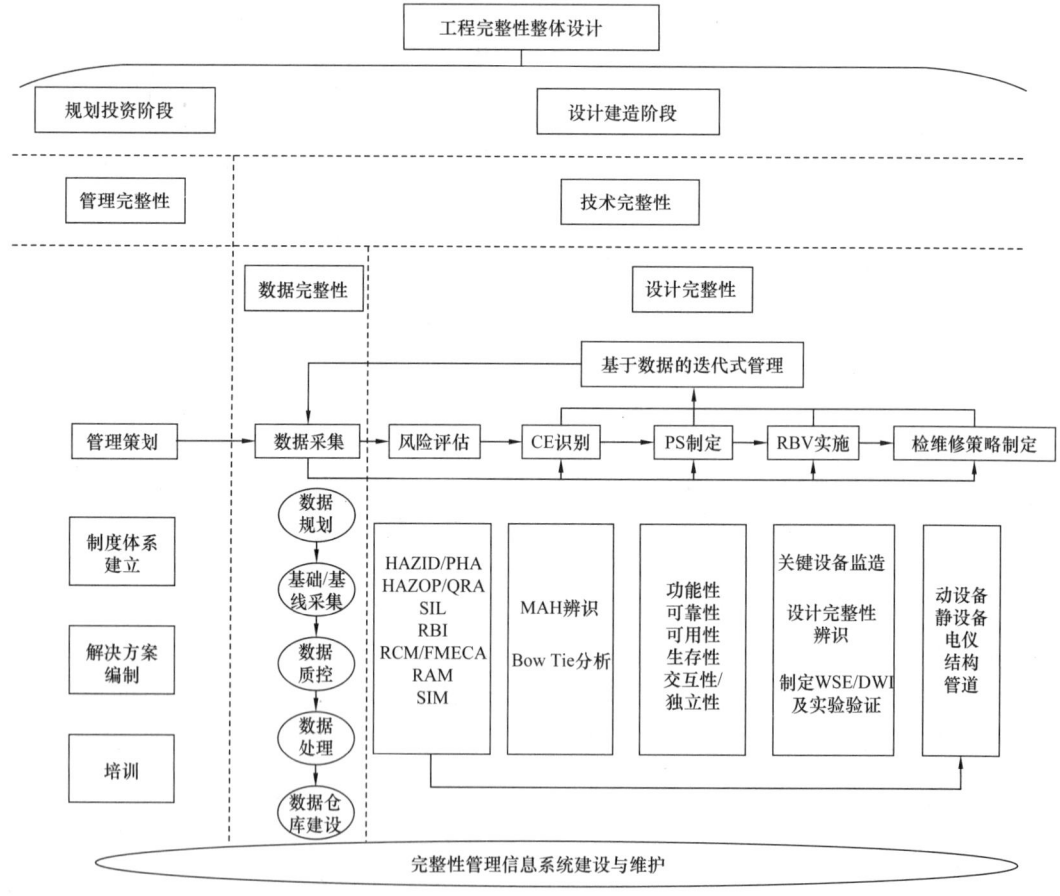

图 7.1 设计建造阶段设备设施完整性技术方法体系

7.2.3.2 技术方法应用

设计建造阶段设备设施完整性管理技术应用主要涵盖基线数据采集、设计完整性辨识、HAZID 技术、PHA 技术、RBI 技术、RCM 技术、FMEA 技术、SIL 技术、HAZOP 技术、QRA 技术、关键设备监造、SCE 识别和 PS 制定、RBV 技术及关键设施设计建造与安装（DFI）手册编制等。推荐各项技术应用在不同阶段以更好发挥作用，如图 7.2 所示。

设备设施全生命周期管理 7

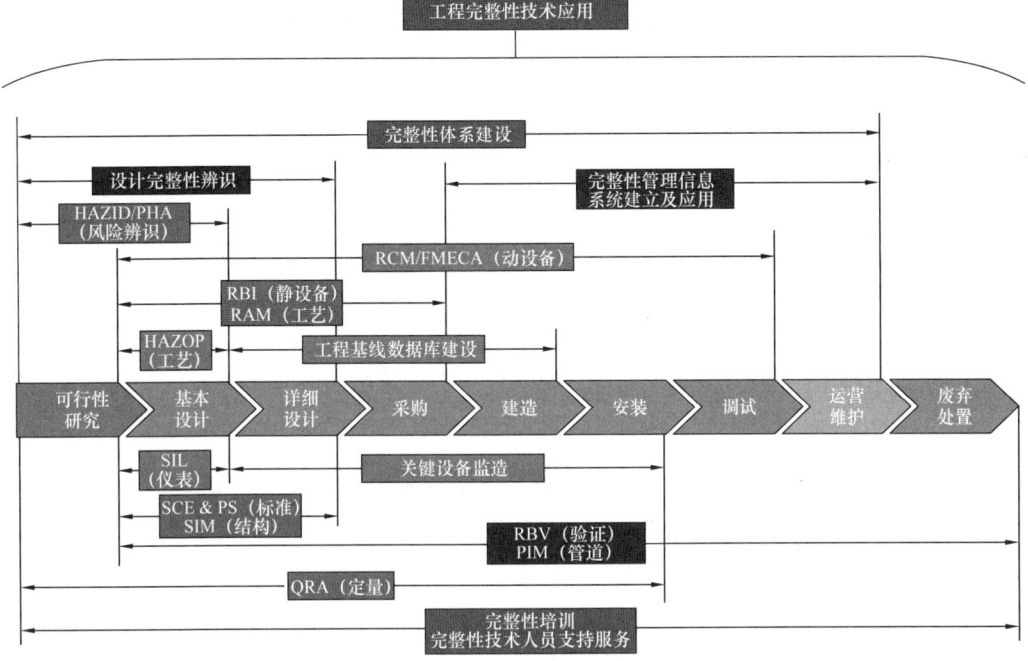

图 7.2 不同阶段设备设施完整性技术方法应用示意图

设备设施完整性管理体系可在项目的可行性研究阶段开展策划，基本/初步设计前完成审核发布，在整个工程建设阶段开展应用。设计完整性辨识适用于可行性研究至详细设计阶段，随着研究和设计的深入开展风险的动态更新。HAZID技术和PHA技术适用于各个阶段，推荐在可行性研究阶段开始应用。随着设计的深入以及采办、施工的推进，应阶段性开展风险分析与提出建议。HAZOP技术和SIL技术一般情况下在基本/初步设计阶段开展，QRA技术在基本设计阶段、详细设计阶段和施工阶段开展较多，但根据具体的项目在其他阶段也可以建立不同的计算模型开展应用。RCM和FMEA技术一般可在详细设计阶段开展，在投产运营前提交成果给生产方参考使用。RBI技术和RAM技术一般在基本设计至详细设计阶段开展。SCE识别和PS制订一般在基本设计和详细阶段开展并可阶段性更新相关内容，对于性能标准基于风险的验证（RBV），可根据性能标准涉及的阶段逐步开展。基线数据采集一般在详细设计阶段启动，数据的主要采集工作在采购、建造等阶段实施。关键设备监造一般在详细设计阶段启动，在采购、建造、安装等阶段开始具体的监造活动。对于一般的生产型企业来讲，设备设施完整性管理信息系统宜尽早建立；对于新设立企业，应根据工程建设项目的具体进度安排适时建立。管道完整性管理（PIM）的技术应用应参考GB 32167《油气输送管道完整性管理规范》等国家及行业规范开展。关于设备设施完整性技术培训及聘用专家等专业技术人员支持等宜根据项目完整性管理的实际需求和条件开展。

7.2.3.3 基线数据采集

基线检测的目的是获取满足设备设施功能和基本安全可靠性需求的一组技术指标和与

之相对应的特征技术数据。基线检测内容既需要满足设施资产必须遵循的法规、规范、企业内部的规章制度和作业文件的要求，更重要的是应满足运营维护期间设备设施完整性评估的要求。

只要满足以下条件，在建造阶段进行的测试或检测结果也可以成为基线检测的一部分，对于没有在建造阶段获取的数据则应该在投产后进行基线检测，作为以后监测或检测结果对比分析的基准：

（1）检测机构和人员的资质得到质量保障（QA）和完整性管理团队的认可。

（2）测试方法和手段满足实施方案的要求。

（3）检测数据通过了完整性管理团队的审查。

（4）测试进行以后没有重大的改造发生。

（5）测试区域没有发生重大损伤。

基线数据采集是设备设施投用前，为掌握设备设施整体状况，为后期风险评估提供基准而进行的系统全面的数据采集活动。主要工作包括：

（1）设计建造期数据采集方案编制。

（2）设计建造期数据采集模板设计。

（3）基线检测、检验实施，如压力容器、工艺管线等的基线检测（外观、壁厚等）。

（4）压力容器、管线等静设备 RBI 基础数据库建立。

（5）旋转类动设备、电气仪表等设备 RCM 基础数据库建立。

（6）设备功能位置清单、设备台账建立等。

（7）数据整理、资料归档与存储等。

7.2.3.4　设计完整性辨识

设计完整性辨识是从完整性管理的角度，对设计影响建设项目实施的设计方案、技术标准、资质能力、设备采办、设计管理、进度计划、费用控制等进行分析和讨论。从管理、技术、经济三个方面入手，识别出潜在风险因素，同时借鉴以往良好的工程实践经验提出合理化建议，从而为设备设施的风险可控和经济可靠提供保障。主要工作包括：

（1）参考完整性管理要求和成熟的完整性管理实践经验，对项目设计管理的规范性、合规性及可能出现的管理风险进行分析。

（2）依靠工程设计各阶段关键节点成果（设计图纸、规格书、设计报告和三维模型等），依据国家、主管部门、行业相关规范和标准，从设计方案的安全性、可靠性、可操作性、可维护性、可施工性等方面进行风险识别和分析。

（3）编制设计完整性辨识工具，参与工程设计的阶段审查，开展设计完整性辨识工作。

7.2.3.5　设计建造阶段 HAZID 分析

在工程建设阶段开展 HAZID 分析，从整体性和全局性的角度对设备设施的潜在风险进行识别，并提出改进措施，为后续风险评估、完整性管理工作提供基础，为 SCE 识别和 PS 制订提供依据。主要工作包括：

（1）HAZID 小组建立和确定分析内容，主要包括法定程序、设计建造和运营维护三个方面的内容。

（2）分析节点的划分：把分析设施划分成多个节点便于分析。

（3）引导词的确定：建立适宜的分析引导词。

（4）先期开展资料收集和危险预辨识，识别出基本的危险和后果，梳理现有控制措施。

（5）组织业主、设计、建造等多方参与的危险辨识会，形成记录。

（6）保护措施制订，包括预防、探测、控制和缓解等。

（7）风险值确定和建议，根据现有控制措施计算剩余风险，并提出应对措施建议。

7.2.3.6　设计建造阶段 HAZOP 分析

HAZOP 分析最常见的是用于石油化工工艺流程，主要工作包括：

（1）建立 HAZOP 分析项目组。

（2）资料收集及图纸准备。

（3）HAZOP 预分析，找出关键问题。

（4）正式 HAZOP 会前培训及正式分析会议。

（5）形成 HAZOP 分析报告。

7.2.3.7　设计建造阶段 SIL 分析

对于采用自动化仪表系统的设备设施，为确保设备设施的安全运行，对设备设施安全关键设置和仪表系统进行识别、分析和管控。SIL 分析主要工作包括 SIL 定级和 SIL 验证。SIL 定级的实施步骤主要包括建立 SIL 定级项目组、SIL 定级资料收集、SIL 定级评估预分析、SIL 定级评估分析、形成 SIL 定级评估报告。SIL 验证的实施步骤主要包括 SIL 验证评估资料收集、SIL 验证资料梳理、SIL 等级确认、SIL 验证、SIL 验证建议措施。

7.2.3.8　设计建造阶段 RBI 分析

RBI 分析重点关注静设备的腐蚀风险，通过对腐蚀机理的量化分析，预测腐蚀发展趋势，根据风险分析结果制订检验方案，包括检验位置、检验方法、检验范围及检验频率策略，从而保障设备长周期运行。主要工作包括：

（1）根据项目设备设施技术要求，编制 RBI 实施方案。

（2）基础资料收集，并按照 RBI 评估的要求对数据进行整理。

（3）结合工艺条件和介质化验资料，对容器和工艺管道进行腐蚀机理分析，划分腐蚀回路，编制容器与工艺管道腐蚀回路图册。

（4）分析工艺流程，划分物流回路，以作为失效后果的分析单元。

（5）利用数据库或软件，计算容器和工艺管道的风险。

（6）对高风险容器和管线进行原因分析，提出防腐措施建议。

（7）根据风险分析结果，制订检验方案，包括检验位置、检验方法、检验范围及检验频率。

7.2.3.9　设计建造阶段 RCM 分析

通过 RCM 分析方法，可确定预防性维修（PM）的需求、系统的安全经济运行所采取的措施，提高设备运行性能，尽可能排除和预防潜在故障；可提高维修成本效益，合理优化维修资源及费用；可将维护与生产、安全、环境和成本结合，降低故障后果。主要工作包括：

（1）CR（设备重要度）分级：调研、收集相似设备设施失效历史，进行统计分析；按系统、子系统和可维修单元对设备分组，做出功能描述；主要依据对安全、环保和经济等因素的评价确定设备重要级别。

（2）FMEA（失效模式与影响分析）：利用 FMEA 方法分析动设备可能存在的失效模式及失效可能性、失效后果，并根据风险矩阵划分风险等级，为预防性维修程序提供指导。

（3）制订预防性维修程序和备品备件数量：在 CR 和 FMEA 工作基础上制订预防性维修程序，降低各种失效模式（或失效原因）发生的可能性，从而使装置风险降低到可接受的水平；基于 CR 和 FMEA 分析结果，对设备关键部件提出数量要求。

7.2.3.10　SCE 识别和 PS 制订

通过开展重大事故危害（MAH）审查，识别 SCE，制定 PS。主要工作包括：

（1）基于识别确定的 MAH，依据设备、设施登记清单及功能位置设备清单开展 SCE 的识别。

（2）针对 SCE，从功能性、可靠性、可用性、生存性、交互性几方面制订 PS。

（3）制订每一项 PS 的验证计划。

7.2.3.11　基于风险的验证（RBV）

依据 SCE & PS 的验证计划内容开展验证活动，确保安全关键要素的性能标准都能得到满足和执行，且以符合其性能要求的安全可靠状态参与到全生命周期中。验证主要包括以下内容：

（1）需要做什么：描述将要执行的检查活动，以验证每个性能要求是否达到规定的标准。

（2）检查活动的类型：比如检验、见证、审核、监控。

（3）检查活动的详细程度：比如样品抽查的比例。

（4）活动执行的频率，部分活动可能仅适用在初始阶段。

（5）对每个检查活动进行编号，更好地控制和报告。

（6）每个活动应与一个具体的性能要求和高风险设备相关联。

（7）具体的文件和过程记录是验证的基础，或是检查活动的部分参考：如计划性的维护活动，滚动的检验程序。

7.2.3.12 关键设备监造

根据关键设备建造工期、ITP 计划以及 FAT 计划，编制相应的关键设备监造方案和实施计划。验证关键设备的制造、建造是否与设计规范保持一致，提高关键设备的建造质量，保证关键设备建造过程管理的完整性。主要工作包括：

（1）根据设备分级和外委施工情况，筛选确定需要驻厂监造的设备。
（2）根据设计文件和设备建造工期计划，编制相应的关键设备监造方案。
（3）驻厂监造，及时进行过程跟踪，发现问题及时纠正并报告。
（4）监造内容主要涵盖以下 14 个方面：人员资质、文件、图纸、证书审核、原材料、钢结构、机加工、热处理、表面涂装、电气仪表、质量控制、调试、出厂试验、设备包装运输等。

7.2.3.13 关键设施设计建造与安装（DFI）手册编制

编写关键设施设计建造与安装（DFI）手册，对设计的输入输出、建造过程等重要数据和文件进行详细记录和整理，使其内容能满足设备设施运营维护完整性管理的要求，并作为后续工程项目的良好实践借鉴。主要内容包括：

（1）系统说明。
（2）设计基础数据。
（3）详细设计的输入、输出数据。
（4）建造安装的摘要。
（5）重要的变更，不符合项的整改。
（6）装置在役阶段的检验和维护规划。
（7）其他对生产阶段的建议等。

7.3 运营维护阶段

根据本书提出的设备设施完整性方法论，完整性管理建设实施包括管理完整性、技术完整性和经济完整性等内容，主要从领导力、风险管理、目标和计划管理、资源、能力与意识管理、信息管理、事故管理、变更管理、外包管理、技术完整性、经济完整性、绩效评价及改进等方面开展工作。各项工作在本书第 4 章、第 5 章和第 6 章已进行阐述，本节仅对各项工作核心要求进行介绍。

7.3.1 领导力

领导的重视对推动设备设施完整性管理工作的实施具有重要作用。企业应明确设备设施完整性管理的主管领导，根据企业规模、设备设施特点及管理实际，成立设备设施完整性管理组织机构，建立完整性管理队伍，包括管理队伍、技术队伍和操作队伍，明确完整性管理岗位职责，推动全员参与完整性管理建设。

7.3.2 风险管理

风险管理是设备设施完整性管理的核心之一，企业应对建设项目和设备设施运营风险进行系统、全面的评估，制订有效的应对措施，确保风险处于最低合理可行的接受水平，并进行动态管理。企业首先应明确设备设施风险管理相关的内部和外部环境信息，并依据信息确定风险管理目标和接受准则，这是用于评价风险重要程度的标准。风险管理包括风险评估和风险应对，风险评估包含识别、分析与评价三个步骤，风险应对主要是针对中、高风险制订应对措施，并验证措施的有效性。

此外，企业还应重点关注合规风险，系统开展设备设施法律法规和相关要求识别与分析，定期开展合规性评价，确保企业设备设施管理工作依法合规。

7.3.3 目标和计划管理

企业应制订设备设施完整性管理目标和计划，目标应是具体的、可测量的、可达到的、适宜的及有时限的，制定目标时应考虑设备设施绩效、设备设施完整性管理绩效及设备设施完整性管理体系绩效，如设备设施完好率、关键设备设施可用率、设备设施维修费用率等。工作计划应明确责任人、工作内容、费用预算、启动和完成日期等要求。

7.3.4 资源、能力与意识管理

企业应按照国家法律法规、标准规范和本单位相关要求，结合本单位设备设施管理需求及风险评估结果，合理配置完整性管理资源，包括但不限于预算、人力资源和物资。应定期组织设备设施完整性管理培训与交流，提高完整性管理人员意识和能力。凡法律法规、技术标准等要求取证的，管理、运行和维修人员都应通过考核并取得合格证书，使相关人员做到持证上岗。无统一要求的，所属单位应依据本单位的实际情况，制订相应的培训和考核标准，并进行培训和考核工作。

7.3.5 信息管理

设备设施完整性信息管理应涵盖设备设施全生命周期，包括规划投资、设计建设、运营维护和废弃处置四个阶段所涉及的设备设施完整性的相关信息。数据的管理要求真实、有效、可控和可追溯，应保证完整性管理所采用的数据的准确性与完整性，为完整性管理决策提供依据和支持。应建立与企业需求相符合的设备设施完整性管理信息系统，收集和录入设备设施管理信息，基于设备设施相关数据开展分析评估，为管理决策提供参考。

7.3.6 事故管理

企业应明确设备设施事故分级分类、统计、报告、调查方法和工具，以及经验教训学习等具体管理要求；根据设备设施事故性质和级别等情况，组织事故调查，分析设备设施

事故原因，及时采取有效整改措施，预防同类设备设施事故再次发生。建立设备设施事故沟通和分享机制，让员工和承包商及时学习和汲取内外部事故经验教训，防范类似事故再次发生。

7.3.7 变更管理

企业应明确设备设施变更分类分级、变更原因、变更前风险评估与应对措施、变更审批流程、变更档案及变更相关培训等。变更实施前，识别和评估设备设施或生产工艺流程变更带来的潜在风险和影响，制订必要的应对措施，确保变更后的风险能够控制在可接受的范围。做好变更全过程跟踪和监督管理，保证所有变更得到有效管控。

7.3.8 外包管理

企业应选择符合要求的承包商，在技术要求中明确对承包商资质和能力的要求。在设备设施选型购置时，应考虑设备设施的后续维修便利性和供应商支持能力，同时考虑维修与服务的经济性。要定期检查承包商项目执行情况，及时沟通检查结果，保证项目顺利实施。项目完工后，应对供应商进行评价，同时对项目质量进行反馈和跟踪。

7.3.9 技术完整性

技术完整性的实施详见本书第 5 章。技术完整性应用环节包括数据采集与分析、风险评估、监测检测、完整性评价及维护维修等。按照设备设施类型，技术完整性建设包括静设备完整性技术、动设备完整性技术、电气仪表设备完整性技术、装置系统完整性技术及管道完整性技术的建设等。

7.3.10 经济完整性

经济完整性的实施详见本书第 6 章。经济完整性管理工作主要从设备设施资产状态管理、LCC 管理、维护维修成本管理及经济指标管理等方面开展，通过经济完整性管理呈现设备设施完整性管理效果。

7.3.11 绩效评价

设备设施完整性管理绩效评价的方法包括检查、目标指标分析对比、内部审核、效能评价、管理评审等方法。企业应通过开展设备设施完整性管理绩效评价，考核管理目标、指标完成情况；建立设备设施完整性管理体系审核机制，确保完整性管理体系要求得到正确理解、执行和实施；定期组织管理评审，确保设备设施完整性管理体系的适宜性、充分性和有效性，持续改进设备设施完整性管理绩效。

7.3.12 改进

企业可以通过绩效评价、事故调查、合规性评估、管理审核、管理评审、新技术应用及良好作业实践等方面识别持续改进的机会，对于识别出的持续改进机会进行优先级排序，确定持续改进事项，制订实施方案，落实改进责任、资源、改进时间和改进措施。持续改进的主要内容包括设备设施完整性管理组织的持续改进，体系文件的持续改进，体系运行过程的持续改进及设备设施完整性相关技术的持续改进等。

7.4 废弃处置阶段

设备设施处置的方式主要包括报废、出售、转让等形式。废弃处置阶段主要明确废弃处置条件、废弃处置流程、数据分析与保存等内容。设备设施废弃处置前，应对设备设施进行技术性和经济性分析，为弃置决策提供数据支持。废弃处置过程应合法合规，在设备设施废弃前应进行风险评估工作，对设备设施资产状况、处置后对生产运营影响、处置方式等进行分析论证。企业可对报废设备设施全生命周期产生的完整性数据进行采集、整合、统计分析，为同类设备设施的管理提供参考。

8 中国海洋石油集团有限公司设备设施完整性管理研究与实践

8.1 中国海洋石油集团有限公司概况

中国海洋石油集团有限公司（以下简称"中国海油"）是中国最大的海上油气生产商。经过三十多年的改革与发展，中国海油已经发展成主业突出、产业链完整、业务遍及四十多个国家和地区的国际能源公司。公司形成了油气勘探开发、专业技术服务、炼化与销售、天然气及发电与金融服务等五大业务板块，可持续发展能力显著提升。中国海油设备设施资产规模巨大，占总资产的70%左右，这些设备设施是中国海油安全生产运营、为企业创造价值的重要保障。海洋石油领域设备设施具有数量多、分布广、投入大、风险高及技术先进的特点，科学有效、经济合理地管好、用好这些巨额资产意义重大。

2013年，中国海油在年度工作会议上就提出要"加强设备设施完整性管理，全面提高本质安全水平"。从2014年开始，通过开展"质量效益年"活动，把抓质量、成本、效益作为工作的重中之重，对设备设施管理也提出了更高要求。2019—2020年，全球能源需求增幅放缓，能源行业市场竞争日趋激烈，国际油价经历"断崖式"下跌，低油价"严冬"的持续对公司改革发展和生产经营带来了前所未有的冲击。因此，通过提升设备设施管理水平，降低成本、提高效益，实现保值增值，为公司生产经营提供可靠保障，对建设具有中国特色的国际一流能源公司具有重要意义。同时，在低油价常态化的大背景下，国内外资产所有者都在积极寻求促进装备管理"降本、提质、增值"的新的解决方案。随着各种新技术的不断涌现和成熟，基于大数据、互联网、物联网的设备设施完整性管理正在从"锦上添花"变为"雪中送炭"。

为提高中国海油设备设施管理水平，推动技术发展，降低成本，提高经济回报，中国海油开始从总部层面推动设备设施完整性管理研究工作，做好顶层设计、做好制度建设、做好标准制定、做好资源分配，制订中国海油设备设施完整性管理应用推广实施方案，以规划引领各所属单位开展设备设施完整性管理工作。2014年9月，中国海油成立了课题研究小组，设备主要单位全部参与，利用一年时间完成中国海油设备设施完整性管理顶层设计，明确了总体要求、建设内容和实施计划。2016年，中国海油下发开展设备设施完整性建设的通知，开始在全公司范围内推动设备设施完整性管理建设工作。

8.2 中国海洋石油集团有限公司设备设施管理现状

8.2.1 管理现状

目前，中国海油拥有设备设施约 50 万台套，涵盖海洋石油勘探开发、油气输送、天然气发电、炼化、化肥及专业技术服务装备等，设备设施种类多，涵盖了石油天然气行业的 26 大类 1427 小类的设备设施。如海洋石油勘探领域的钻井平台、物探船、专业震源船、作业支持船、勘察船、三用工作船、平台供应船、油田守护船等各类船舶和钻井、测井、固井、完井、修井的各类设备；海洋石油工程领域的起重船、铺管船、动力定位工程船等各类工程船舶和大型海上平台建造场地等；海洋石油开发生产领域的固定平台、FPSO、单点系泊、海底管道、海底电缆、水下生产系统、陆岸终端、发电机组、吊机及储罐等设备设施，用于天然气储存和输送的 LNG 接收站、长输管道、加气站、天然气发电厂等；以及中下游的炼油装置、化工装置等。

设备设施一直是中国海油安全生产经营的基础和保障，在设备设施管理方面开展了大量卓有成效的工作，总体保障了设备设施安全可靠和正常生产运行。各级单位根据设备设施管理特点及需求设置了专职或兼职的岗位，搭建设备设施运营维护管理体系，并通过相关监测、检测与评估技术的应用分析设备设施状态，做好设备设施的日常维护维修等管理工作，不同单位根据实际需求搭建了相应的信息管理平台等。但同时，随着装备规模的不断壮大及管理要求的不断提高，设备设施管理难度在逐渐增加，目前的设备设施管理队伍相对薄弱，对人员能力要求还没有明确标准；现有的设备管理体系重点关注运营维护阶段，对设备设施规划投资、设计建造等前期管理工作介入较少，管理还未完全覆盖设备设施全生命周期；技术应用相对较少，不能全面管理设备设施运行风险，对技术引领关注力度不够；各所属单位信息平台独立运行，数据互通与共享有待加强，现阶段的管理模式有待进一步优化。

8.2.2 存在问题

通过分析中国海油设备设施管理现状，分析管理层对设备设施管理的期望，总体上设备设施管理在以下方面还需要进一步优化完善，改进设备设施管理模式，提高设备设施管理水平。

（1）组织机构和管理职能有待完善。目前中国海油总部设有设施装备处，专门负责设备设施管理工作。所属单位中根据各自管理特点与需求不同，组织机构设置也各有差异。有的单位设置专门的设备管理部门，有的单位将设备管理职能分配到安全管理、生产管理、规划计划管理等部门，设置设备设施管理的专职岗位。基层单位中，少数单位专门成立了完整性管理中心，部分单位建立了专门设备管理中心，部分部门设置了设备设施专职岗位，但也有部分单位仍然存在设备设施管理工作由其他岗位人员兼职代做的情况。在管理职能方面，目前大多数单位重点关注设备设施运维阶段，对前期管理参与不够，管理幅度和深度不足，距离系统、全面、有效地开展设备设施全生命周期管理工作还有差距。设备设施管理是一项持续性、系统性的工作，需要管理手段与技术方法的有效结合，需要专门的技术人员乃至技术队伍作为支撑。

（2）管理体系有待优化。总体上中国海油各级单位建立了比较完善的内控体系文件。总体层面建立了设备设施管理制度、大型装备投资及建造管理办法、设备设施先进单位与个人评选管理办法、海上设备维修资格证书管理办法、装备综合信息平台运行管理办法等。各所属单位结合自身设备设施特点建立了相应的管理体系，如中海石油气电集团有限责任公司的设备设施管理体系覆盖信息平台运行维护、检修、更新改造、事故、出售、报废、检查及先进评选管理等方面；中海油田服务股份有限公司的设备管理体系覆盖体系管理、项目计划、项目实施、建（改）造项目实施、资产、使用维保、事故及海上设备维修资格认证管理等方面；海洋石油工程股份有限公司的设备管理体系覆盖大型装备投资及建造管理、大型装备建造项目变更管理及机械完工验收管理、特种设备管理等方面；中海石油炼化有限责任公司设备管理体系覆盖静设备管理、动设备管理、电气仪表管理及综合类管理制度；中海化学设备管理体系覆盖资产、检修、运行、更新改造、事故、统计等方面。目前各单位的管理体系满足了设备管理的基本要求，但距离 ISO 55001《资产管理　管理体系　要求》的系统性、操作性还不够，新技术、新方法的应用不足，距离基于风险的全生命周期管理的要求还有差距，有待优化完善。

（3）岗位标准有待建立。设备设施管理需要各级管理人员具备相应的管理能力，但目前对设备设施管理人员的能力要求还未建立具体的评定标准和评定程序，没有与设备设施管理相关的培训制度和人员资格认证，岗位晋升缺乏相应的资格认证标准。各单位对设备管理人员的考核和激励没有相应的标准，影响设备设施管理工作的系统有效开展。

（4）信息平台有待整合。中国海油基于信息化部的统一部署和安排，各所属单位陆续实施了 SAP-ERP 系统，上线应用了设备管理（PM）模块，初步实现了设备维护、维修业务管理功能；针对大型装备在公司总部层面建立了装备管理综合信息平台，实现了总公司项目审批、装备台账和装备统计管理功能，并分批在所属单位进行了装备管理综合信息平台的深化应用，实现了基层单位设备运行、检维修运营过程的"专业化、规范化、精细化"管理。另外部分基层单位还根据现场装备运行管控要求，建设了动态监控系统、腐蚀管理系统、点巡检系统等。这些信息系统在各自建设阶段实现了预期目标，发挥相应的价值，但不同信息系统之间缺乏有效的信息集成和整合应用，在一定程度上存在信息孤岛现象。另外，系统建设之初，也没有从设备实施全生命周期管理的全局角度，提出基于风险和可靠性的完整性管理模式，以实现设备设施"本质安全、经济高效"的管理要求。这些信息系统目前的应用效果与完整性管理的总体要求差距还比较大。

（5）运维理念有待转变。设备设施运维方式历经事后维修、计划维修、状态维修、预知性维修、可靠性维修及资产完整性管理等阶段。目前，不同单位、不同设备设施类型所采用的运维方式的可靠性及经济性等存在差异，如事后维修成本高、影响生产；计划性维修易导致维修过度或维修不足，不利于确定经济有效的维修周期等；传统的运维方式不能适应中国海油设备设施现代化设备运维管理的需求，不能有效控制风险及提高设备设施的可靠性。因此，设备设施的运维理念有待转变，需要加强设备设施相关技术的应用工作，提高设备设施的安全性及可靠性，降低维修成本，提高预防性维修的能力，并将多种先进的维修方式相结合，统一规划设计，形成协同工作、功能强大的维修体系。

（6）全生命周期管理有待加强。中国海油总部层面主要关注大型装备规划投资阶段，而设计建造、运营维护及废弃处置阶段设备设施的管理工作较为薄弱；所属单位设备设施管理主要关注运营维护阶段，对前期管理参与不够，还没有实现基于运营维护阶段的管理经验为规划投资及设计建造提供指导，设备设施全生命周期的管理理念还没有得到有效贯彻和落实。因此，需要加强设备设施全生命周期管理，进而系统、全面、有效地开展设备设施管理工作。

（7）经济性管理有待开展。目前的设备设施管理重点关注技术层面，对设备设施经济性缺乏研究。完善的设备设施管理，不仅要考虑设备设施的可靠性，还要考虑到经济性，以最优化的方式达到设备设施管理经济可靠。因此需要开展设备设施经济性管理，加强设备设施LCC控制，重大设备开展单台套成本效益核算，以指导装备发展方向，优化设备设计选型，实现设备设施保值增值并获得最大经济回报。

（8）设备设施资产的实物管理有待加强。设备设施资产管理包括两本账，即财务账和实物账。各层级装备管理负责的实物账存在内容不全与缺失，造成设备设施财务账和实物账不一致。现有装备对应关系混乱，存在多对一、一对一、一对多的情况，造成实物管理和经济价值管理相脱节，给后期运营维护、更新改造、报废处置带来困难。因此需要加强设备设施资产财务账和实物账的统一，实现对应关系，解决设备资产与资产卡片的联动管理。

8.2.3 需求分析

基于设备设施管理存在的问题及需要提升的方面，从管理、技术、经济及全生命周期管理四个方面进行需求分析。

（1）开展设备设施管理提升的需求。针对目前设备设施管理在组织机构、管理职能、管理体系、岗位标准和信息平台等方面存在的问题，需要进一步完善组织机构，在各级单位设立或明确专门的设备设施管理部门，配备专职的管理人员；健全设备设施管理职能，从全生命周期明确管理职责、工作界面和管理流程。需要依据国际资产管理规范要求，结合中国海油设备设施管理现状，从管理覆盖范围、管理要求、技术要求及可操作性等方面完善管理体系。需要建立设备设施管理的岗位任职标准，明确设备设施管理人员应具备的岗位能力；建立与设备设施管理岗位任职标准相配套的培训制度和资格认可制度，为各级设备设施管理人员建立起行之有效的激励机制和晋升通道。需要在中国海油层面对现有信息系统进行充分整合和改进完善，在功能上关联互动、在信息上共享互换、在业务流程上相互衔接，发挥整体优势，搭建统一的完整性管理信息平台，以支撑中国海油实现设备设施完整性管理目标。

（2）加强设备设施技术应用的需求。针对设备设施管理在技术应用、运维理念等方面还存在的问题，需要梳理设备设施管理各阶段现有的方法与技术，引进国际先进的设备设施管理新技术与工具，针对不同设备设施类型、不同生命周期阶段，建立适用性矩阵，提高设备设施技术应用水平。需要促进设备设施维修理念的转变，运用新的设备设施维修管理体制和新的设备设施检测、诊断与维修技术，加强设备设施维修的科学管理，改善设备设施状况，避免维修过度和维修不足，提高设备设施完好率和利用率，延长设备设施使用寿命。同时，需要建立完整性技术队伍，搭建技术交流平台，加强技术共享和协作，推进设备设施管理的技术应用，促进设备设施完整性管理整体技术水平的提高。

（3）开展设备设施经济性管理的需求。针对设备设施经济性管理存在的问题，需要开展设备设施经济完整性建设，为设备状况、运行分析、使用效益等提供科学的评价体系。需要在中国海油层面建立财务账和设备实物账的一一对应关系，实现设备管理和财务资产管理的统一联动，实现实物管理和经济价值管理一体化。需要加强设备设施LCC控制，重大设备开展单台套成本效益核算，以指导设备设施发展方向，优化设备设计选型，获得最大经济回报。

（4）加强设备设施全生命周期管理的需求。针对目前全生命周期存在的问题，需要加强设备设施在规划投资、设计建造、运营维护、废弃处置四个阶段全过程的管理，在设备设施的管理完整性建设、技术完整性建设和经济完整性建设中综合考虑设备设施在全生命周期各阶段的不同特点，进而系统、全面、有效地开展设备设施管理工作。

8.3 中国海洋石油集团有限公司设备设施完整性管理顶层设计

由于中国海油设备设施类型涵盖海洋石油勘探开发、生产、输运、炼化、化工、发电等上中下游全产业链各个领域，为确保设备设施完整性管理工作能够基于统一要求、按照既定计划顺利推进实施，形成了完整性管理实施的总体规划方案，提出了明确的指导思想、建设目标、建设思路、建设内容、实施部署等相关要求，为有计划推进设备设施完整性管理工作提供指导。

8.3.1 指导思想

中国海油设备设施完整性管理建设的指导思想（图8.1）是：以形成国际先进的设备设施管理模式，打造中国海油完整性管理文化核心；建立健全设备设施完整性管理体系，整合建立设备设施完整性管理信息平台；加强设备设施基于风险的管理，加强设备设施全生命周期管理，加强设备设施经济性管理；突出整体性、重点性、全过程、动态性；实现设备设施运行经济可靠，为企业发展贡献价值。

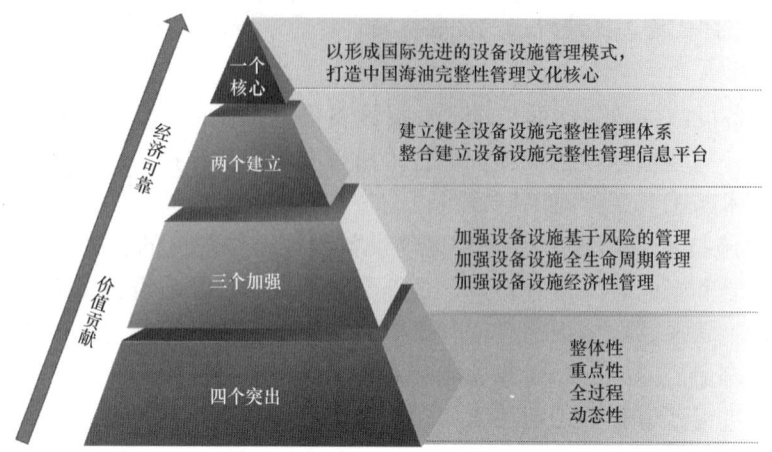

图 8.1　设备设施完整性管理建设指导思想

8.3.2　建设目标

设备设施完整性管理是一项系统性的长期工作,需要通过长期的积累才能逐渐显现出实施的效果,并逐渐融入企业日常管理中去。中国海油设备设施完整性管理建设期望通过 5~10 年的研究与实践应用,达成如下目标(图 8.2):

(1) 贯彻完整性管理先进理念,应用完整性管理技术,提高设备设施运行质量,降低费用、提高效益,实现设备设施可靠经济,为企业发展贡献价值。

(2) 完整性管理理念融入企业基本文化中,形成具有中国海油特色的、具有国际先进水平的设备设施管理模式。

(3) 中国海油设备设施完整性管理成为行业标杆和思想引领者,引领石油石化行业设备设施管理的发展。

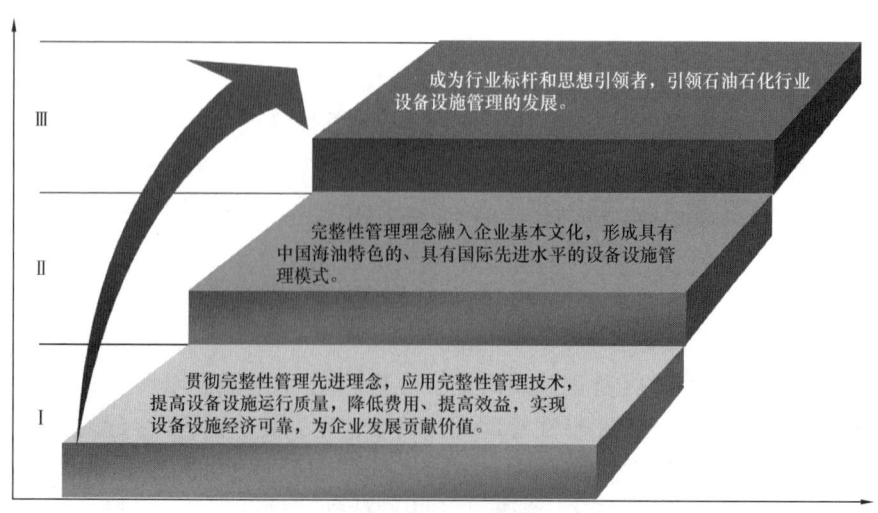

图 8.2　设备设施完整性管理建设目标

8.3.3 建设思路

根据中国海油设备设施特点,结合各所属单位管理现状,设备设施完整性管理要坚持"顶层设计、整体规划,体系搭建、信息整合,技术支撑、资源共享,突出重点、分步实施,有效评估、持续改进"的建设思路。

(1)顶层设计、整体规划。设备设施完整性管理建设首先要做好顶层设计,明确设备设施完整性管理的总体要求和建设内容,规划设计设备设施完整性管理信息系统,制订应用推广实施计划,协调好各类资源配置,引领各级单位全面开展设备设施完整性管理工作。

(2)体系搭建、信息整合。设备设施完整性管理体系是管理执行的依据,通过建立持续改进的完整性管理体系,保证各项工作按要求高效推进。完整性管理信息系统是完整性管理的重要支撑工具,是完整性管理成果体现的重要手段,通过搭建统一信息平台,整合信息资源,实现信息共享和数据应用。

(3)技术支撑、资源共享。完整性技术是完整性管理建设的重要保障,通过建立完整性技术保障力量,为推动设备设施完整性管理提供技术支撑。中国海油统一牵头推进完整性管理建设,实现资源共享,确保完整性有效开展。

(4)突出重点、分步实施。中国海油所属公司设备设施规模大、数量多、分布广,完整性管理建设过程中需依据资产规模大小、管理水平程度、业务板块特点等选择重点单位先行开展,并根据各单位实际条件分阶段、分步骤推进实施。

(5)有效评估、持续改进。完整、系统的完整性管理实施是一个不断更新完善和持续循环的管理过程,完整性管理的有效实施不仅需要持续地管理、跟踪,还需要建立有效的评估与审核机制,通过开展评估与审核,查找管理存在的短板和不足,并进行持续改进,提升公司设备设施管理水平。

8.3.4 建设内容

设备设施完整性管理既要有系统的管理方法,又要涵盖以风险为基础的完整性技术,两者相辅相成、环环相扣,形成一个完善的管理和技术系统。用整体优化的方式有效管理风险,确保设备设施本身的可靠性,同时降低成本,实现设备设施管理的经济性。而在以往的设备设施完整性管理实施过程中,重点关注管理体系与技术方法的应用,在一定程度上忽视了设备设施的经济性管理。

中国海油基于自身设备设施管理特点,结合国内外完整性管理成果和研究提出设备设施完整性管理建设内容,包括管理完整性、技术完整性、经济完整性和全生命周期管理。中国海油设备设施完整性管理建设首次提出经济完整性的概念,综合从管理、技术、经济三个维度进行考虑,建立先进的设备设施管理模式,科学、有效地管理设备设施资产。本书第3章至第7章内容分别就设备设施完整性管理方法论、管理完整性、技术完整性、经济完整性和全生命周期进行系统阐述,在此不再赘述(图8.3)。

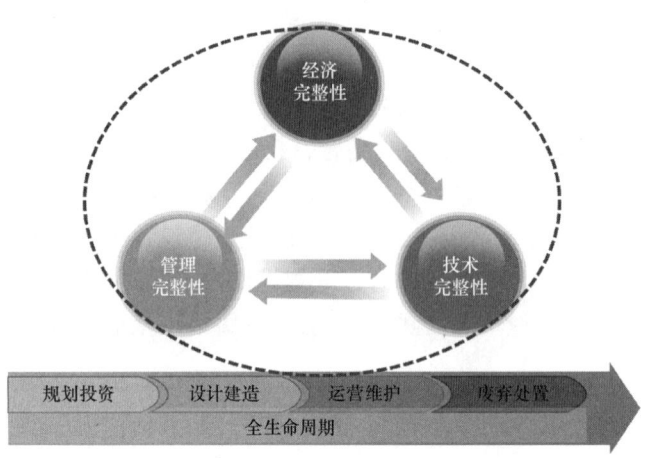

图 8.3 设备设施完整性管理建设内容

8.3.5 管理方针

中国海油设备设施完整性管理在确保设备设施合法合规运行的基础上，开展基于风险的全生命周期管理，并持续改进，确保设备设施经济可靠。为有效指导设备设施完整性管理工作，中国海油设备设施完整性管理方针是：全生命周期、基于风险、合规运行、持续改进、经济可靠。

8.3.6 职责分工

中国海油各层级单位明确设备设施完整性管理的职责分工，实现对关键设备设施要进行风险全过程和业务全覆盖管理。

中国海油总部是设备设施完整性管理工作的推动主体，负责制订设备设施完整性管理相关政策，明确建设方向，规划总体方案，统一体系框架，搭建中国海油总部设备设施完整性管理信息平台，关注关键设备设施的管理动态与绩效指标，指导、监督和检查各单位完整性管理工作的开展。

所属单位是设备设施完整性管理工作的建设主体，按照总部完整性管理要求，建立设备设施完整性管理体系，开展设备设施信息系统的应用、维护与管理，系统应用完整性技术，掌握设备设施的实物状态、技术指标及经济指标，指导所属单位开展设备设施完整性管理。

基层单位是设备设施完整性管理工作的实施主体，实施设备设施全生命周期精细化管理，包括管理体系执行、检验、监测、检测、维修、维护，信息系统的应用、维护、信息更新及统计分析等，确保设备设施本质安全。

8.3.7 实施部署

中国海油设备设施涵盖油气勘探开发、工程技术与服务、炼油与化工、天然气及发电等领域，设备设施资产规模大、种类数量多、分布区域广，设备设施完整性管理的应用推广实施需要充分考虑各所属单位的实际情况，统一规划、整体部署、考虑差异、突出重点、分步推进，保证设备设施完整性管理工作有序、高效推进。设备设施完整性管理应用推广实施部署包括实施目标、实施策略和实施内容等。

8.3.7.1 实施目标

中国海油计划通过5~10年的时间总体完成设备设施完整性管理建设。"十三五"期间，搭建完成公司总部的设备设施完整性管理体系要求和完整性管理信息平台设计，全面完成炼化企业的设备设施完整性管理建设，能够贯彻完整性管理先进理念，应用完整性管理技术，提高设备设施运行质量，降低费用、提高效益，实现设备实施经济可靠，为炼化企业发展贡献价值，使炼化企业的设备管理水平达到行业内领先。"十四五"期间，基本完成设备设施完整性管理建设，完整性管理在各所属单位实现全覆盖，在各主要装备三级单位实现80%以上覆盖率。推动中国海油设备设施完整性管理观念的转变，设备设施完整性管理理念融入企业基本文化，并得以深入普及，形成具有中国海油特色的、具有国际先进水平的设备设施管理模式，使中国海油的设备设施管理水平再上一个台阶。并通过设备设施完整性管理的应用推广实现以下具体目标：

（1）通过完整性管理建设，初步实现四个"一"的建立：

① 建立一支完整性队伍。每个生产实体单位都要建立相应的完整性管理组织机构，涵盖管理、技术和操作队伍。建立完善的培训计划，提升完整性管理人员能力，逐步实现完整性管理人员、技术人员和操作人员管理序列。

② 建立一套完整性制度体系。完成设备设施完整性三级制度文件的编制、颁布执行，实现制度流程全覆盖，使完整性管理工作规范化。

③ 建立一套完整性信息系统。实现现场数据的采集、分析、传递与共享。

④ 建立一套绩效评价指标。建立科学的绩效评价指标，评估完整性管理绩效，并持续改进。

（2）在初步实现上述目标的基础上，将完整性管理水平向纵深推进，再实现四个"一"目标：

① 提高一系列完整性技术能力。在现有技术基础上，实现关键设备设施动态监测、基于风险的检测，优化检维修策略。

② 研发一个经济完整性模型。运用经济完整性理念，研究适用于各生产单位的技术和经济指标，建立经济分析模型，服务于降本增效。

③ 升级为一套决策支持系统。实现信息系统的优化分析功能，通过大数据分析，提供设备设施检维修计划、生产调度计划和产品结构优化方案等智能化解决方案。

④ 形成一个产业。打造一支具有学习能力和创新能力的技术服务队伍，形成中国海油内部具有技术特征的服务型新产业。

8.3.7.2 实施策略

中国海油设备设施完整性管理建设涵盖管理完整性、技术完整性和经济完整性，并针对专业板块和专业设备提出了详细的建设要求，不同的建设内容侧重点和实施的思路各有差异，因此需要根据相应的建设内容制订合理的实施策略。中国海油设备设施完整性管理的应用推广根据不同建设内容相应的特点及需求，从完整性管理体系与咨询、完整性管理信息系统改造整合、完整性技术应用三方面制订合理的应用推广实施策略。

（1）完整性管理体系与咨询主要包括管理体系建立及持续改进、完整性标准制定、完整性培训、完整性评估、完整性审核等内容。为确保中国海油范围内完整性管理体系架构一致、标准统一，在应用推广过程中，以中国海油内部技术服务单位作为技术支持机构，统筹开展各级单位设备设施完整性管理体系建设、完整性培训、评估、审核、标准制定及完整性技术研究等各项工作。中国海油总部负责建立完整性管理要求，指导各单位建立健全完整性管理体系，指导各单位开展设备设施完整性建设。各所属单位是设备设施完整性管理体系的建设主体，负责建立本单位的设备设施完整性制度体系，推进本单位的设备设施完整性建设。

（2）完整性管理信息系统是数据、管理、技术及经济效果集中体现的平台。为确保中国海油范围内信息系统架构一致、数据标准统一，在应用推广过程中，中国海油以技术支持单位为依托，开展设备设施信息平台架构与功能设计。中国海油不再统一建设新的设备设施完整性信息系统，将原有的装备管理综合信息平台升级改造为设备设施完整性信息系统，与各单位设备设施完整性系统进行融合与数据对接，实现总公司层面的信息收集和数据分析，满足管理要求。各所属单位原则上不再新建设备设施完整性信息系统，应在现有设备设施管理系统的基础上，整合相关专业系统和专业软件工具，形成本单位的设备设施完整性管理信息系统。各单位的设备设施完整性管理信息系统可与中国海油总部的完整性管理信息系统进行数据对接。

（3）在完整性技术应用方面，不同二级单位设备设施种类多、差异大，现阶段的管理水平不同导致技术应用差距较大，且不同类型的设备设施需运用相应的完整性技术。因此，为确保符合实际需求、突出重点，完整性技术应用由二级单位作为推广主体，综合考虑设备设施规模、重要程度、管理成本、完整性管理工作开展情况等因素，分批次针对相应设备设施类型开展完整性技术应用工作。

8.3.7.3 实施内容

中国海油设备设施完整性管理建设的实施内容按照管理完整性、技术完整性、经济完整性和全生命周期管理的总体要求，从现状调研与需求分析、组织机构与职能、管理队伍与人员、完整性管理体系、完整性管理培训、完整性信息系统、完整性管理审核、完整性绩效评估指标、完整性管理标准、良好作业实践、完整性技术应用、经济完整性模型、LCC核算、经济完整性指标、维修费用管理、备品备件管理与全生命周期管理等方面开展工作。具体如下：

（1）现状调研与需求分析：通过合规评价、对标、访谈及现场调查等方式，开展设备设施管理现状评估与差距分析工作，根据调研和分析结果，对应完整性管理的不同阶段的要求，编写设备设施完整性项目需求调研报告。

（2）组织机构与职能：完善的组织机构和管理职能是完整性管理成功实施的重要保障，需要从公司各级单位层面完善组织机构，明确管理职责和工作界面，从而有效推动设备设施完整性管理工作的实施。

（3）管理队伍与人员：完善的管理队伍和合理的人员配置是完整性管理工作推动的基础，完整性管理人员能力建设是完整性管理工作成功实施的保障。完整性管理建设需要打造管理、技术和操作三支队伍。

（4）完整性管理体系：设备设施完整性管理体系建设依据法律法规、标准规范要求和公司设备设施管理要求，参考完整性管理最佳实践，策划体系框架，并明确与公司其他体系的关系。依据设备设施完整性管理体系框架，编制体系文件，发布执行，并定期进行体系审核，持续改进体系。

（5）完整性管理培训：通过开展完整性管理培训，提升完整性管理意识，包括完整性理念通用性培训，以及针对设备设施特点开展完整性管理专项培训。

（6）完整性信息系统：完整性信息系统建设包括调研与需求分析、数据规划与标准建立、系统功能分析设计、系统功能集成开发、系统测试及上线应用。

（7）完整性管理审核：以国家相关法律法规要求和国际标准为基础，借鉴国内外的量化审核与评估经验，结合设备设施完整性管理特点，开发一套系统化、标准化和定量化的设备设施完整性审核工具，使审核工作从定性逐渐向定量转变，提供更为详细的审核标准来衡量设备设施完整性管理绩效。

（8）完整性绩效评估指标：设备设施完整性管理绩效评估指标是帮助完整性管理体系全面实施的工具。根据公司完整性管理建设要求，建立设备设施完整性绩效评估指标体系，绩效评估指标体系应综合考虑管理、技术、经济等多个维度。

（9）完整性管理标准：设备设施完整性管理通过一定时间周期内不断地循环与持续改进，将管理与技术成果进行总结提炼与升华，使相关管理做法、技术方法、工具应用等形成完整性管理标准，包括管理标准、技术标准和工作标准等。

（10）良好作业实践：基于设备设施完整性管理形成的优秀做法，提炼形成良好作业实践推荐做法，并进行应用推广。

（11）静设备完整性技术应用：以全生命周期基于风险的检验（LC-RBI）技术为基础，从数据管理、风险评估、监测检测、完整性评价及维修维护等环节开展技术应用。

（12）动设备完整性技术应用：以全生命周期以可靠性为中心的维修技术（LC-RCM）为基础，从数据管理、风险评估、监测检测、完整性评价及维修维护等环节开展技术应用。

（13）电气设备完整性技术应用：以全生命周期以可靠性为中心的维修技术（LC-RCM）为基础，从数据管理、风险评估、监测检测、完整性评价及维修维护等环节开展技术应用。

（14）仪表设备完整性技术应用：针对安全保护装置及仪表设备，以全生命周期安全完整性等级技术（LC-SIL）为基础，从数据管理、风险评估、监测检测、完整性评价及维修维护等环节开展技术应用。

（15）装置系统完整性技术应用：以全生命周期可靠性、可用性及可维护性分析技术（LC-RAM）为基础，从数据管理、风险评估、监测检测、完整性评价及维修维护等环节开展技术应用。

（16）长输管道完整性技术应用：从数据管理、高后果区识别、风险评估、完整性评价、风险消减与维修维护、效能评价六个环节开展技术应用。

（17）经济完整性模型：建立设备设施经济完整性模型与评价体系，包括评价原则、评价方法、评价指标等，并从设备设施实物状态、设备设施经济回报、设备设施运行维护状态等方面开展经济完整性应用工作，围绕资产价值、运营状态、维修费用和经济指标等方面进行展现。

（18）LCC核算：设备设施完整性经济管理将关注设备全生命周期成本（LCC）经济性，关注经济性与安全性的平衡。通过资料收集、现场调研和成本估算等方法对设备设施LCC进行研究，建立LCC成本分析模型并加以分析。

（19）经济完整性指标：建立设备设施经济完整性评价指标体系，实时掌握设备设施状况及资产管理的整体水平，为管理决策提供支持。

（20）维修费用管理：分析维修费用从预算、分解、执行、调整、控制和考核全过程的管理，优化设备维修费用管理；科学地制订设备管理的全面预算计划，并将指标层层分解、层层控制，做到先预算后执行；对预算外的项目和费用严格监控，层层把关，有效地将费用控制在预算范围内，以降低运维成本。

（21）备品备件管理：通过分析备品备件管理执行情况，结合行业内良好作业实践，优化备品备件管理，包含安全库存的制订、备品备件的库存管理、资金周转和资金占有的计算及备品备件管理的信息化等；最终提高备品备件通用性，建立合理的备品备件安全库存，降低资金占用率，提高效益。

（22）全生命周期管理：在设备设施全生命周期内落实管理完整性、技术完整性和经济完整性各项要求。

8.4　中海油能源发展股份有限公司设备设施完整性管理实践

中国海油业务涵盖油气勘探开发、工程技术与服务、炼化与销售、天然气及发电等领域，下辖包括中国海洋石油有限公司、中海油田服务股份有限公司、海洋石油工程股份有限公司、中海油能源发展股份有限公司、中海石油气电集团有限责任公司、中海石油炼化有限责任公司和中海石油化学股份有限公司等，设备设施类型多、风险高、技术含量高。各所属单位按照中国海油设备设施完整性管理总体要求，结合自身设备设施特点推动设备设施完整性管理建设，开展了大量卓有成效的工作，取得了良好的实践效果。本节以中海油能源发展股份有限公司（以下简称"海油发展"）设备设施完整性管理为例介绍中国海油的具体实践。

海油发展是中国海油下属的专业技术服务型公司之一，致力于打造集技术研发、产品制造、专业化技术服务于一体，以能源行业服务为主、多元产业协调发展的具有国际竞争力的能源技术服务公司。海油发展是一家能够同时提供能源技术服务、FPSO生产技术服务、能源物流服务、安全环保与节能产品及服务的多元化产业集团。海油发展依托能源产业的发展，业务覆盖油气产业链从上游到下游的大部分环节，形成能源技术服务、FPSO生产技术服务、能源物流服务、安全环保与节能四大核心业务板块，成为能够提供一站式服务、拥有可持续发展能力的创新型企业。海油发展设备设施业务范围涉及海洋石油上、中、下游领域，主要装备包括各类船舶、FPSO、移动式采油平台、生活支持平台、生产设备及特种设备等，涵盖了油气生产领域的上、中、下游多种装备类型，具有以下特点"三多、一大、一广"的特点，即装备数量多、种类多、老旧设备多、装备专业跨度大，装备分布区域广。随着设备设施资产规模不断增加，管理难度与潜在风险不断增加，需要通过先进的管理模式提升设备设施管理水平，有效管控风险。

海油发展自2007年开始便以FPSO为试点对象，引入完整性管理理念，探索设备设施完整性管理研究应用工作，针对船体和上部组块的静设备进行RBI分析，共列出船体检验条目494条，上部组块检验条目98条，并对典型位置的检验绘制了检验详图，利用RCM分析技术评估了798台动设备的风险，并对所有中高风险的设备分析确认了引起失效模式的失效原因和失效根本原因，制订适合的维修策略以减缓失效原因的发生，通过调整维修工作计划和间隔来达到维修工作的最佳化。利用SIL评估技术，对安全仪表联锁控制系统进行安全完整性等级评估与验证，通过前期的探索与实践，为全面推广设备设施完整性管理奠定了良好基础。海油发展自2016年开始，按照中国海油完整性管理建设要求，结合自身设备设施特点，开展了完整性管理现状评级、组织机构与队伍建设、完整性管理体系建立、大型装备风险评估、完整性技术应用、储罐完整性管理专项工作及经济完整性研究等工作，有效提升了设备设施完整性管理水平。

8.4.1 完整性管理现状评级

设备设施完整性管理评级是通过文件审核、现场检查、人员访谈等方式分析评估企业设备设施完整性管理现状，查找存在的问题及薄弱环节，为明确完整性管理提升方向、为制订完整性管理目标提供指引。通过开展完整性管理现状评级，可以识别企业在设备设施完整性管理方面的差距及薄弱环节，了解本企业在业界的设备设施管理水平，明确下一步设备管理方面的改进与努力的方向，并可用于企业自我评价与持续改进企业设备管理体系的手段。

海油发展为深入了解各单位设备设施完整性管理现状，同时为海油发展及各单位设备设施完整性建设工作提供支持，制订了切实可行的设备设施完整性管理规划实施方案，选择了主要设备单位进行完整性管理现状评级。现状评级工作以管理完整性、技术完整性、经济完整性和全生命周期管理为主线，覆盖管理体系、领导力、风险管理、目标与策划、资源、能力与意识、信息管理及文件化信息、事故管理、变更管理、外包管理、绩效评估、改进、技术完整性、经济完整性及全生命周期管理等完整性管理全部核心要求，开展定量化分析，了解设备设施完整性管理现状，分析存在的问题与改进方向。

从现状评级结果总体看，仅有部分单位成立了设备设施完整性管理组织机构，明确了管理职责；部分单位设备管理人员较为缺乏，对完整性管理的认识还不清晰，不利于完整性管理工作的开展；各单位基本建立了的设备管理体系，但内容上还未覆盖完整性管理核心要素要求；设备设施风险管理相关要求缺失，风险管理工作有待完善；完整性技术应用较少；部分单位变更管理要求缺失或执行不完善；信息化水平较低，数据应用不足；未开展内部审核与管理评审工作，还未形成PDCA循环及持续改进。总体表现较好要素包括目标与策划、事故管理、外包管理等，表现较差的要素包括风险管理、资源、能力与意识管理、绩效评估、改进、技术完整性及经济完整性等。总体上海油发展设备设施完整性管理还处于起步阶段。

为进一步有效推动设备设施完整性管理工作，建议从以下方面开展相关工作。

（1）各单位要进一步完善设备设施完整性管理组织机构，将设备设施管理相关部门及人员纳入完整性管理建设工作中，厘清全生命周期各部门及岗位的职责。

（2）加强设备设施完整性管理培训，包括管理理念、方法与技术等方面；加强主管领导及各级设备管理相关人员对完整性管理的认识，将现有设备管理工作有效融入完整性管理工作中，形成浓厚的完整性管理工作氛围。

（3）明确完整性管理总体目标，制订详细的中长期实施工作计划。

（4）按照中国海油完整性管理核心要素要求，结合海油发展实际，建立设备设施完整性管理体系，明确全生命周期管理内容与要求。

（5）开展风险管理工作，建立完善的设备设施风险清单，针对不同等级风险有针对性制订应对措施，并实施动态管理，为设备设施管理策略制订提供支持。

（6）从数据管理、风险评估、监测检测、完整性评价及维修维护等方面加强完整性技术应用，提高设备设施本质安全水平。

（7）建立经济完整性管理指南，首先重点针对大型装备开展经济完整性管理工作，包括LCC核算、经济指标管理及实物资产状态管理等。

（8）统筹规划设备设施完整性信息系统，进行设计开发或升级改造，能够与现有系统进行衔接，并能全面掌握各所属单位设备设施管理状况。

（9）定期开展设备设施完整性管理审核与管理评审工作，发现存在的不足并改进，实现PDCA循环。

（10）定期总结完整性管理良好作业实践，针对具备推广条件的可进一步上升为完整性管理相关标准。

8.4.2 组织机构与队伍建设

海油发展为落实推动中国海油设备设施完整性管理建设工作要求，持续提升海油发展设备设施管理水平，保障设备设施本质安全，明确设备设施完整性管理建设的工作方向，加快推进设备设施完整性管理建设工作，在海油发展层面专门成立了设备设施完整性管理领导小组和工作小组。领导小组组长由海油发展设备设施主管领导担任，成员由设备、安全、科技、信息化、规划、采办、法律、财务等部门负责人组成。工作小组由设备设施主管部门经理担任，成员由设备设施管理人员、其他部门相关岗位人员及技术支持单位负责人组成。

领导小组职责主要是贯彻国家有关法律法规、标准和上级公司关于设备设施完整性各项管理要求；建立和批准公司设备设施完整性管理组织机构；审议批准公司设备设施完整性管理规划实施方案，提供完整性管理建设相关资源的协调与保障；指导公司完整性管理建设，研究解决完整性管理过程中的重要问题；推动设备设施完整性管理文化建设。工作小组职责主要是贯彻落实上级公司关于设备设施完整性管理要求，制订设备设施完整性管理方针、目标、政策等；负责设备设施完整性日常事务协调、监督、检查、指导、考核及管理评审工作；组织建立设备设施完整性管理体系，组织开展完整性技术应用和研究和有关培训，形成公司完整性业务管理最佳实践模式；完成领导小组交办的其他事项。

海油发展各所属单位是设备设施完整性管理的建设主体，是完整性管理工作的具体实施单位，也成立了设备设施完整性管理领导小组和工作小组，明确管理职责，建立健全设备设施完整性管理体系，做好完整性管理工作在现场的技术应用。

同时，海油发展设备设施完整性管理建设工作依托公司内部的技术服务单位提供技术支持，协助开展前期现状调研，摸清各单位设备设施完整性管理现状；协助建立海油发展及所属单位设备设施完整性管理体系；开展专项技术咨询，提供专项技术及评价工具；协助开展完整性信息系统的建设；提供管理体系的审核等服务。

8.4.3 完整性管理体系建立

海油发展设备设施完整性管理体系建设主要依据国家相关法律法规要求、标准规范要求、中国海油要求、海油发展及所属单位设备设施管理实际状况进行策划建立，将完整性管理纳入公司相关职能部门的业务流程，使完整性管理工作各阶段、各部门之间、海油发展与所属单位之间有效衔接。海油发展设备设施完整性管理体系分为三级文件，包括基本制度、管理办法和实施细则。各所属单位根据海油发展的要求，结合自身实际情况建立设备设施完整性管理体系。各所属单位在海油发展的基本制度、管理办法及实施细则的基础上，细化建立本单位设备设施完整性管理办法、操作细则与作业指导书、解决方案及操作规程等，细化并补充海油发展完整性管理体系未覆盖的管理要求，形成本单位的完整性管理体系。设备设施完整性管理体系架构如图8.4所示。

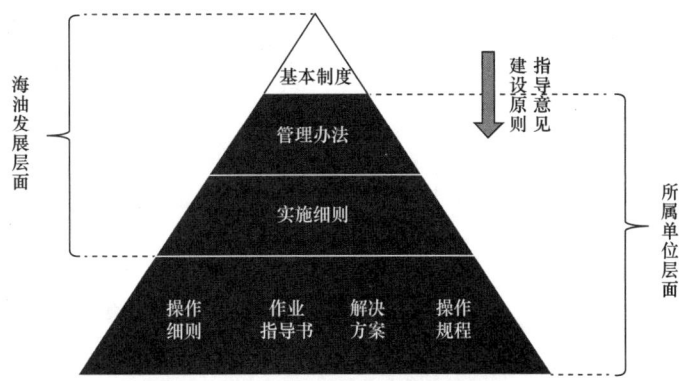

图8.4 设备设施完整性管理现状体系架构图

海油发展层面按照制度"简洁、高效、可控"原则,整合设备、船舶两套管理制度形成设备设施完整性管理体系,形成了一套基于风险、管控结合、覆盖全生命周期的完整性管理体系。新的设备设施完整性管理体系突出管理引领与持续改进,增加了管理方针、领导承诺、内审和改进等要求;关口前移,从原来侧重中后期管理向源头延伸,强调全生命周期管理,进一步强化源头风险管控;突出基于风险和合规运行,优化重大、关键管控节点,减少冗余;进一步明确了机关各部门和所属单位在实现设备设施全生命周期管理的职责。所属单位根据海油发展设备设施完整性管理要求,结合自身设备设施管理特点,细化建立本单位的完整性管理办法和细则。海油发展及所属单位(以其中某个单位为例)完整性体系文件清单见表8.1。

表8.1 设备设施完整性管理体系文件清单

序号	海油发展	所属单位(某单位为例)
1	设备设施完整性管理制度	设备设施完整性管理办法
2	设备设施风险与隐患管理办法	公务用车管理办法
3	设备设施法律法规相关要求识别与评价管理办法	设备设施风险与隐患管理细则
4	设备设施人员能力与培训管理办法	设备设施法规及其他要求识别评价管理细则
5	设备设施分级管理办法	设备设施信息管理细则
6	设备设施全生命周期管理办法	固定资产管理细则
7	特种设备管理办法	设备设施事故管理细则
8	设备设施变更管理办法	设备设施检维修管理细则
9	设备设施检查与考核管理办法	备品备件管理细则
10	设备设施审核和管理评审管理办法	设备设施经济完整性管理细则
11	设备设施管理改进办法	设备设施使用和维护管理细则
12	设备设施事故管理办法	动设备管理细则
13	设备设施信息管理办法	RCM实施细则
14	公务用车管理办法	静设备管理细则
15		静设备RBI实施细则
16		特种设备管理细则
17		电气设备及运行管理细则
18		防爆电气管理细则
19		仪表及自动控制设备管理细则
20		设备检查与考核管理细则
21		设备设施审核、管理评审和改进管理管理细则
22		办公设备管理细则

设备设施完整性管理体系发布之后需要进行宣贯，以确保各项管理要求能够被理解并执行。培训是提高管理层、设备设施管理人员及其他相关人员完整性管理意识的有效途径，主要包括通用性培训和专项培训。通用性培训旨在使各级管理人员了解设备设施完整性管理的理念、方法与管理要求等，主要包括设备设施完整性管理规范标准解读、完整性管理理念与方法论、上级公司完整性管理建设总体要求，设备设施完整性管理体系要求，典型设备设施完整性管理实践案例及良好作业实践等；专业培训旨在使设备管理及操作人员掌握设备设施完整性管理相关的技术、工具、分析方法等，主要包括静设备、动设备、仪表设备及自控系统、电气及配电设备、工艺系统、管道和储罐完整性技术及完整性管理信息系统设计、开发及应用等方面内容。

8.4.4 大型装备风险评估

海油发展设备种类多、数量多、专业跨度大、分布区域广，尤其是各类型设备跨度较大，可复制性不强，如何管好这些设备设施，保障公司安全生产运营，给公司带来了很大的挑战。为转变"眉毛胡子一把抓"的管理方式，在全过程落实设备生命周期管理、全要素夯实管理基础的前提下，通过等级关注度划分，科学合理划分设备设施级别，形成公司关键（A）、重要（B）、一般（C）三级管理台账，确定海油发展层面需要关注的 A 级设备共 84 台套，通过开展分级管理，形成分级抓重点、分类定策略的管理模式，确保设备设施安全可靠、经济运行。

针对设备设施资产价值高、运行管理风险高的大型装备，如 PFSO、工程船舶等，建立设备设施风险评估与分级模型，整体思路依然是分别确定风险发生概率及风险发生的后果，利用风险矩阵确定最终的风险等级。在确定风险概率时，依据完整性管理体系文件的关注点，将设计、建造、运营中主要风险控制作为概率计算依据，重点针对运营期间的管理体系、作业环境、常规检验和评估内容，同时还考虑了意外风险及功能性失效的情况。在确定风险后果时，参考综合安全评估方法（FSA）中所提供的的事件发生频率等数据，经济损失根据公司实际情况进行确定。

风险发生概率的确定主要关注可能导致事故发生的各种潜在因素，包括设计风险、建造/安装风险、管理体制、环境风险、定期评估、定期检验、意外风险和其他风险，其各因素又细化为若干子因素，并针对每个因素进行赋值，风险发生概率的高低由计算得出的分值确定，见表 8.2。考虑风险后果时，参考 FSA 的理念，将风险的后果划分为三类，即潜在人命损失、潜在原油损失和潜在经济损失。考虑到可能发生多种事故，而各种事故发生的频率也有所不同，故对不同的事故及其后果进行加权平均，得到的结果就是一年内发生任一风险的后果。

通过计算风险发生概率与发生后果，采用风险矩阵确定最终风险等级。计算得到的风险发生概率可划分为由高到低 A～E 五个等级，同时后果也可以划分为 1～5 共五个等级，将其代入风险矩阵即可得到 FPSO 及船舶的风险分级等级（图 8.5）。

表 8.2　FPSO 船体结构风险概率因素及分值

一级因素	分值	二级因素	分值
设计风险	6	设计错误	4
		完整性管理	2
建造、安装风险	6	建造、安装错误	4
		完整性管理	2
管理体制	17	运维制度	4
		人员能力	4
		信息管理	5
		承包商管理	4
环境风险	9	过载（极端海况）	4
		疲劳寿命	3
		不可抗风险	2
定期评估	12	定期进行评估	3
		最近一次全面评估间隔	3
		强度及屈曲结果	3
		疲劳结果	3
定期检验	30	定期进行评估	2
		最近一次全面检验	3
		结构变形及破损（多选）	9
		裂纹（多选）	6
		涂层损伤	4
		牺牲阳极或阴极保护	2
		腐蚀	4
意外风险	16	碰撞风险	2
		火灾、爆炸	5
		坠物	5
		暴恐袭击、人为破坏	2
		系泊失效	2
其他风险	4	设备振动	2
		倾覆、搁浅	2
总分	100	总分	100

		后果				
		1	2	3	4	5
概率	A	Ⅲ	Ⅳ	Ⅴ	Ⅴ	Ⅴ
	B	Ⅱ	Ⅲ	Ⅳ	Ⅴ	Ⅴ
	C	Ⅰ	Ⅱ	Ⅲ	Ⅳ	Ⅴ
	D	Ⅰ	Ⅰ	Ⅱ	Ⅲ	Ⅳ
	E	Ⅰ	Ⅰ	Ⅰ	Ⅱ	Ⅲ

图 8.5　风险矩阵示意图

8.4.5　完整性技术应用

海油发展依托内部技术力量，建立设备设施完整性技术体系，推动石化装置及 FPSO 的完整性技术应用与实践。FPSO 完整性技术研究应用方向 5 个、输出 11 项成果，石化装置完整性技术研究应用方向 4 个、输出 10 项成果，进一步培养整合了海油发展设备设施完整性管理一体化服务能力，实现了上下游典型装置完整性管理技术落地，提升了装备管理水平，培养了一批具有装备完整性管理及技术能力的装备管理人才（表 8.3、表 8.4）。

表 8.3　石化装置完整性技术应用试点成果

序号	研究应用方向	具体成果
1	动设备完整性管理技术研究与应用	离心压缩机组在线监测系统及在线监测报告
2	设备设施完整性管理体系及技术体系研究	完整性管理体系、安全仪表系统 SIL 定级与验证、动设备 RCM 评估、静设备 RBI 评估
3	防爆电气完整性管理研究与应用	防爆电气全生命周期管理制度、防爆设备智能管理系统
4	设备设施完整性管理信息系统研究与开发应用	完整性管理平台业务模型、数据模型及信息系统

通过对完整性技术应用的总结，编制设备设施技术完整性实施指南，全面推动实施技术完整性，指导所属单位根据自身业务特点，分类制订维修策略，有针对性地应用静设备、动设备、仪表电气、工艺系统和管道等系列完整性技术，开展数据采集与分析、风险评估、监测与检测、完整性评价及维护维修等工作，并对工作绩效进行评估并反馈。

表 8.4　FPSO 完整性技术应用试点成果

序号	研究应用方向	具体成果
1	静设备检测评估及风险管理技术应用	锅炉、管线 RBI 检测评估及检维修策略、静设备完整性（RBI）管理系统
2	电气设备完整性管理技术应用	变压器在线监测系统、带电检测分析、热成像分析、在线监测数据分析
3	海洋吊机完整性管理技术研究与应用	吊机结构 RBI 监测评估及 RCM 分析
4	设备设施完整性管理体系及技术体系研究应用	完整性管理体系及解决方案、动静电仪完整性管理技术
5	设备设施完整性管理信息系统研究与开发应用	完整性管理平台业务模型、数据模型及信息系统

8.4.6　储罐完整性管理

储罐作为石油化工企业的关键生产设备设施之一，在设计、建造、安装调试、运行维护过程中均存在不同程度的风险。搭建基于风险的、适用于整个生命周期管控的储罐完整性管理模式，对于提升海油发展设备设施管理水平具有重要意义。海油发展老旧储罐多，运行 10 年以上的储罐占比 30% 以上；结构形式多样，常压立式、卧式、低温储罐形式多样；部分设计竣工资料缺失；各单位管理情况参差不齐。因此，海油发展按照完整性管理要求开展了储罐完整性管理专项工作，包括建立储罐完整性管理解决方案，开发储罐合规性检查工具并开展合规性分析，进行储罐风险评估，根据风险评估结果制订检测策略，根据检测结果针对有缺陷的储罐开展适用性评估，并建立储罐完整性管理平台，开发了储罐全生命周期经济完整性管理工具，实现了摸清家底、掌握设备资产状态及有效管控风险的目的。

8.4.6.1　建立储罐完整性管理方案

1. 储罐全生命周期完整性管理流程

储罐完整性管理解决方案的目的在于指导储罐全生命周期（可行性研究、设计建造、运营维护、弃置）的完整性管理工作。通过实施完整性管理，保障储罐功能不受损害，保持储罐设备的完整性，实现本质安全，确保储罐的安全运行。储罐全生命周期完整性管理流程如图 8.6 所示。

2. 文件和数据管理要点

文件和数据管理涉及储罐的各个阶段（可行性研究、设计建造、运营维护、弃置）和风险管理的各个环节（风险评价、检测计划制订执行、合于使用评价、维修改造、考核和持续改进），包括了对设计建造安装文件、运行记录、维护检修报告、风险评估和缺陷分析报告及完整性管理相关的受控文件（工作手册、管理办法、管理细则、操作规程等）的管理。

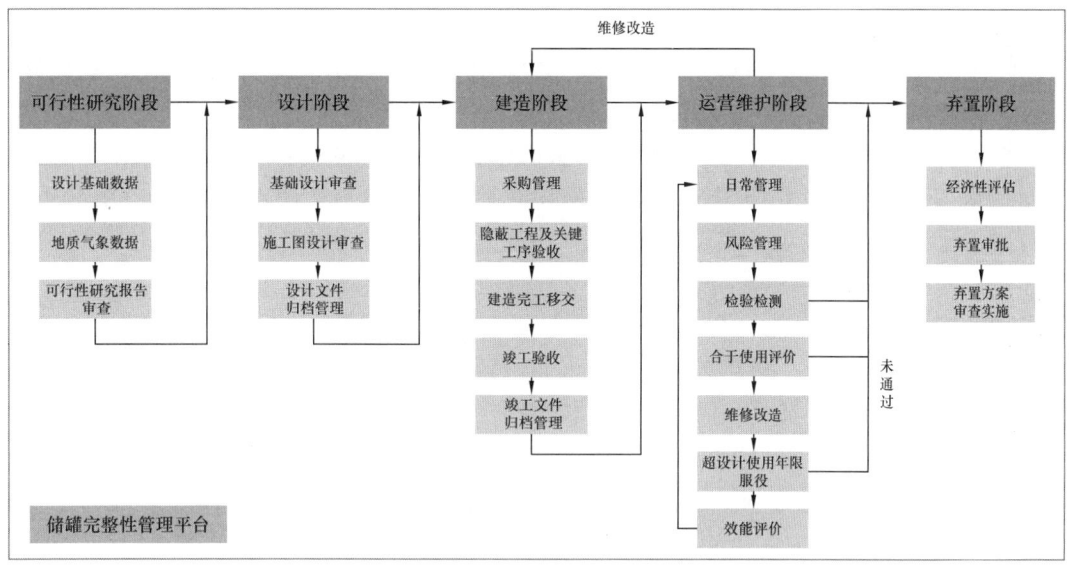

图 8.6 储罐全生命周期完整性管理流程示意图

3. 可行性研究阶段完整性管理要点

在该阶段完整性管理应关注两个重点：提交的设计基础数据、可研报告中储罐的选型和配置。该环节完整性管理目标是保证储罐的设计基础参数选用合理，符合实际需求。

重点检查储罐以下设计原则和配置的差异性：

（1）储罐桩基基础处理及防火堤的设置。
（2）罐底基础的处理及综合防腐蚀措施。
（3）储罐的结构形式。
（4）罐体材质选用。
（5）密封系统的选配（浮顶罐）。
（6）腐蚀控制措施：涂料防腐和阴极保护措施。
（7）储罐液位指示、温度指示、报警系统、进料紧急切断阀及相应辅助设施。
（8）安全附件、呼吸阀、阻火器等配置。
（9）切水设施。
（10）加热保温伴热等系统设施。
（11）储罐保温材料的选择。
（12）电气及防雷、防静电设施。
（13）事故紧急排放设施。
（14）安全监控系统。
（15）消防系统。

对于低温储罐，还应关注以下内容：

（1）低温储罐结构（单容罐、双容罐、全容罐）。
（2）保冷结构的选择（珠光砂、泡沫玻璃或矿物棉毡）。

4. 设计阶段完整性管理要点

（1）基础设计审查：对比以往相同或类似设计的储罐使用情况，查找储罐设计差异，结合可操作性、可维护性、可靠性、经济合理、技术先进等原则，将操作运行、维护检修、设备管理、HSE管理等各方面管理经验进行差异对比，对初步设计图提出修正意见。同时在基本设计阶段后期应组织开展HAZOP风险分析。基本设计阶段的HAZOP分析主要针对主流程，如涉及设备或设计发生重大变更，应在详细设计阶段做补充HAZOP分析工作。

（2）施工图设计审查：关注点包括基本设计审查出的问题是否已全部落实，储罐各部位结构是否安全合理，储罐各部位尺寸及材料标准等数据是否准确一致，各类图样在结构、设备标注上有无矛盾，各类管线、电仪线路等布局走向是否合理。

（3）设计文件归档：储罐施工图设计完成后，工程项目组负责与设计单位组织协调，按设计合同约定提交的设计资料内容及数量。工程项目组负责向档案室、施工单位、储罐现场管理单位设备管理部门移交设计文件，同时将电子文件录入储罐完整性管理系统中。

5. 建造阶段完整性管理要点

选择具有储罐施工经验和相应资质的施工单位、选择具有相应监理经验的第三方监理单位、组织开展建造过程中的质量控制活动、组织各施工单位每天召开施工例会、组织关键工序及隐蔽工程验收、组织机械完工验收及办理移交手续。

（1）采办管理：储罐选购过程中应将储罐运营期的使用经验反馈到采购环节，避免和减少由于材料原始缺陷引起储罐故障的发生，保证储罐用材的质量。在采购前应确定重要的设备部件如浮顶密封、仪表控制系统等的技术要求，设计单位提交技术要求后，应由工程项目组负责组织储罐现场管理单位相关部门参与审核，将现场管理经验和同类设计在运行中发生故障部位风险缓解措施反映到采购技术要求中，确保选购的材料、附件和配套系统技术先进、质量可靠。

（2）隐蔽工程及关键工序验收管理：建造阶段应控制基础施工、罐底防腐、储罐组装焊接、热处理、内浮顶储罐的浮顶及密封、储罐内外防腐、罐内牺牲阳极、保温保冷、气密水压试验等工序环节。应组织设计单位、储罐现场管理单位及具有储罐现场丰富管理经验的专家参与隐蔽工程及关键工序的验收并汇总发现的问题，由工程项目组统一对口施工单位及设计单位并协调督促解决发现的问题。工程项目组/监理工程师在确认其质量合格并签发质量验收合格单后，施工单位方可进行下道工序的施工。

（3）建造完工移交管理：组织"机械完工检查"是石油化工行业在项目移交前的一个验收程序，是保障储罐施工质量、投料试运行成功的有效手段。机械完工检查工作的关注重点有：

① 查设计漏项：结合现场实际情况对设计施工图纸进行最后一次审查，查看是否存在设计漏项，是否需要进行补充设计或改进设计；各专业按设计要求，对照图纸逐项检查。

② 查施工质量：检查储罐、附件、腐蚀控制系统、管道、阀门等安装是否与设计图

纸一致，全方位对所有部位进行外观质量检查。

③ 查未完工工程量：现场检查是否存在应完工而未完工的工程量。

（4）试运行管理：储罐建成后要经过试运行来考核储罐是否达到设计质量要求，在设计存储能力下是否能达到设计安全状态。储罐投用过程中分为试运行和检查两个阶段。试运行阶段由现场管理单位负责组织管理，施工单位、监理单位、设计单位共同参与。在试运行方案、试运行条件确认完成后，经安全、生产检查确认后方可投用。

（5）竣工验收：着重检查、核实移交给档案室、现场管理单位的储罐竣工资料的完整性、准确性；按照设计文件和合同检查已完工程是否有漏项；检查工程质量验收资料、隐蔽工程验收资料、关键部位的施工记录等，考查施工质量是否达到合同要求；检查机械完工验收及整改及试运行中所发现的问题是否得到改正。在竣工验收中发现需要返工、整改的工程应明确规定完成期限；检查其他涉及的有关问题。

（6）竣工文件归档管理：竣工资料和交工验收证书一并交储罐现场管理单位档案室归档；同时建立查阅目录，实行借阅管理。竣工资料应长期保存，直至储罐报废拆除。

6.运营维护阶段完整性管理要点

储罐现场管理单位应强化储罐运营阶段的日常运行、维护、检测和检修管理，引入腐蚀控制、风险评估、基于风险检验和合于使用评价等新技术，对运营阶段各环节实现精细、优化管理。通过借鉴国内外先进的储罐管理理念，采用先进的管理方法和监测、检维修技术，提高储罐管理水平，保持储罐处于完好状况，达到安全、使用寿命长、综合效能最高的目标。

（1）日常操作维护管理：主要包括操作、检查、维护、防腐蚀、异常工况、变更、隐患治理、事故管理等方面内容。

（2）风险管理：储罐完整性管理包括基于风险的检验计划与维护策略。其核心是利用风险分析技术识别设备失效的机理，分析失效的可能性与后果，确定其风险的大小；根据风险排序制订有针对性的检维修策略，并考虑将检维修资源从低风险设备向高风险设备转移。作为完整性解决方案的技术支撑体系，技术方法上包括针对储罐本体的 RBI 技术，针对工艺操作安全的 HAZOP 技术，针对动设备的 RCM 技术，针对安全仪表系统的 SIL 技术，以及评估事故对周边环境影响的 QRA 技术。

（3）检验检测：储罐现场管理单位按照国家有关法规规定委托相关资质机构定期进行全面检验：

① 一般情况下，常压储罐每3～5年应进行1次，若实施基于风险的检验，则按 RBI 确定的周期进行检验。

② 全面检查确认常压储罐技术状况良好、可确保安全运行，通过 RBI 评估，并经公司主管领导批准，可适当延长全面检验周期，但最长不超过9年。

③ 对于腐蚀较重的常压储罐，现场管理单位要根据实际情况合理缩短全面检验的年限。

（4）合于使用评价：在储罐检验检测过程中会发现储罐上存在一些超标缺陷，如果这些超标缺陷经常规检验结果评价需返修后才能保证储罐安全运行，但这些超标缺陷又不具备返修时机或根本无法返修，则应该考虑合于使用评价。

（5）维修改造管理：储罐所属单位应按照"应修必修，修必修好"的原则组织承修单位认真执行储罐维修质量标准，做到优质、安全、高效、文明施工、科学检修。通过维护检修、更新改造手段，防止储罐失修现象发生，保持储罐处于完好状态。常压储罐的检修周期与储罐的全面检验同步进行，一般为5年，特殊情况根据储罐的安全状况调整检修周期。

7. 废弃处置阶段完整性管理要点

废弃处置阶段，主要工作任务和目标是通过经济性评估和合于使用评价方法，保证储罐弃置的经济合理性。由储罐现场管理单位提出储罐弃置申请并进行弃置经济性评估，上级单位委托相关专家对弃置申请进行审批，弃置获得审批后由储罐现场管理单位组织编制弃置具体方案，经上级单位审核后由现场管理单位实施弃置。

8.4.6.2 储罐合规性检查

通过全面梳理储罐相关法律法规、标准规范及相关要求，结合国内外完整性管理良好作业时间，编制了储罐合规性评价指南，主要内容涵盖原始设计、工艺、紧急关断、生产操作、检验检测、维护保养、管理制度等方面。检查结果分为三类，合规项、风险项和观察项，合规项是满足合规运营的基本要求，风险项是对合规运行有重要影响，观察项是运行过程中需要重点关注的问题。

通过合规性检查，共检查出问题九十余项，包括罐体及附件腐蚀，罐区防火堤距离、厚度及防护栏高度，罐区原始设计问题，仪表及工艺联锁报警问题，消防设备问题，防雷防静电接地问题，管道刷色问题，标识不合规问题，罐体及其设备设施维修问题，卧罐安装固定问题等，如图8.7所示。

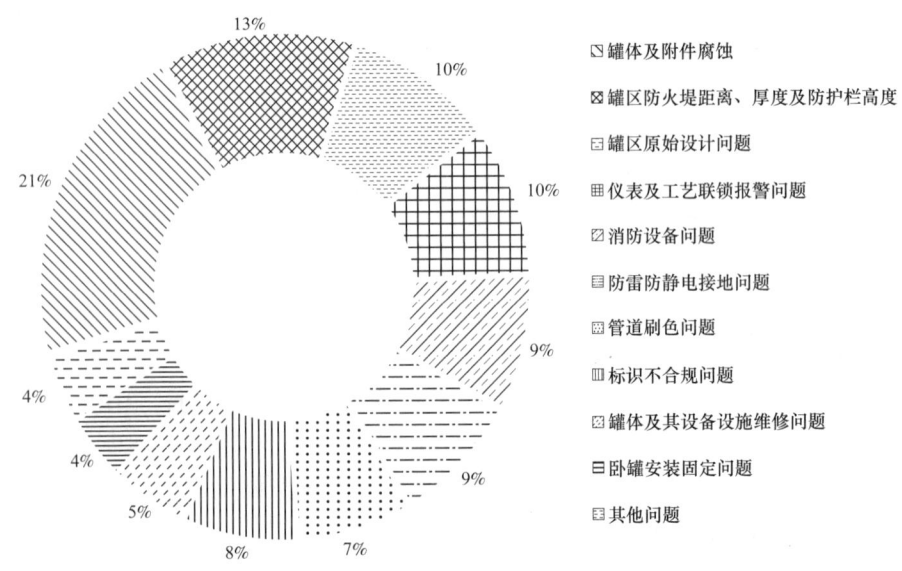

图 8.7 储罐全生命周期完整性管理流程示意图

8.4.6.3 储罐风险评估及检验检测

储罐风险评估主要针对储罐进行损伤模式识别、定性或定量评估，得到风险评估结果和基于风险的检验策略，以优化检验检测方案。储罐及其附属设备设施涵盖了动、静、电、仪等各种设备类型，因此需要根据不同设备设施类型选择相应的评估方法开展风险评估。针对储罐本体应用 RBI 技术进行风险评估，针对关键动设备应用 RCM 技术进行风险评估，针对安全仪表系统及设备应用 HAZOP、SIL 技术进行风险评估，针对整个罐区对周边设备、人员及环境影响应用 QRA 技术进行风险评估，如图 8.8 所示。根据储罐风险评估结果，有针对性制订检验检测策略，通过应用审核与筛选，确定需开罐全面检验检测常压储罐 48 台，并实施了开罐检验。

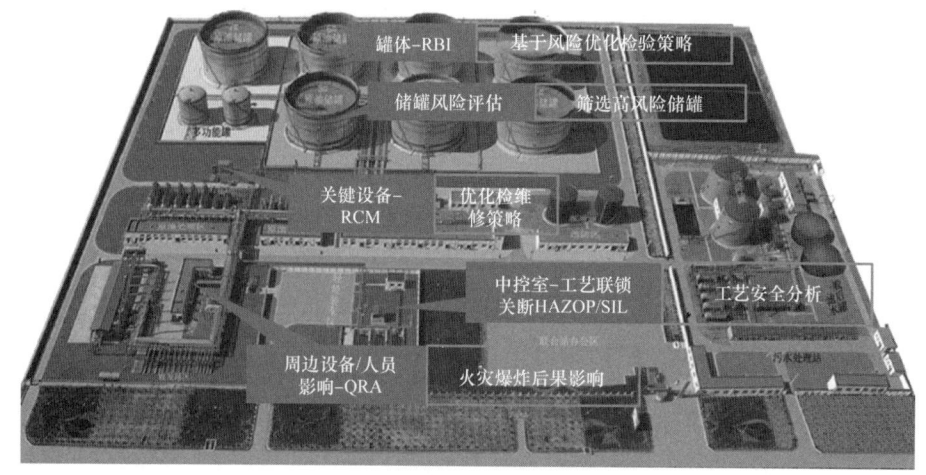

图 8.8　储罐风险评估示意图

1. RBI 评估

RBI 评估一般由专业机构利用专业软件进行定量风险评估工作。损伤模式识别、原始数据的收集、风险可接受准则的确定、RBI 风险分析、检验策略的制订是定量风险评估的技术关键点。

（1）原始数据的收集：在风险分析中，应特别注意储罐检验资料的审查，详细查阅每台储罐的历年检验报告。重点记录最后一次发现裂纹的时间、检验的次数、最后一次检验中测厚的时间、测厚的数值、目前实施的检验计划的开始时间和结束时间等。根据检验资料准确判断检验的有效性，为保证风险分析的正确结果和下一步检验策略的制订打下坚实的基础。

（2）风险可接受准则的确定：确定风险可接受准则是 RBI 分析的一个重要的环节，该准则应在 RBI 风险分析之后进行，应根据国内外行业水平结合企业的实际情况共同协商确定。评估机构根据现场管理单位确定的风险可接受准则，明确所评估部件的风险是否在可接受范围之内，为管理者拟订设备的管理方案提供决策工具。

（3）常压储罐基于风险检验策略制订：确定常压储罐风险时，须综合考虑储罐壁板和底板风险，以最大风险定义风险等级，检验策略按不同部件分别制订。储罐现场管理单位根据上级单位的意见设定失效后果可接受的费用，建立适合企业自身的风险可接受水平检测值；也可以根据专家意见设定风险可接受水平。按照储罐风险评估标准计算壁板和底板的失效可能性及储罐的失效后果。根据可接受的失效可能性和风险可接受水平确定基于风险的检验周期，根据潜在的损伤模式确定检验方法。在确定基于风险的检验周期时，应综合考虑我国法规规范的要求和国内外同类设备使用的历史经验，尽可能使储罐长周期运行，但要确保在下一次检验前，设备的各种损伤、劣化不致影响安全使用。根据常压储罐的风险水平、下一次计划检验周期、工艺流体、设计条件、部件类型、材质以及潜在的损伤模式确定需要达到的检验有效性级别。

2. RCM 评估

RCM 技术可用于对设备进行功能与故障分析，明确设备各故障后果；它用规范化的逻辑决断方法，确定各故障的预防性维修对策；通过现场故障数据统计、专家评估、定量化建模等手段，在保证设备安全和完好的前提下，以维修停机损失最小为目标对设备的维修策略进行优化。

RCM 评估过程及内容应涵盖：

（1）数据收集和统计分析。

（2）设备筛选。

（3）系统划分。

（4）故障模式与影响分析。

（5）故障模式风险评价。

（6）重要度确定。

（7）制订维修维护策略。

3. HAZOP 分析

HAZOP 分析的目的在于用来识别工艺或操作过程中存在的危害，识别出不可接受的风险状况。主要作用是对工艺过程进行全面系统的安全检查，提高设计本质安全性；为现场操作提供参考资料。HAZOP 分析结果可作为操作指导书等文件的编制参考资料，应将 HAZOP 分析中可操作性的内容编入操作手册，告知操作和安全管理人员。

HAZOP 分析过程及内容应涵盖：

（1）节点划分与预先分析。

（2）引导词及偏差的识别。

（3）偏差主要原因及后果识别。

（4）已有保护措施的选择。

（5）现有风险等级确定。

（6）安全措施的制订。

4. QRA 分析

事故后果定量风险（QRA）分析的目的在于分析发生事故的可能性及严重程度，确定危险源的个人和社会风险，确定科学、合理的风险降低措施，为危险源的风险控制与管理决策提供科学依据，防止和减少事故的发生。

QRA 分析过程及内容应涵盖：

（1）危险辨识与典型事故辨识。

（2）泄漏场景与失效频率分析。

（3）事故后果模拟，确定火灾/爆炸/扩散影响范围。

（4）个人风险和社会风险值。

（5）可能受事故影响的周边场所、人员情况。

（6）重大危险源辨识、分级的符合性分析。

（7）安全管理措施、安全技术和监控措施。

（8）事故应急措施。

8.4.6.4 储罐完整性管理信息平台

根据储罐完整性管理解决方案，基于公司设备设施管理平台开发储罐完整性管理模块，完成开发及试点单位使用，对所有储罐进行了全覆盖管理，实现了储罐完整性信息的统一管理，对检验检测工作计划跟踪管理，建成基础数据库，为储罐完整性管理工作提供数据支持。为全过程掌握储罐健康情况，保障储罐本质安全，对 5000m^3 储罐进行三维建模，形象直观地展示储罐状态（图 8.9）。

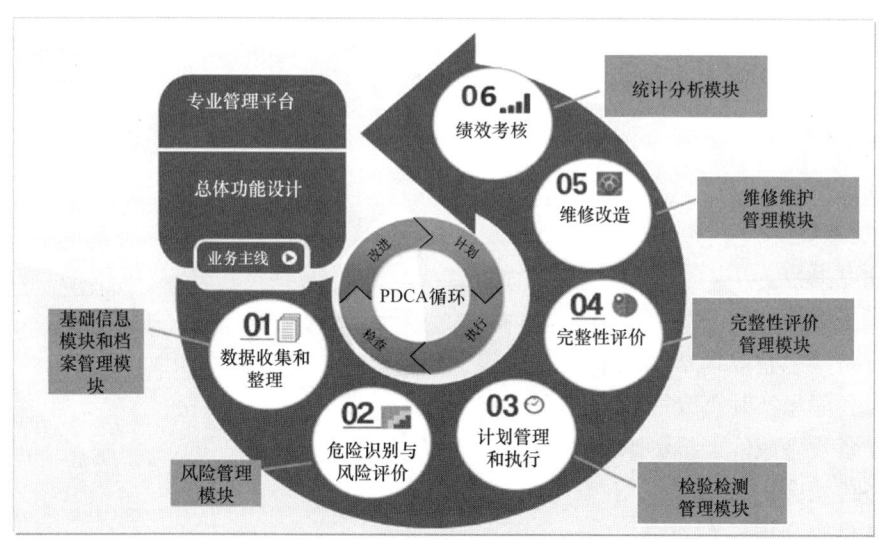

图 8.9　储罐完整性管理信息平台功能模块示意图

8.4.7　经济完整性研究

为高效、有序地推动海油发展经济完整性工作，明确各单位在经济完整性工作中的方向和具体要求，指导所属单位经济完整性建设，在资料收集、现场调研和分析总结的基础上，组织编制了经济完整性指南，主要包括 LCC 管理、修理费管理、经济指标管理、实物资产状态管理等内容。

（1）LCC管理主要包括树立LCC理念及设备选型与购置阶段、设备的安装和调试阶段、设备运营维护阶段和设备报废阶段的具体要求，给出了LCC的通用计算模型。

（2）修理费管理包括修理费使用范围、年度修理费预算、修理费使用管理、修理费统计分析和修理费信息化管理。通过总结维修费全过程管理和分析近几年维修费用变化趋势，科学制订设备维修费用全面预算计划，并层层分解、分级管控，在保障安全运行前提下，有效降低维护成本。

（3）通过现状调研和行业指标收集，建立了经济完整性指标，经济指标管理包括经济指标（维修费用率、备件资金占有率、备件资金周转率、设备设施新度系数和全年降本增效费）、经济指标评价和经济指标评价应用等内容。

（4）设备设施实物资产状态管理主要包括设备设施资产状态信息统计、资产盘点和依据设备设施新度系数进行分类。

8.4.8 设备设施完整性KPI指标建立

据国际规范和公司设备管理实际情况，参考行业良好作业实践，建立了海油发展设备设施完整性绩效评估指标体系，该体系包含通用性指标18项和专业性指标19项，专业性指标包括动设备指标4项、静设备指标2项、电气设备指标2项、仪表设备指标8项、特种设备指标1项和船舶指标2项。

（1）通用性指标包括：

① 完好率。

② 可用率。

③ 利用率。

④ 运行状态。

⑤ 新度系数。

⑥ 设备设施故障率。

⑦ 设备隐患整改计划完成率。

⑧ 设备隐患实际整改完成率。

⑨ 设备设施故障产量影响率。

⑩ 备件资金占有率。

⑪ 备件资金周转率。

⑫ 设备事故事件上报率。

⑬ 维修计划完成率。

⑭ 维护保养计划完成率。

⑮ 检修一次合格率。

⑯ 维修费用率。

⑰ 降本增效完成率。

⑱ 综合能耗。

（2）专业性指标包括：

① 动设备指标：关键机组停机次数、动设备预防性维修比率、机械密封平均寿命、轴承平均寿命。

② 静设备指标：静密封泄漏率、静设备预防性维修比率。

③ 电气设备指标：电气预防性维修比率、35kV 及以上继电保护动作准确率。

④ 仪表设备指标：仪表设备预防性维修比率、仪表自控率、联锁仪表完好率、可燃气/有毒有害气体报警仪完好率、仪表完好率、仪表投用率、分析仪表投用率、联锁投用率。

⑤ 特种设备指标：在用法定强检设备检验率。

⑥ 船舶指标：船舶在航率、船舶运营率。

9 设备设施完整性管理发展展望

设备设施安全可靠是工业企业安全生产运营的基础，随着当代设备设施向着大型化、集成化、复杂化、精细化、自动化、信息化、智能化等方向飞速发展，设备设施管理已成为一门系统的、综合性的学科，涉及后勤工程学、系统工程学、综合工程学、行为科学、可靠性工程、管理科学、工程经济、工程技术、人机工程等多方面专业领域。企业如何更好管理设备设施并创造最大价值成为聚焦的重点，需要基于系统的管理方法及与之相适应的技术，并结合企业实际需求与期望，建立先进的设备设施管理模式，实施系统、动态、基于风险的、全生命周期管理，实现设备设施运行经济可靠。这已是未来设备设施管理发展的大势所趋。同时，面对全球化信息网络、全球化市场的形成及技术变革的加速，采用先进的设备设施管理方法，利用现代化技术手段，顺应现代企业发展的需要和期望，变革设备设施管理理念与体系，适应新时代的发展趋势，对提高企业设备设施管理的现代化和科学化水平具有重要的现实意义。

今后设备设施完整性管理的发展与水平提升要在既有的各类管理理论和方法的基础上，寻找一种新的方法和途径，将设备设施管理的知识、技术方法和信息控制能力融合在一起，并将相关的各类主要因素构建成为一个开放的控制与反馈系统，使设备设施在全生命周期内各个阶段的管理都可按各自的特性有机结合在一起，由此实现设备设施资产投资价值的最大化和运行效能的最优化。总体上，未来设备设施完整性管理理念与方法将会得到广泛应用。在完整性管理实施过程中要始终强调领导力作用，注重整体管理措施与局部技术应用的结合，充分挖掘数据的作用与价值，将各类先进技术融入设备设施完整性管理中，运用基于风险的理念开展预知性管理为管理决策提供支持。未来智能化与无人化将会更多出现在设备设施管理中，而企业也将更加注重设备设施资产的价值贡献。

（1）设备设施完整性管理理念与方法逐渐健全完善并得到广泛应用。

近年来众多应用实践表明，设备设施完整性管理能够有效提高设备设施管理水平，确保本质安全，提高运行效率，并为企业创造更大的价值。设备设施完整性管理是一种先进的管理模式，是设备设施管理发展到现阶段的产物，是在综合考量设备设施管理、技术与经济等因素的基础上进行的系统的、全面的、全生命周期的管理。设备设施完整性管理充分运用基于风险的理念建立优化的管理策略，将相对有限的各种资源应用到高风险设备设施管理中，在确保设备设施安全可靠的同时，优化成本费用，贡献出设备设施资产的最大价值。随着设备设施完整性管理的不断深入发展与应用，设备设施完整性管理将会更加健全完善，更加有针对性指导各行业、各企业开展设备设施完整性管理工作。

我国已经于 2015 年发布了 GB 32167《油气输送管道完整性管理规范》，这是我国第一部完整性管理的强制性标准规范，并通过国家部委联合发文要求油气输送管道企业全面推行完整性管理。2019 年我国又发布了推荐性标准 GB/T 37327《常压储罐完整性管理》，对常压储罐完整性管理提出了要求。此外国内部分行业协会、大型企业还建立了完整性管理的行业标准、企业标准及团体标准等，在不同层面推动设备设施完整性管理应用。预计今后针对其他类型设备设施的完整性管理标准规范与推荐做法也将会陆续出台，将设备设施完整性管理模式推广到更多领域。同时，目前针对设备设施完整性管理总体要求方面的通用标准规范还没有制定，不利于按照统一的准则与要求推行应用设备设施完整性管理，需要通过建立国家层面的标准规范，明确宏观管理模式和总体管理要求，只有这样才更加有利于设备设施完整性管理模式在各个领域的推广应用。

（2）领导力对设备设施完整性管理的实施推进具有重大影响。

领导重视及领导力作用对企业管理过程有重要影响。荷兰 STORK 公司基于国际资产管理相关标准规范研究提出了成功实施设备设施完整性管理的 14 个先决条件，首先就是要建立有效的领导力，这说明领导力在设备设施完整性管理推行实施的过程中具非常重要的作用。首先，建立与推行设备设施完整性管理就是对现有设备设施管理方式的变革，将原有传统的设备设施日常维护维修管理延伸到全生命周期管理，在机构设置、人员配置及相关资源落实等方面均需要领导协调与支持。其次，在设备设施完整性管理实施过程中，需要领导高度重视与支持，各项工作才能更好地推进和有效落实，尤其是在原有设备设施管理基础上新增加的管理要求，以及开展完整性技术应用需要的资源投入等方面，只有企业领导率先垂范才能进一步激发企业员工开展设备设施完整性管理的动力。最后，领导的重视能够使企业形成良好的完整性管理氛围，逐渐转变为员工主动行为与意识，融入日常管理工作中。总而言之，无论设备设施完整性管理模式如何演变与发展，充分发挥领导力作用，才能更好地推动设备设施完整性管理工作的高质量实施与持续改进。

（3）设备设施完整性管理强调企业整体管理与设备设施技术应用相结合。

从设备设施管理的发展历程可以看出，设备设施管理由事后维修发展到预防性维修，由预防性维修走向预测性维修，并进一步发展到当前提出的主动维修。每一个阶段设备设施管理方法及内容都在不断扩展，都是管理与技术相互配合的结果，新的管理理念、技术方法的出现，都是将已有设备设施管理的主要理论和方法与新技术应用进行结合的结果。

设备设施完整性管理是传统设备设施管理延伸与提高，但本质仍然是设备设施管理，而且更加强调企业整体管理与设备设施完整性技术应用的有效结合，通过管理优化和技术提升，实现设备设施运行经济可靠。现代设备设施呈现出系统化、信息化、智能化等特点，同时也对设备设施管理提出了新的挑战，要做好信息化与智能化设备设施管理工作，需要运用完整性管理模式，将完整性管理方法与设备工程技术、生产运行控制技术、技术装备的智能化技术等进行结合，实现数据采集、工艺检测、生产制造控制、故障监测、数据分析及管理过程等数据信息的整合与集成，动态感知、测量、捕获和传递设备及关键功能部位的技术状态，进而反馈给管理人员与决策者，为进行优化管理提供依据。完整性管理方法与技术应用需要相互配合、相互支撑才能真正发挥作用，提高设备设施管理水平。

（4）大数据在设备设施完整性管理中将发挥重要作用。

在设备设施全生命周期过程中会产生大量的各类数据，以往传统设备设施管理中，这些数据往往仅仅被保存起来，甚至被丢弃，未能发挥应有作用。随着现代信息技术的不断发展，各种数据采集与分析技术不断涌现，为大数据分析和应用创造了条件。通过对设备设施运行、维护、检修等过程中的数据进行采集、清洗与分析，建立设备运行状态分析模型，基于大数据分析实现设备设施实时诊断和评估，使设备设施维修方式逐步转向以状态维修为主的维修方式，应用信息技术建立"数据采集—数据传输—数据集成—数据分析与优化—数据表示和应用"的数字化技术系统，实现设备设施基础信息、运行信息和管理信息的规范、完整、准确采集和传递，实现设备设施智能运维。

随着设备设施技术的不断发展，技术装备或技术系统运行过程中产生信息的速度，超过了人们用现有的知识和方法通过人工方式去获取信息和判断信息价值的能力，或者至少还没有足够好的方法，通过人工方式去对技术装备运行过程中产生的大量信息进行精确把握和透彻分析。支撑设备设施完整性管理效能提升的故障分析、劣化分析、技术状态分析、可靠性评价、功能和性能评价、运行价值和绩效评价等工作都取决于数据信息采集的精确性和完备性、传递的及时性和有效性、分析的正确性和透彻性及应用的全面性和深入化。设备设施完整性管理有效性的问题不仅仅是管理流程和技术实施的问题，更是如何对管理过程中产生的数据信息进行采集、分析和应用的问题。设备设施完整性管理的核心之一就是基于风险的管理，而全面、及时、准确评估风险需要全生命周期大数据的支持才能实现，因此未来数据的采集、清洗、治理与应用将在设备设施完整性管理中发挥重要作用，并对其实施效果产生巨大影响。

（5）各类先进技术融入设备设施完整性管理，将进一步提升本质安全水平。

确保设备设施本身本质安全的关键在于应用各类先进的完整性技术对设备设施进行全面分析评估，实时掌握设备设施的健康状况，及时发展潜在的风险隐患，提前进行干预，确保设备设施始终处于安全可靠状态。设备设施完整性管理模式的优势除了覆盖全要素、全生命周期的管理方法，还有与管理要求相配套的系列完整性技术，如现阶段广泛应用基于风险的检验（RBI）技术，以可靠性为中心的维修（RCM）技术，可靠性、可用性与可维护性（RAM）技术，结构完整性性（SIM）技术、管道完整性管理（PIM）技术，安全完整性等级（SIL）技术，合于使用评价（FFS）技术，在线监测技术及各种检测技术等。针对不同类型设备设施，有针对性地通过完整性技术应用，可准确掌握设备设施状态，确保设备设施本质安全。今后随着技术的不断发展，用于各类型设备设施的数据采集、评估、监测、检测、维修等方面的技术会不断出现，进而进一步推动设备设施完整性管理的发展。

（6）信息化与数字化技术应用将有效提升设备设施完整性管理效率。

设备设施完整性管理工作是一项系统性与专业性的工程，各个管理流程的有效流转需要相应工具平台的支撑，设备设施管理平台需要涵盖设备全生命周期的管理，需具备数字化、智能化、可视化的特点，借助设备设施管理平台，企业管理人员能够实现设备设施的闭环管理，而信息化、数字化技术的迅速发展为构建先进的设备设施完整性管理平台提供了可能性。基于先进的信息处理技术，如3D可视化技术、实时监控技术等，可实现设备设施运行监视、操作与控制、综合信息分析与智能预警、运行管理和辅助应用等功能的一体化管理，使决策人员、管理人员和操作人员随时随地了解设备设施的运行情况，有效提升设备设施管理能力。通过构建设备设施完整性管理数字化平台不仅能够系统了解各类基础信息，如采购日期、供应商、维修记录、保养记录、保养周期等内容，还可以使设备设施的各类过程信息实现全程可追溯，如用于记录工件信息和加工参数的工况类信息，用于影响因素、过程参数、环境参数等设备设施健康评估的状态类信息等。今后设备设施完整性管理工作通过与先进的信息化、数字化技术相融合将会更加通畅、便捷与全面。

（7）智能化与无人化管理将促进设备设施完整性管理策略发生转变。

近年来"智慧工厂""智慧油田""智能化平台""无人化平台"等概念不断涌现，令设备设施信息化发展进入了新阶段。它在数字化基础上依托于实时准确的数据采集技术，检测设备、部件的运行状态，通过机器学习和智能分析设备运行的数据，对设备设施的运行状态、生命周期和使用寿命进行统计，对异常设备和接近使用寿命的设备设施进行预警，为设备设施维护管理人员提供精确维修对策方案，真正做到了减少不可预测因素对生产的影响，提高了设备设施整体管理水平。

智能化、无人化的管理系统将具有自主能力，能够采集与理解外界及自身的信息，并分析判断及规划自身行为；它具有协调、重组及扩充特性，系统中各组成单位可依据工作任务，优化组成最佳系统结构；它具有自我学习及维护能力，通过系统自我学习功能，在运行过程中进行资料库的补充、更新，自动执行故障诊断，对故障排除与维护，或具备通知相应系统执行的能力；它可形成人机共存的系统，人机之间具备互相协调合作关系，各自在不同层次之间相辅相成。智能化、无人化将使设备设施完整性管理实施策略进一步发生转变，更加依赖准确、及时的数据信息采集，基于大数据和复杂精确的算法，运用机器学习技术进行智能分析决策，并制订优化管理策略；管理人员的职责作用也将相应发生变化，由决策与执行更多地变为规划与管理。

（8）完整性管理将更加注重设备设施资产的价值创造与贡献。

与传统设备设施管理侧重维护维修管理相比，完整性管理综合考虑管理、技术与经济因素，以保证设备设施安全可靠，提高运行效能，降低成本费用，实现设备设施在其生命周期内的资产价值最大化和运行效能的最优化。它突出为企业发展贡献价值的特性，从整体上将设备设施管理与企业其他管理更加紧密联系在一起，它突破传统的设备设施运行保障理念，构建以设备设施运行价值为目标的综合管控策略，形成企业设备设施资产完整性管理的理念与体系。

设备设施资产完整性管理的最终目的是实现价值创造，需要在企业战略层面建立资产完整性管理体系，组建与之相适应的资产管理组织结构，并将设备设施的职能管理上升扩展到设备设施资产全生命周期管理，将以保障安全的日常运营管理上升扩展到维护保障价值链持续可靠稳定运行的管理，将以安全、效率为目标的绩效评价管理上升扩展到对战略目标实现的支撑程度评价、价值创造目标的达成能力评价，以承接企业战略、支撑企业战略、实现战略落地。

缩略语表

CR　设备重要度
ECDA　外腐蚀直接评价
ESD　紧急停车系统
F&G　火气系统
FAT　工厂验收测试
FEMA　失效模式与影响分析
FMECA　失效模式、影响及危害性分析
FPSO　浮式生产储油装置
FSA　综合安全评估方法
FTA　故障树分析
HAZID　风险源辨识
HAZOP　危险与可操作性分析
ICDA　内腐蚀直接评价
IPL　独立保护层
ITP　检验试验计划
JSA　工作安全分析
LC-RAM　可靠性、可用性与可维护性分析（全生命周期）
LC-RBI　基于风险的检验（全生命周期）
LC-RCM　以可靠性为中心的维修（全生命周期）
LC-SIL　安全完整性等级（全生命周期）
LCC　全生命周期成本
LEC　作业条件危险性分析
LNG　液化天然气
LOPA　保护层分析
MAH　重大事故危害
MTBF　平均无故障时间
MTTF　平均失效时间
MTTR　平均维修时间
PFD　工艺流程图
PFD　要求的失效概率
PHA　预先危险性分析
PID　管道及仪表流程图
PIM　管道完整性管理

PLL　潜在生命损失

PS　性能标准

PSD　工艺关断系统

OEE　设备综合效率

QA　质量保障

QRA　定量风险分析

RAM　可靠性、可用性与可维护性分析

RBI　基于风险的检验

RBV　基于风险的验证

RCM　以可靠性为中心的维修

SCC　应力腐蚀开裂

SCCDA　应力腐蚀直接评价

SCE　安全关键要素

SCL　安全检查表

SIF　安全仪表功能

SIL　安全完整性等级

SMART　具体（S）、可衡量（M）、可达到（A），有相关性（R），有时间限制（T）

SMYS　最小屈服强度

TEEP　完全有效生产率

TnPM　全员规范化生产维护

TPM　全员生产维护

TRA　任务风险评价

参 考 文 献

[1] 全民所有制工业交通企业设备管理条例（国务院，1987年）.

[2] "九五"全国设备管理工作刚要（国家经贸委，1996年）.

[3] 张武奎编.FPSO资产管理.山东：中国石油大学出版社，2006年.

[4] 中国石油管道公司编.油气管道完整性管理技术.北京：石油工业出版社，2010年.

[5] 国网河南省电力公司经济技术研究院编.电网资产全寿命周期管理体系建设百问百答知识手册.北京：中国电力出版社，2015年.

[6] 资产管理体系应用指南编写组.资产管理体系应用指南：基于ISO55000系列标准.北京：企业管理出版社，2016年.

[7] 甘霖主编.电网企业资产管理体系建设及创新实践.北京：中国电力出版社，2017年.

[8] 美国化学工程师学会化工过程安全中心（CCPS）编著，刘小辉等译.资产完整性管理指南.北京：中国石化出版社，2019年.

[9] 张华兵等.中石油管道完整性管理标准体系建设与应用.石油管材与仪器，2017（6）.

[10] 考青鹏，金建国，戴联双.意大利SNAM公司管道完整性管理实践.管道保护，2019（4）.

[11] 唐洋.基于RCM海洋平台动设备完整性管理关键技术研究.西南石油大学博士论文，2016年.

[12] GBT 19011　管理体系审核指南.

[13] GB/T 19624　在用含缺陷压力容器安全评定.

[14] GB/T 19829　石油天然气工业寿命周期费用分析.

[15] GB/T 20438　电气/电子/可编程电子安全相关系统的功能安全.

[16] GB/T 21109　过程工业领域安全仪表系统的功能安全.

[17] GB/T 21447　钢质管道外腐蚀控制规程.

[18] GB/T 23258　钢制管道内腐蚀控制标准.

[19] GB/T 24353　风险管理　原则与实施指南.

[20] GB/T 27921　风险管理　风险评估技术.

[21] GB/T 30582　基于风险的埋地钢质管道外损伤检验与评价.

[22] GB 32167　油气输送管道完整性管理规范.

[23] GB/T 32857　保护层分析（LOPA）应用指南.

[24] GB/T 33172　资产管理　综述、原则和术语.

[25] GB/T 37327　常压储罐完整性管理.

[26] GB 50251　输气管道设计规范.

[27] GB 50253　输油管道工程设计规范.

[28] GB 50369　油气长输管道工程施工及验收规范.

[29] DL/T 1868　电力资产全寿命周期管理体系规范.

[30] GJB 1378A　装备以可靠性为中心的维修分析.

[31] SY/T 0087.1　钢质管道及储罐腐蚀评价标准　第1部分：埋地钢制管道外腐蚀直接评价.

[32] SY/T 5922　天然气管道运行规范.

[33] SY/T 6151　钢质管道管体腐蚀损伤评价方法.

[34] SY/T 6477　含缺陷油气管道剩余强度评价方法.

[35] SY/T 6597　油气管道内检测技术规范.

[36] SY/T 6621　输气管道系统完整性管理.

[37] SY/T 6648　输油管道完整性管理规范.

[38] SY/T 6714　基于风险检验的基础方法.

[39] SY/T 6996　钢质油气管道凹陷评价方法.

[40] T/CAPE 1001　设备管理体系 要求.

[41] T/CCSAS 004　危险化学品企业设备完整性管理导则.

[42] TnPM/T 1　全面规范化生产维护体系——要求.

[43] TSG D7003　压力管道定期检验规则　长输（油气）管道.

[44] ISO 15663　*Petroleum and Natural Gas Industries — Life Cycle Costing.*

[45] ISO 19345　*Petroleum and Natural Gas Industry — Pipeline Transportation Systems — Pipeline Integrity Management Specification.*

[46] ISO 55000　*Asset Management*（系列标准）.

[47] IEC 61508　*Functional Safety of Electrical/Electronic/Programmable Electronic Safety-related Systems.*

[48] IEC 61511　*Functional Safty—Safety Instrumented Systems for the Process Industry Sector.*

[49] API Publ 353　*Managing Systems Integrity of Terminal and Tank Facilities.*

[50] API RP 580　*Risk-Based Inspection.*

[51] API RP 581　*Risk-Based Inspection Methodology.*

[52] API Std 1160　*Managing System Integrity for Hazardous Liquid Pipelines.*

[53] ASME B31.8　*Gas Transmission and Distribution Piping Systems.*

[54] ASME B31.8S　*Managing System Integrity of Gas Pipelines.*

[55] ASME B31.8G　*Manual for Determining the Remaining Strength of Corroded Pipelines.*

[56] BS 7910　*Guide to Methods for Assessing the Acceptability of Flaws in Metallic Structures.*

[57] DNV-RP-F101　*Corroded Pipelines.*

[58] DNV-RP-F116　*Integrity Management of Submarine Pipeline Systems.*

[59] DNV-RP-F206　*Riser Integrity Management.*

[60] NACE RP 0502　*Pipeline External Corrosion Direct Assessment Methodology.*

[61] NACE SP 0204　*Stress Corrosion Cracking（SCC）Direct Assessment Methodology.*

[62] NACE SP 0206　*Internal Corrosion Direct Assessment Methodology for Pipelines Carrying Normally Dry Natural Gas（DG-ICDA）.*

[63] NACE SP 0208　*Internal Corrosion Direct Assessment Methodology for Liquid Petroleum Pipelines.*

[64] NACE SP 0110　*Wet Gas Internal Corrosion Direct Assessment Methodology for Pipelines.*

[65] SAE JA1011　*Evaluation Criteria for Reliability-Centered Maintenance（RCM）Processes.*